古董

2022ANTIQUES AUCTION RECORDS

拍卖年鉴 玉器

2021-01-01～2021-12-31

欣 弘 编

湖南美术出版社
全 国 百 佳 图 书 出 版 单 位
·长 沙·

图书在版编目(CIP)数据

2022古董拍卖年鉴 · 玉器 / 欣弘编.— 长沙：湖南美术出版社, 2022.1
ISBN 978-7-5356-9724-0

Ⅰ. ①2… Ⅱ. ①欣… Ⅲ. ①历史文物－拍卖－价格－中国－2022－年鉴②古玉器－拍卖－价格－中国－2022－年鉴 Ⅳ. ①F724.787-54

中国版本图书馆CIP数据核字(2022)第010862号

2022古董拍卖年鉴 · 玉器

2022 GUDONG PAIMAI NIANJIAN • YUQI

出 版 人：黄　啸
编　　者：欣　弘
策　　划：易兴宏　李志文
责任编辑：李　坚　杜作波

湖南美术出版社出版发行(长沙市东二环一段622号)
湖南省新华书店经销
雅昌文化(集团)有限公司制版、印刷
开本：787mm × 1092mm　1/16　印张：19
版次：2022年1月第1版　印次：2022年1月第1次印刷
ISBN 978-7-5356-9724-0
定价：168.00元

邮购联系：0731-84787105　邮编：410016　网址：http://www.arts-press.com/
电子邮箱：market@arts-press.com
如有倒装、破损、少页等印装质量问题，请与印刷厂联系斢换。
联系电话：0755-83366138

目　　录

凡　例

1.《2022古董拍卖年鉴》分瓷器卷、玉器卷、杂项卷、翡翠珠宝卷、书画卷，共五册，收录了纽约、伦敦、巴黎、日内瓦、香港、澳门、台北、北京、上海、广州、昆明、天津、重庆、成都、合肥、南京、西安、沈阳、济南等城市或地区的几十家拍卖公司几百个专场的2021年度拍卖成交记录与拍品图片。

2.本书内文条目原则上保留了原拍卖记录（由于拍品来自不同的拍卖公司，为便于搜索，对于用词不一致的名称，如“Cartier ”“CARTIER”“三羊开泰”“三阳开泰”“水呈”“水丞”“安迪 · 沃荷”“安迪 · 沃霍尔”“三联葫芦瓶”“三连葫芦瓶”等，均不作统一），按拍品号、品名、估价、成交价、尺寸、拍卖公司名称、拍卖日期等排序，部分原内容缺失或不详的不注明。书画卷内文条目还有作者姓名、作品形式、创作年代等内容。

3.因境外拍卖公司宿地不同，本书拍品估价涉及多个币种：RMB（人民币），USD（美元），EUR（欧元），GBP（英镑），HKD（港币），NTD（新台币）。但本书所有拍品成交价均按汇率转换成RMB（人民币）。

4.多人合作的作品，条目中仅列出一或两位主要作者的名字。

礼 玉

玉 璜

518 新石器时代 玉璜
估　价：HKD 5,000～10,000
成交价：RMB 51,726
宽11.6cm 中国嘉德 2021-04-21

814 春秋 玉满沁龙纹璜
估　价：HKD 80,000～120,000
成交价：RMB 79,579
宽8.9cm 中国嘉德 2021-04-21

2733 春秋晚期 双龙首玉璜
估　价：HKD 150,000～250,000
成交价：RMB 246,300
长10.3cm 佳士得 2021-12-03

2739 战国晚期 玉双龙凤出廓璜
估　价：HKD 800,000～1,200,000
成交价：RMB 1,128,875
长16.2cm 佳士得 2021-12-03

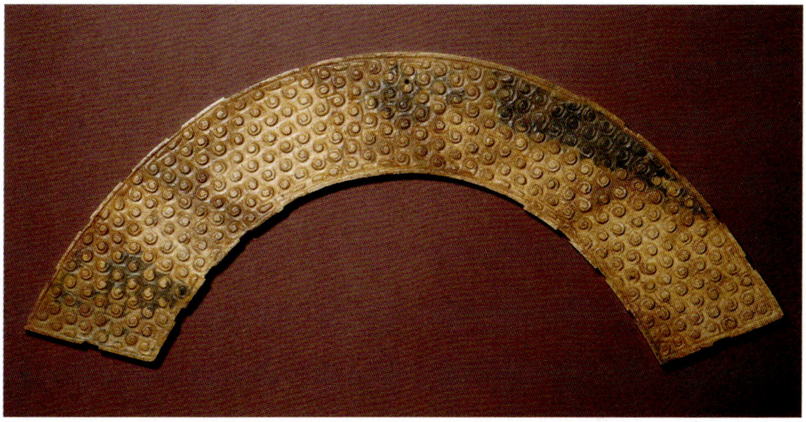

2732 战国早中期 青玉楚式谷纹大璜
估　价：HKD 80,000～150,000
成交价：RMB 461,813
长31.8cm 佳士得 2021-12-03

2740 战国中晚期 镂雕龙凤纹玉璜
估　价：HKD 1,800,000～2,500,000
成交价：RMB 2,873,500
长11.8cm 佳士得 2021-12-03

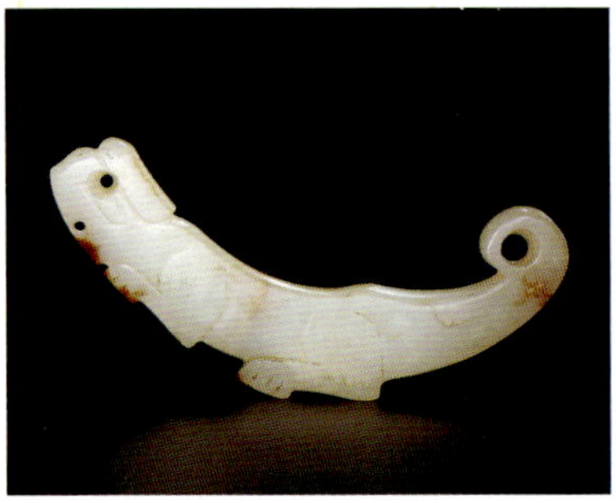

376 明 白玉虎形璜
估　价：RMB 30,000～50,000
成交价：RMB 63,250
长6.4cm；宽1.4cm 永乐拍卖 2021-05-22

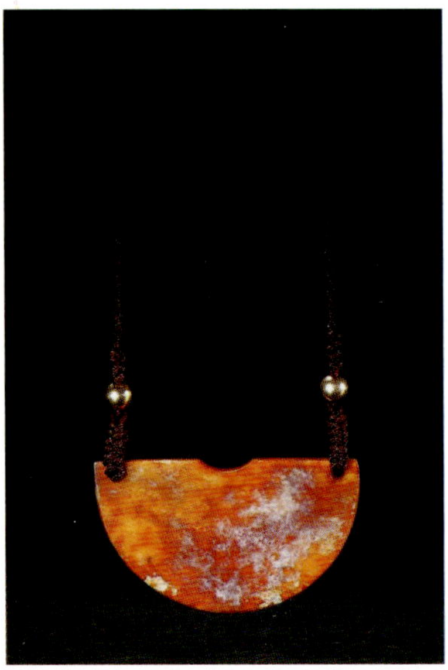

276 明 红沁玉璜
估　价：RMB 60,000～100,000
成交价：RMB 120,750
长4.55cm；宽2.6cm 永乐拍卖 2021-05-22

269 明 青白玉镂空蟠虺龙纹璜
估　价：RMB 120,000～180,000
成交价：RMB 345,000
长12cm；宽2.2cm 永乐拍卖 2021-05-22

3887 清 青玉神人龙纹璜
估　价：RMB 280,000～400,000
成交价：RMB 483,000
长13.5cm 永乐拍卖 2021-12-01

3145 清 白玉龙纹璜
估　价：RMB 150,000～250,000
成交价：RMB 253,000
长10cm 古天一 2021-06-07

2053 清 双龙首玉璜
估　价：RMB 150,000
成交价：RMB 218,500
长15.5cm 古天一 2021-06-07

玉 琥

121 明 玉琥
估　价：RMB 12,000～18,000
成交价：RMB 18,400
长8cm 北京禾谷 2021-01-24

526 新石器时代 青玉璧
估　价：HKD 20,000～30,000
成交价：RMB 109,421
外径16.2cm 中国嘉德 2021-04-21

650 新石器时代 青玉璧
估　价：HKD 8,000～12,000
成交价：RMB 71,621
外径17cm 中国嘉德 2021-04-21

1131 文化期 玉有领璧
估　价：HKD 200,000～300,000
成交价：RMB 198,720
最大的高10.9cm 中国嘉德 2021-10-14

玉 璧

528 新石器时代 青白玉联璧
估　价：HKD 30,000～50,000
成交价：RMB 61,674
外径12.5cm 中国嘉德 2021-04-21

519 新石器时代 玉璧
估　价：HKD 30,000～50,000
成交价：RMB 318,317
外径20.3cm 中国嘉德 2021-04-21

1182 西周 白玉壁
估　价：HKD 50,000～70,000
成交价：RMB 278,208
外径19.5cm 中国嘉德 2021-10-14

707 春秋 白玉出廓蟠虺纹螭龙璧
估　价：HKD 300,000～500,000
成交价：RMB 298,422
宽6.2cm 中国嘉德 2021-04-21

784 战国 白玉镂雕熊纹璧
估　价：HKD 150,000～200,000
成交价：RMB 149,211
外径6.7cm 中国嘉德 2021-04-21

816 战国 黄玉受沁谷纹璧
估　价：HKD 250,000～350,000
成交价：RMB 248,685
外径10cm 中国嘉德 2021-04-21

2724 春秋晚期/战国早期 玉云龙纹璧
估　价：HKD 300,000～500,000
成交价：RMB 1,128,875
外径19.1cm 佳士得 2021-12-03

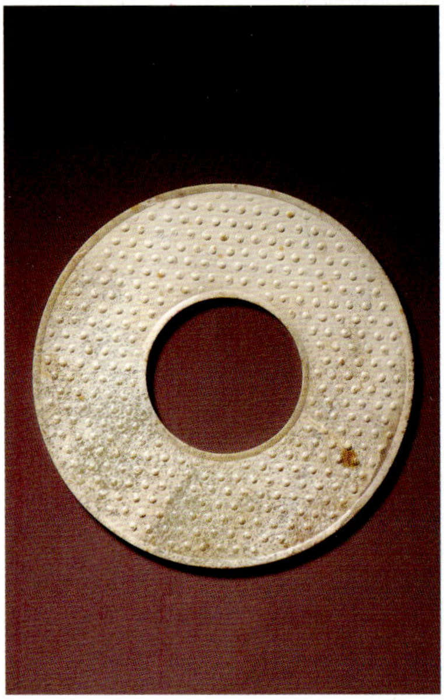

2725 战国中期 谷纹玉璧
估　价：HKD 250,000～400,000
成交价：RMB 564,438
外径12.5cm 佳士得 2021-12-03

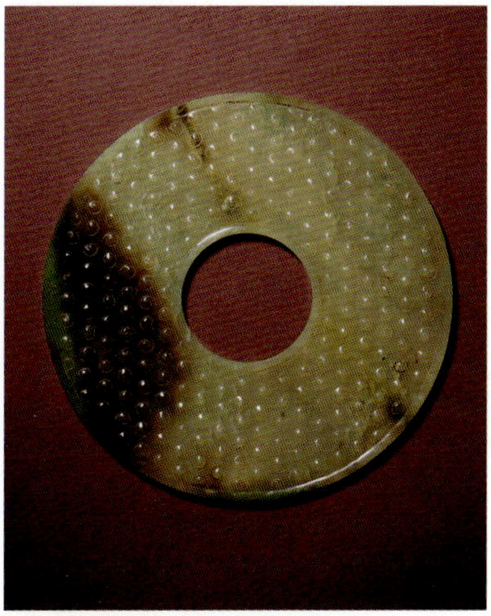

2728 战国中期 镶嵌用谷纹玉璧
估　价：HKD 160,000～200,000
成交价：RMB 205,250
外径12cm 佳士得 2021-12-03

706 汉 青玉兽面纹璧
估　价：HKD 50,000～70,000
成交价：RMB 119,232
外径24.2cm 中国嘉德 2021-10-12

1133 汉 玉兽面龙凤谷纹璧（两件）
估　价：HKD 300,000～500,000
成交价：RMB 298,080
最大的外径20cm 中国嘉德 2021-10-14

1136 西汉 白玉双龙衔环纹出廓璧
估　价：HKD 6,000,000～8,000,000
成交价：RMB 19,499,400
高26.8cm 中国嘉德 2021-10-14

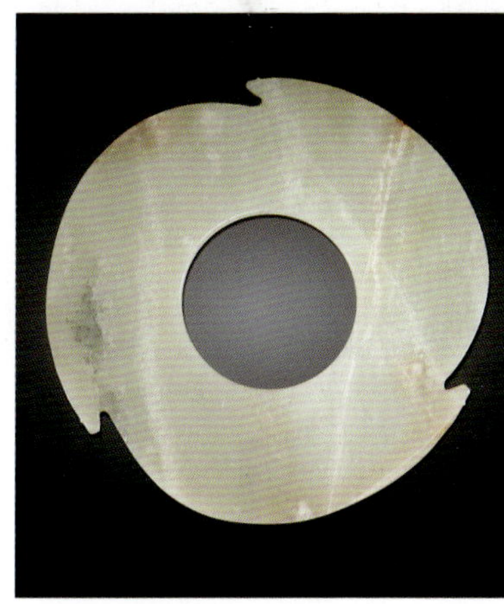

802 公元前3-前2世纪 青玉璧
估　价：USD 15,000～25,000
成交价：RMB 407,813
外径17.1cm 纽约佳士得 2021-03-18

20 元 白玉螭龙纹璧
估　价：RMB 180,000
成交价：RMB 218,500
外径11.6cm 上海嗔美 2021-03-28

2018 元 白玉龙纹出廓璧
估　价：RMB 80,000
成交价：RMB 97,750
高6.8cm 古天一 2021-06-07

1689 明以前 白玉双螭龙纹璧
估　价：RMB 10,000～20,000
成交价：RMB 92,000
外径7.2cm 广东崇正 2021-07-19

371 明 白玉红沁素璧
估　价：RMB 120,000～180,000
成交价：RMB 161,000
外径6.5cm 永乐拍卖 2021-05-22

1636 元至明 浮雕红沁双螭龙谷纹玉璧
估　价：RMB 50,000～80,000
成交价：RMB 57,500
外径11.8cm 西泠印社 2021-01-15

4339 明 白玉雕螭龙纹璧
估　价：RMB 120,000～180,000
成交价：RMB 172,500
116mm×116mm×5mm 西泠印社 2021-07-25

1625 明 白玉红沁有领璧
估　价：RMB 80,000～120,000
成交价：RMB 138,000
外径6.2cm 西泠印社 2021-01-15

246 明 白玉黄沁出廓凤鸟纹璧形佩
估　价：RMB 120,000～160,000
成交价：RMB 161,000
长3.7cm 永乐拍卖 2021-05-22

3581 明 白玉留皮双螭抱璧佩
估　价：RMB 30,000～50,000
成交价：RMB 103,500
宽7.2cm 中国嘉德 2021-11-29

1634 明 白玉镂雕龙纹璧
估　价：RMB 220,000～300,000
成交价：RMB 253,000
外径7.9cm 西泠印社 2021-01-15

5593 明 古玉螭龙纹玉璧
估　价：RMB 1,000,000～1,500,000
成交价：RMB 2,185,000
外径20.7cm 北京保利 2021-12-05

1205 明 谷纹玉璧
估　价：RMB 500,000～800,000
成交价：RMB 1,840,000
外径10.5cm 华艺国际 2021-03-31

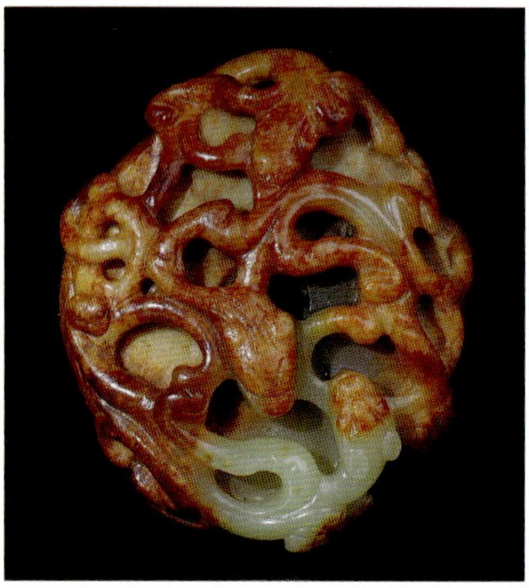

2193 明 黄玉雕螭龙出府璧
估　价：RMB 10,000～20,000
成交价：RMB 207,000
长5.9cm；宽4.9cm 十竹斋 2021-06-27

301 明 黄玉红沁螭龙谷纹璧
估　价：RMB 50,000～80,000
成交价：RMB 74,750
外径5cm 永乐拍卖 2021-05-22

1895 明 龙纹玉璧
估　价：RMB 150,000～200,000
成交价：RMB 287,500
外径4.7cm 中贸圣佳 2021-05-21

1894 明 龙纹玉璧
估　价：RMB 150,000～200,000
成交价：RMB 322,000
外径6.5cm 中贸圣佳 2021-05-21

1899 明 蒲纹玉璧
估　价：RMB 50,000～80,000
成交价：RMB 109,250
外径10.4cm 中贸圣佳 2021-05-21

1224 明 青白玉螭龙纹璧
估　价：HKD 50,000～70,000
成交价：RMB 99,360
直径29.9cm 中国嘉德 2021-10-14

2768 明 青白玉带皮螭龙璧摆件
估　价：RMB 160,000～250,000
成交价：RMB 230,000
外径9.5cm 西泠印社 2021-07-24

831 明 青白玉沁色谷纹璧
估　价：RMB 90,000～120,000
成交价：RMB 115,000
外径5.5cm 中贸圣佳 2021-07-07

271 明 青白玉三虎头兽面卷草纹璧
估　价：RMB 80,000～120,000
成交价：RMB 110,400
外径10.05cm 永乐拍卖 2021-05-22

2709 明 青玉弦纹有领璧
估　价：RMB 60,000～80,000
成交价：RMB 69,000
外径8.9cm 西泠印社 2021-07-24

1896 明 舞人出廓玉璧
估　价：RMB 100,000～150,000
成交价：RMB 172,500
长5cm 中贸圣佳 2021-05-21

1204 明 青玉瑞斑蒲纹玉璧
估　价：RMB 300,000～500,000
成交价：RMB 1,322,500
外径10.8cm 华艺国际 2021-03-31

3225 明 玉提油御题诗圭璧
估　价：RMB 80,000～180,000
成交价：RMB 103,500
高15.6cm 中国嘉德 2021-05-18

3602 清乾隆 白玉螭龙纹璧
估　价：HKD 3,000,000～5,000,000
成交价：RMB 3,129,840
外径18.8cm 香港苏富比 2021-10-13

3927 清中期 白玉雕螭龙璧
估　价：RMB 80,000～100,000
成交价：RMB 92,000
外径5.5cm 北京荣宝 2021-06-19

902 18世纪/19世纪 白玉圭璧
估　价：USD 6,000～8,000
成交价：RMB 367,031
高17.9cm 纽约佳士得 2021-03-18

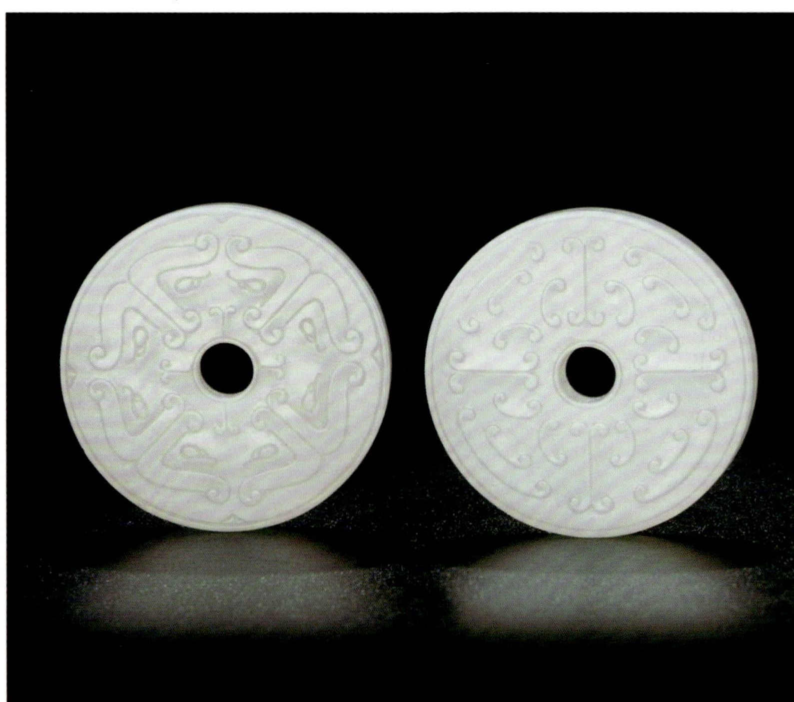

3134 清乾隆 白玉兽面纹璧
估　价：RMB 50,000～80,000
成交价：RMB 94,300
外径5.6cm 十竹斋拍卖（北京） 2021-05-29

4421 清 白玉雕龙凤纹璧
估　价：RMB 90,000～120,000
成交价：RMB 115,000
51mm×51mm×5mm 西泠印社 2021-07-25

3795 清 白玉龙凤纹长宜子孙璧
估　价：RMB 50,000～80,000
成交价：RMB 74,750
长13.3cm 西泠印社 2021-01-16

3185 清 白玉勾云纹套环璧
估　价：RMB 180,000～250,000
成交价：RMB 207,000
外径5.6cm 古天一 2021-06-07

412 清 白玉红沁谷纹璧
估　价：RMB 50,000
成交价：RMB 79,450
外径8.1cm 浙江佳宝 2021-01-10

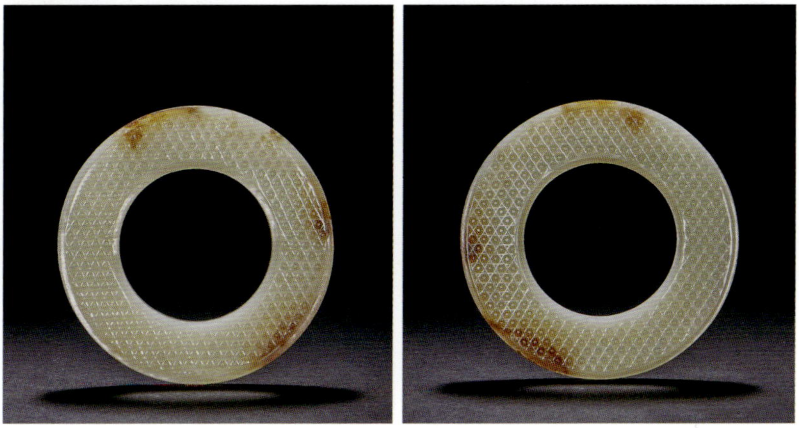

3088 清 白玉蒲纹璧
估　价：RMB 120,000～180,000
成交价：RMB 345,000
外径9.5cm 古天一 2021-06-07

3859 清 白玉五岳真形图璧
估　价：RMB 180,000～250,000
成交价：RMB 299,000
外径10.5cm 永乐拍卖 2021-12-01

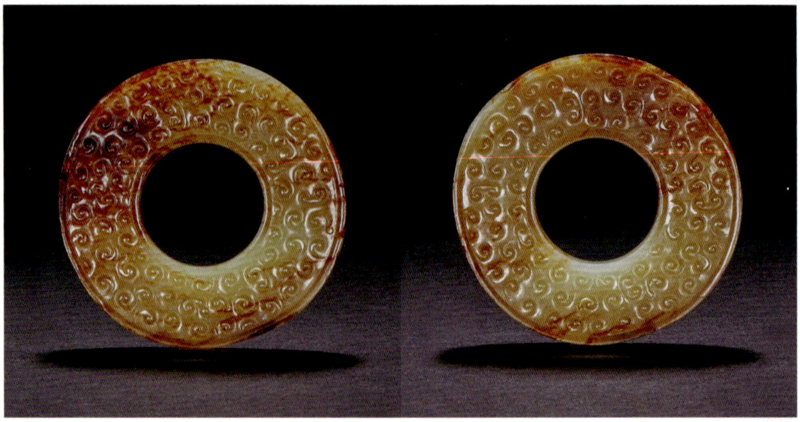

3083 清 青白玉勾连云纹璧
估　价：RMB 220,000～280,000
成交价：RMB 310,500
外径6.2cm 古天一 2021-06-07

3928 清 白玉云谷龙纹璧
估　价：RMB 50,000～80,000
成交价：RMB 218,500
外径7.8cm 永乐拍卖 2021-12-01

3189 清 青白玉卷云纹璧
估　价：RMB 80,000～150,000
成交价：RMB 322,000
外径6cm 古天一 2021-06-07

3179 清 青白玉出廓谷纹璧
估　价：RMB 60,000～90,000
成交价：RMB 126,500
高5.6cm 古天一 2021-06-07

3188 清 青黄玉阴刻龙纹璧
估　价：RMB 220,000～300,000
成交价：RMB 253,000
外径7cm 古天一 2021-06-07

玉 琮

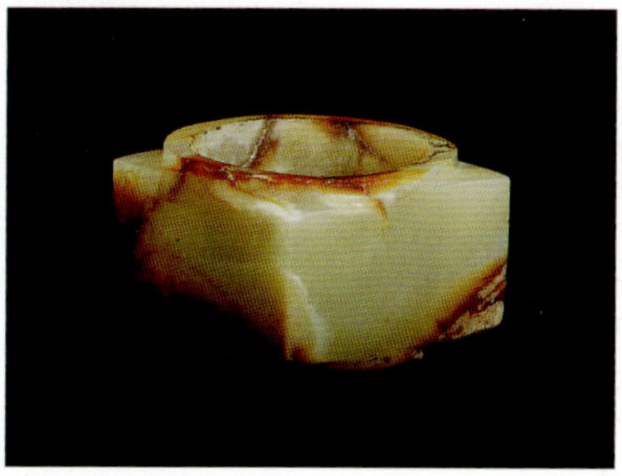

530 新石器时代 白玉琮
估　价：HKD 20,000～30,000
成交价：RMB 91,516
孔径4cm 中国嘉德 2021-04-21

525 新石器时代 玉琮
估　价：HKD 30,000～50,000
成交价：RMB 159,158
外径7.4cm 中国嘉德 2021-04-21

531 新石器时代 玉琮
估　价：HKD 30,000～50,000
成交价：RMB 318,317
外径6cm 中国嘉德 2021-04-21

644 新石器时代 良渚人面双层玉琮
估　价：HKD 500,000～700,000
成交价：RMB 6,912,600
外径9cm；内径6.1cm；高4.4cm
中国嘉德 2021-04-21

510 新石器时代 青玉琮
估　价：HKD 20,000～30,000
成交价：RMB 69,632
孔径6cm；高5.4cm 中国嘉德 2021-04-21

804 文化期 良渚青玉人面纹琮
估　价：HKD 1,800,000～2,200,000
成交价：RMB 1,790,532
宽8.6cm 中国嘉德 2021-04-21

700 文化期 良渚小玉琮
估　价：HKD 50,000~70,000
成交价：RMB 57,695
宽4.8cm 中国嘉德 2021-04-21

3524 商代 白玉琮
估　价：NTD 1,000,000
成交价：RMB 414,000
高19cm 台北艺珍 2021-11-07

764 商晚期 白玉红沁弦纹琮
估　价：HKD 250,000~350,000
成交价：RMB 517,265
宽6.9cm 中国嘉德 2021-04-21

701 文化期 龙山文化人面玉琮
估　价：HKD 1,000,000~1,500,000
成交价：RMB 994,740
宽7.4cm 中国嘉德 2021-04-21

890 西周 蝉纹玉琮
估　价：HKD 100,000~150,000
成交价：RMB 159,158
高4.7cm 中国嘉德 2021-04-21

1082 文化期 玉神人面纹琮
估　价：HKD 800,000~1,200,000
成交价：RMB 1,887,840
宽8.6cm 中国嘉德 2021-10-14

627 西周 玉琮
估　价：HKD 100,000~150,000
成交价：RMB 218,843
高12.3cm 中国嘉德 2021-04-21

1091 战国 玉谷纹琮
估 价：HKD 1,100,000～1,500,000
成交价：RMB 1,092,960
宽5.9cm 中国嘉德 2021-10-14

891 宋或更早 玉琮
估 价：HKD 60,000～80,000
成交价：RMB 84,553
高19.2cm 中国嘉德 2021-04-21

2703 明 白玉浮雕螭龙纹玉琮
估 价：RMB 120,000～180,000
成交价：RMB 161,000
高4.3cm；直径5.8cm 西泠印社 2021-07-24

2912 周/西汉 褐玉琮
估 价：HKD 1,000,000～2,000,000
成交价：RMB 1,863,000
外径15cm 佳士得 2021-05-28

1654 明 白玉黑漆古沁谷纹方形琮
估 价：RMB 30,000～50,000
成交价：RMB 34,500
2.1cm × 5.1cm × 4.9cm 西泠印社 2021-01-15

370 明 红沁玉琮
估　价：RMB 80,000～120,000
成交价：RMB 89,700
长6.1cm；宽4.6cm 永乐拍卖 2021-05-22

2284 明 沁色玉琮
估　价：RMB 70,000～90,000
成交价：RMB 86,250
74mm×49mm×49mm 西泠印社 2021-01-15

1937 明 玉琮
估　价：RMB 250,000～300,000
成交价：RMB 356,500
长6cm 中贸圣佳 2021-05-21

539 明 旧玉琮
估　价：RMB 60,000
成交价：RMB 207,000
9.3cm×6.9cm 上海呗美 2021-05-30

1203 明 素面玉琮
成交价：RMB 529,000
直径6cm；高3.5cm 华艺国际 2021-03-31

342 明 满沁玉琮
估　价：RMB 180,000～250,000
成交价：RMB 241,500
长6.7cm 永乐拍卖 2021-05-22

595 明 提油黄玉琮
估　价：RMB 20,000～50,000
成交价：RMB 103,500
长4.4cm 中贸圣佳 2021-03-26

2697 明 玉琮
估　价：RMB 60,000～90,000
成交价：RMB 69,000
高5.6cm；口径8.7cm 西泠印社 2021-07-24

3952 清 多节玉琮
估　价：RMB 50,000～80,000
成交价：RMB 109,250
长1.7cm 永乐拍卖 2021-12-01

3092 清 玉琮
估　价：RMB 250,000～500,000
成交价：RMB 690,000
高3.8cm；6.5cm×6.5cm 古天一 2021-06-07

82 清 黄玉琮
估　价：RMB 80,000
成交价：RMB 109,250
高6.6cm 上海呗美 2021-03-28

50 良渚风格玉琮
估　价：USD 40,000～60,000
成交价：RMB 326,426
宽7.7cm 纽约苏富比 2021-09-22

3123 清 青黄玉玉琮
估　价：RMB 170,000～200,000
成交价：RMB 195,500
6cm×6cm×2.1cm 古天一 2021-06-07

玉 圭

502 新石器时代 白玉圭
估　价：HKD 60,000～80,000
成交价：RMB 179,053
长17.2cm 中国嘉德 2021-04-21

649 新石器时代 白玉圭
估　价：HKD 150,000～200,000
成交价：RMB 616,739
长20cm 中国嘉德 2021-04-21

3583 文化期 玉圭
估　价：NTD 300,000
成交价：RMB 82,800
长9cm 台北艺珍 2021-11-07

4341 明 沁色玉雕十二章纹圭
估　价：RMB 280,000～350,000
成交价：RMB 345,000
26.6cm × 6.0cm × 1.3cm 西泠印社 2021-07-25

6396 清乾隆 白玉兽面纹圭
估　价：RMB 300,000～500,000
成交价：RMB 345,000
长9.6cm 北京保利 2021-12-06

5590 清乾隆 古玉御题诗圭
估　价：RMB 2,200,000～3,200,000
成交价：RMB 3,450,000
长39.7cm 北京保利 2021-12-05

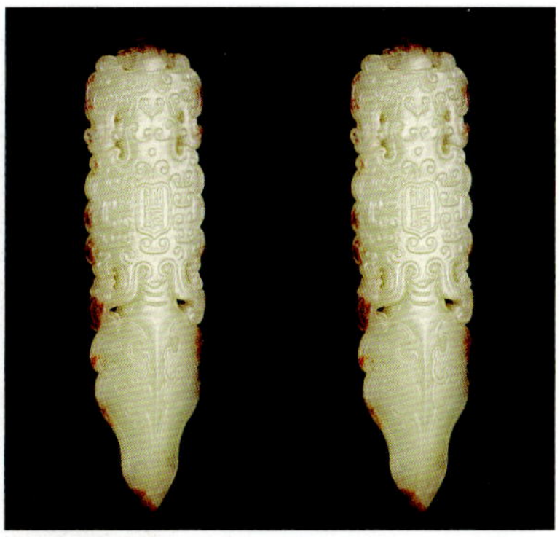

6397 清乾隆 黄玉兽面纹圭
估　价：RMB 300,000～500,000
成交价：RMB 345,000
长10.8cm 北京保利 2021-12-06

玉　璋

501 新石器时代 灰白玉璋
估　价：HKD 30,000～50,000
成交价：RMB 34,816
长15.8cm；宽6.6cm 中国嘉德 2021-04-21

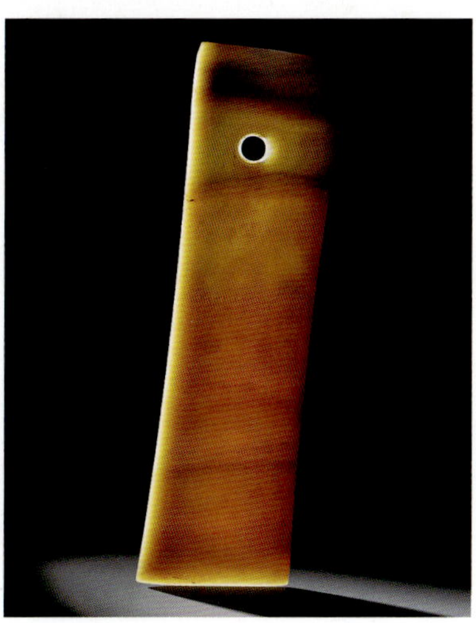

512 新石器时代 青玉璋
估　价：HKD 50,000～70,000
成交价：RMB 159,158
长16.3cm 中国嘉德 2021-04-21

521 新石器时代末 玉牙璋
估　价：USD 6,000～8,000
成交价：RMB 693,012
长38.1cm 纽约苏富比 2021-09-27

1076 文化期 玉牙璋
估　价：HKD 100,000～150,000
成交价：RMB 99,360
高32.1cm 中国嘉德 2021-10-14

玉　册

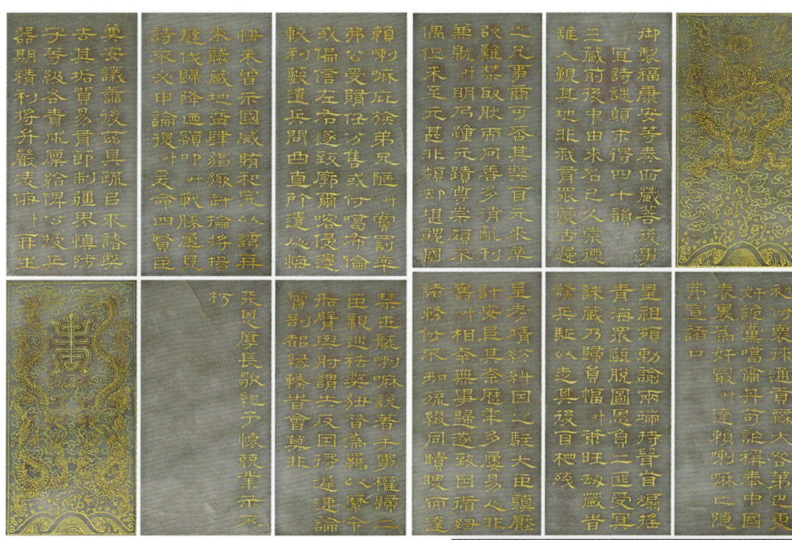

5079 清乾隆“绥边经制”青白玉描金御制诗玉册
估　价：RMB 2,200,000～3,200,000
成交价：RMB 3,220,000
11.5cm × 19.5cm；7.3cm × 14.4cm
北京保利 2021-06-07

1813 清乾隆 御制“贞符亀釆”白玉“长宜子孙”璧册页
估　价：RMB 6,800,000～8,800,000
成交价：RMB 9,200,000
长13.5cm；册页长15.6cm；宽9.5cm 华艺国际 2021-06-05

629 商 多孔玉刀
估　价：HKD 100,000～150,000
成交价：RMB 99,474
长38.7cm 中国嘉德 2021-04-21

1166 商 玉五孔刀
估　价：HKD 30,000～50,000
成交价：RMB 29,808
长37cm 中国嘉德 2021-10-14

80 清 青玉经文玉册（4片）
估　价：RMB 120,000
成交价：RMB 322,000
10.3cm×6.7cm×4 上海呗美 2021-03-28

玉　刀

509 新石器时代 灰玉刀
估　价：HKD 20,000～30,000
成交价：RMB 94,500
长30cm 中国嘉德 2021-04-21

玉　戈

761 商 白玉戈
估　价：HKD 180,000～220,000
成交价：RMB 1,193,688
高32cm 中国嘉德 2021-04-21

862 商 鸟形玉戈
估　价：HKD 180,000～220,000
成交价：RMB 179,053
宽10.6cm 中国嘉德 2021-04-21

628 商 玉戈
估　价：HKD 30,000～50,000
成交价：RMB 278,527
长12.5cm 中国嘉德 2021-04-21

1170 商 玉戈
估　价：HKD 180,000～220,000
成交价：RMB 178,848
高33.6cm 中国嘉德 2021-10-14

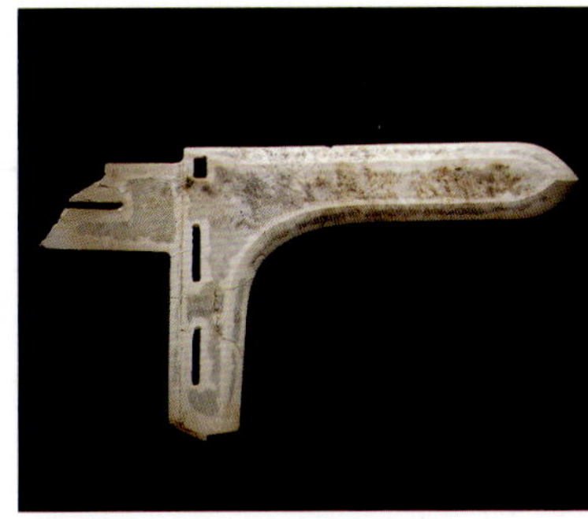

762 战国 玉戈
估　价：HKD 100,000～150,000
成交价：RMB 248,685
宽29.3cm 中国嘉德 2021-04-21

1201 明 穿孔玉戈
成交价：RMB 345,000
长12.8cm 华艺国际 2021-03-31

3670 商 玉戈
估　价：HKD 700,000～900,000
成交价：RMB 1,877,904
长54cm 香港苏富比 2021-10-13

2754 春秋晚期至战国早期 玉援凤首铜内戈
估　价：HKD 1,800,000～2,500,000
成交价：RMB 8,086,850
长13.5cm 佳士得 2021-12-03

玉 钺

507 新石器时代 碧玉钺（两件）
估　价：HKD 15,000～20,000
成交价：RMB 51,726
长20cm；长17.7cm 中国嘉德 2021-04-21

516 新石器时代 墨玉钺
估　价：HKD 10,000～15,000
成交价：RMB 39,790
长27.8cm 中国嘉德 2021-04-21

1075 文化期 玉钺
估　价：HKD 80,000～120,000
成交价：RMB 79,488
高18cm 中国嘉德 2021-10-14

玉 斧

513 新石器时代 白玉斧
估　价：HKD 20,000～30,000
成交价：RMB 59,684
长9.2cm 中国嘉德 2021-04-21

656 新石器时代 墨玉斧和碧玉斧（各一件）
估　价：HKD 15,000～20,000
成交价：RMB 51,726
长10.5cm；长9.8cm 中国嘉德 2021-04-21

640 新石器时代 青白玉斧
估　价：HKD 30,000～50,000
成交价：RMB 81,569
长21.5cm 中国嘉德 2021-04-21

521 新石器时代 玉斧
估　价：HKD 20,000～30,000
成交价：RMB 149,211
长25.4cm 中国嘉德 2021-04-21

641 新石器时代 玉斧
估　价：HKD 50,000～70,000
成交价：RMB 179,053
长15cm 中国嘉德 2021-04-21

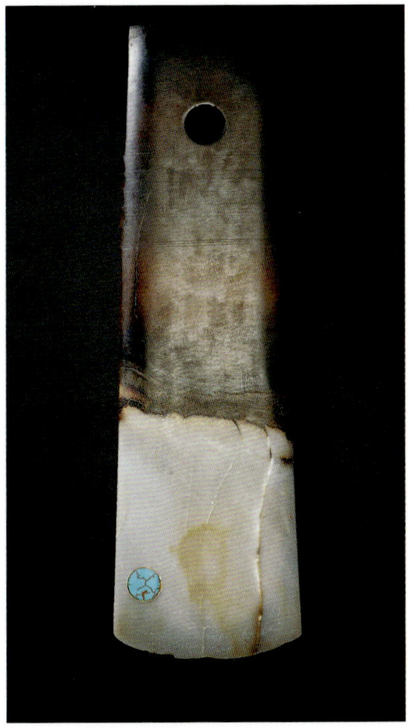

683 文化期 玉神祖纹镶嵌绿松石斧
估　价：HKD 280,000～320,000
成交价：RMB 298,422
高20.5cm 中国嘉德 2021-04-21

696 文化期 玉玦
估　价：HKD 150,000～200,000
成交价：RMB 149,211
高3.8cm 中国嘉德 2021-04-21

1156 文化期 玉玦 （一对）
估　价：HKD 80,000～120,000
成交价：RMB 79,488
最大的宽3.3cm 中国嘉德 2021-10-14

703 文化期 玉带沁斧
估　价：HKD 20,000～30,000
成交价：RMB 31,795
高11.7cm 中国嘉德 2021-10-12

佩玩件

玉　玦

702 文化期 白玉红沁玦 （一对）
估　价：HKD 80,000～120,000
成交价：RMB 109,421
外径4.2cm×2 中国嘉德 2021-04-21

2729 春秋晚期 玉龙纹玦
估　价：HKD 60,000～80,000
成交价：RMB 123,150
外径8.4cm 佳士得 2021-12-03

275 明 白玉黄沁玉玦
估　价：RMB 60,000～100,000
成交价：RMB 115,000
外径4.5cm 永乐拍卖 2021-05-22

243 明 黄玉满沁玉玦
估　价：RMB 300,000～400,000
成交价：RMB 230,000
外径3.3cm 永乐拍卖 2021-05-22

3122 清 龙胎形玉玦
估　价：RMB 30,000～50,000
成交价：RMB 74,750
外径3cm 古天一 2021-06-07

玉璇玑

529 新石器时代 白玉璇玑
估　价：HKD 30,000～50,000
成交价：RMB 79,579
外径9.6cm 中国嘉德 2021-04-21

1144 文化期 玉璇玑
估　价：HKD 40,000～60,000
成交价：RMB 51,667
宽9.1cm 中国嘉德 2021-10-14

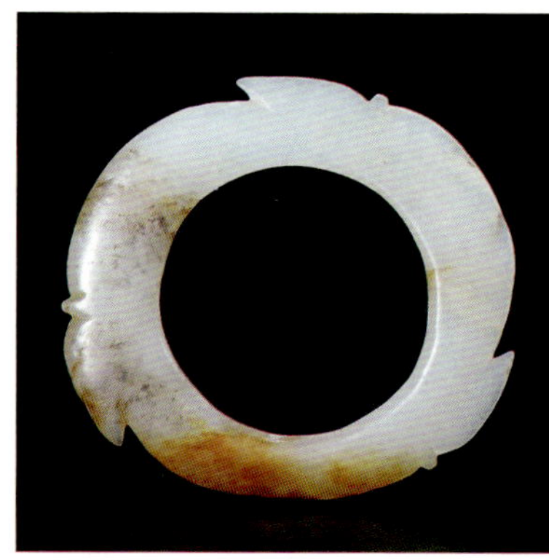

235 明 白玉黄沁璇玑
估　价：RMB 60,000～100,000
成交价：RMB 86,250
外径5.3cm 永乐拍卖 2021-05-22

玉　环

647 新石器时代 白玉圆瑗
估　价：HKD 30,000～50,000
成交价：RMB 54,711
孔径5cm；高3.5cm 中国嘉德 2021-04-21

639 新石器时代 青玉环
估　价：HKD 30,000～50,000
成交价：RMB 51,726
外径14.7cm 中国嘉德 2021-04-21

638 新石器时代 玉环
估　价：HKD 20,000～30,000
成交价：RMB 54,711
外径11.6m 中国嘉德 2021-04-21

651 新石器时代 玉环
估　价：HKD 20,000～30,000
成交价：RMB 139,264
外径10.5cm 中国嘉德 2021-04-21

684 文化期 白玉奶皮沁勒子带玉环（一组）
估　价：HKD 30,000～50,000
成交价：RMB 109,421
长41cm 中国嘉德 2021-04-21

723 文化期 玉满红沁蚩尤环
估　价：HKD 100,000～150,000
成交价：RMB 99,474
宽1.3cm 中国嘉德 2021-04-21

1174 商至周 玉鹗、兽面、咬尾龙和绞丝环（各一件）
估　价：HKD 180,000～220,000
成交价：RMB 178,848
最大的宽6.2cm 中国嘉德 2021-10-14

754 东周 白玉红沁谷纹环
估　价：HKD 180,000～220,000
成交价：RMB 179,053
外径16cm 中国嘉德 2021-04-21

686 春秋 黄玉蟠虺纹环
估　价：HKD 30,000～50,000
成交价：RMB 129,316
外径6.1cm 中国嘉德 2021-04-21

1090 战国 玉龙纹环
估　价：HKD 60,000～80,000
成交价：RMB 59,616
外径4.5cm 中国嘉德 2021-10-14

2747 春秋晚期 玉组佩及谷纹玉环（十五件、一件）
估　价：HKD 600,000～800,000
成交价：RMB 821,000
最大的长10cm 佳士得 2021-12-03

1089 战国 玉素环
估　价：HKD 50,000～70,000
成交价：RMB 139,104
外径6.6cm 中国嘉德 2021-10-14

2727 战国早期 青白玉云龙纹玉环
估　价：HKD 160,000～200,000
成交价：RMB 246,300
外径12.3cm 佳士得 2021-12-03

2726 战国中期 谷纹玉环
估　价：HKD 250,000～400,000
成交价：RMB 256,563
外径14cm 佳士得 2021-12-03

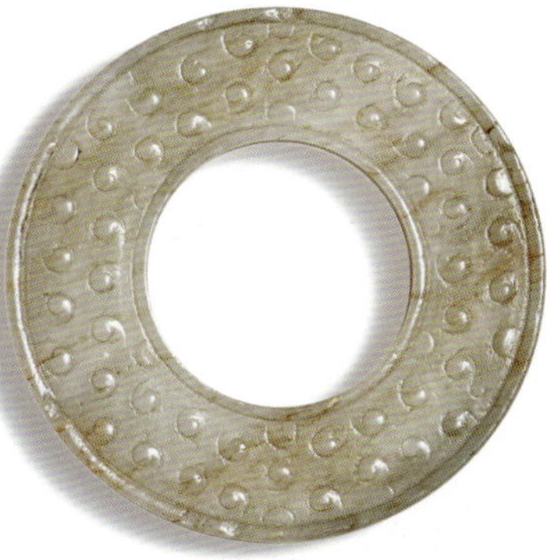

100 战国至汉 玉谷纹环
估　价：USD 5,000～7,000
成交价：RMB 155,052
外径4.5cm 纽约苏富比 2021-09-22

1134 汉 白玉红沁镂雕龙凤纹环
估　价：HKD 900,000～1,200,000
成交价：RMB 894,240
外径8.7cm 中国嘉德 2021-10-14

892 唐 白玉龙纹环
估　价：HKD 100,000～150,000
成交价：RMB 99,474
外径6.7cm 中国嘉德 2021-04-21

832 明 白玉谷纹环
估　价：RMB 50,000～60,000
成交价：RMB 74,750
外径5.5cm 中贸圣佳 2021-07-07

234 明 黄玉红沁浮雕双龙纹环
估　价：RMB 60,000～100,000
成交价：RMB 86,250
外径4.6cm 永乐拍卖 2021-05-22

3646 清乾隆 白玉蟠螭纹环
估　价：RMB 100,000～120,000
成交价：RMB 161,000
外径4.4cm；内径3.3cm 中国嘉德 2021-11-29

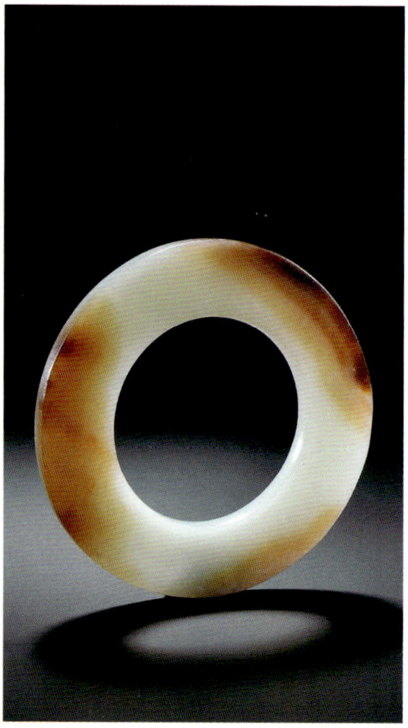

1883 明 大玉环
估　价：RMB 60,000～90,000
成交价：RMB 103,500
外径11cm 中贸圣佳 2021-05-21

341 明 黄玉环
估　价：RMB 200,000～300,000
成交价：RMB 264,500
外径8.6cm 永乐拍卖 2021-05-22

1863 明 青玉环
成交价：RMB 230,000
外径9.2cm 中贸圣佳 2021-05-21

1626 元 玉镂雕喜鹊登梅环（一对）
估　价：RMB 15,000~30,000
成交价：RMB 46,000
直径4.9cm；直径5cm 西泠印社 2021-04-10

2717 明 玉变体龙纹环
成交价：RMB 43,700
外径6cm 西泠印社 2021-07-24

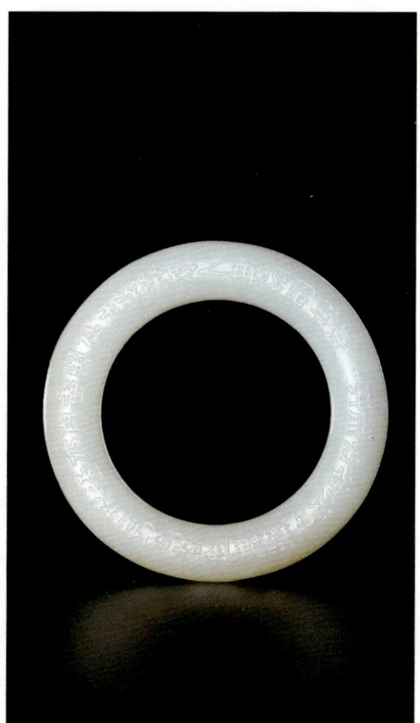

225 清乾隆 白玉诗文环
估　价：RMB 160,000~200,000
成交价：RMB 195,500
外径5.9cm 永乐拍卖 2021-05-22

300 清 白玉镂空转心玉套环
估　价：RMB 120,000~180,000
成交价：RMB 172,500
直径5.55cm 永乐拍卖 2021-05-22

3804 清 白玉纽绳环
估　价：RMB 40,000～60,000
成交价：RMB 517,500
外径5.5cm 永乐拍卖 2021-12-01

3186 清 玉雕出廓龙首云纹环
估　价：RMB 250,000～400,000
成交价：RMB 517,500
外径5.5cm 古天一 2021-06-07

玉管、玉勒

853 文化期 良渚人面玉勒子
估　价：HKD 60,000～80,000
成交价：RMB 59,684
高3.5cm 中国嘉德 2021-04-21

1176 西周 玉弦纹勒子
估　价：HKD 50,000～70,000
成交价：RMB 49,680
高4cm 中国嘉德 2021-10-14

813 春秋 白玉红沁卷云纹长勒（两件）
估　价：HKD 60,000～80,000
成交价：RMB 81,569
最大的长7.5cm 中国嘉德 2021-04-21

1084 商 玉蝉纹柄形勒子
估　价：HKD 100,000～150,000
成交价：RMB 99,360
长9.9cm 中国嘉德 2021-10-14

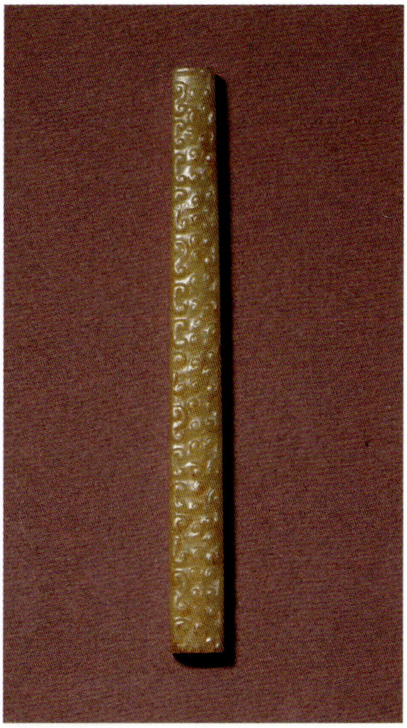

2745 春秋晚期 玉云谷纹管
估　价：HKD 80,000～120,000
成交价：RMB 307,875
长10.5cm 佳士得 2021-12-03

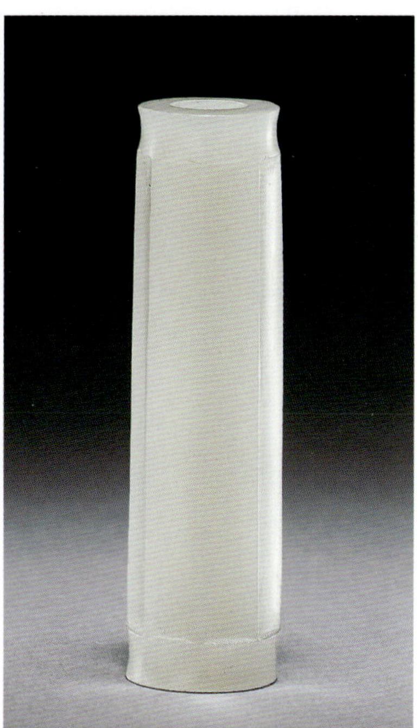

568 宋 白玉勒子
估　价：HKD 50,000～70,000
成交价：RMB 64,658
长6.9cm 中国嘉德 2021-04-21

4336 明 白玉雕云纹勒子
估　价：RMB 40,000～50,000
成交价：RMB 57,500
50mm × 19mm × 13mm 西泠印社 2021-07-25

2223 明 黄玉琮式勒子
估　价：RMB 35,000
成交价：RMB 40,250
长6cm 中贸圣佳 2021-09-26

369 明 白玉红沁卷云纹勒子
估　价：RMB 180,000～250,000
成交价：RMB 241,500
长2.9cm 永乐拍卖 2021-05-22

538 明 黄玉虎头勒
估　价：RMB 80,000
成交价：RMB 218,500
高2.8cm；宽2.6cm 上海呗美 2021-05-30

4337 明 黄玉勒子
成交价：RMB 138,000
48mm × 15mm × 15mm 西泠印社 2021-07-25

4332 明 青白玉雕弦纹勒子
估　价：RMB 80,000 ~ 120,000
成交价：RMB 115,000
88mm × 14mm × 14mm 西泠印社 2021-07-25

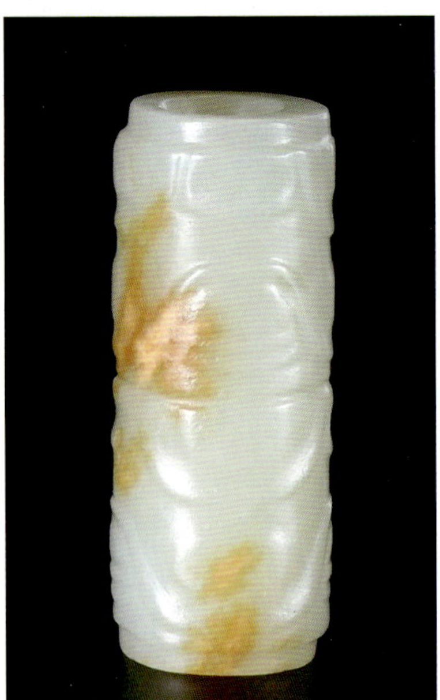

334 明 青黄玉红沁简化龙纹管
估　价：RMB 200,000 ~ 300,000
成交价：RMB 322,000
长3.5cm 永乐拍卖 2021-05-22

3017 清 白玉出戟勾云纹扁勒
成交价：RMB 178,250
高3.5cm 古天一 2021-06-07

3057 清 白玉出戟卷云纹方形勒子
估　价：RMB 200,000 ~ 300,000
成交价：RMB 345,000
长5.5cm 古天一 2021-06-07

3166 清 白玉谷纹勒子
估　价：RMB 80,000 ~ 150,000
成交价：RMB 253,000
长3.8cm 古天一 2021-06-07

3838 清 白玉枣形勒（一对）
估　价：RMB 80,000 ~ 120,000
成交价：RMB 218,500
长2.4cm；长2.5cm 永乐拍卖 2021-12-01

3888 清 黄玉龙纹勒子
估　价：RMB 120,000～180,000
成交价：RMB 212,750
长4cm 永乐拍卖 2021-12-01

3026 清 卷云纹玉勒子
估　价：RMB 50,000～80,000
成交价：RMB 287,500
高2.2cm 古天一 2021-06-07

3835 清 青白玉谷纹长勒
估　价：RMB 150,000～200,000
成交价：RMB 195,500
长9.2cm 永乐拍卖 2021-12-01

3025 清 卷云纹鼓形玉勒子
估　价：RMB 30,000～50,000
成交价：RMB 230,000
外径2.4cm；高1.3cm 古天一 2021-06-07

3062 清 青黄玉素勒子
估　价：RMB 150,000～250,000
成交价：RMB 287,500
长7.2cm 古天一 2021-06-07

2051 清 三角形玉勒子
估　价：RMB 100,000
成交价：RMB 109,250
长4.2cm 古天一 2021-06-07

5166 明 青玉钺
估　价：RMB 20,000～30,000
成交价：RMB 264,500
9cm×6.7cm 中国嘉德 2021-11-30

366 明 玉匕形器
估　价：RMB 60,000～100,000
成交价：RMB 92,000
长14.6cm 永乐拍卖 2021-05-22

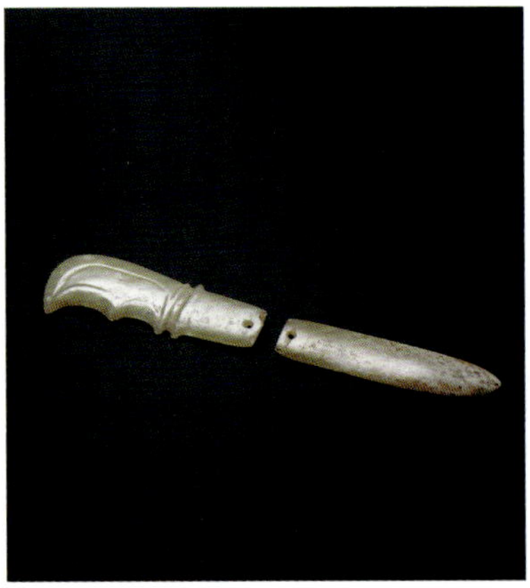

367 明 玉刀形组合器
估　价：RMB 200,000～300,000
成交价：RMB 287,500
长8.3cm；长8.6cm 永乐拍卖 2021-05-22

玉刀剑饰

1202 明 穿孔玉瑁
成交价：RMB 345,000
长10.7cm 华艺国际 2021-03-31

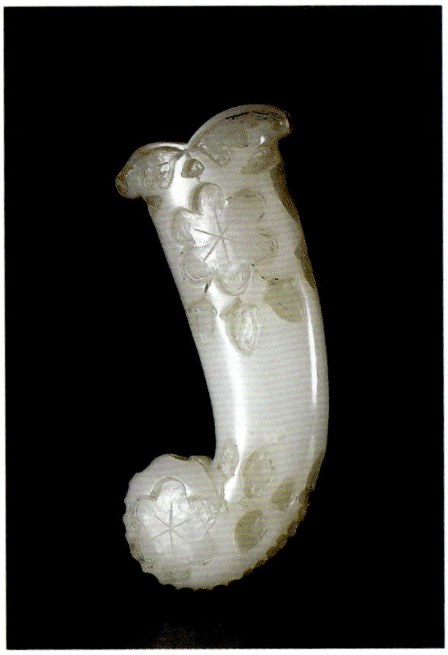

2213 清乾隆 白玉雕痕都斯坦式花草纹刀柄
估　价：RMB 320,000～400,000
成交价：RMB 368,000
128mm×54mm×24mm 西泠印社 2021-01-15

3823 清乾隆 青玉花卉痕都斯坦玉柄刀
估　价：RMB 180,000～250,000
成交价：RMB 264,500
长39cm 永乐拍卖 2021-12-01

3617 清乾隆 青白玉仿痕都斯坦雕花卉纹柄刀
估　价：RMB 1,000～2,000
成交价：RMB 103,500
长34.2cm 中国嘉德 2021-05-19

2052 清 玉锛
估　价：RMB 250,000
成交价：RMB 253,000
长9.2cm 古天一 2021-06-07

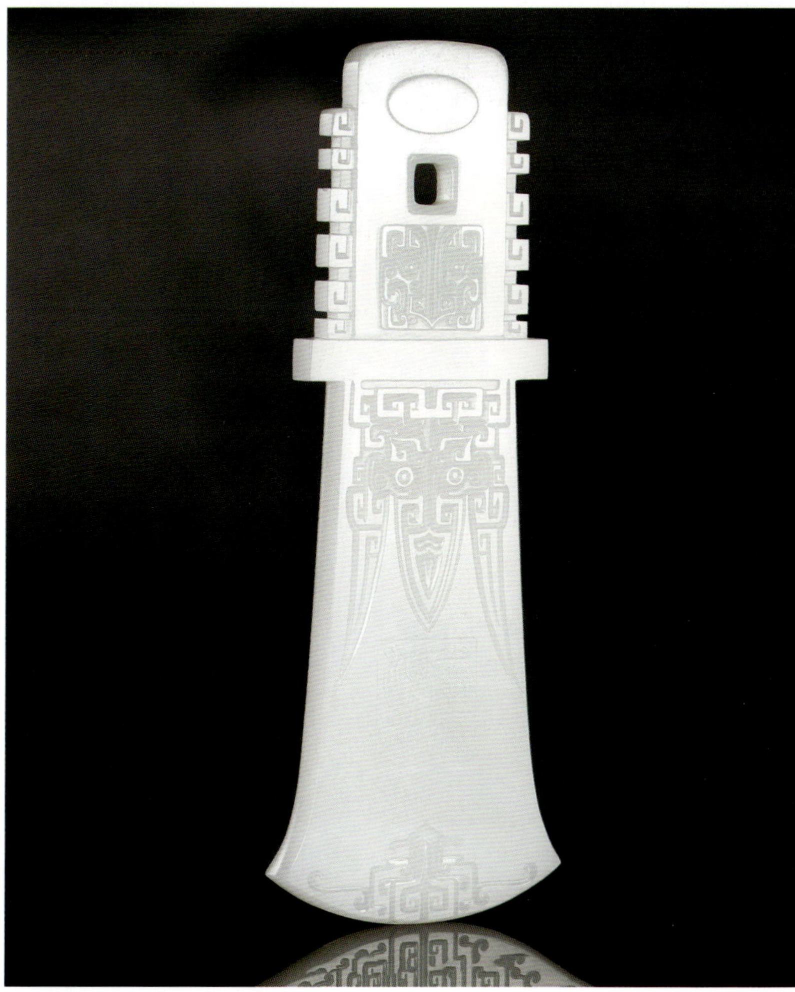

5663 承天斧
估　价：RMB 650,000～800,000
成交价：RMB 862,500
长21.4cm 北京荣宝 2021-06-19

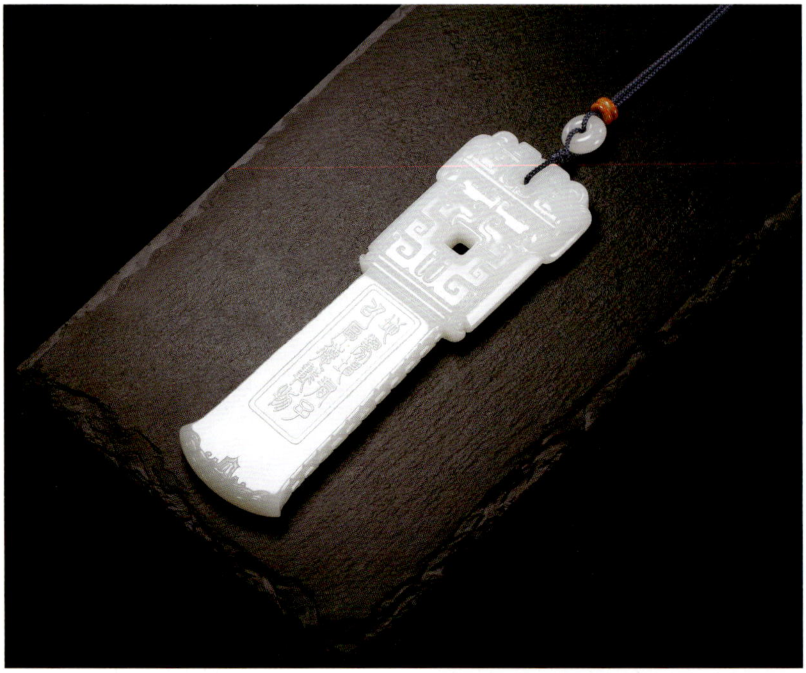

5664 万寿斧
估　价：RMB 500,000～700,000
成交价：RMB 575,000
长15cm 北京荣宝 2021-06-19

3173 清 白玉柿蒂纹剑首
估　价：RMB 120,000～160,000
成交价：RMB 138,000
直径4cm 古天一 2021-06-07

3177 清 白玉浮雕螭龙纹剑首
估　价：RMB 80,000～120,000
成交价：RMB 253,000
高2cm；长2.8cm 古天一 2021-06-07

3931 清 白玉虎头剑首坠
估　价：RMB 80,000～120,000
成交价：RMB 138,000
直径3.7cm 永乐拍卖 2021-12-01

3184 清 玉雕龙蛇纹剑首
估　价：RMB 120,000～180,000
成交价：RMB 345,000
直径5cm 古天一 2021-06-07

4354 清乾隆 白玉雕螭龙纹剑格
估　价：RMB 60,000～80,000
成交价：RMB 126,500
60mm×27mm×23mm 西泠印社 2021-07-25

818 汉 白玉灰皮红沁螭龙剑璏
估　价：HKD 80,000～120,000
成交价：RMB 87,537
宽5.6cm 中国嘉德 2021-04-21

819 汉 玉满红沁兽面勾连纹剑璏
估　价：HKD 150,000～200,000
成交价：RMB 149,211
长7.6cm 中国嘉德 2021-04-21

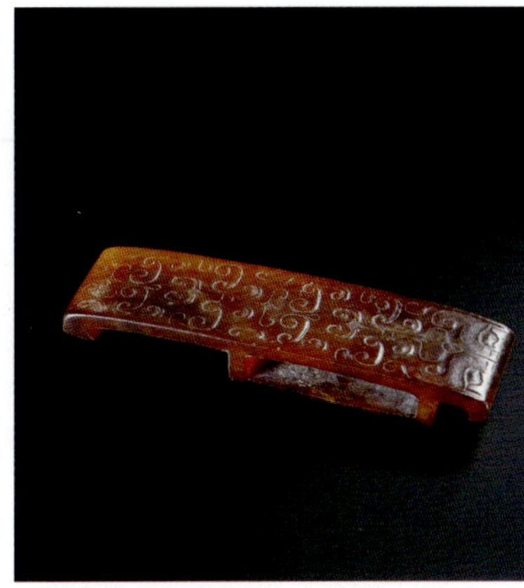

294 明 白玉红沁兽面卷云纹剑璏
估　价：RMB 100,000～150,000
成交价：RMB 143,750
长9.5cm；宽2.5cm 永乐拍卖 2021-05-22

1191 汉 玉雕带沁剑饰（五件）
估　价：HKD 60,000～80,000
成交价：RMB 178,848
最大的长7.4cm 中国嘉德 2021-10-14

295 明 白玉浮雕双螭剑璏
估　价：RMB 250,000～350,000
成交价：RMB 333,500
长9.15cm 永乐拍卖 2021-05-22

1104 汉 玉剑饰（三件）
估　价：HKD 150,000～200,000
成交价：RMB 149,040
最大的长6.7cm 中国嘉德 2021-10-14

1652 明 白玉红沁高浮雕双螭龙纹剑璏
估　价：RMB 50,000～70,000
成交价：RMB 86,250
长8cm 西泠印社 2021-01-15

238 明 白玉黄沁出廓螭龙剑璏
估　价：RMB 220,000～300,000
成交价：RMB 322,000
长7cm 永乐拍卖 2021-05-22

214 明 白玉满沁双梁凤纹剑璏
估　价：RMB 80,000～120,000
成交价：RMB 120,750
长5.4cm 永乐拍卖 2021-05-22

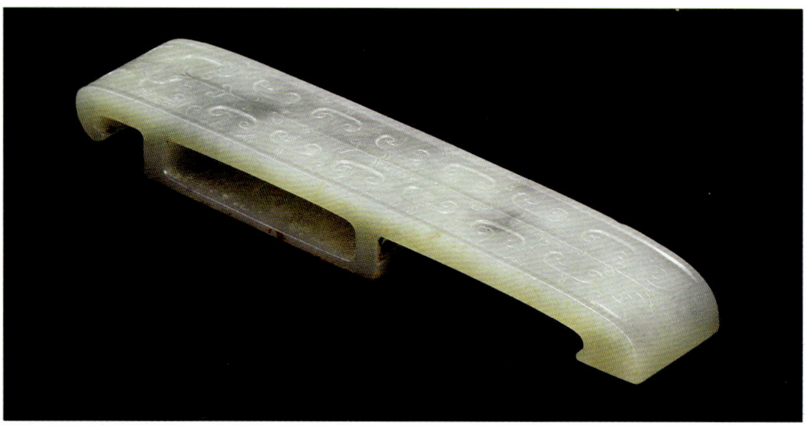

2249 明 勾云纹文带
估　价：RMB 50,000
成交价：RMB 101,200
长13cm；宽2.5cm 中贸圣佳 2021-09-26

2248 明 兽面文带
估　价：RMB 70,000
成交价：RMB 126,500
长10.3cm 中贸圣佳 2021-09-26

3055 清 白玉兽面纹剑璏
估　价：RMB 160,000～200,000
成交价：RMB 264,500
长9.8cm 古天一 2021-06-07

3152 清 白玉高浮雕螭龙剑饰（一套四件）
估　价：RMB 350,000～450,000
成交价：RMB 517,500
直径4.2cm；长8cm；长5.5cm×2
古天一 2021-06-07

3966 清 青玉螭龙纹剑璏
估　价：RMB 30,000～50,000
成交价：RMB 161,000
长4.6cm 永乐拍卖 2021-12-01

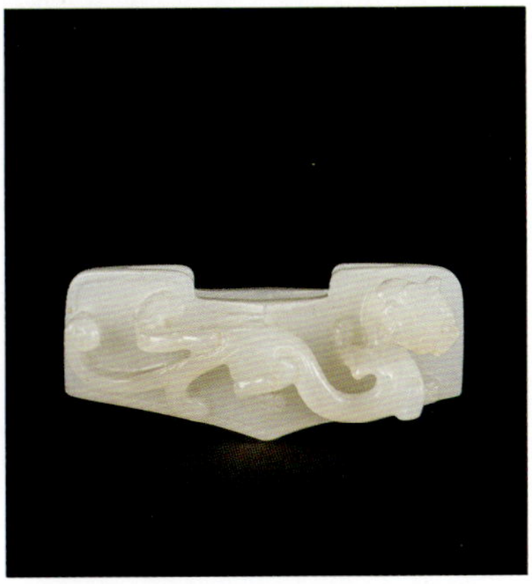

609 西汉 白玉雕螭龙纹剑珌
估　价：USD 8,000～12,000
成交价：RMB 244,688
长5.7cm 纽约佳士得 2021-03-18

239 明 白玉浮雕螭龙剑珌
估　价：RMB 300,000～400,000
成交价：RMB 437,000
长6.5cm；宽3.9cm 永乐拍卖 2021-05-22

240 明 白玉红沁出廓龙凤纹剑珌
估　价：RMB 400,000～600,000
成交价：RMB 1,092,500
长5.4cm；宽4.1cm 永乐拍卖 2021-05-22

3182 清 白玉高浮雕龙凤纹剑珌
估　价：RMB 350,000～500,000
成交价：RMB 1,725,000
高5.6cm 古天一 2021-06-07

玉扳指

684 18世纪 白玉雕高士图扳指
估　价：USD 7,000～9,000
成交价：RMB 106,031
直径3.5cm 纽约佳士得 2021-03-18

1543 清乾隆 白玉“辅正志直”扳指
估　价：RMB 180,000～250,000
成交价：RMB 299,000
高2.5cm 十竹斋拍卖（北京） 2021-05-29

3320 清乾隆 白玉雕“咏秋声赋”御题诗扳指
估　价：HKD 250,000～350,000
成交价：RMB 586,728
直径3.1cm 保利香港 2021-04-21

5106 清乾隆 白玉 黄玉 白玉带沁御题诗搬指（三件）
估　价：RMB 1,000,000～2,000,000
成交价：RMB 1,725,000
尺寸不一 北京保利 2021-06-07

2206 清乾隆 白玉雕带皮龙纹扳指
估　价：RMB 150,000～200,000
成交价：RMB 230,000
38mm × 35mm × 26mm 西泠印社 2021-01-15

329 清乾隆 白玉狩猎图扳指
估　价：RMB 30,000
成交价：RMB 65,830
高2.5cm 浙江佳宝 2021-01-10

1124 清乾隆 白玉御题诗咏玉韘扳指
估　价：RMB 200,000～300,000
成交价：RMB 805,000
直径3cm 保利厦门 2021-11-05

1216 清道光 行有恒堂 黄皮玉扳指
估　价：RMB 300,000～400,000
成交价：RMB 506,000
高2.5cm 中贸圣佳 2021-05-21

3575 清乾隆 黄玉留皮螭龙扳指
估　价：RMB 50,000～80,000
成交价：RMB 63,250
高2.7cm 西泠印社 2021-01-16

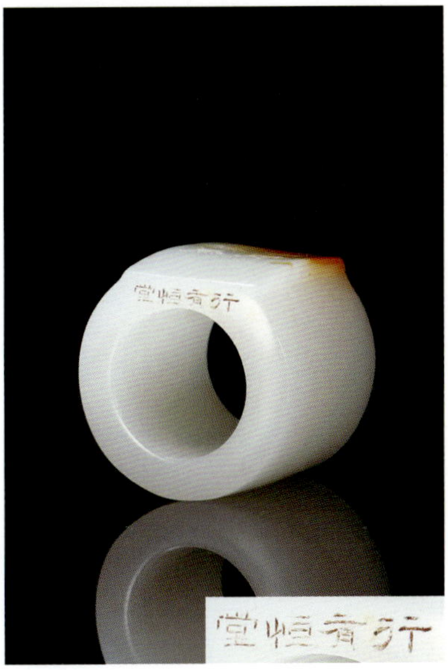

5561 清道光 白玉留皮“清静无为”扳指
估　价：RMB 350,000～550,000
成交价：RMB 517,500
直径2.7cm 北京保利 2021-12-05

686 18世纪/19世纪 白玉雕亭台楼阁诗文扳指
估　价：USD 12,000～18,000
成交价：RMB 163,125
直径3.2cm 纽约佳士得 2021-03-18

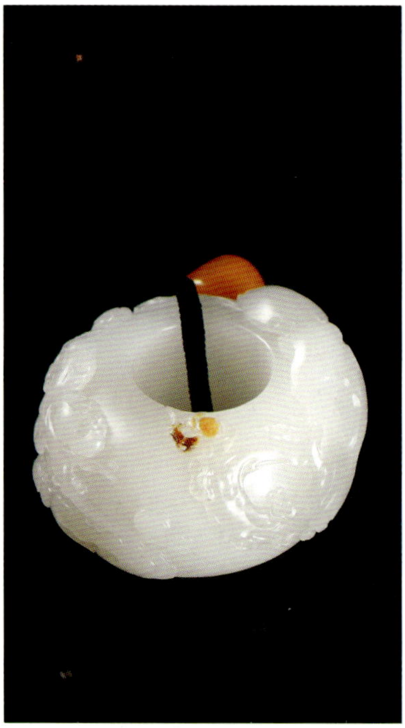

4477 倪伟滨 暗香 白玉扳指
估　价：RMB 380,000～450,000
成交价：RMB 494,500
54mm×51mm×33mm 西泠印社 2021-07-25

3435 元 白玉螭龙带穿、胡人戏狮牌（两件）
估　价：RMB 35,000～55,000
成交价：RMB 97,750
直径5.1cm；4.9cm×4.7cm
中国嘉德 2021-05-19

3915 元 白玉大雁海东青带饰
估　价：RMB 70,000～90,000
成交价：RMB 80,500
长6.2cm 北京荣宝 2021-06-19

玉带板

539 唐 白琉璃胡人吹笛带板
估　价：HKD 8,000～12,000
成交价：RMB 57,695
高5.2cm；宽4cm 中国嘉德 2021-04-21

4383 元 白玉雕螭龙纹带板
估　价：RMB 250,000～320,000
成交价：RMB 460,000
59mm×73mm×11mm 西泠印社 2021-07-25

2032 元 白玉透雕云龙纹长方形带饰
估　价：RMB 90,000
成交价：RMB 143,750
8cm × 4cm 古天一 2021-06-07

2020 元 黑白玉巧雕龙纹带板
估　价：RMB 85,000
成交价：RMB 94,300
7cm × 6.6cm 古天一 2021-06-07

613 元 凤穿牡丹纹白玉带板
估　价：RMB 25,000 ~ 55,000
成交价：RMB 59,800
7.9cm × 5.2cm 中贸圣佳 2021-03-26

939 元 玉雕海东青啄天鹅带环
估　价：RMB 30,000 ~ 40,000
成交价：RMB 115,000
直径6.5cm 北京诚轩 2021-05-18

488 明 白玉穿云龙纹带饰
估　价：RMB 150,000
成交价：RMB 172,500
高7.3cm；厚1.4cm 上海呗美 2021-05-30

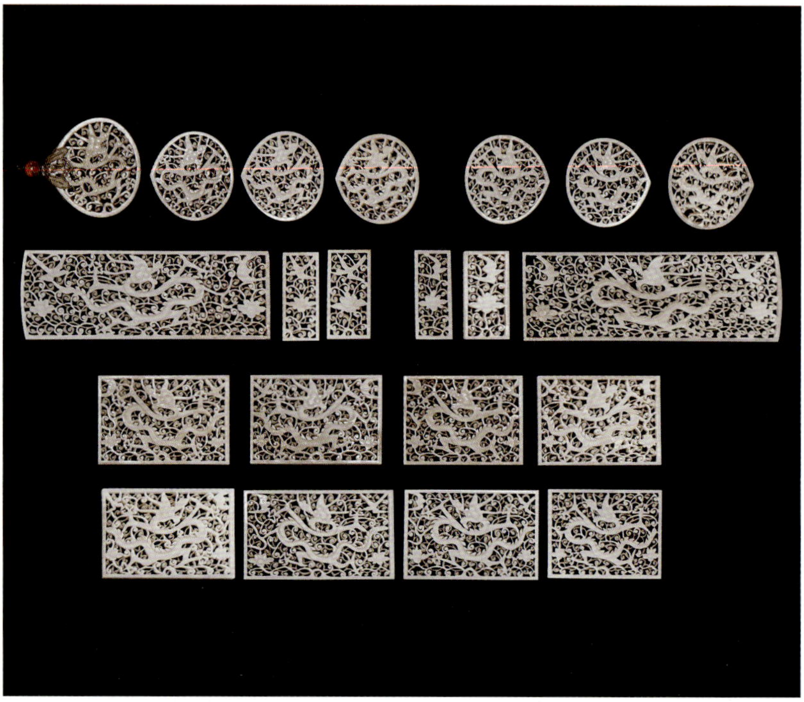

638 明 白玉雕龙纹及花鸟纹带饰（一组二十件）
估　价：USD 60,000～80,000
成交价：RMB 2,039,063
较大的长13.7cm×2 纽约佳士得 2021-03-18

3800 明 白玉浮雕狮子绣球带板（一组二十件）
估　价：RMB 80,000～150,000
成交价：RMB 207,000
长5.5～10.5cm 西泠印社 2021-01-16

4400 明 白玉雕翼龙纹带板
估　价：RMB 70,000～90,000
成交价：RMB 138,000
76mm×65mm×7mm 西泠印社 2021-07-25

3586 明 白玉龙纹带板
估　价：RMB 50,000～80,000
成交价：RMB 74,750
13.4cm×4.5cm 中国嘉德 2021-11-29

387 明 白玉镂雕瑞兔献寿纹带饰
估　价：RMB 60,000
成交价：RMB 207,000
长8.8cm 浙江佳宝 2021-01-10

2186 明 白玉透雕龙纹带板
估　价：RMB 30,000～50,000
成交价：RMB 124,200
长7.5cm；宽5.8cm 十竹斋 2021-06-27

1870 明 胡人带板
估　价：RMB 60,000～100,000
成交价：RMB 115,000
4.3cm×4.3cm 中贸圣佳 2021-05-21

2184 明 玉雕春水带饰
估　价：RMB 50,000～80,000
成交价：RMB 126,500
长8.8cm；宽7.3cm 十竹斋 2021-06-27

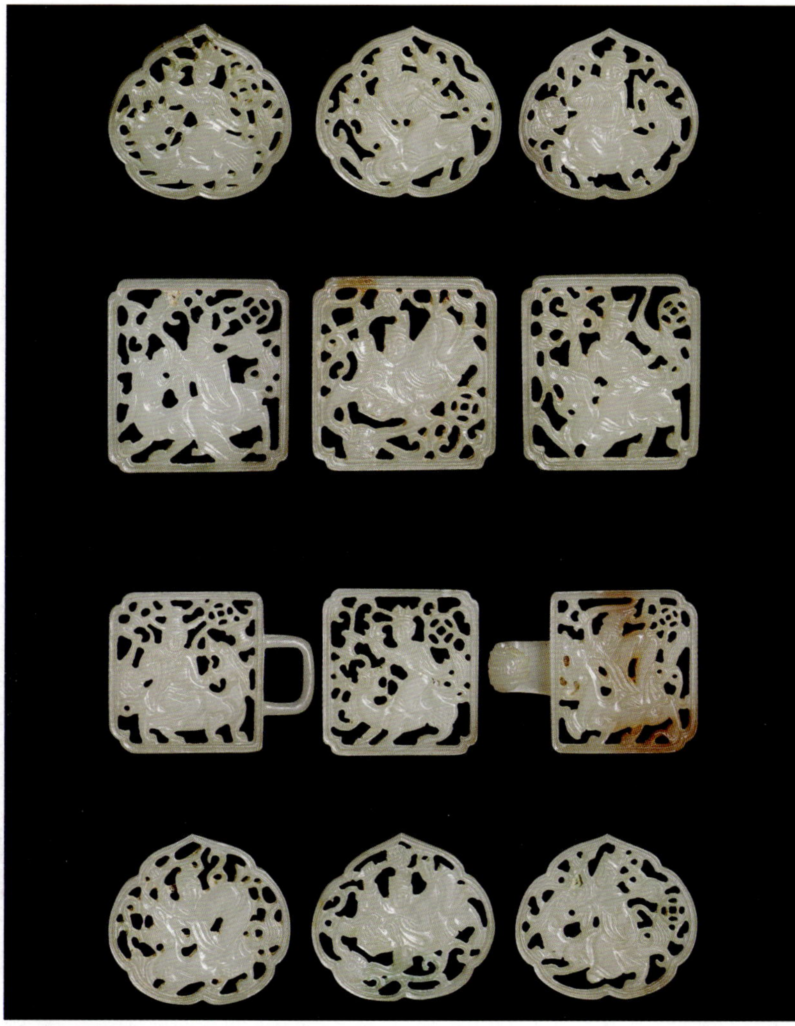

1494 明或更早 白玉麒麟送子纹带板（一套十二件）
估　价：RMB 150,000～300,000
成交价：RMB 172,500
高3.7cm 广东崇正 2021-07-19

363 明 黑白玉巧雕双螭衔芝带饰
估　价：RMB 160,000～200,000
成交价：RMB 218,500
长10.7cm；宽7.2cm 永乐拍卖 2021-05-22

3130 清 白玉胡人带板
成交价：RMB 195,500
长5.4cm 古天一 2021-06-07

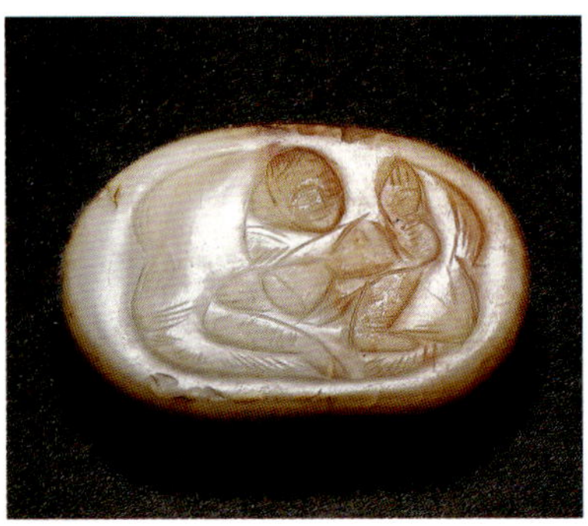

3870 清 白玉胡人击鼓带板
估　价：RMB 50,000～80,000
成交价：RMB 97,750
长4.1cm 永乐拍卖 2021-12-01

3871 清 白玉奏乐带板
估　价：RMB 80,000～120,000
成交价：RMB 184,000
长3.4cm 永乐拍卖 2021-12-01

玉带钩

2763 战国 龙首虎面玉带钩
估　价：HKD 300,000～500,000
成交价：RMB 872,313
长15cm 佳士得 2021-12-03

2769 战国 兽首玉带钩
估　价：HKD 300,000～500,000
成交价：RMB 923,625
宽5.6cm 佳士得 2021-12-03

2770 战国晚期至西汉早期 龙首凤纹玉带钩
估　价：HKD 2,500,000～4,000,000
成交价：RMB 2,565,625
长11cm 佳士得 2021-12-03

355 明 白玉红沁龙首兽面衔环带钩
估　价：RMB 120,000～180,000
成交价：RMB 172,500
长5.1cm 永乐拍卖 2021-05-22

2764 战国中期 龙首玉带钩（两件）
估　价：HKD 200,000～300,000
成交价：RMB 205,250
较大的长18.5cm 佳士得 2021-12-03

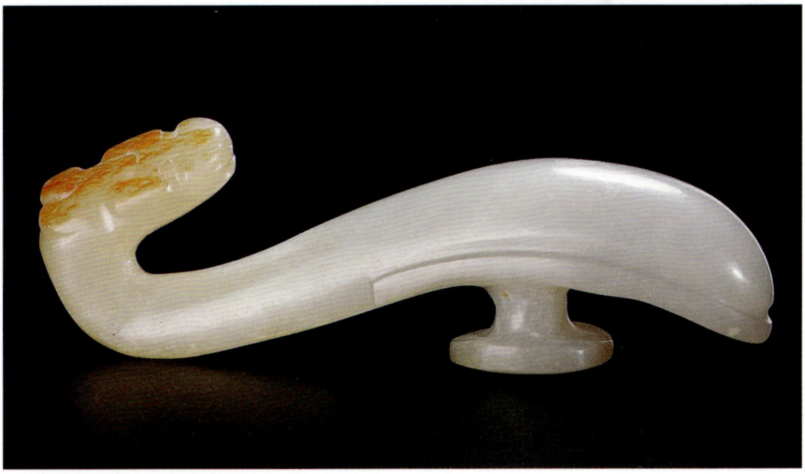

314 明 白玉鸿运当头龙首带钩
估　价：RMB 150,000～220,000
成交价：RMB 195,500
长7cm 永乐拍卖 2021-05-22

2214 元 浮雕螭龙大龙钩
估　价：RMB 30,000
成交价：RMB 78,200
长15.2cm 中贸圣佳 2021-09-26

646 明 白玉苍龙教子带钩
估　价：RMB 40,000～60,000
成交价：RMB 46,000
长10cm 中贸圣佳 2021-03-26

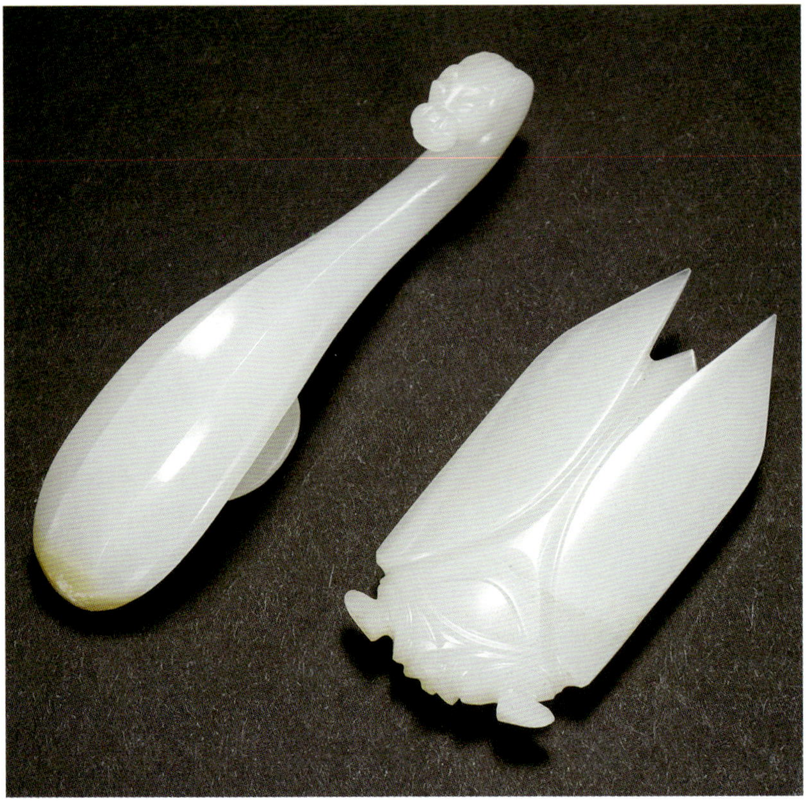

541 清 白玉龙钩、白玉蝉
估 价：RMB 600,000
成交价：RMB 1,207,500
钩长8.2cm；蝉长5.8cm 上海呗美 2021-05-30

3023 清 白玉勾连云纹龙钩
成交价：RMB 115,000
长5cm 古天一 2021-06-07

3814 清 白玉苍龙教子大带钩（两件）
估 价：RMB 100,000～150,000
成交价：RMB 224,250
长14.7cm；长13.5cm 永乐拍卖 2021-12-01

3059 清 白玉螭龙纹龙首带钩
估 价：RMB 180,000～280,000
成交价：RMB 207,000
长10cm 古天一 2021-06-07

玉带扣

534 战国 嵌金云纹玉带扣
估 价：HKD 250,000～350,000
成交价：RMB 547,107
长5cm；宽3cm 中国嘉德 2021-04-21

579 辽金 黑白玉双熊带扣
估　价：HKD 80,000 ~ 120,000
成交价：RMB 169,106
高4.4cm；宽2.9cm 中国嘉德 2021-04-21

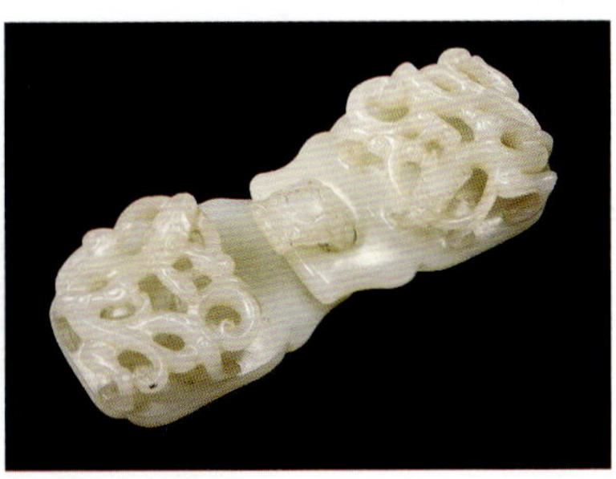

2191 清中期 白玉龙带扣
估　价：RMB 40,000 ~ 60,000
成交价：RMB 46,000
长9.5cm 华艺国际 2021-04-01

2097 清 白玉双环带扣
估　价：RMB 55,000
成交价：RMB 59,800
直径4.5cm × 2 古天一 2021-06-07

玉　锁

331 清早期 白玉镂雕开光玉堂富贵双龙锁
估　价：RMB 20,000
成交价：RMB 39,725
长8.2cm 浙江佳宝 2021-01-10

555 清 玉锁
成交价：RMB 37,950
4cm × 3.5cm 十竹斋 2021-06-27

玉　磬

3709 明 黄玉龙凤纹磬
估　价：RMB 1,000 ~ 2,000
成交价：RMB 126,500
长13.2cm 中国嘉德 2021-11-29

934 清乾隆 碧玉阴刻描金龙纹磬
估　价：HKD 60,000 ~ 80,000
成交价：RMB 248,685
宽29cm 中国嘉德 2021-04-21

1902 清乾隆 碧玉双龙描金玉磬
估　价：RMB 200,000 ~ 300,000
成交价：RMB 437,000
长28.5cm 中贸圣佳 2021-05-21

376 清 青玉磬
估　价：RMB 50,000～70,000
成交价：RMB 57,500
长21cm 江苏汇中 2021-05-14

玉刚卯、严卯

1857 明 玉刚卯
估　价：RMB 15,000～25,000
成交价：RMB 20,700
高2.8cm 中贸圣佳 2021-05-21

1305 明 玉刚卯严卯 （一对）
估　价：RMB 20,000～30,000
成交价：RMB 23,000
高2.1cm 朵云轩 2021-07-07

玉柄形器

2744 春秋晚期 玉柄形器
估　价：HKD 30,000～50,000
成交价：RMB 76,969
长7.5cm 佳士得 2021-12-03

2743 春秋早期 玉柄形器
估　价：HKD 50,000～80,000
成交价：RMB 82,100
长10.5cm 佳士得 2021-12-03

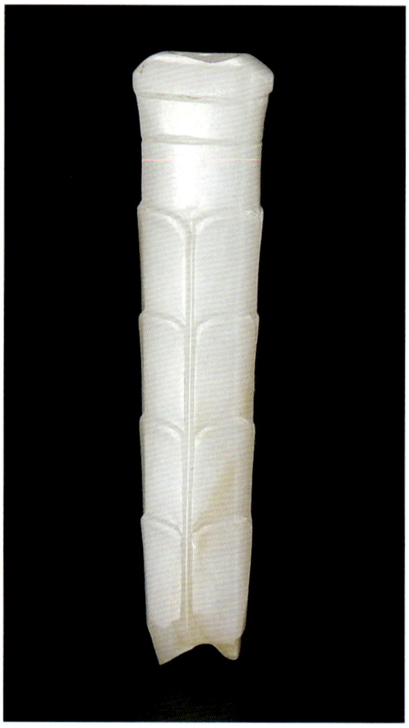

211 明 白玉柄形器
估　价：RMB 20,000～30,000
成交价：RMB 71,300
长7.15cm 永乐拍卖 2021-05-22

3957 清 玉柄形器
估　价：RMB 20,000～30,000
成交价：RMB 36,800
长12.2cm 永乐拍卖 2021-12-01

3080 清 白玉柄形器
估　价：RMB 60,000～100,000
成交价：RMB 115,000
长6.5cm 古天一 2021-06-07

2194 明早期 玉雕荷塘鸳鸯炉顶
估　价：RMB 100,000～150,000
成交价：RMB 126,500
高6.2cm 华艺国际 2021-04-01

玉炉顶

585 元 白玉鹭鸶炉顶
估　价：RMB 60,000
成交价：RMB 97,750
高4.3cm 上海呗美 2021-05-30

2161 元 白玉秋山炉顶
估　价：RMB 30,000～50,000
成交价：RMB 34,500
高3.5cm 北京翰海 2021-12-18

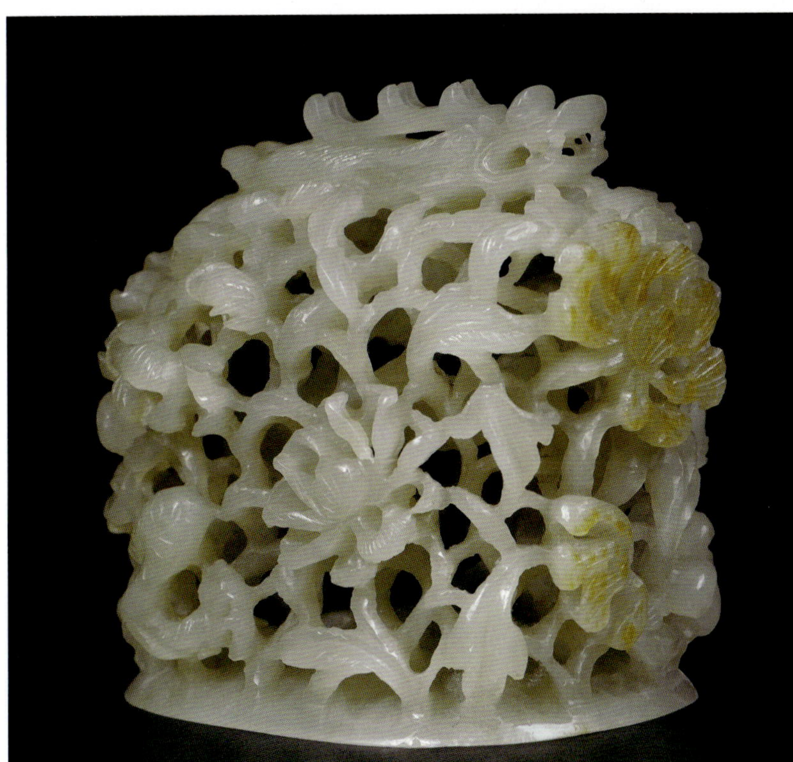

2194 明 白玉龙穿花炉顶
估　价：RMB 30,000～50,000
成交价：RMB 672,750
高7cm 十竹斋 2021-06-27

360 明 白玉黄皮一路连科炉顶
估　价：RMB 80,000～120,000
成交价：RMB 132,250
高4.2cm 永乐拍卖 2021-05-22

229 明 白玉镂雕一路连科炉顶
估　价：RMB 80,000～120,000
成交价：RMB 109,250
直径4.3cm；高3.5cm 永乐拍卖 2021-05-22

玉香囊

538 清乾隆 碧玉镂雕龙首香囊
估　价：RMB 300,000～500,000
成交价：RMB 632,500
长8.6cm 北京华夏天天 2021-09-25

962 清中期 白玉香囊
估　价：HKD 80,000～120,000
成交价：RMB 139,264
宽6.8cm 中国嘉德 2021-04-21

3312 清中期 黄玉荷包香囊
估　价：HKD 80,000～120,000
成交价：RMB 187,188
高5.3cm 保利香港 2021-12-02

2247 清 白玉雕“西厢”、“梁祝”人物纹香囊
估　价：RMB 45,000～60,000
成交价：RMB 57,500
58mm×58mm×26mm 西泠印社 2021-01-15

2090 清 白玉红皮荷花香囊佩
估　价：RMB 40,000
成交价：RMB 43,700
高4.6cm 古天一 2021-06-07

2785 清 白玉镂雕双鹿纹香囊
估　价：RMB 45,000～60,000
成交价：RMB 55,200
长6.5cm；宽3.8cm 西泠印社 2021-07-24

1276 清 黄玉雕龙纹香囊
估　价：RMB 100,000～120,000
成交价：RMB 115,000
长7.5cm 朵云轩 2021-07-07

玉珠串、项链

503 新石器时代 玉串饰
估　价：HKD 20,000～30,000
成交价：RMB 189,001
总围长81cm 中国嘉德 2021-04-21

504 新石器时代 玉串饰
估　价：HKD 20,000～30,000
成交价：RMB 198,948
总围长77cm 中国嘉德 2021-04-21

1141 文化期 玉串饰
估　价：HKD 20,000～30,000
成交价：RMB 317,952
长64.4cm 中国嘉德 2021-10-14

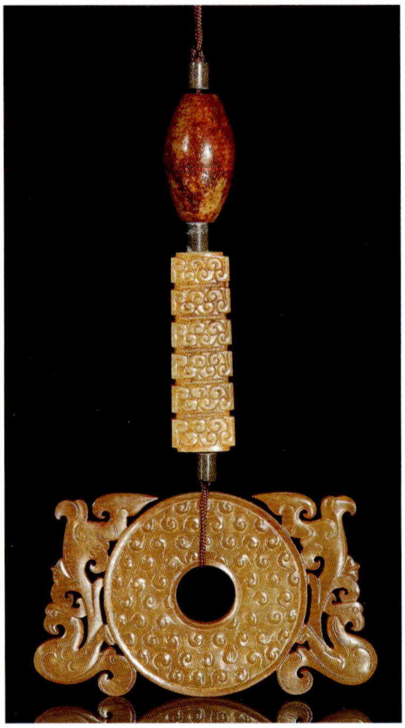

1680 明以前玉双凤纹璧出戟勒子椭圆珠多宝串
成交价：RMB 115,000
尺寸不一 广东崇正 2021-07-19

1897 明 多宝串
估　价：RMB 600,000～800,000
成交价：RMB 1,495,000
尺寸不一 中贸圣佳 2021-05-21

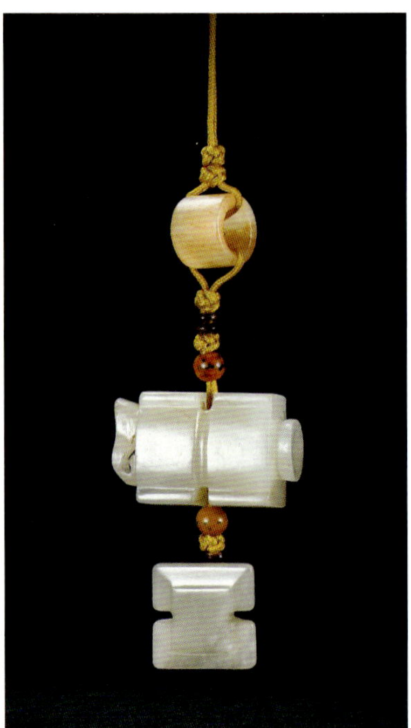

277 明 白玉管饰、司南佩、工字佩多宝串
估　价：RMB 200,000～300,000
成交价：RMB 310,500
尺寸不一 永乐拍卖 2021-05-22

281 明 玉管、玉璧串饰
估　价：RMB 250,000～350,000
成交价：RMB 299,000
尺寸不一 永乐拍卖 2021-05-22

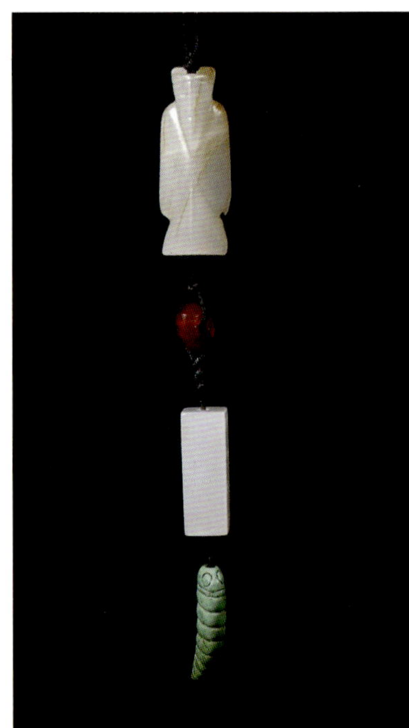

2078 明 玉翁仲、玉冈卯、绿松石蚕多宝串
估　价：RMB 60,000
成交价：RMB 103,500
高4cm；高2.5cm；高2.8cm
古天一 2021-06-07

1884 明 玉勒子一串九颗
估　价：RMB 120,000～180,000
成交价：RMB 207,000
尺寸不一 中贸圣佳 2021-05-21

1316 明或更早 玉龙凤佩、蝌蚪纹勒子多宝串
成交价：RMB 92,000
长10.5cm 广东崇正 2021-01-07

1184 清乾隆 玉雕十二生肖手串
估　价：RMB 200,000～300,000
成交价：RMB 230,000
尺寸不一 博美拍卖 2021-12-03

3137 清 白玉勒、玉觿串饰
估　价：RMB 60,000～90,000
成交价：RMB 207,000
长2.8cm；长5cm 古天一 2021-06-07

3027 清 谷纹玉璧串饰
估　价：RMB 50,000～80,000
成交价：RMB 287,500
外径2.8cm；外径4cm 古天一 2021-06-07

3089 清 卷云纹玉勒、玉璧串饰
估　价：RMB 220,000～280,000
成交价：RMB 368,000
长4cm；外径4.8cm 古天一 2021-06-07

3967 清 玉勒、玉璧多宝
估　价：RMB 20,000～30,000
成交价：RMB 78,200
外径3.2cm；高2.4cm 永乐拍卖 2021-12-01

2054 清 十八粒刻字玉珠串
估　价：RMB 60,000
成交价：RMB 310,500
古天一 2021-06-07

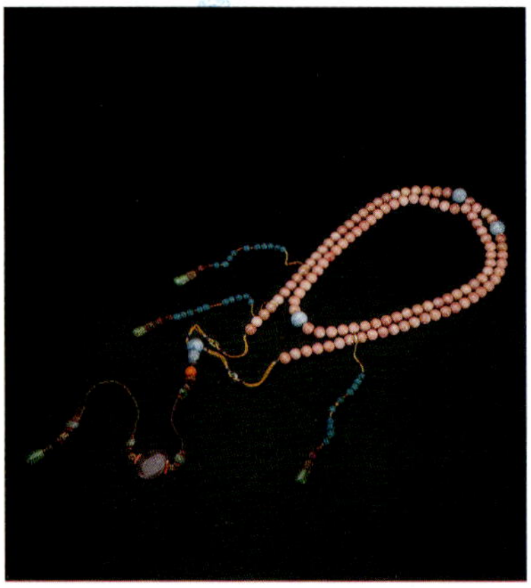

172 清 玉石朝珠
估　价：RMB 50,000～80,000
成交价：RMB 63,250
长117cm 北京华辰 2021-06-19

294 白玉原籽手串
估　价：RMB 130,000～180,000
成交价：RMB 145,600
重量45.8g 上海联合 2021-11-21

3388 新疆和田玉籽料原石手串
估　价：RMB 3,200,000～3,800,000
成交价：RMB 3,680,000
尚品润博 2021-09-12

3387 新疆和田玉籽料原石手串
估　价：RMB 1,380,000～1,680,000
成交价：RMB 1,587,000
2.3cm × 2.2cm × 1.2cm 尚品润博 2021-09-12

328 清中期 金珀朝珠/白玉翎管（一组）
估　价：RMB 60,000
成交价：RMB 103,500
翎管长7.2cm；朝珠直径1.2cm；直径1.55cm
浙江佳宝 2021-01-10

643 新石器时代 玉镯
估　价：HKD 50,000～70,000
成交价：RMB 298,422
外径10.4cm 中国嘉德 2021-04-21

506 新石器时代 玉镯
估　价：HKD 30,000～50,000
成交价：RMB 129,316
外径8cm 中国嘉德 2021-04-21

玉　镯

1329 清中期 珊瑚珍珠翡翠朝珠
估　价：HKD 250,000～350,000
成交价：RMB 248,400
长79cm 中国嘉德 2021-10-14

642 新石器时代 玉镯
估　价：HKD 20,000～30,000
成交价：RMB 348,159
外径8cm 中国嘉德 2021-04-21

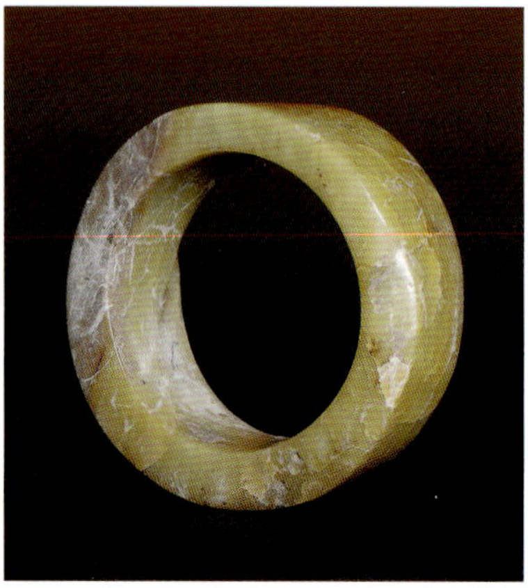

505 新石器时代 玉镯
估　价：HKD 20,000～30,000
成交价：RMB 109,421
外径8.1cm 中国嘉德 2021-04-21

722 文化期 玉镯
估　价：HKD 50,000～70,000
成交价：RMB 298,422
宽6.9cm 中国嘉德 2021-04-21

701 文化期 玉镯
估　价：HKD 40,000～60,000
成交价：RMB 139,104
宽8cm 中国嘉德 2021-10-12

49 西周 玉波曲纹镯
估　价：USD 20,000～30,000
成交价：RMB 489,639
外径7cm 纽约苏富比 2021-09-22

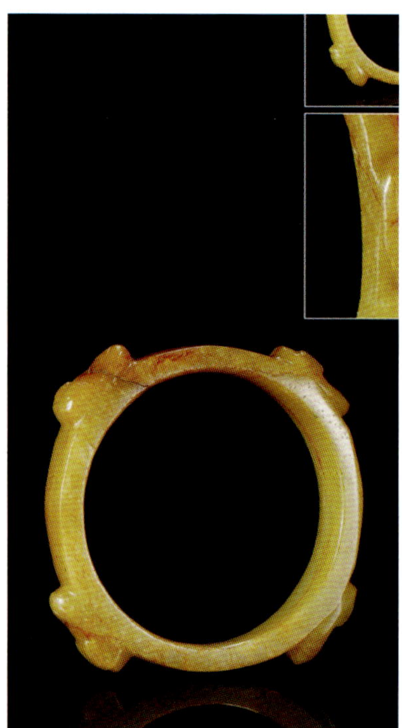

2852 明 黄玉浮雕蝉纹手镯
估　价：RMB 60,000～100,000
成交价：RMB 103,500
外径9.5cm 西泠印社 2021-07-24

1910 明 黄玉龙纹镯
估　价：RMB 15,000～20,000
成交价：RMB 40,250
外径8.2cm 西泠印社 2021-10-23

205 明 满沁玉镯
估　价：RMB 20,000～30,000
成交价：RMB 55,200
外径8.3cm 永乐拍卖 2021-05-22

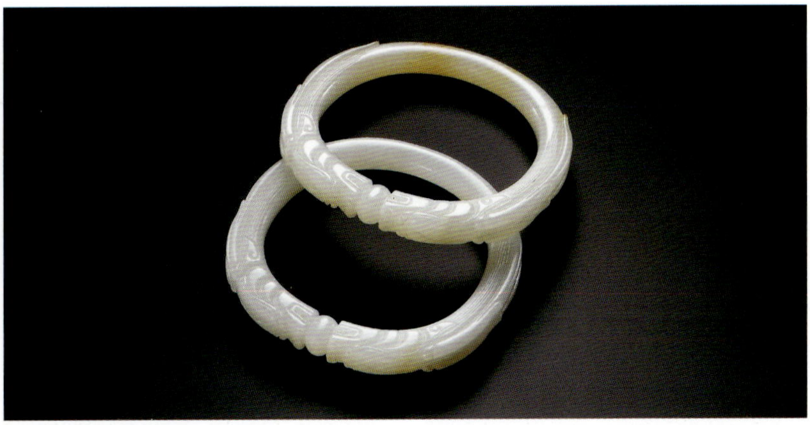

1922 明 双龙戏珠白玉手镯（一对）
估 价：RMB 200,000～250,000
成交价：RMB 230,000
外径7.8cm×2 中贸圣佳 2021-05-21

2294 清 白玉红沁圆镯
估 价：RMB 40,000～50,000
成交价：RMB 55,200
85mm×85mm×13mm 西泠印社 2021-01-15

3692 清 白玉马蹄形手镯（一对）
估 价：RMB 50,000～80,000
成交价：RMB 63,250
内径5.6cm×2 中国嘉德 2021-11-29

3058 清 白玉双凤纹手镯
估 价：RMB 100,000～150,000
成交价：RMB 138,000
内径5.7cm；外径7.8cm 古天一 2021-06-07

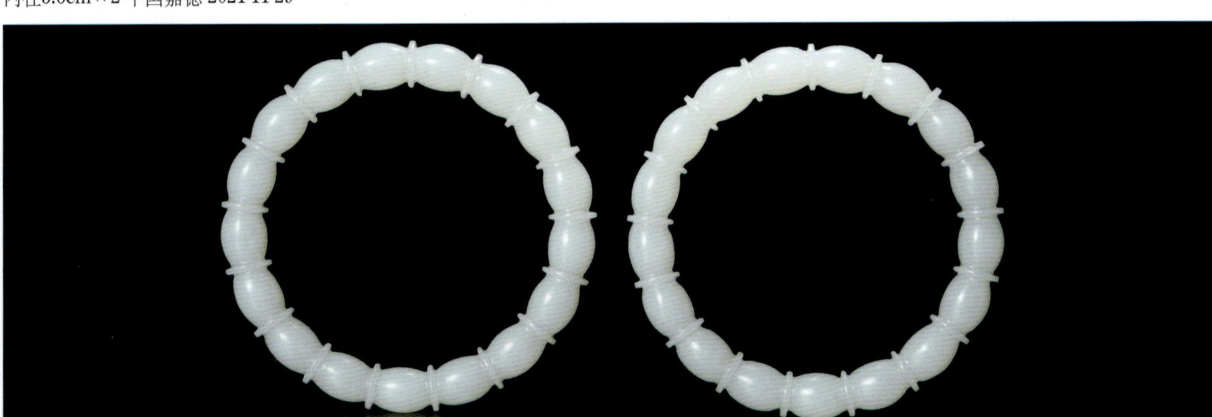

3558 清 白玉连珠式手镯（一对）
估 价：RMB 1,000～3,000
成交价：RMB 97,750
内径5.9cm×2 中国嘉德 2021-05-19

3118 清 青黄玉束腰手镯
估　价：RMB 500,000～700,000
成交价：RMB 1,437,500
高3.3cm；外径7.8cm 古天一 2021-06-07

447 白玉仿古纹手镯
估　价：RMB 280,000～400,000
成交价：RMB 313,600
7.7cm×1.75cm×1cm 上海联合 2021-11-21

245 白玉手镯
估　价：RMB 220,000～280,000
成交价：RMB 246,400
内径5.7cm；厚1.25cm 上海联合 2021-06-27

231 白玉手镯
估　价：RMB 320,000～400,000
成交价：RMB 358,400
7.6cm×2.15cm×1cm 上海联合 2021-11-21

玉冠饰

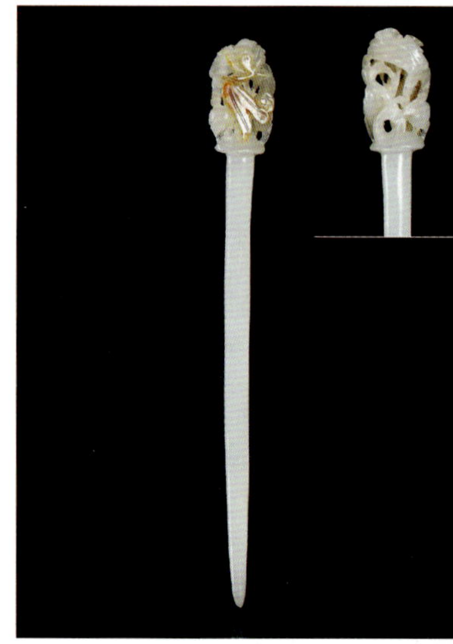

3573 元 白玉镂雕荷鹭纹发簪
估　价：RMB 35,000～50,000
成交价：RMB 55,200
长13cm 西泠印社 2021-01-16

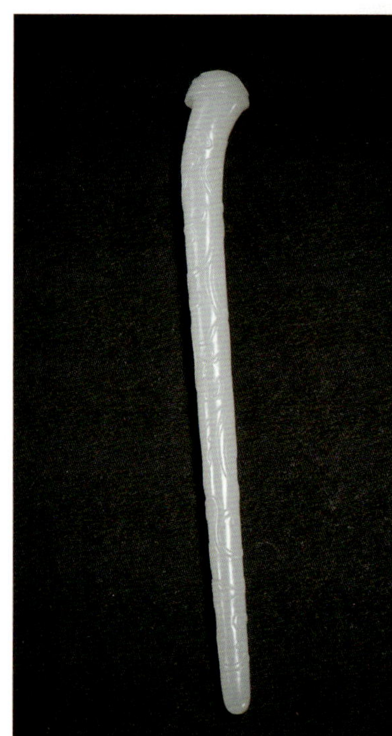

587 明 白玉螭龙纹发簪(子岗款)
估　价：RMB 80,000
成交价：RMB 115,000
长13.1cm 上海呗美 2021-05-30

1655 明 黄玉浮雕牛首纹箍形器
估　价：RMB 100,000～120,000
成交价：RMB 126,500
高4.6cm；直径6.6cm 西泠印社 2021-01-15

3940 清 白玉凤簪
估　价：RMB 40,000～60,000
成交价：RMB 78,200
长7cm 永乐拍卖 2021-12-01

502 明 白玉红沁箍
估　价：RMB 50,000
成交价：RMB 101,200
外径6.8cm 上海呗美 2021-05-30

3941 清 白玉箍形器
估　价：RMB 30,000～50,000
成交价：RMB 55,200
外径3.3cm 永乐拍卖 2021-12-01

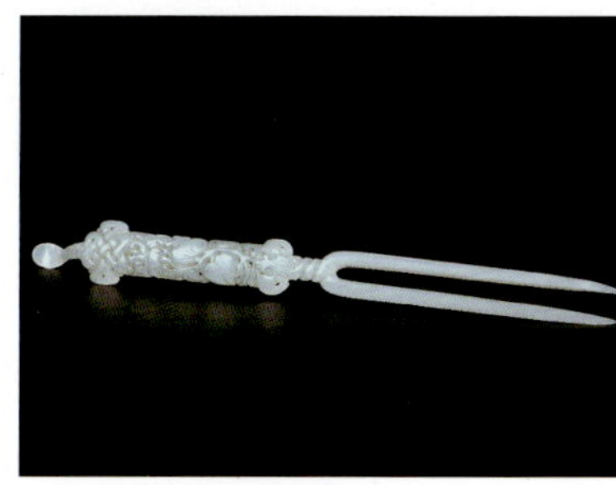

3554 清 白玉福寿纹发簪
估　价：RMB 28,000～48,000
成交价：RMB 31,780
长17.3cm 中国嘉德 2021-05-19

4344 清 沁色玉雕云纹箍形器
估　价：RMB 70,000～80,000
成交价：RMB 92,000
44mm×44mm×35mm 西泠印社 2021-07-25

玉韘形佩

2753 春秋晚期至战国 韘形玉佩 （两件）
估　价：HKD 80,000～120,000
成交价：RMB 461,813
较人的长6cm 佳士得 2021-12-03

287 明 白玉螭龙凤鸟纹韘形佩
估　价：RMB 680,000～880,000
成交价：RMB 862,500
长6.75cm 永乐拍卖 2021-05-22

575 明 白玉红沁鸡心佩
估　价：RMB 80,000
成交价：RMB 195,500
长7.1cm 上海呗美 2021-05-30

681 明 白玉螭龙鸡心佩
估　价：RMB 40,000～60,000
成交价：RMB 69,000
长8.2cm 北京保利 2021-10-30

2231 明 白玉雕鸡心佩
估　价：RMB 40,000～60,000
成交价：RMB 46,000
36mm × 34mm × 5mm 西泠印社 2021-01-15

1885 明 白玉红沁螭龙纹鸡心佩
估　价：RMB 5,000～10,000
成交价：RMB 40,250
长6.5cm；宽4.6cm 西泠印社 2021-10-23

137 明 白玉龙凤鸡心佩
估　价：RMB 70,000～120,000
成交价：RMB 138,000
长7.5cm 北京保利 2021-01-09

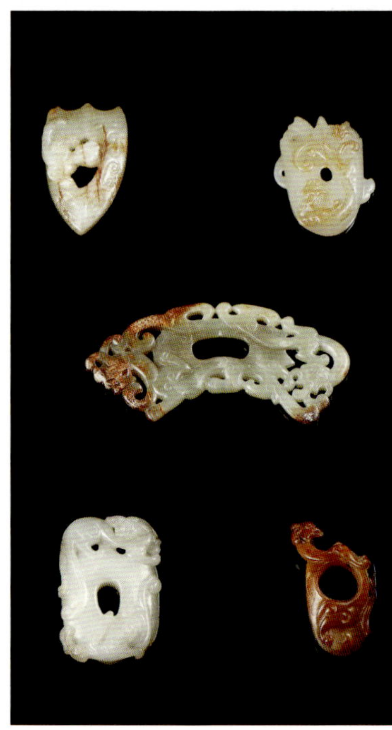

4342 明 玉雕鸡心佩（一组五件）
估　价：RMB 500,000～600,000
成交价：RMB 632,500
最大的96mm × 46mm × 5mm
西泠印社 2021-07-25

3902 清乾隆 碧玉螭龙韘形佩
估　价：RMB 280,000～350,000
成交价：RMB 379,500
长8.2cm 永乐拍卖 2021-12-01

3191 清 白玉出廓螭龙纹鸡心佩
估　价：RMB 250,000～350,000
成交价：RMB 345,000
高6cm 古天一 2021-06-07

545 清乾隆 黄玉保合太和双联鸡心佩
估　价：RMB 1,000,000～1,500,000
成交价：RMB 1,552,500
长7cm 北京保利 2021-09-26

4351 清 白玉雕螭龙纹鸡心佩
成交价：RMB 471,500
79mm × 50mm × 6mm 西泠印社 2021-07-25

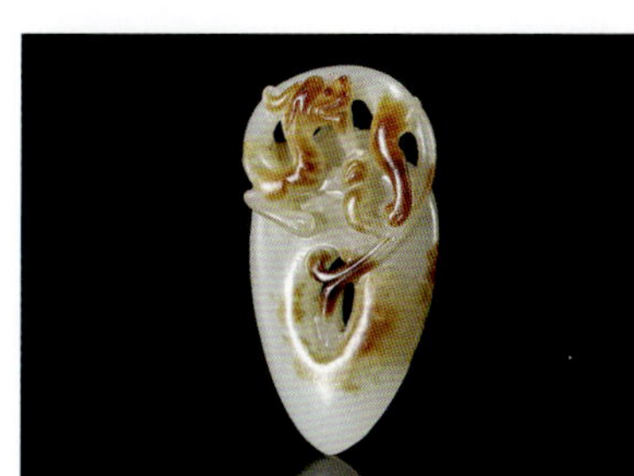

3964 清 白玉金皮螭龙鸡心佩
估　价：RMB 40,000～70,000
成交价：RMB 78,200
长6.2cm 永乐拍卖 2021-12-01

3884 清 白玉螺纹勾连云龙纹韘
估　价：RMB 200,000～300,000
成交价：RMB 517,500
长5.4cm 永乐拍卖 2021-12-01

1633 清 玉云龙鸡心佩
估　价：RMB 8,000
成交价：RMB 149,500
长5.3cm 北京翰海 2021-04-17

玉司南佩

1883 明以前 黄玉工子牌
估　价：RMB 30,000～50,000
成交价：RMB 34,500
长5.3cm 广东崇正 2021-01-07

1930 清 螭龙童子鸡心佩
估　价：RMB 40,000～60,000
成交价：RMB 69,000
长6.4cm；宽3.5cm 中贸圣佳 2021-05-21

3171 清 白玉透雕三螭龙大鸡心佩
估　价：RMB 180,000～280,000
成交价：RMB 230,000
高12cm 古天一 2021-06-07

316 清 青白玉双面雕荔枝花卉纹工字牌
估　价：RMB 20,000
成交价：RMB 36,800
长4.6cm 浙江佳宝 2021-01-10

玉 牌

2755 春秋晚期 秦式龙纹镂空玉牌
估　价：HKD 100,000～150,000
成交价：RMB 1,642,000
高5cm 佳士得 2021-12-03

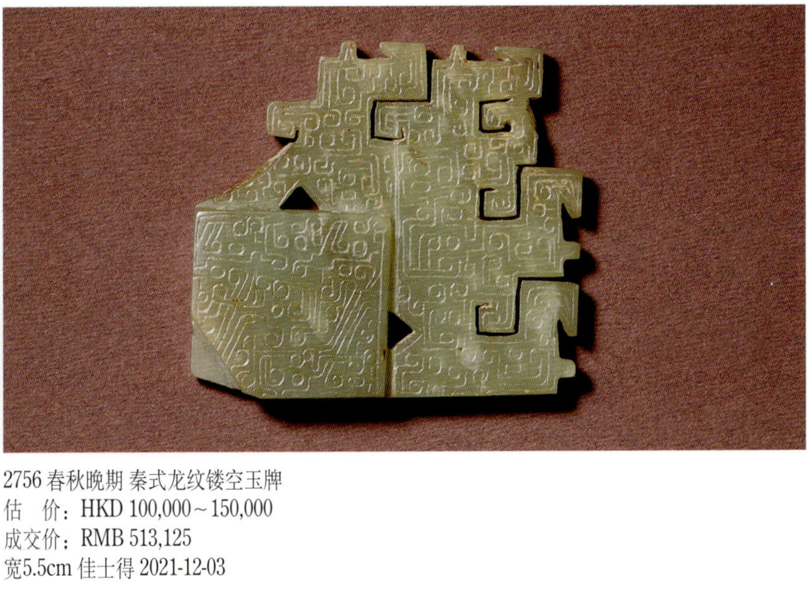

2756 春秋晚期 秦式龙纹镂空玉牌
估　价：HKD 100,000～150,000
成交价：RMB 513,125
宽5.5cm 佳士得 2021-12-03

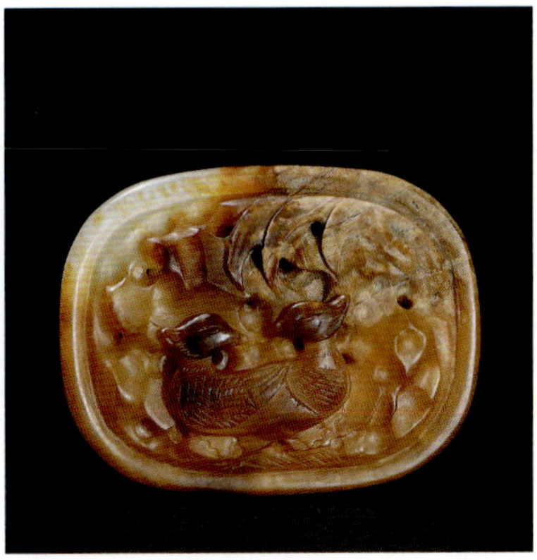

397 元 白玉红沁鸳鸯纹牌饰
估　价：RMB 20,000
成交价：RMB 25,300
长5.1cm 浙江佳宝 2021-01-10

2264 明 白玉雕风云际会牌
估　价：RMB 180,000～250,000
成交价：RMB 230,000
53mm×36mm×7mm 西泠印社 2021-01-15

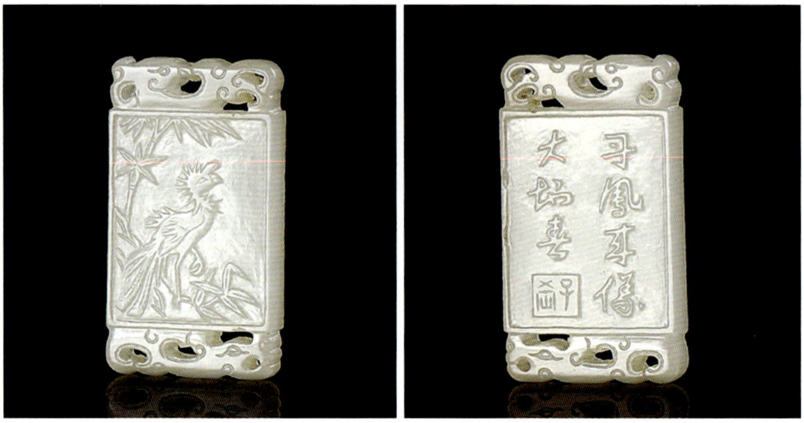

2239 明 白玉雕凤竹纹诗文牌
估　价：RMB 70,000～100,000
成交价：RMB 92,000
50mm×28mm×7mm 西泠印社 2021-01-15

2023 明 白玉山水人物诗文牌
估　价：RMB 150,000
成交价：RMB 322,000
5cm×3.5cm 古天一 2021-06-07

4428 明 白玉雕寿字牌
估　价：RMB 40,000～50,000
成交价：RMB 55,200
50mm×38mm×8mm 西泠印社 2021-07-25

3508 明 白玉双狮戏钱透雕牌
估　价：RMB 20,000～40,000
成交价：RMB 69,000
5.7cm×3.8cm 中国嘉德 2021-05-19

2261 明 白玉镂雕鹦鹉牌
估　价：RMB 60,000～80,000
成交价：RMB 74,750
58mm×52mm×5mm 西泠印社 2021-01-15

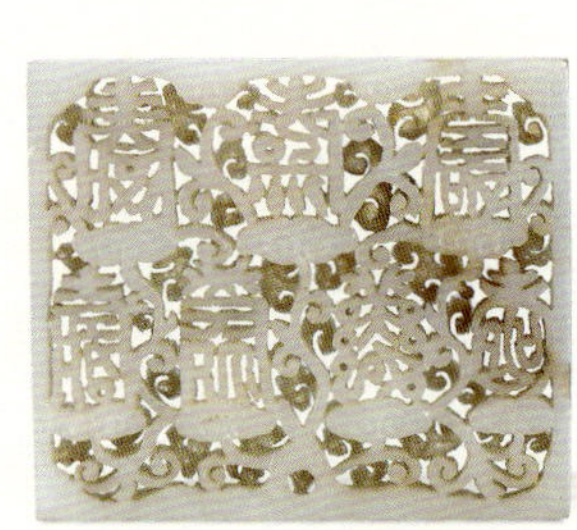

1248 明 白玉七“寿”纹镂雕牌
估　价：RMB 30,000～50,000
成交价：RMB 43,700
长7.7cm 广东崇正 2021-01-07

599 明 白玉天干地支牌
估　价：RMB 60,000
成交价：RMB 126,500
长4.9cm 上海呗美 2021-05-30

6059 明 白玉透雕翼龙方牌
成交价：RMB 43,700
长6.7cm 北京保利 2021-06-08

2250 明 玉夔龙形牌（一对）
估　价：RMB 40,000
成交价：RMB 46,000
长18.8cm 中贸圣佳 2021-09-26

3063 清初 白玉山水清音牌
估　价：RMB 50,000～80,000
成交价：RMB 57,500
6.6cm×4cm 古天一 2021-06-07

842 清早期 白玉高士图牌
估　价：RMB 450,000～550,000
成交价：RMB 609,500
7cm×5cm 中贸圣佳 2021-07-07

505 明 白玉五福临门牌
估　价：RMB 280,000
成交价：RMB 713,000
长6.9cm 上海呗美 2021-05-30

3410 清乾隆 白玉“同心比翼”牌
估　价：RMB 100,000～150,000
成交价：RMB 115,000
长5.3cm 北京荣宝 2021-06-19

226 清乾隆 白玉“子冈”款山水人物牌
估　价：RMB 480,000～600,000
成交价：RMB 713,000
长5.2cm 永乐拍卖 2021-05-22

2834 清乾隆 白玉雕受天百禄牌
估　价：RMB 50,000～80,000
成交价：RMB 69,000
长5.2cm；宽3.5cm 西泠印社 2021-07-24

6467 清乾隆 白玉大吉大利葫芦牌
估　价：RMB 800,000～1,200,000
成交价：RMB 920,000
长9.5cm 北京保利 2021-06-08

3606 清乾隆 白玉花鸟诗文子冈牌
估　价：RMB 150,000～180,000
成交价：RMB 172,500
4.5cm×3cm 中国嘉德 2021-11-29

2203 清乾隆 白玉雕岁岁平安牌
估　价：RMB 180,000～250,000
成交价：RMB 345,000
59mm × 49mm × 6mm 西泠印社 2021-01-15

673 清乾隆 煤晶斋戒牌
估　价：RMB 50,000～80,000
成交价：RMB 80,500
长5cm 北京保利 2021-10-30

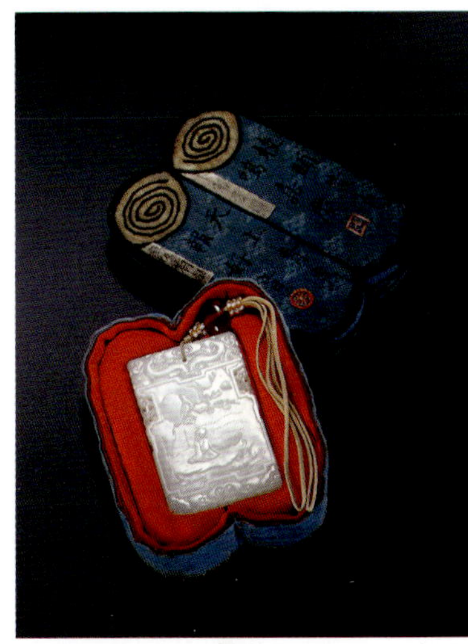

540 清乾隆 白玉高士题诗子冈牌
估　价：RMB 120,000～180,000
成交价：RMB 138,000
长6cm 北京保利 2021-09-26

3520 清乾隆 白玉福自天来牌
估　价：RMB 120,000～150,000
成交价：RMB 195,500
6.3cm × 4.2cm 中国嘉德 2021-05-19

343 清乾隆 御制青白玉第七尊者铭牌
估　价：RMB 30,000
成交价：RMB 66,700
长7.96cm 浙江佳宝 2021-01-10

3705 清乾隆 黄玉斋戒牌
估　价：RMB 1,000～2,000
成交价：RMB 172,500
6.3cm 中国嘉德 2021-11-29

575 清乾隆 仕女白玉牌
估　价：HKD 180,000～220,000
成交价：RMB 328,264
高5.3cm；宽3.5cm 中国嘉德 2021-04-21

1909 清乾隆 碧玺龙翔凤瑞牌
估　价：RMB 80,000～120,000
成交价：RMB 172,500
5.6cm×4cm 中贸圣佳 2021-05-21

3677 18世纪 白玉石榴斋戒牌
估　价：RMB 30,000～50,000
成交价：RMB 74,750
5.5cm×4cm 十竹斋拍卖（北京） 2021-05-29

3923 清中期 “子冈”款人物故事诗文牌
估　价：RMB 65,000～85,000
成交价：RMB 74,750
长7cm 北京荣宝 2021-06-19

399 清中期 白玉留红皮福寿灵芝牌
估　价：RMB 20,000
成交价：RMB 51,750
长4.4cm 浙江佳宝 2021-01-10

3417 清中期 白玉雕十八罗汉插牌
估　价：RMB 220,000～300,000
成交价：RMB 253,000
高23cm 北京荣宝 2021-06-19

3765 清中期 玛瑙巧作人物腰牌
估　价：RMB 1,000～2,000
成交价：RMB 34,500
7.1cm×5.5cm 中国嘉德 2021-11-29

3411 清中期 白玉浮雕“龙凤呈祥”挂牌（一对）
估　价：RMB 300,000～350,000
成交价：RMB 368,000
长6.5cm × 2 北京荣宝 2021-06-19

6086 清中期 白玉山水福禄题诗牌
估　价：RMB 50,000～80,000
成交价：RMB 345,000
长6cm 北京保利 2021-06-08

590 清 白玉百事如意牌
估　价：RMB 50,000～100,000
成交价：RMB 126,500
长7cm 中贸圣佳 2021-03-26

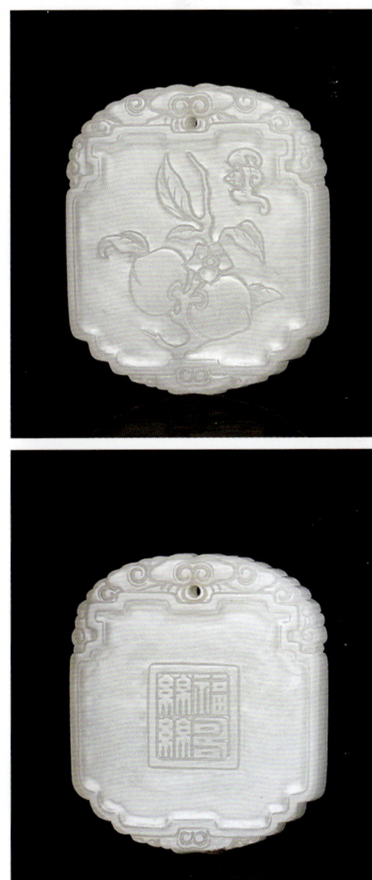

4359 清 白玉雕福寿绵绵牌
估　价：RMB 60,000～80,000
成交价：RMB 138,000
50mm × 44mm × 6mm 西泠印社 2021-07-25

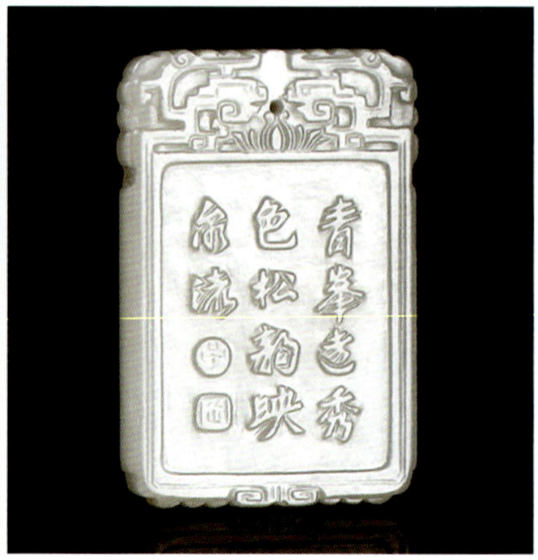

4427 清 白玉雕赏荷图诗文牌
估　价：RMB 60,000～80,000
成交价：RMB 86,250
63mm×42mm×7mm 西泠印社 2021-07-25

726 清 白玉梅花灵芝图文玩牌
估　价：HKD 50,000～70,000
成交价：RMB 99,360
高6.3cm 中国嘉德 2021-10-12

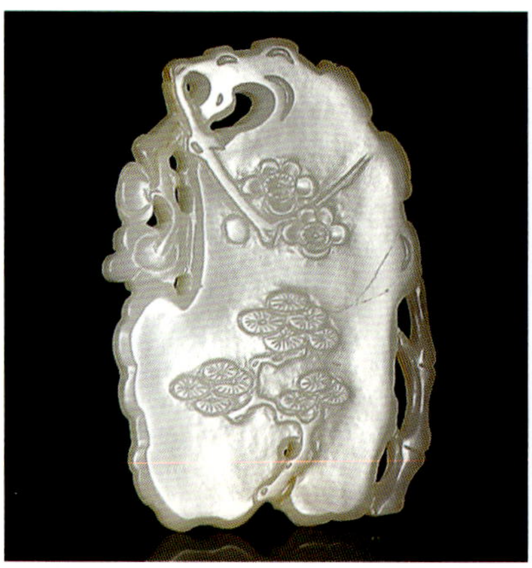

2268 清 白玉雕岁寒三友牌
估　价：RMB 70,000～90,000
成交价：RMB 92,000
60mm×43mm×6mm 西泠印社 2021-01-15

6053 清 白玉日乌月兔圆牌
成交价：RMB 69,000
直径5.8cm 北京保利 2021-12-06

3904 清 白玉二乔读书诗文牌
估　价：RMB 80,000～120,000
成交价：RMB 161,000
高5.2cm 永乐拍卖 2021-12-01

576 清 白玉如意云头太平无事牌
估　价：HKD 30,000～50,000
成交价：RMB 129,316
4.9cm×3.2cm 中国嘉德 2021-04-21

2085 清 白玉雕玉堂锦绣牌
估　价：RMB 200,000
成交价：RMB 402,500
5.2cm × 4.2cm 古天一 2021-06-07

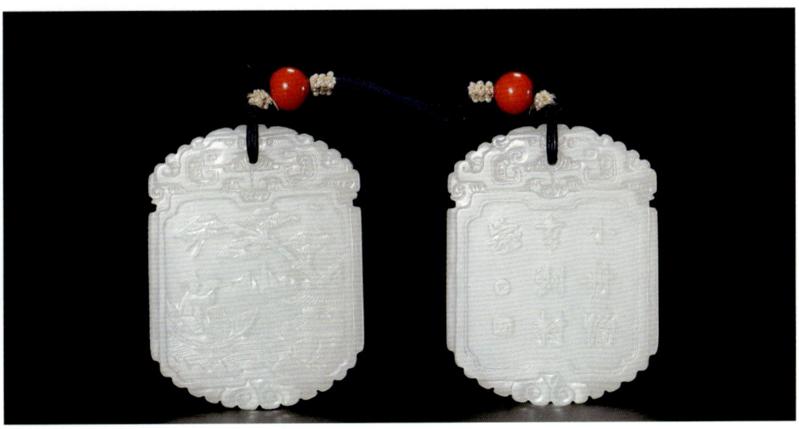

257 清 白玉山水人物诗文牌
估　价：RMB 150,000～200,000
成交价：RMB 195,500
长5.3cm 永乐拍卖 2021-05-22

148 清 白玉诗文春耕图子冈牌
估　价：RMB 100,000～150,000
成交价：RMB 115,000
长6cm 北京保利 2021-01-09

699 清 白玉渔家乐诗文牌
估　价：RMB 100,000～200,000
成交价：RMB 115,000
长6.3cm 北京保利 2021-10-30

2718 清 黄玉拜石问道牌
估　价：RMB 120,000～150,000
成交价：RMB 138,000
长6.2cm 北京荣宝 2021-12-02

2171 清 灵猴偷桃玉牌
估　价：RMB 50,000
成交价：RMB 89,700
长4.8cm 中贸圣佳 2021-09-26

3828 清 玛瑙巧雕封侯万代纹牌
估　价：RMB 40,000～70,000
成交价：RMB 78,200
高4.7cm 永乐拍卖 2021-12-01

3091 清 透雕龙纹玉牌饰
估　价：RMB 160,000～200,000
成交价：RMB 345,000
4cm × 3cm 古天一 2021-06-07

393 白玉执莲观音挂牌
估　价：RMB 138,000～180,000
成交价：RMB 154,560
7.3cm × 4.1cm × 1.1cm 上海联合 2021-06-27

4235 高毅进 福禄寿　白玉牌
估　价：RMB 120,000～150,000
成交价：RMB 149,500
69mm × 28mm × 14mm 西泠印社 2021-01-16

443 白玉日照金山牌
估　价：RMB 650,000～850,000
成交价：RMB 728,000
9.4cm × 6.2cm × 2.1cm 上海联合 2021-11-21

4234 高毅进 和和美美　白玉牌
估　价：RMB 150,000～180,000
成交价：RMB 195,500
63mm × 37mm × 15mm 西泠印社 2021-01-16

4233 高毅进 溪山访友　白玉牌
估　价：RMB 150,000～180,000
成交价：RMB 184,000
95mm×39mm×13mm 西泠印社 2021-01-16

4487 郭万龙 连年有余 白玉牌
估　价：RMB 420,000～500,000
成交价：RMB 494,500
60mm×48mm×13mm 西泠印社 2021-07-25

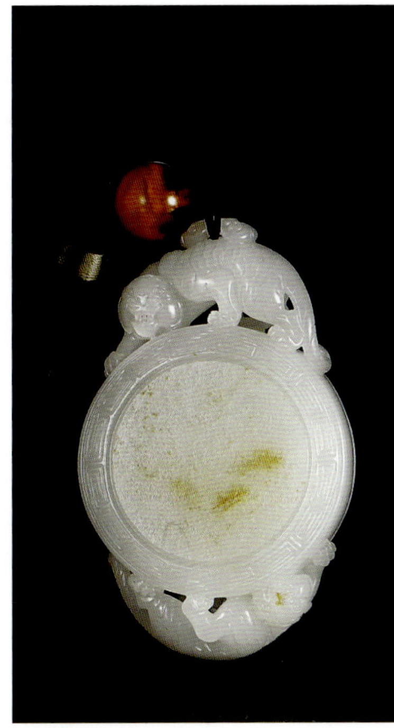

4219 黄罕勇 虎虎生威　白玉牌
估　价：RMB 250,000～350,000
成交价：RMB 322,000
83mm×52mm×19mm 西泠印社 2021-01-16

4221 郭万龙 力争上游　白玉牌
估　价：RMB 250,000～300,000
成交价：RMB 322,000
52mm×37mm×10mm 西泠印社 2021-01-16

217 胡玮 鸭蛋青耄耋富贵对牌
估　价：RMB 130,000～180,000
成交价：RMB 179,200
7.05cm×3.3cm×2 上海联合 2021-06-27

363 李奥登 墨碧不动明王挂牌
估　价：RMB 330,000～500,000
成交价：RMB 548,800
6.4cm×4cm×1.8cm 上海联合 2021-06-27

4456 庞然 垂钓图 黄玉牌
估　价：RMB 150,000～200,000
成交价：RMB 195,500
55mm×32mm×10mm×2 西泠印社 2021-07-25

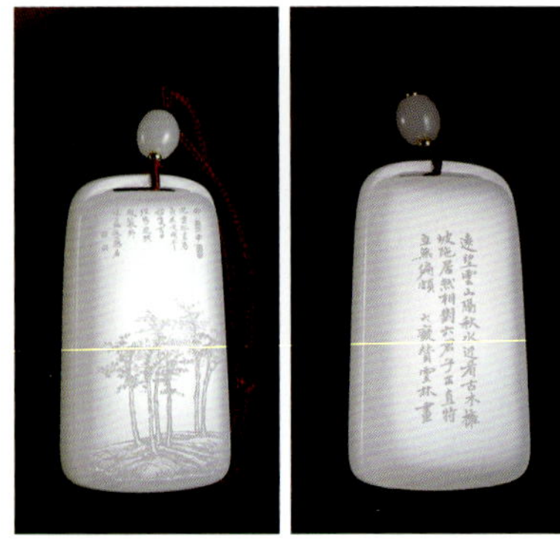

4457 庞然 六君子图 白玉牌
估　价：RMB 300,000～450,000
成交价：RMB 368,000
73mm×39mm×12mm 西泠印社 2021-07-25

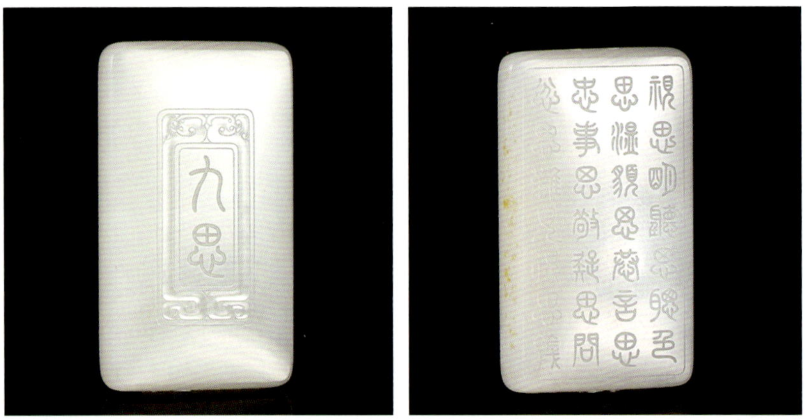

4490 林金波 九思 白玉牌
估　价：RMB 90,000～150,000
成交价：RMB 138,000
61mm×35mm×11mm 西泠印社 2021-07-25

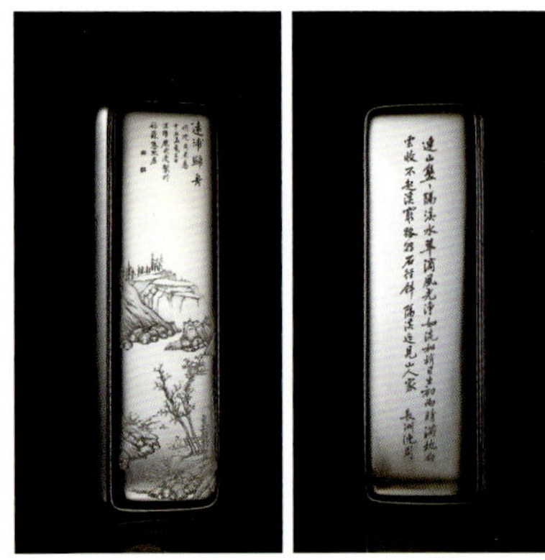

4455 庞然 远浦归舟 墨玉牌
估　价：RMB 220,000～350,000
成交价：RMB 345,000
132mm×41mm×15mm 西泠印社 2021-07-25

4478 倪伟滨 福海无量 白玉牌
估　价：RMB 150,000～180,000
成交价：RMB 195,500
52mm×35mm×10mm 西泠印社 2021-07-25

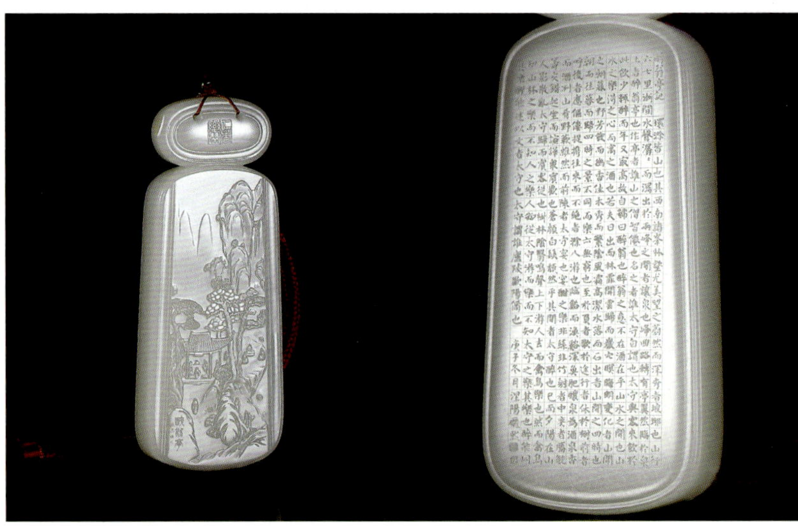

4225 庞然 醉翁亭记　白玉牌
估　价：RMB 480,000～700,000
成交价：RMB 632,500
119mm×47mm×15mm 西泠印社 2021-01-16

4475 瞿利军 青山翠古 白玉牌
估　价：RMB 100,000～150,000
成交价：RMB 138,000
61mm×35mm×11mm 西泠印社 2021-07-25

5693 山水牌
估　价：RMB 300,000～400,000
成交价：RMB 437,000
长5.5cm 北京荣宝 2021-06-19

5700 山水诗意牌
估　价：RMB 550,000～650,000
成交价：RMB 632,500
长8.7cm 北京荣宝 2021-06-19

1444 瞿利军 水乡牌
估　价：RMB 900,000～1,500,000
成交价：RMB 977,500
6.5cm×4.8cm×1.3cm 上海嘉禾 2021-07-22

73 唐典强 仿古兽守护牌
估　价：RMB 120,000～180,000
成交价：RMB 184,000
82mm×50mm×17mm 南京经典 2021-07-18

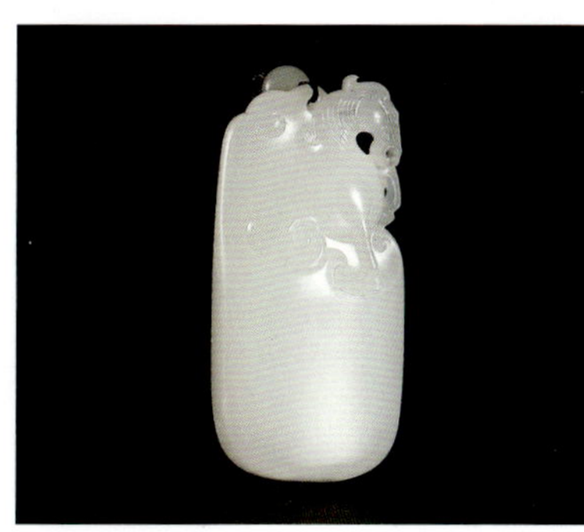

4495 吴金星 马到成功 白玉牌
估　价：RMB 180,000～250,000
成交价：RMB 230,000
55mm×27mm×12mm 西泠印社 2021-07-25

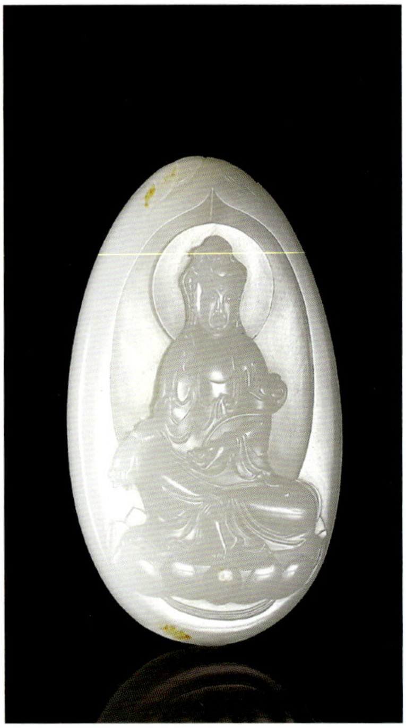

4247 吴灶发 如意观音　白玉牌
估　价：RMB 150,000～180,000
成交价：RMB 184,000
77mm×46mm×11mm 西泠印社 2021-01-16

352 仵子辉 白玉紫气东来插牌
估　价：RMB 1,400,000～1,800,000
成交价：RMB 1,568,000
14.2cm×6.8cm×1.8cm 上海联合 2021-06-27

4246 吴灶发 喜相逢　白玉牌
估　价：RMB 220,000～280,000
成交价：RMB 253,000
64mm×45mm×21mm 西泠印社 2021-01-16

3488 新疆和田玉籽料双鱼牌
估　价：RMB 480,000～580,000
成交价：RMB 552,000
7.3cm×4.3cm×1.4cm 尚品润博 2021-09-12

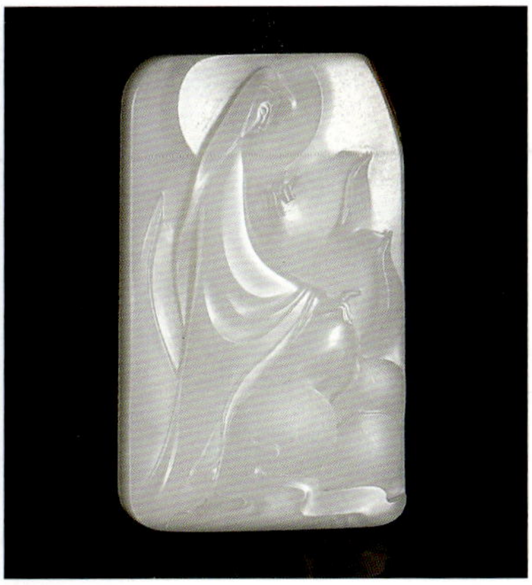

4239 杨曦 观世自在　白玉牌
估　价：RMB 180,000～250,000
成交价：RMB 253,000
60mm × 36mm × 11mm 西泠印社 2021-01-16

412 姚圣国 青花桃源仙境牌
估　价：RMB 85,000～120,000
成交价：RMB 106,400
5.9cm × 3.3cm × 1.4cm 上海联合 2021-11-21

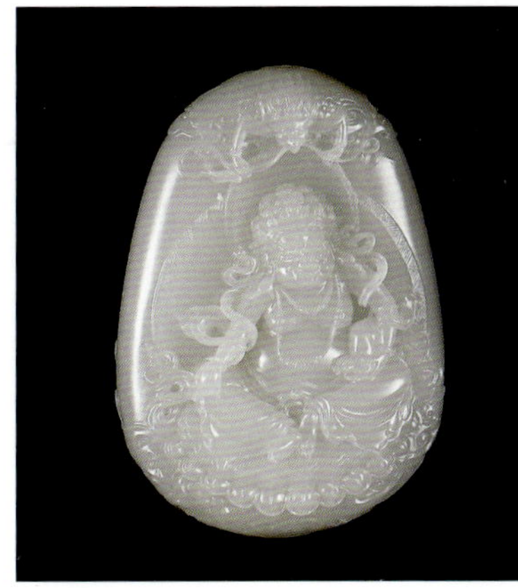

4280 张永来 黄财神　白玉牌
估　价：RMB 250,000～300,000
成交价：RMB 287,500
73mm × 52mm × 21mm 西泠印社 2021-01-16

4466 杨曦 有龙则灵 白玉牌
估　价：RMB 280,000～350,000
成交价：RMB 345,000
79mm × 47mm × 14mm 西泠印社 2021-07-25

229 张焕庆 白玉一路连科插牌
估　价：RMB 700,000～900,000
成交价：RMB 784,000
16.5cm × 12cm × 2.3cm 上海联合 2021-06-27

4468 杨曦 龙凤呈祥 白玉对牌
估　价：RMB 220,000～250,000
成交价：RMB 253,000
长55mm；长47mm 西泠印社 2021-07-25

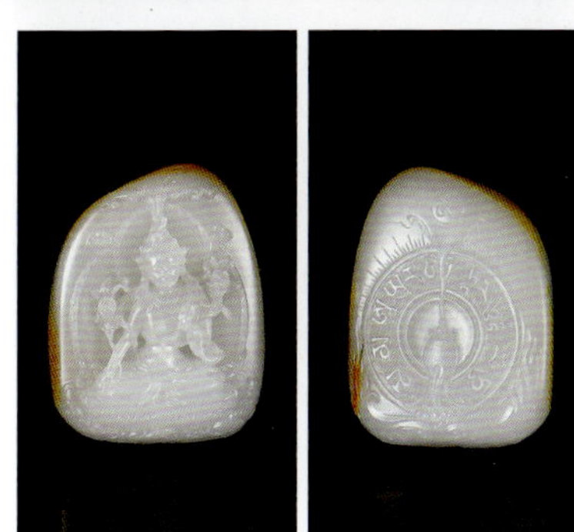

4283 张永来 白度母　白玉牌
估　价：RMB 170,000～200,000
成交价：RMB 218,500
49mm × 38mm × 17mm 西泠印社 2021-01-16

佩挂件

450 周立祥 白玉幽香、暗香对牌
估　价：RMB 600,000～800,000
成交价：RMB 672,000
5.3cm×4.05cm×0.88cm×2
上海联合 2021-11-21

1163 文化期 黄玉勾云佩
估　价：HKD 180,000～220,000
成交价：RMB 178,848
宽9.7cm 中国嘉德 2021-10-14

403 朱跃真 白玉小沙弥挂牌
估　价：RMB 300,000～500,000
成交价：RMB 336,000
5.8cm×4.2cm×2cm 上海联合 2021-06-27

515 新石器时代 红山文化玉猪龙
估　价：HKD 150,000～200,000
成交价：RMB 1,193,688
高4cm 中国嘉德 2021-04-21

2206 清 双玉环佩
估　价：RMB 50,000
成交价：RMB 89,700
长13cm 中贸圣佳 2021-09-26

726 文化期 红山玉鸮
估　价：HKD 50,000～70,000
成交价：RMB 49,737
宽3.6cm 中国嘉德 2021-04-21

855 文化期 石家河玉人面
估　价：HKD 80,000～120,000
成交价：RMB 79,579
高3cm 中国嘉德 2021-04-21

1149 文化期 黄玉小猪龙
估　价：HKD 180,000～220,000
成交价：RMB 178,848
高2.8cm 中国嘉德 2021-10-14

699 文化期 石家河玉雕神人佩
估　价：HKD 100,000～150,000
成交价：RMB 278,527
高5cm 中国嘉德 2021-04-21

1130 文化期 玉神人
估　价：HKD 60,000～80,000
成交价：RMB 59,616
高6cm 中国嘉德 2021-10-14

725 文化期 石家河白玉虎头
估　价：HKD 50,000～70,000
成交价：RMB 139,264
宽3cm 中国嘉德 2021-04-21

687 商 玉雕C龙
成交价：RMB 31,832
宽3.1cm 中国嘉德 2021-04-21

33 商晚期 黄玉鹦鹉佩
估　价：HKD 150,000～200,000
成交价：RMB 233,680
长9.3cm 香港苏富比 2021-04-22

3671 商晚期 青玉鸟佩
估　价：HKD 60,000～80,000
成交价：RMB 208,656
长3cm 香港苏富比 2021-10-13

812 西周 黄玉龙纹佩（一对）
估　价：HKD 60,000～80,000
成交价：RMB 84,553
宽6.2cm×2 中国嘉德 2021-04-21

1 西周 人龙合璧玉佩
估　价：HKD 150,000～180,000
成交价：RMB 169,949
长9.5cm 香港苏富比 2021-04-22

772 春秋 玉雕卧蚕纹螭龙（一对）
估　价：HKD 220,000～280,000
成交价：RMB 238,738
最大的宽7.9cm 中国嘉德 2021-04-21

2748 春秋 玉虎形佩（三件）
估　价：HKD 40,000～60,000
成交价：RMB 123,150
最长6cm 佳士得 2021-12-03

2702 春秋晚期 龙形玉佩（三件）
估　价：HKD 120,000～180,000
成交价：RMB 564,438
最长9.5cm 佳士得 2021-12-03

2701 春秋晚期 龙形玉佩
估　价：HKD 60,000～80,000
成交价：RMB 205,250
长8.5cm 佳士得 2021-12-03

2703 春秋晚期 龙形玉佩（两件）
估　价：HKD 120,000～180,000
成交价：RMB 246,300
最长9.9cm 佳士得 2021-12-03

2749 春秋晚期 虎形玉佩
估　价：HKD 50,000～70,000
成交价：RMB 225,775
长5.5cm 佳士得 2021-12-03

2704 春秋晚期 龙形云谷纹玉佩（两件）
估　价：HKD 100,000～150,000
成交价：RMB 205,250
较长15.3cm 佳士得 2021-12-03

2757 春秋晚期秦式龙纹“亚”字形玉佩（两件）
估 价：HKD 120,000～180,000
成交价：RMB 246,300
较大的长4cm 佳士得 2021-12-03

2706 春秋晚期/战国中期 玉佩（四件）
估 价：HKD 120,000～180,000
成交价：RMB 513,125
最长10.7cm 佳士得 2021-12-03

2752 春秋中晚期 蛙形玉佩
估 价：HKD 80,000～120,000
成交价：RMB 164,200
长3.2cm 佳士得 2021-12-03

536 战国 白玉猴
估 价：HKD 800,000～1,200,000
成交价：RMB 1,989,480
高2.3cm 中国嘉德 2021-04-21

532 战国 白玉双龙佩
估 价：HKD 150,000～200,000
成交价：RMB 547,107
长4cm 中国嘉德 2021-04-21

533 战国 谷纹S龙
估　价：HKD 250,000～350,000
成交价：RMB 497,370
长9.4cm 中国嘉德 2021-04-21

2711 战国 纽丝纹龙形玉佩
估　价：HKD 60,000～80,000
成交价：RMB 564,438
长16.8cm 佳士得 2021-12-03

888 战国 玉兽面
估　价：HKD 35,000～45,000
成交价：RMB 47,748
高3.5cm 中国嘉德 2021-04-21

2716 战国晚期 龙凤玉佩
估　价：HKD 160,000～200,000
成交价：RMB 615,750
长16.3cm 佳士得 2021-12-03

2713 战国晚期 龙形玉佩
估　价：HKD 2,800,000～4,000,000
成交价：RMB 12,520,250
长9.1cm 佳士得 2021-12-03

2723 战国晚期/西汉早期 玉透雕龙凤纹佩
估　价：HKD 3,800,000～5,000,000
成交价：RMB 5,623,850
长10cm 佳士得 2021-12-03

2714 战国早期 龙形玉佩
估　价：HKD 120,000～180,000
成交价：RMB 133,413
长12.5cm 佳士得 2021-12-03

2708 战国中期 龙形玉佩
估　价：HKD 60,000～80,000
成交价：RMB 328,400
长11cm 佳士得 2021-12-03

2710 战国中期 龙凤玉佩
估　价：HKD 80,000～120,000
成交价：RMB 287,350
长6.8cm 佳士得 2021-12-03

2715 战国早期 龙形玉佩（两件）
估　价：HKD 100,000～150,000
成交价：RMB 164,200
较长12.6cm 佳士得 2021-12-03

2707 战国中期 龙形玉佩
估　价：HKD 120,000～180,000
成交价：RMB 287,350
长13.1cm 佳士得 2021-12-03

2720 战国中期 龙形云猴玉佩
估　价：HKD 800,000～1,200,000
成交价：RMB 1,744,625
长9.9cm 佳士得 2021-12-03

2718 战国中期 玉透雕双龙佩
估　价：HKD 300,000～500,000
成交价：RMB 1,026,250
长12.2cm 佳士得 2021-12-03

2705 战国中期 镂雕龙形玉佩
估　价：HKD 100,000～150,000
成交价：RMB 564,438
长8cm 佳士得 2021-12-03

2712 战国中期 龙形玉佩
估　价：HKD 80,000～120,000
成交价：RMB 266,825
长10.4cm 佳士得 2021-12-03

2722 战国中期 透雕四龙纹玉佩
估　价：HKD 150,000～250,000
成交价：RMB 513,125
长6.9cm 佳士得 2021-12-03

2721 战国中期 玉透雕双龙佩
估　价：HKD 200,000～300,000
成交价：RMB 1,026,250
长7.9cm 佳士得 2021-12-03

2719 战国中晚期 龙凤鸟纹玉佩
估　价：HKD 280,000～400,000
成交价：RMB 410,500
长14.9cm 佳士得 2021-12-03

2717 战国中晚期 玉透雕龙凤纹佩
估　价：HKD 100,000～150,000
成交价：RMB 307,875
长15.4cm 佳士得 2021-12-03

791 汉 玉跪人
估　价：HKD 100,000～150,000
成交价：RMB 99,474
高4.5cm 中国嘉德 2021-04-21

708 汉 玉熊
估　价：HKD 300,000～500,000
成交价：RMB 298,080
高2cm 中国嘉德 2021-10-12

1196 汉 玉雕镂空龙纹佩
估　价：HKD 220,000～280,000
成交价：RMB 188,784
高8cm 中国嘉德 2021-10-14

807 唐 玉雕束莲腰鼓形佩
成交价：RMB 59,616
长3.6cm 中国嘉德 2021-10-12

712 宋/元 玉雕红沁双鱼佩
估　价：HKD 30,000～50,000
成交价：RMB 29,808
宽5.4cm 中国嘉德 2021-10-12

564 宋或较晚 白玉英雄佩
估　价：HKD 150,000～200,000
成交价：RMB 149,211
高3.5cm；宽4.1cm 中国嘉德 2021-04-21

3917 元 白玉“富贵”双全挂件
估　价：RMB 35,000～45,000
成交价：RMB 40,250
长2.8cm 北京荣宝 2021-06-19

2259 元 白玉雕童子戏鹅坠
估　价：RMB 90,000～120,000
成交价：RMB 126,500
55mm × 39mm × 26mm 西泠印社 2021-01-15

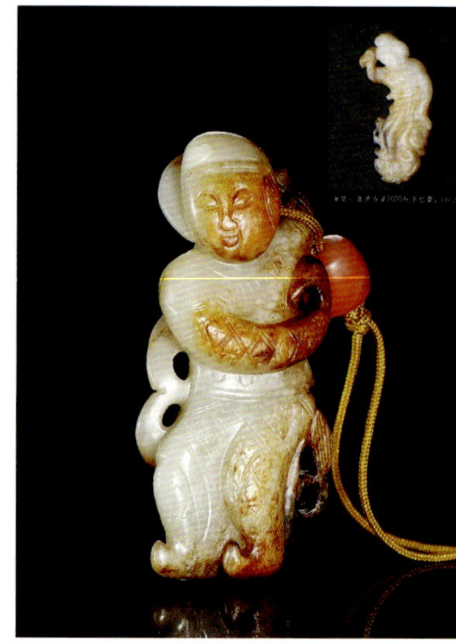

1686 元 白玉红沁舞人把件
估　价：RMB 50,000～80,000
成交价：RMB 92,000
高7cm 西泠印社 2021-01-15

591 元 白玉镂雕穿花云龙纹佩
估　价：RMB 80,000～200,000
成交价：RMB 149,500
长5.8cm 中贸圣佳 2021-03-26

101 元 白玉鸳鸯佩
估　价：RMB 180,000
成交价：RMB 207,000
长7cm 上海呗美 2021-03-28

3444 元 白玉镂雕海东青捕雁佩
估　价：RMB 45,000～60,000
成交价：RMB 51,750
长7.5cm 西泠印社 2021-01-16

2030 元 白玉雁坠
估　价：RMB 90,000
成交价：RMB 184,000
长5.2cm 古天一 2021-06-07

1627 元 白玉镂雕松下人物故事佩
估　价：RMB 30,000～50,000
成交价：RMB 83,950
长8.5cm 西泠印社 2021-04-10

2027 元 黄玉荷雁坠
估　价：RMB 30,000
成交价：RMB 36,800
长5.6cm 古天一 2021-06-07

2055 元 玉雕双荔枝穿心孔坠
估　价：RMB 40,000
成交价：RMB 43,700
3.5cm×2.8cm 古天一 2021-06-07

1907 元 青白玉持荷童子吊坠
估　价：RMB 20,000～50,000
成交价：RMB 46,000
高3.7cm 中贸圣佳 2021-05-21

2189 元 玉嘎拉哈
估　价：RMB 25,000
成交价：RMB 43,700
长3.3cm 中贸圣佳 2021-09-26

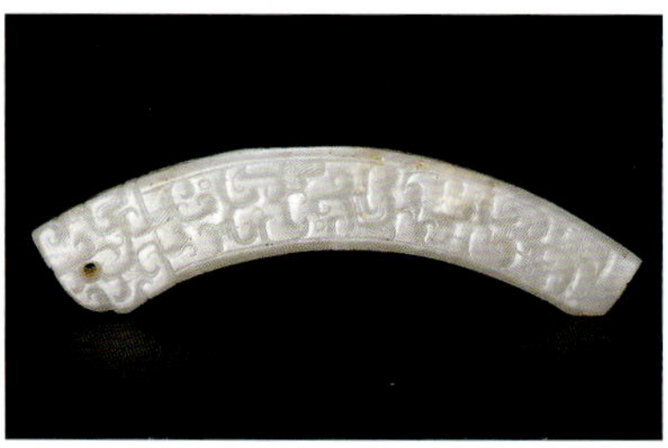

307 明 白玉浮雕蟠虺纹龙形冲牙
估　价：RMB 60,000～100,000
成交价：RMB 89,700
长6.95cm 永乐拍卖 2021-05-22

3596 元 玉沁色饮马佩
估　价：RMB 80,000～100,000
成交价：RMB 92,000
长4.7cm 中国嘉德 2021-11-29

1758 元 玉虎符
成交价：RMB 103,500
长5cm 华艺国际 2021-12-11

2077 明 “子冈”款白玉喜鹊登梅佩
估　价：RMB 200,000
成交价：RMB 333,500
直径5.5cm 古天一 2021-06-07

317 明 白玉螭龙佩
估　价：RMB 500,000～700,000
成交价：RMB 552,000
长8.4cm 永乐拍卖 2021-05-22

1624 明 白玉浮雕兽面纹蝉形佩
估　价：RMB 60,000 ~ 90,000
成交价：RMB 86,250
长6.5cm；宽4cm 西泠印社 2021-01-15

274 明 白玉红沁串佩
估　价：RMB 60,000 ~ 100,000
成交价：RMB 97,750
长1.8cm；长3.6cm 永乐拍卖 2021-05-22

1642 明 白玉红沁谷纹龙凤佩
估　价：RMB 60,000 ~ 80,000
成交价：RMB 103,500
长10cm；宽5.2cm 西泠印社 2021-01-15

2217 明 白玉佛佩
估　价：RMB 150,000 ~ 200,000
成交价：RMB 230,000
38mm × 34mm × 10mm 西泠印社 2021-01-15

1643 明 白玉红沁镂雕兽面双龙纹佩
估　价：RMB 180,000 ~ 250,000
成交价：RMB 207,000
长9cm；宽4cm 西泠印社 2021-01-15

284 明 白玉红沁咬尾龙
估　价：RMB 800,000～1,200,000
成交价：RMB 1,127,000
4.6cm×4.5cm 永乐拍卖 2021-05-22

312 明 白玉黄沁S龙佩
估　价：RMB 800,000～1,200,000
成交价：RMB 1,092,500
长14.6cm；宽9.7cm 永乐拍卖 2021-05-22

325 明 白玉胡人乐舞佩
估　价：RMB 80,000～120,000
成交价：RMB 132,250
长5.6cm 永乐拍卖 2021-05-22

3565 明 白玉花佩
估　价：RMB 20,000～40,000
成交价：RMB 57,500
长5.7cm 中国嘉德 2021-05-19

306 明 白玉黄沁工形佩
估　价：RMB 70,000～100,000
成交价：RMB 97,750
长4cm 永乐拍卖 2021-05-22

3054 明 白玉龙形博古佩
估　价：RMB 160,000～200,000
成交价：RMB 230,000
长8.8cm 古天一 2021-06-07

233 明 白玉立凤兽面纹佩
估　价：RMB 150,000～200,000
成交价：RMB 195,500
高4.8cm 永乐拍卖 2021-05-22

359 明 白玉莲池交颈鸿雁纳言佩
估　价：RMB 180,000～220,000
成交价：RMB 230,000
长6.8cm 永乐拍卖 2021-05-22

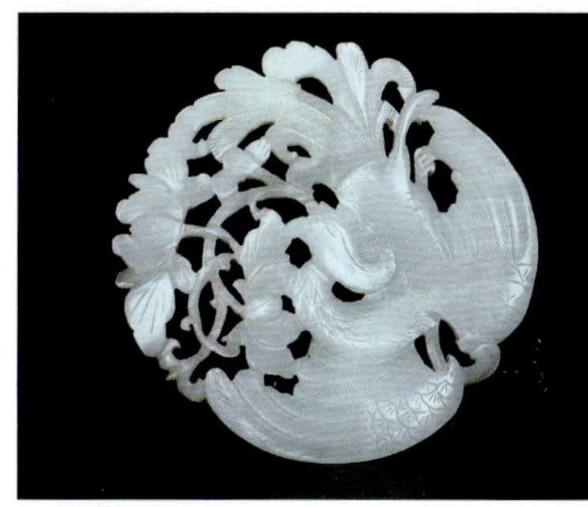

326 明 白玉镂雕凤穿牡丹佩
估　价：RMB 50,000
成交价：RMB 115,000
长7.4cm 浙江佳宝 2021-01-10

6385 明 白玉山水清音佩
估　价：RMB 100,000～150,000
成交价：RMB 172,500
长6.4cm 北京保利 2021-12-06

286 明 白玉镂空龙纹神人佩
估　价：RMB 500,000～800,000
成交价：RMB 828,000
长4.8cm；宽4.2cm 永乐拍卖 2021-05-22

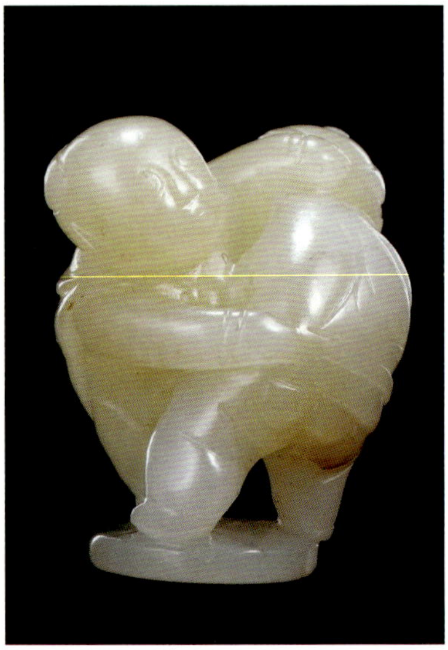

353 明 白玉双童捧跤嬉戏佩
估　价：RMB 120,000～180,000
成交价：RMB 172,500
高2.7cm 永乐拍卖 2021-05-22

273 明 白玉鸳鸯佩
估　价：RMB 100,000～150,000
成交价：RMB 149,500
长5cm 永乐拍卖 2021-05-22

835 明 凤鸟纹圆挂饰
估　价：RMB 100,000～150,000
成交价：RMB 161,000
直径3cm 中贸圣佳 2021-07-07

280 明 痕都斯坦玉挂件
估　价：RMB 80,000～120,000
成交价：RMB 120,750
玉牌长2.65—3.1cm 永乐拍卖 2021-05-22

1620 明 黄玉C形出脊龙纹佩
估　价：RMB 50,000～80,000
成交价：RMB 89,700
长6cm；宽5.5cm 西泠印社 2021-01-15

2220 明 黄玉狮子
估　价：RMB 160,000～200,000
成交价：RMB 218,500
35mm×32mm×26mm 西泠印社 2021-01-15

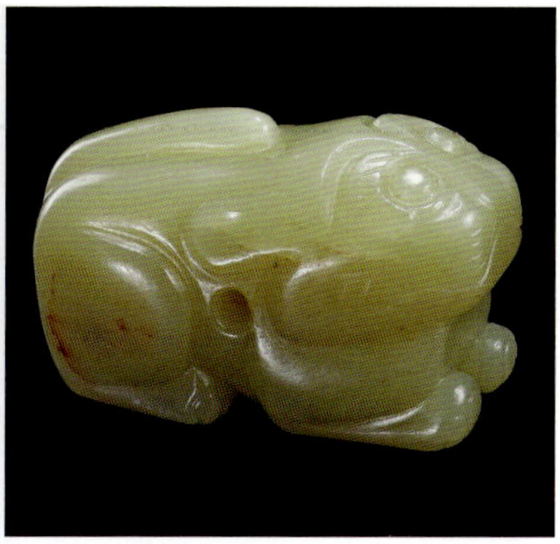

302 明 黄玉圆雕瑞兽
估　价：RMB 80,000～120,000
成交价：RMB 109,250
长5.8cm；宽3cm 永乐拍卖 2021-05-22

2708 明 黄玉猪龙
估　价：RMB 80,000～150,000
成交价：RMB 115,000
长4.5cm；宽3.7cm 西泠印社 2021-07-24

381 明 青黄玉五彩沁咬尾夔龙佩
估　价：RMB 120,000～150,000
成交价：RMB 138,000
外径10.5cm 永乐拍卖 2021-05-22

289 明 青黄玉楚式龙形佩
估　价：RMB 200,000～280,000
成交价：RMB 287,500
长14.5cm 永乐拍卖 2021-05-22

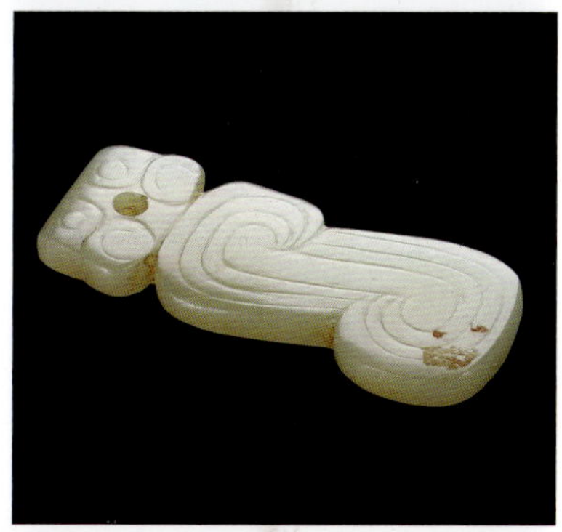

379 明 黄玉虎佩
估　价：RMB 80,000～120,000
成交价：RMB 115,000
长3.6cm 永乐拍卖 2021-05-22

288 明 青黄玉龙形佩
估　价：RMB 80,000～120,000
成交价：RMB 115,000
长11.6cm；宽2.6cm 永乐拍卖 2021-05-22

378 明 青黄玉圆棱眼玉蝉
估　价：RMB 160,000～200,000
成交价：RMB 218,500
直径3.8cm 永乐拍卖 2021-05-22

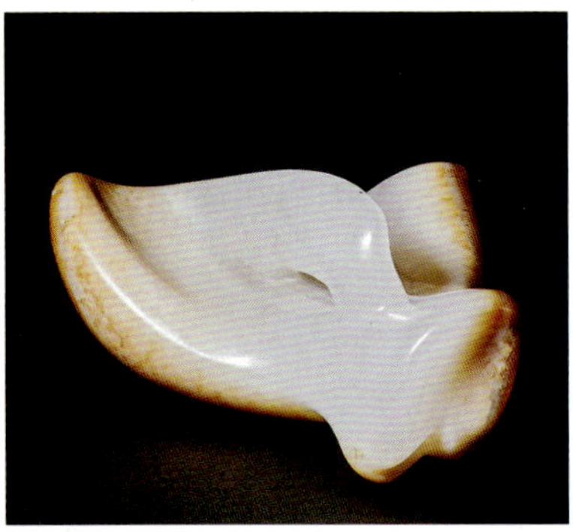

692 清早期 白玉红皮骨
估　价：HKD 60,000～80,000
成交价：RMB 59,684
宽4.6cm 中国嘉德 2021-04-21

3109 明末清初 白玉龙舟转心佩
估　价：RMB 150,000～200,000
成交价：RMB 172,500
高5.5cm 古天一 2021-06-07

3516 清早期 白玉龙纹佩
估　价：RMB 55,000～85,000
成交价：RMB 69,000
6cm×2.6cm 中国嘉德 2021-05-19

3135 清早期 白玉雕双龙“长宜子孙”佩
估　价：RMB 80,000～150,000
成交价：RMB 103,500
高6.2cm 十竹斋拍卖（北京） 2021-05-29

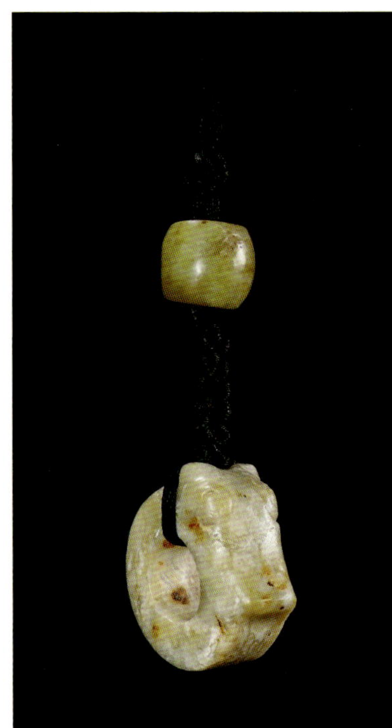

279 明 玉咬尾龙环组佩
估　价：RMB 30,000～60,000
成交价：RMB 66,700
直径1.9cm 永乐拍卖 2021-05-22

3132 清早期 白玉天鹿佩
估　价：RMB 100,000～200,000
成交价：RMB 172,500
高7.5cm 十竹斋拍卖（北京） 2021-05-29

3143 清乾隆 白玉博古兽面纹斧形佩
估　价：RMB 180,000～280,000
成交价：RMB 816,500
长4.7cm 古天一 2021-06-07

913 18世纪或以前 白玉罗汉坠
估　价：USD 4,000～6,000
成交价：RMB 367,031
高4.4cm 纽约佳士得 2021-03-18

2211 清乾隆 白玉雕双螭龙佩
估　价：RMB 150,000～180,000
成交价：RMB 172,500
69mm×42mm×13mm 西泠印社 2021-01-15

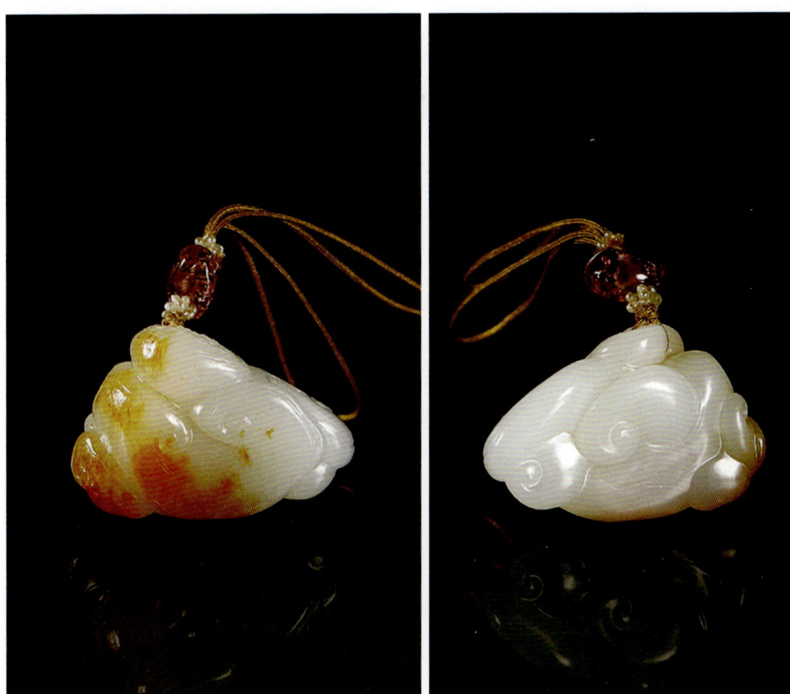

2210 清乾隆 白玉雕留皮灵芝坠
估　价：RMB 150,000～180,000
成交价：RMB 172,500
42mm×27mm×21mm 西泠印社 2021-01-15

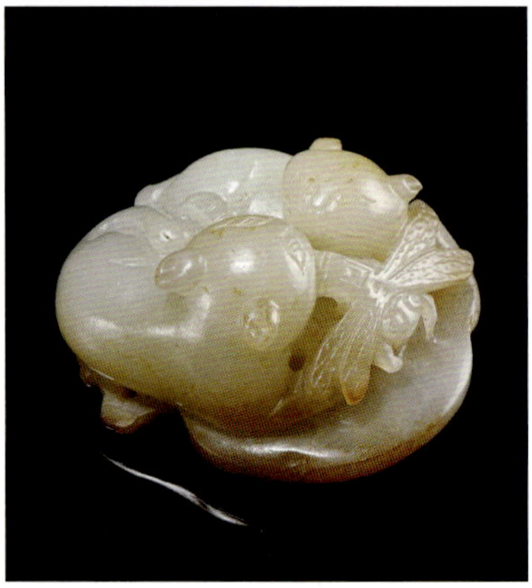

3934 清乾隆 白玉合欢蜻蜓佩
估　价：RMB 30,000～50,000
成交价：RMB 66,700
长5.3cm 永乐拍卖 2021-12-01

3875 清乾隆 白玉金皮子孙万代佩
估　价：RMB 50,000～80,000
成交价：RMB 89,700
长6.7cm 永乐拍卖 2021-12-01

515 清乾隆 白玉留皮多子多孙坠
估　价：RMB 500,000～800,000
成交价：RMB 805,000
长6.3cm 北京保利 2021-09-26

3881 清乾隆 白玉龙凤佩
估　价：RMB 30,000～50,000
成交价：RMB 63,250
外径5.4cm 永乐拍卖 2021-12-01

3821 清乾隆 白玉洒金皮松鼠丝瓜佩
估　价：RMB 50,000～80,000
成交价：RMB 101,200
长6cm 永乐拍卖 2021-12-01

544 清乾隆 白玉长宜子孙佩
估　价：RMB 3,500,000～4,500,000
成交价：RMB 7,992,500
长11.8cm 北京保利 2021-09-26

5594 清乾隆 黄玉仿古龙纹佩
估　价：RMB 8,000,000～12,000,000
成交价：RMB 16,100,000
宽12.5cm 北京保利 2021-12-05

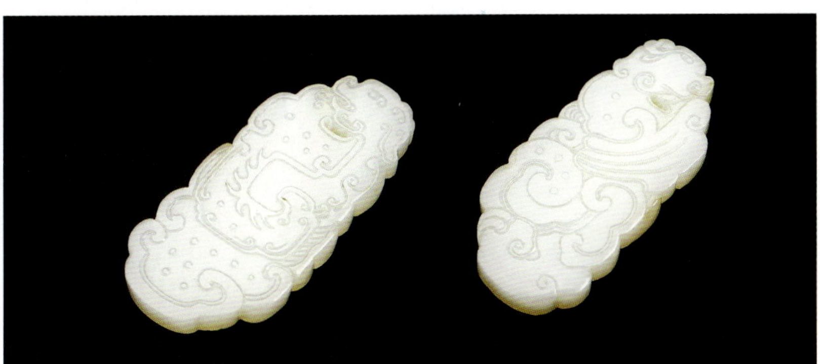

1118 清乾隆 玉雕螭龙纹佩
估　价：RMB 100,000～150,000
成交价：RMB 115,000
长7.4cm 华艺国际 2021-03-31

528 清乾隆 南红玛瑙巧雕福至心灵坠
估　价：RMB 80,000～100,000
成交价：RMB 92,000
长4.5cm 北京保利 2021-01-09

1875 清乾隆 玉璧挂件
成交价：RMB 92,000
长6.7cm 中贸圣佳 2021-05-21

691 清乾隆 青白玉长宜子孙佩
估　价：RMB 200,000～300,000
成交价：RMB 230,000
高13.7cm 北京保利 2021-10-30

662 清乾隆/嘉庆 白玉雕螭龙纹佩
估　价：USD 15,000～18,000
成交价：RMB 130,500
宽5.8cm 纽约佳士得 2021-03-18

3021 清中期 白玉雕吉祥童子佩
估　价：RMB 100,000～150,000
成交价：RMB 149,500
高5.6cm 十竹斋拍卖（北京）2021-05-29

1119 清中期 白玉雕羲之爱鹅诗文佩
估　价：RMB 150,000～200,000
成交价：RMB 172,500
长6.4cm 华艺国际 2021-03-31

2117 清中期 白玉花卉葫芦转心佩
估　价：RMB 20,000～40,000
成交价：RMB 46,000
高6.7cm 北京翰海 2021-12-18

2831 清中期 白玉浮雕一鹭太平凤鸟佩
估　价：RMB 80,000～120,000
成交价：RMB 115,000
长5.3cm 西泠印社 2021-07-24

6464 清中期 白玉刻张灵闺阁诗瑞兽钮双联佩
估　价：RMB 65,000～85,000
成交价：RMB 195,500
长8cm 北京保利 2021-06-08

2151 清中期 白玉仕女诗文佩
估　价：RMB 80,000～100,000
成交价：RMB 92,000
高5cm 北京翰海 2021-12-18

2043 清中期 黑白玉巧雕和谐坠
估　价：RMB 10,000～20,000
成交价：RMB 36,800
高4.8cm 北京翰海 2021-12-18

478 清 白玉蝉形佩
估　价：RMB 120,000
成交价：RMB 172,500
长5.1cm 上海呗美 2021-05-30

3028 清 白玉出廓龙纹佩
估　价：RMB 80,000～150,000
成交价：RMB 874,000
5cm×3.2cm 古天一 2021-06-07

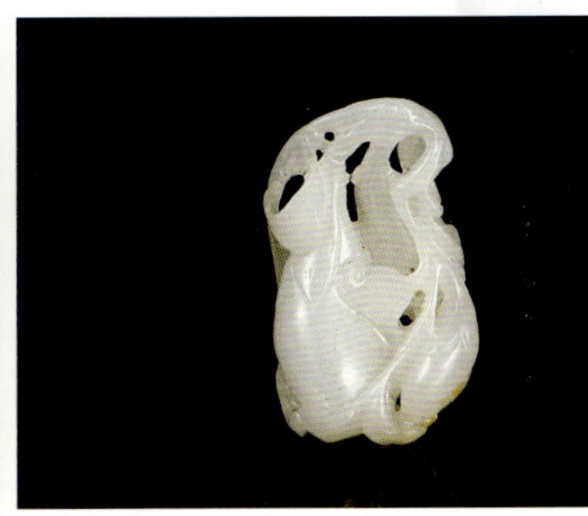

4425 清 白玉雕瓜果挂件
估　价：RMB 150,000～180,000
成交价：RMB 201,250
43mm×26mm×15mm 西泠印社 2021-07-25

4315 清 白玉雕吉祥佩
成交价：RMB 97,750
70mm×44mm×7mm 西泠印社 2021-07-25

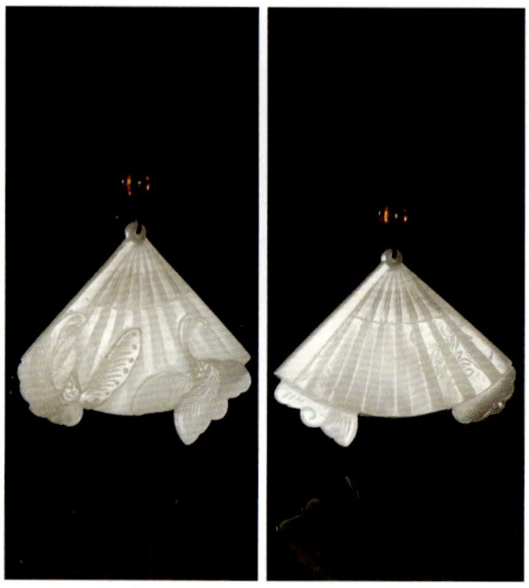

4410 清 白玉雕扇子扑蝶佩
估　价：RMB 80,000～100,000
成交价：RMB 149,500
65mm×47mm×8mm 西泠印社 2021-07-25

2246 清 白玉雕松鼠葡萄挂件
估　价：RMB 130,000～160,000
成交价：RMB 161,000
54mm×47mm×24mm 西泠印社 2021-01-15

2196 清 白玉雕松鼠葡萄纹佩
估　价：RMB 80,000～120,000
成交价：RMB 253,000
56mm×46mm×15mm 西泠印社 2021-01-15

3032 清 白玉高浮雕螭龙纹佩
估　价：RMB 200,000～350,000
成交价：RMB 747,500
直径4.6cm 古天一 2021-06-07

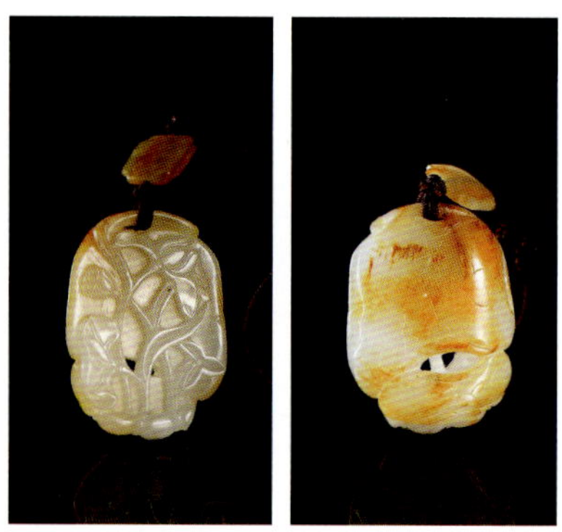

4414 清 白玉雕一路清廉佩
估　价：RMB 90,000～120,000
成交价：RMB 138,000
51mm×37mm×11mm 西泠印社 2021-07-25

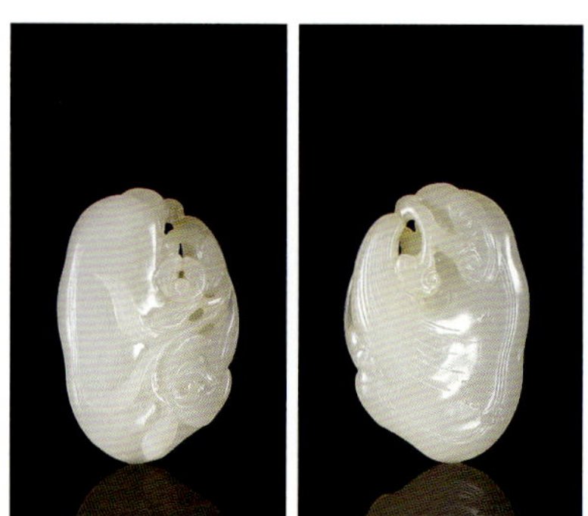

2243 清 白玉雕芝兰佩
估　价：RMB 100,000～120,000
成交价：RMB 138,000
46mm×30mm×12mm 西泠印社 2021-01-15

3639 清 白玉留皮蟠螭佩
估　价：RMB 160,000～180,000
成交价：RMB 184,000
5.8cm×4cm 中国嘉德 2021-11-29

3180 清 白玉龙凤佩
估　价：RMB 250,000～350,000
成交价：RMB 862,500
长8.6cm 古天一 2021-06-07

3193 清 白玉透雕凤纹佩
估　价：RMB 350,000～500,000
成交价：RMB 1,782,500
5.5cm×3.6cm 古天一 2021-06-07

3030 清 白玉龙形谷纹佩
估　价：RMB 80,000～150,000
成交价：RMB 437,000
长9.3cm 古天一 2021-06-07

901 清 白玉鱼化龙佩
估　价：USD 6,000～8,000
成交价：RMB 106,031
宽20cm 纽约佳士得 2021-03-18

6076 清 白玉英雄坠
估　价：RMB 80,000～120,000
成交价：RMB 126,500
长4.3cm 北京保利 2021-06-08

3164 清 碧玺雕鸠合同心佩
估　价：RMB 100,000～150,000
成交价：RMB 115,000
高5cm 古天一 2021-06-07

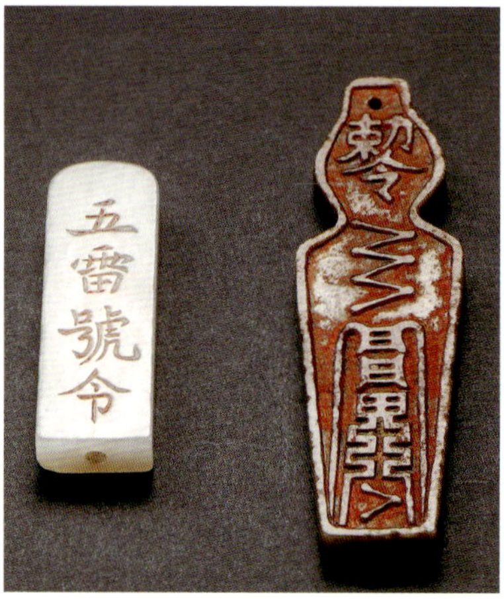

3864 清 道教五雷号令、敕令（两件）
估　价：RMB 40,000～70,000
成交价：RMB 74,750
长5cm；长8.1cm 永乐拍卖 2021-12-01

2063 清 粉碧玺螭龙纹坠
估　价：RMB 80,000
成交价：RMB 101,200
高5.2cm 古天一 2021-06-07

2035 清 黄玉雕府上有龙佩
估　价：RMB 80,000～120,000
成交价：RMB 161,000
高10cm 中鸿信 2021-07-14

3949 清 黄玉神人佩
估　价：RMB 120,000～180,000
成交价：RMB 218,500
高4.5cm 永乐拍卖 2021-12-01

3807 清 黄玉八刀蝉
估　价：RMB 30,000～50,000
成交价：RMB 51,750
长5.7cm 永乐拍卖 2021-12-01

3022 清 青白玉兽形佩
成交价：RMB 101,200
高5.5cm 古天一 2021-06-07

3808 清 青黄玉凤鸟纹觿形佩
估　价：RMB 50,000～70,000
成交价：RMB 66,700
长5.6cm 永乐拍卖 2021-12-01

3929 清 青玉凤鸟佩
估　价：RMB 80,000～120,000
成交价：RMB 270,250
长5.5cm 永乐拍卖 2021-12-01

3810 清 双联玉蚕
估　价：RMB 150,000～250,000
成交价：RMB 575,000
长3.2cm 永乐拍卖 2021-12-01

2006 清 玉蝉
估　价：RMB 350,000
成交价：RMB 667,000
长6cm 古天一 2021-06-07

3889 清 青玉虎纹龙形冲牙
估　价：RMB 50,000～80,000
成交价：RMB 78,200
长10.1cm 永乐拍卖 2021-12-01

1524 清 玉雕螭虎佩
估　价：RMB 3,000
成交价：RMB 31,050
高7.2cm 北京翰海 2021-10-16

3021 清 玉雕透雕双凤佩
成交价：RMB 356,500
4cm×2.5cm 古天一 2021-06-07

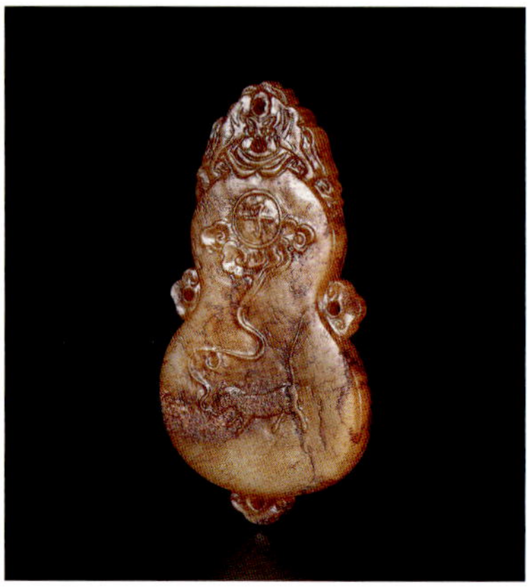

3636 清 玉沁色生肖葫芦佩
估　价：RMB 60,000～80,000
成交价：RMB 69,000
长8.4cm 中国嘉德 2021-11-29

238 白玉观音挂件
估　价：RMB 350,000～400,000
成交价：RMB 392,000
5.6cm×3.9cm×2cm 上海联合 2021-06-27

405 白玉重生挂件
估　价：RMB 120,000～180,000
成交价：RMB 134,400
4.6cm×2.5cm×2.8cm 上海联合 2021-11-21

1511 清 玉山水佩
估　价：RMB 3,000
成交价：RMB 126,500
长5.8cm 北京翰海 2021-10-16

2833 清乾隆款白玉浮雕大吉葫芦佩
估　价：RMB 20,000～30,000
成交价：RMB 97,750
长6.5cm 西泠印社 2021-07-24

250 白玉济世观音挂件
估　价：RMB 880,000～1,200,000
成交价：RMB 985,600
5cm×3cm×1.9cm 上海联合 2021-06-27

535 白玉静心挂件
估　价：RMB 1,000,000～1,300,000
成交价：RMB 1,120,000
6.2cm × 2.7cm × 2.65cm 上海联合 2021-11-21

324 崔磊 白玉红皮财神挂件
估　价：RMB 880,000～1,200,000
成交价：RMB 985,600
3.9cm × 4.7cm × 2.3cm 上海联合 2021-11-21

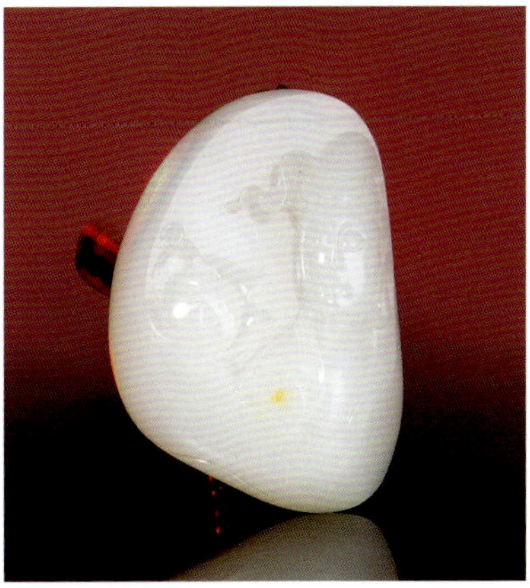

316 白玉莲花观音挂件
估　价：RMB 230,000～320,000
成交价：RMB 257,600
5.85cm × 4.3cm × 2.5cm 上海联合 2021-11-21

233 崔磊 白玉卯日星君挂件
估　价：RMB 450,000～600,000
成交价：RMB 504,000
5cm × 4cm × 2.1cm 上海联合 2021-11-21

1425 范佰成 一鸣惊人
估　价：RMB 160,000～220,000
成交价：RMB 195,500
6cm × 2.5cm 上海嘉禾 2021-07-22

434 范民广 白玉事事如意
估　价：RMB 130,000～160,000
成交价：RMB 145,600
4.55cm×3.1cm×2.55cm 上海联合 2021-11-21

526 房军建 白玉笑口常开挂件
估　价：RMB 100,000～150,000
成交价：RMB 112,000
4cm×2.05cm×1.1cm 上海联合 2021-11-21

60 福气临门
估　价：RMB 100,000～150,000
成交价：RMB 120,750
63mm×55mm×56mm 南京经典 2021-07-18

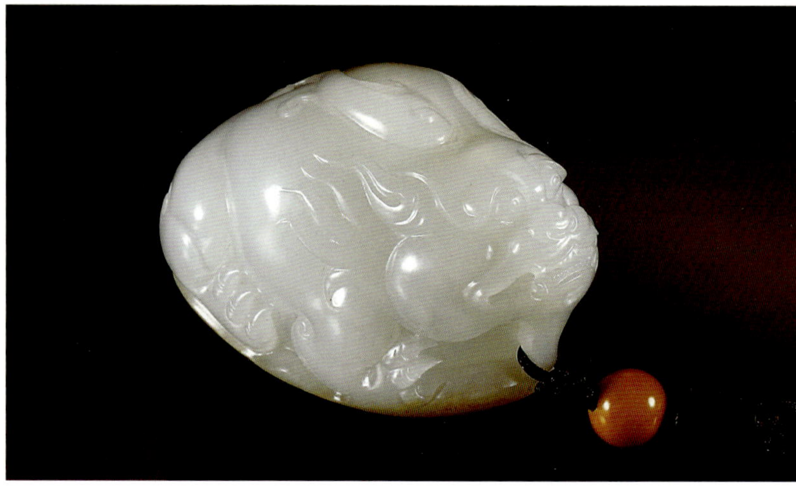

4229 高毅进 招财瑞兽　白玉把件
估　价：RMB 250,000～300,000
成交价：RMB 322,000
75mm×53mm×50mm 西泠印社 2021-01-16

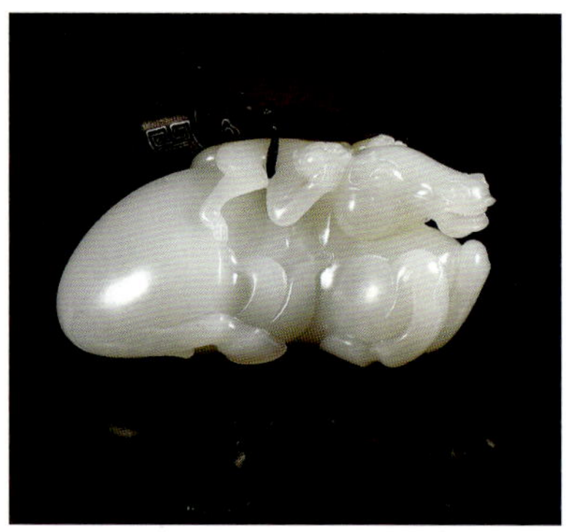

4227 高毅进 马上封侯　白玉把件
估　价：RMB 220,000～280,000
成交价：RMB 287,500
83mm×38mm×37mm 西泠印社 2021-01-16

48 鸿运当头貔貅
估　价：RMB 30,000～50,000
成交价：RMB 34,500
53mm×18mm×23mm 南京经典 2021-07-18

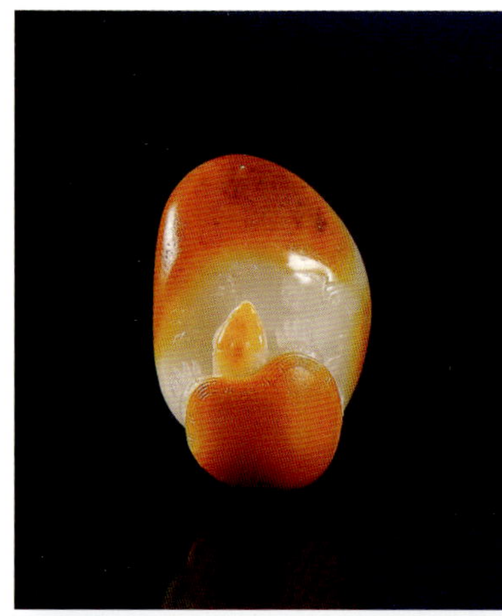

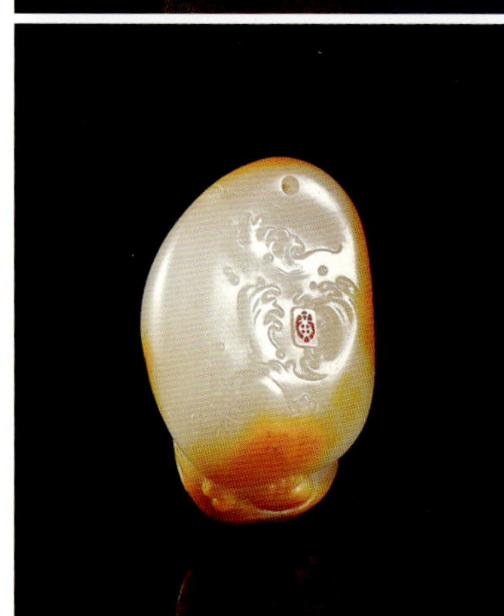

4462 黄杨洪 灵龟听经 白玉挂件
估　价：RMB 220,000～280,000
成交价：RMB 287,500
46mm×30mm×22mm 西泠印社 2021-07-25

228 黄杨洪 白玉貔貅挂件
估　价：RMB 140,000～180,000
成交价：RMB 156,800
3.5cm×2.5cm×2.4cm 上海联合 2021-11-21

5657 乐善佩
估　价：RMB 160,000～250,000
成交价：RMB 184,000
长7.4cm 北京荣宝 2021-06-19

446 李卓 白玉金玉满堂挂件
估　价：RMB 130,000～160,000
成交价：RMB 145,600
5.2cm×4.4cm×2.3cm 上海联合 2021-11-21

5662 仁者寿
估　价：RMB 1,000,000～1,400,000
成交价：RMB 1,380,000
长12.5cm 北京荣宝 2021-06-19

1443 瞿利军 枫桥夜泊
估　价：RMB 700,000～1,000,000
成交价：RMB 713,000
7.5cm×4.5cm×2cm 上海嘉禾 2021-07-22

5655 上善若水
估　价：RMB 80,000～120,000
成交价：RMB 92,000
长7.3cm 北京荣宝 2021-06-19

71 唐典强 饕餮纹珠
估　价：RMB 30,000～50,000
成交价：RMB 51,750
23mm × 16mm 南京经典 2021-07-18

394 王天翔 白玉洋洋得意挂件
估　价：RMB 98,000～130,000
成交价：RMB 109,760
4.2cm × 2.6cm × 2.4cm 上海联合 2021-11-21

332 王永芳 白玉灵猴献寿挂件
估　价：RMB 160,000～220,000
成交价：RMB 179,200
5cm × 3.4cm × 2.4cm 上海联合 2021-11-21

379 吴金星 白玉貔貅佩
估　价：RMB 200,000～300,000
成交价：RMB 224,000
6cm × 2.7cm × 1.9cm 上海联合 2021-06-27

4248 吴灶发 花开富贵　白玉挂件
估　价：RMB 160,000～200,000
成交价：RMB 207,000
38mm × 28mm × 19mm 西泠印社 2021-01-16

516 吴正森 白玉观音挂件
估　价：RMB 150,000～200,000
成交价：RMB 168,000
6.05cm × 2.95cm × 2.3cm 上海联合 2021-11-21

529 吴正森 白玉执莲观音挂件
估　价：RMB 120,000～160,000
成交价：RMB 134,400
7.1cm×3.1cm×1.7cm 上海联合 2021-11-21

322 杨波 白玉数财挂件
估　价：RMB 150,000～200,000
成交价：RMB 168,000
4cm×3.2cm×1cm 上海联合 2021-11-21

1451 杨曦 侧面观音
估　价：RMB 1,000,000～1,500,000
成交价：RMB 1,035,000
6cm×3.3cm×2cm 上海嘉禾 2021-07-22

1442 徐志浩 观音挂件
估　价：RMB 1,500,000～2,000,000
成交价：RMB 1,380,000
5.5cm×4cm×2.1cm 上海嘉禾 2021-07-22

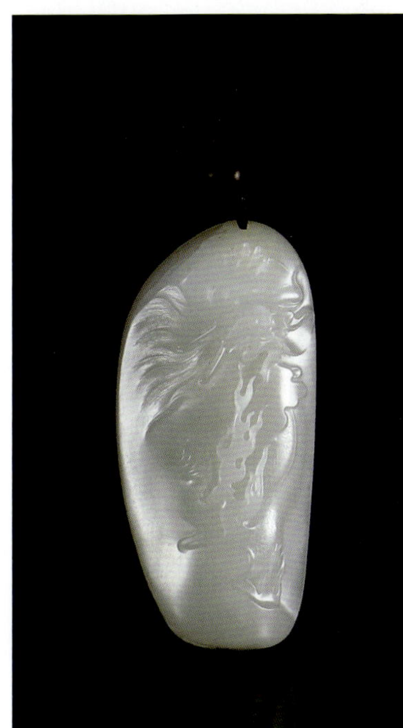

4242 杨曦 龙吟九霄　白玉挂件
估　价：RMB 250,000～300,000
成交价：RMB 322,000
75mm×35mm×19mm 西泠印社 2021-01-16

3010 一念之间
估　价：RMB 240,000～480,000
成交价：RMB 253,000
44mm×33mm×16mm 十竹斋拍卖（北京）2021-04-25

333 俞巍巍 红玉如鱼得水挂件
估　价：RMB 280,000～350,000
成交价：RMB 313,600
4.5cm×4.4cm×2cm 上海联合 2021-06-27

220 张焕庆 杨勇 白玉灵芝如意挂件
估　价：RMB 180,000～250,000
成交价：RMB 201,600
6.5cm×4.2cm×2.2cm 上海联合 2021-11-21

319 张焕庆 杨勇 白玉诸事大吉挂件
估　价：RMB 680,000～800,000
成交价：RMB 761,600
6.3cm×2.6cm×2.1cm 上海联合 2021-11-21

61 张良 弥勒佛
估　价：RMB 120,000～180,000
成交价：RMB 138,000
61mm×50mm×28mm 南京经典 2021-07-18

315 张寿宴 白玉荷塘春暖挂件
估　价：RMB 200,000～250,000
成交价：RMB 224,000
3.85cm×2.45cm×2.1cm 上海联合 2021-11-21

1441 赵显志 事事有喜
估　价：RMB 800,000～1,200,000
成交价：RMB 828,000
4.9cm×3.3cm×1.8cm 上海嘉禾 2021-07-22

226 拙道 青花蝉挂件
估　价：RMB 200,000～300,000
成交价：RMB 224,000
4.8cm×2.7cm×1.8cm 上海联合 2021-11-21

5660 中和铭
估　价：RMB 450,000～550,000
成交价：RMB 517,500
长7.6cm 北京荣宝 2021-06-19

453 朱跃真 白玉花开富贵挂件
估　价：RMB 180,000～280,000
成交价：RMB 201,600
5.3cm×3.9cm×2cm 上海联合 2021-06-27

把玩件

632 西周 玉兔
估　价：HKD 60,000～80,000
成交价：RMB 99,474
长4.8cm；高2.5cm 中国嘉德 2021-04-21

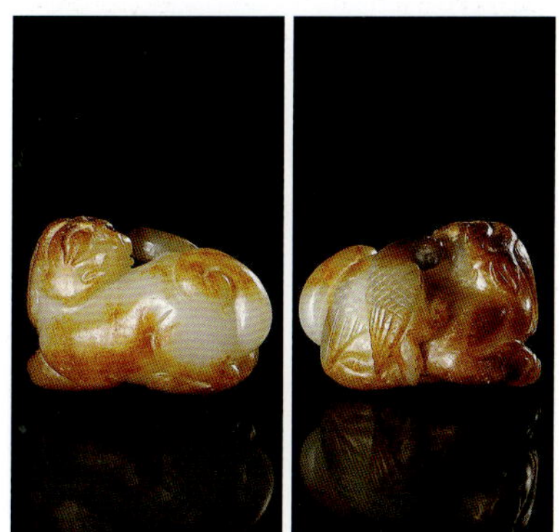

2225 元 白玉雕英明神武把件
估　价：RMB 120,000～180,000
成交价：RMB 195,500
45mm×31mm×29mm 西泠印社 2021-01-15

1676 元至明 白玉虎噬羊形把件
估　价：RMB 50,000～60,000
成交价：RMB 57,500
长7cm 西泠印社 2021-01-15

2810 明 火烧玉骆驼把件
估　价：RMB 30,000～50,000
成交价：RMB 75,900
长15.5cm 西泠印社 2021-07-24

2391 明 蜜蜡雕福禄万代把件
估　价：RMB 75,000～90,000
成交价：RMB 92,000
高7.8cm 西泠印社 2021-07-24

2057 明 蜜蜡雕瑞兽把件
估　价：RMB 30,000～40,000
成交价：RMB 34,500
长8.4cm 西泠印社 2021-10-23

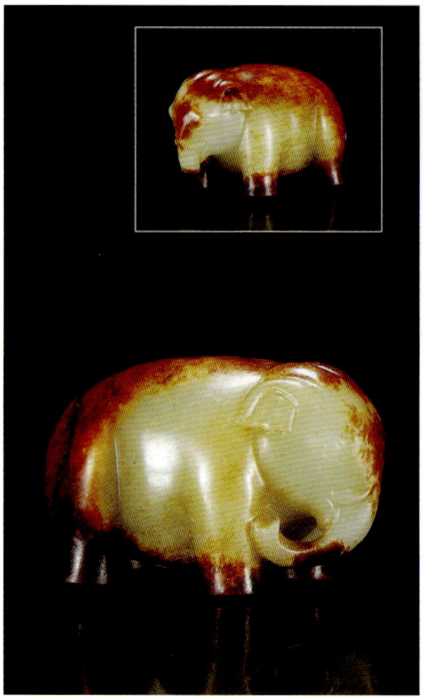

2811 明 青白玉红沁立象把件
估　价：RMB 50,000～80,000
成交价：RMB 80,500
长6.9cm 西泠印社 2021-07-24

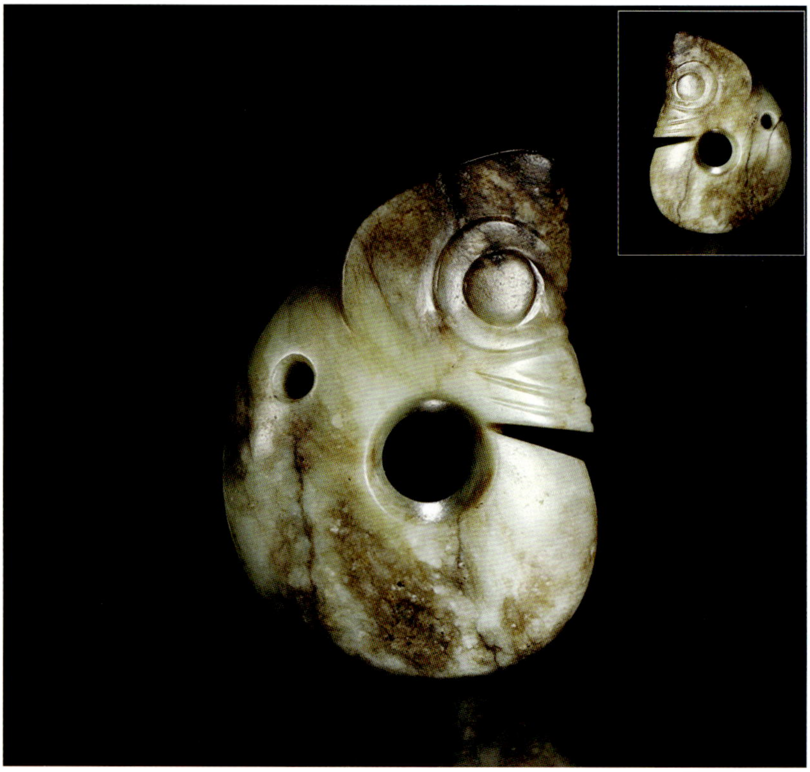

1612 明 青白玉受沁猪龙把件
估　价：RMB 120,000～180,000
成交价：RMB 207,000
长11.9cm 西泠印社 2021-01-15

1633 明 玉熊把件
估　价：RMB 120,000～180,000
成交价：RMB 138,000
高3cm 西泠印社 2021-01-15

649 18世纪 白褐玉雕灵猴献寿把件
估　价：USD 20,000～30,000
成交价：RMB 163,125
宽5cm 纽约佳士得 2021-03-18

3565 清乾隆 南红玛瑙巧雕双猴献寿把件
估　价：RMB 25,000～35,000
成交价：RMB 52,900
高3.4cm 西泠印社 2021-01-16

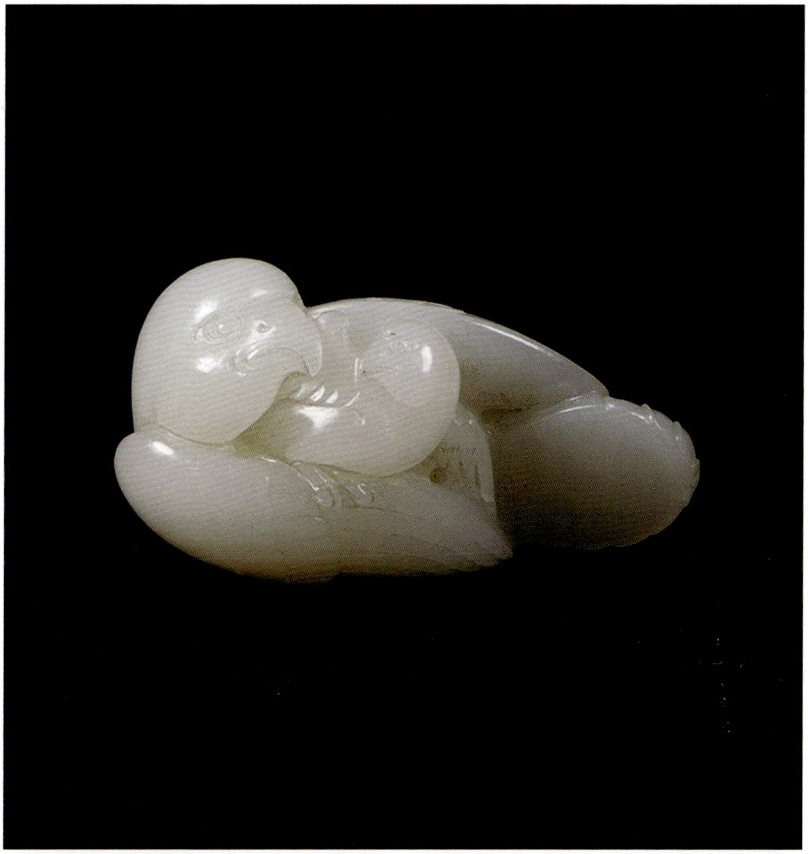

2082 清乾隆 白玉鹦鹉暖手
估　价：RMB 350,000
成交价：RMB 632,500
长6cm 古天一 2021-06-07

1660 清中期 黄玉雕摩羯鱼把件
估　价：RMB 80,000～150,000
成交价：RMB 103,500
长5.6cm 西泠印社 2021-01-15

2197 清 白玉雕太极神羊把件
估　价：RMB 30,000～50,000
成交价：RMB 92,000
51mm × 37mm × 17mm 西泠印社 2021-01-15

2242 清 白玉雕英雄把件
估　价：RMB 70,000～90,000
成交价：RMB 92,000
47mm×38mm×20mm 西泠印社 2021-01-15

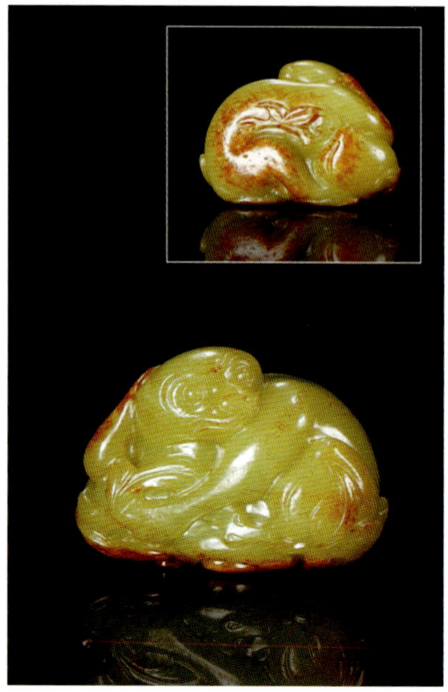

2835 清 黄玉受沁灵猴献寿把件
估　价：RMB 30,000～60,000
成交价：RMB 115,000
长6cm 西泠印社 2021-07-24

228 白玉寿比南山手件
估　价：RMB 100,000～180,000
成交价：RMB 112,000
10.3cm×4.6cm×2.6cm 上海联合 2021-06-27

1787 清 白玉红沁母仪天下把件
估　价：RMB 25,000～35,000
成交价：RMB 74,750
长8cm 西泠印社 2021-04-10

348 白玉财神把件
估　价：RMB 480,000～650,000
成交价：RMB 537,600
8cm×5cm×2.85cm 上海联合 2021-06-27

4452 崔磊 君子之立 白玉把件
估 价：RMB 380,000～500,000
成交价：RMB 552,000
74mm×33mm×24mm 西泠印社 2021-07-25

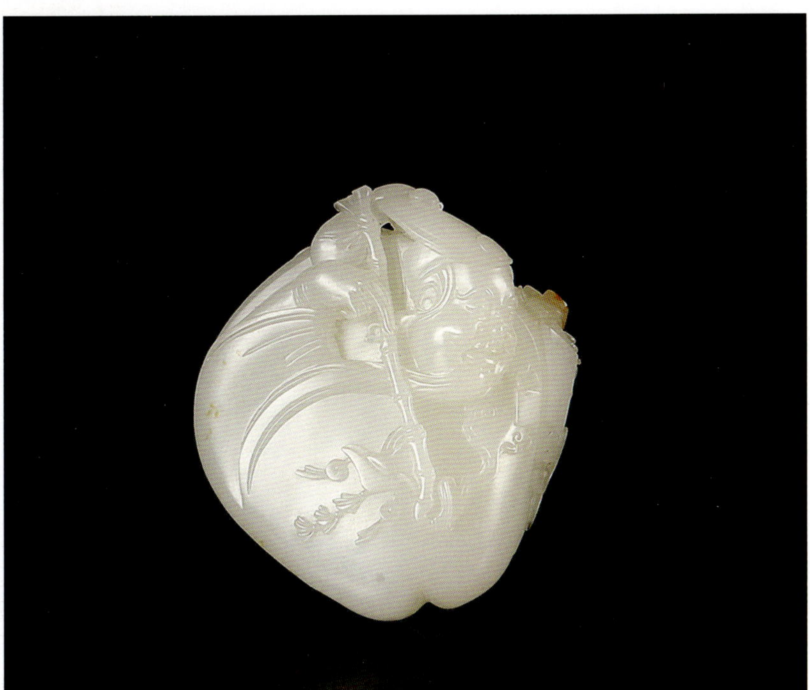

4453 崔磊 寿以为尊 白玉把件
估 价：RMB 450,000～600,000
成交价：RMB 552,000
53mm×56mm×30mm 西泠印社 2021-07-25

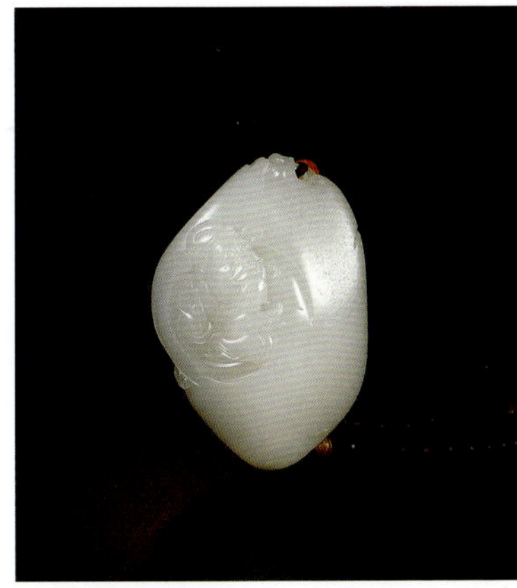

4250 崔磊 喜乐财神 白玉把件
估 价：RMB 200,000～300,000
成交价：RMB 253,000
72mm×49mm×19mm 西泠印社 2021-01-16

4255 葛洪 紫气东来 白玉把件
估 价：RMB 180,000～220,000
成交价：RMB 207,000
69mm×55mm×29mm 西泠印社 2021-01-16

4220 郭万龙 财神到 白玉把件
估 价：RMB 160,000～200,000
成交价：RMB 207,000
62mm×39mm×24mm 西泠印社 2021-01-16

4300 侯晓锋 笑口常开　白玉把件
估　价：RMB 250,000～600,000
成交价：RMB 287,500
72mm×39mm×23mm 西泠印社 2021-01-16

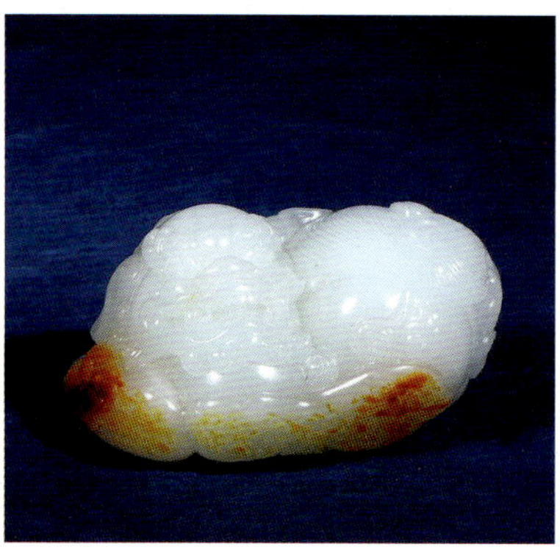

239 黄杨洪 白玉事事如意把件
估　价：RMB 420,000～500,000
成交价：RMB 470,400
5.5cm×4cm×3cm 上海联合 2021-06-27

437 黄杨洪 白玉如意貔貅把件
估　价：RMB 260,000～320,000
成交价：RMB 291,200
7cm×4.3cm×3.2cm 上海联合 2021-11-21

447 黄杨洪 白玉龟把件
估　价：RMB 580,000～750,000
成交价：RMB 649,600
6.3cm×4.5cm×2.2cm 上海联合 2021-06-27

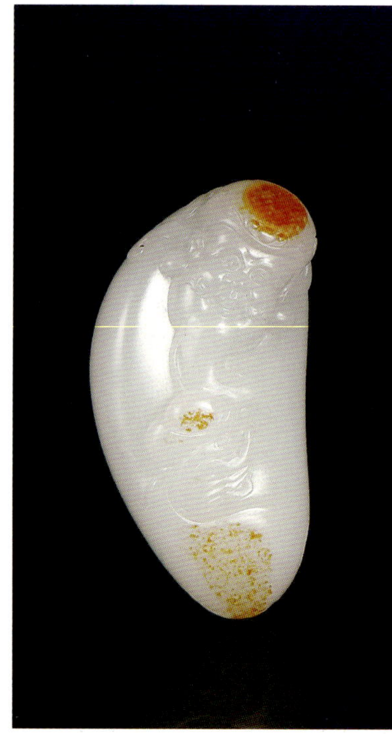

4461 黄杨洪 欢喜财神 白玉把件
估　价：RMB 190,000～250,000
成交价：RMB 253,000
54mm×28mm×21mm 西泠印社 2021-07-25

4463 黄杨洪 六牙神象 白玉把件
估　价：RMB 600,000～700,000
成交价：RMB 805,000
71mm×43mm×36mm 西泠印社 2021-07-25

4245 吴金星 看家守业　白玉把件
估　价：RMB 350,000 ~ 420,000
成交价：RMB 437,000
74mm × 26mm × 25mm 西泠印社 2021-01-16

400 吴启锋 白玉报喜把件
估　价：RMB 250,000 ~ 350,000
成交价：RMB 280,000
15cm × 4.6cm × 2.6cm 上海联合 2021-11-21

318 熊明星 白玉诸事圆成把件
估　价：RMB 240,000 ~ 300,000
成交价：RMB 268,800
6.8cm × 5cm × 4cm 上海联合 2021-11-21

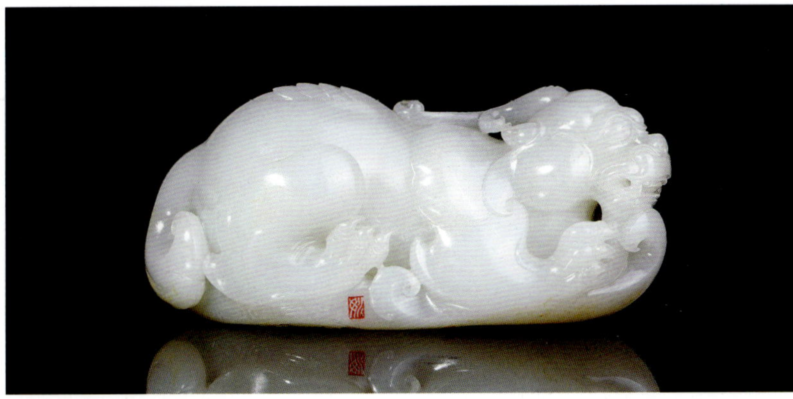

395 姚建峰 白玉貔貅把件
估　价：RMB 600,000 ~ 800,000
成交价：RMB 672,000
10.9cm × 5.15cm × 3.6cm 上海联合 2021-06-27

4519 张明泉 沉浮一念 白玉把件
估　价：RMB 500,000 ~ 600,000
成交价：RMB 690,000
88mm × 52mm × 25mm 西泠印社 2021-07-25

4465 杨曦 福寿双全 白玉把件
估　价：RMB 320,000 ~ 380,000
成交价：RMB 437,000
56mm × 42mm × 27mm 西泠印社 2021-07-25

其他佩玩件

681 文化期 石家河双虎首连体玉饰
估　价：HKD 200,000 ~ 300,000
成交价：RMB 198,948
高8.5cm 中国嘉德 2021-04-21

630 商 白玉咬尾龙
估　价：HKD 80,000～120,000
成交价：RMB 676,423
高2.3cm 中国嘉德 2021-04-21

2742 春秋晚期至战国中期 玉饰（五件）
估　价：HKD 80,000～120,000
成交价：RMB 389,975
较长的长8cm 佳士得 2021-12-03

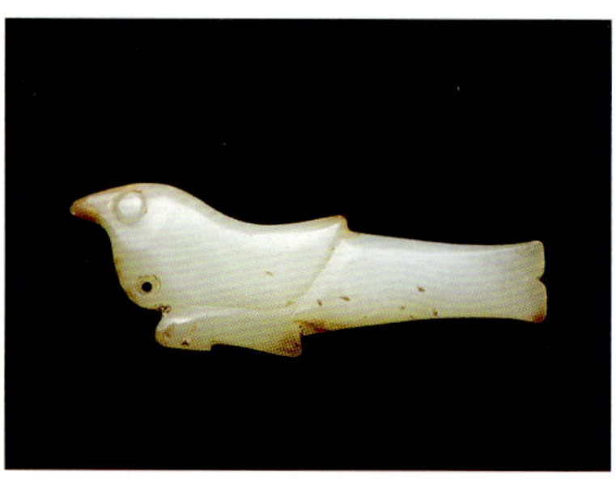

44 商晚期至西周 白玉鸟佩饰
估　价：HKD 100,000～120,000
成交价：RMB 371,763
长5.6cm 香港苏富比 2021-04-22

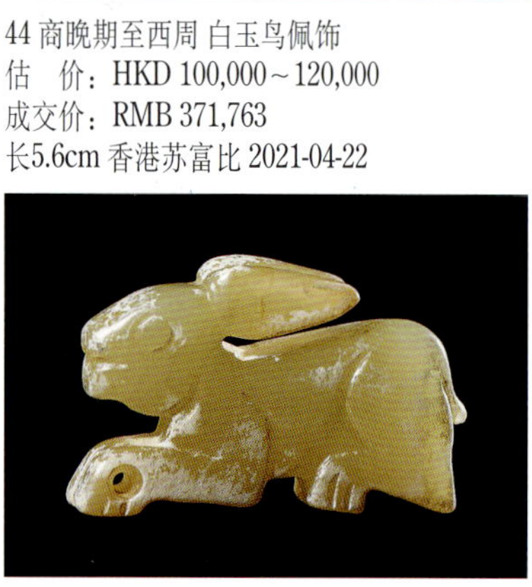

43 商至西周早期 玉兔佩饰
估　价：HKD 80,000～120,000
成交价：RMB 127,462
长3.5cm 香港苏富比 2021-04-22

34 东周至西汉 玉佩饰两枚
估　价：HKD 200,000～300,000
成交价：RMB 849,744
长5.1cm；长4.9cm 香港苏富比 2021-04-22

2730 春秋早期 龙纹玉玦、玉饰（两对）
估　价：HKD 40,000～60,000
成交价：RMB 174,463
玉玦高3.8cm×2 佳士得 2021-12-03

6 战国 黄玉谷纹双龙首珩
估　价：HKD 200,000～300,000
成交价：RMB 254,923
11.8cm 香港苏富比 2021-04-22

2709 战国 龙纹玉饰（四件）
估　价：HKD 100,000～150,000
成交价：RMB 461,813
较长的长19cm 佳士得 2021-12-03

2751 战国晚期 虎纹管形玉饰
估　价：HKD 1,200,000～1,800,000
成交价：RMB 4,926,000
长9cm 佳士得 2021-12-03

2741 战国早期 盾形玉饰（两件）
估　价：HKD 30,000～50,000
成交价：RMB 328,400
长7cm×2 佳士得 2021-12-03

2738 战国中期 双龙首玉珩
估　价：HKD 160,000～250,000
成交价：RMB 174,463
长12.6cm 佳士得 2021-12-03

522 周或以后 玉弦纹器
估　价：USD 10,000～15,000
成交价：RMB 260,899
直径6.4cm 纽约苏富比 2021-09-27

572 宋 白玉荷叶嵌件
估　价：HKD 50,000～70,000
成交价：RMB 54,711
6.4cm×4.5cm 中国嘉德 2021-04-21

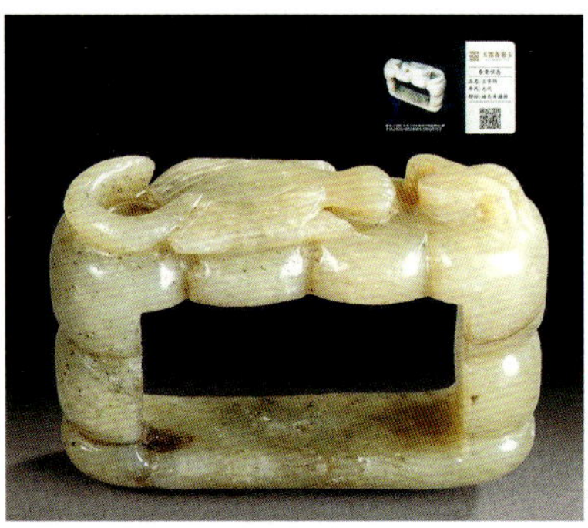

1581 元 玉海东青捕雁饰件
估　价：RMB 5,000
成交价：RMB 23,000
长5cm 北京翰海 2021-10-16

3584 元 白玉春水图带环
估　价：RMB 40,000～60,000
成交价：RMB 402,500
8.2cm×4.5cm×2.6cm 中国嘉德 2021-11-29

2164 明 白玉观音饰件
估　价：RMB 5,000～10,000
成交价：RMB 690,000
高6cm 北京翰海 2021-12-18

849 元 玉雕麒麟望月饰件
估　价：RMB 700,000～800,000
成交价：RMB 1,265,000
9.4cm×6.8cm 中贸圣佳 2021-07-07

310 明 白玉镂空龙形觽
估　价：RMB 250,000～350,000
成交价：RMB 379,500
长12cm 永乐拍卖 2021-05-22

4334 明 镂雕人物动物配饰（一组两件）
估　价：RMB 250,000～350,000
成交价：RMB 322,000
长7.6cm；长7.0cm 西泠印社 2021-07-25

285 明 黄玉红沁蟠虺纹腕饰
估　价：RMB 800,000～1,000,000
成交价：RMB 897,000
长7.7cm 永乐拍卖 2021-05-22

1589 明 玉合符
估　价：RMB 5,000
成交价：RMB 20,700
长13cm 北京翰海 2021-10-16

330 明 浮雕龙纹玉珩
估　价：RMB 80,000～120,000
成交价：RMB 109,250
长8.3cm 永乐拍卖 2021-05-22

336 明 白玉浮雕蟠虺螭龙纹杖首
估　价：RMB 200,000～300,000
成交价：RMB 287,500
长4.55cm 永乐拍卖 2021-05-22

640 17世纪/18世纪 灰白玉褐斑龙首饰
估　价：USD 12,000～18,000
成交价：RMB 326,250
高9.2cm 纽约佳士得 2021-03-18

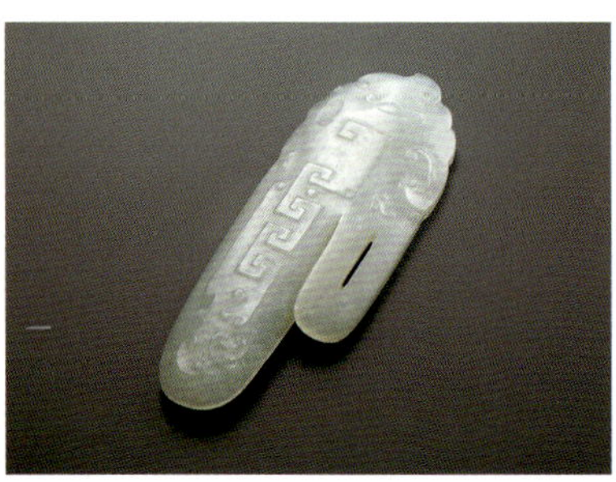

3360 清乾隆 白玉刻“乾隆御笔”“五福堂对玉兰花叠去岁诗韵”别子
估　价：RMB 20,000～100,000
成交价：RMB 51,750
长7.2cm 中国嘉德 2021-11-28

3857 清乾隆 白玉双鱼挂饰
估　价：RMB 180,000～220,000
成交价：RMB 241,500
高26cm；鱼高12cm 永乐拍卖 2021-12-01

3892 清 白玉龙形觿
估　价：RMB 80,000～120,000
成交价：RMB 517,500
长4.8cm 永乐拍卖 2021-12-01

3809 清 白玉云谷纹腕饰
估　价：RMB 120,000～180,000
成交价：RMB 184,000
长9.3cm 永乐拍卖 2021-12-01

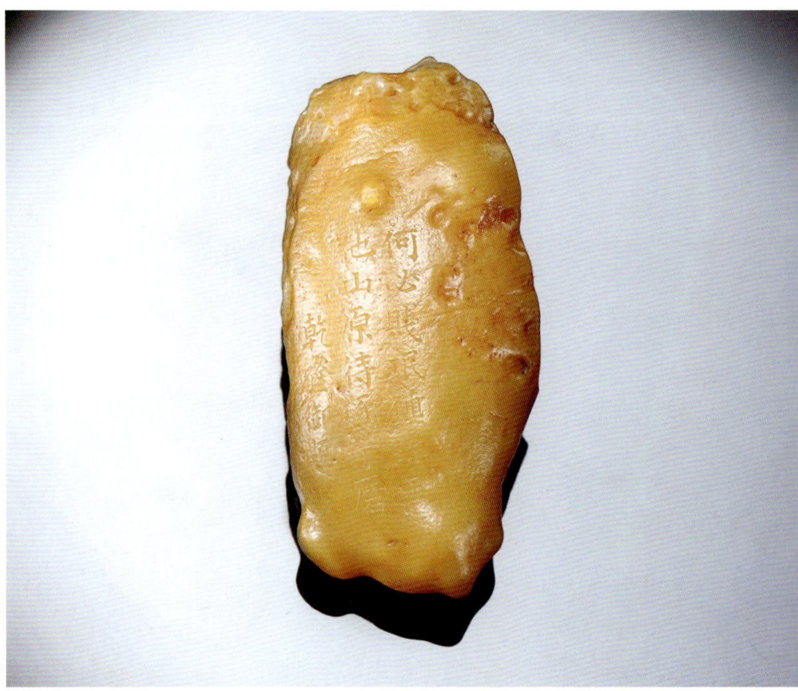

6404 清乾隆 天然石巧雕“江山在握”御题诗姜形暖手
估　价：RMB 600,000～900,000
成交价：RMB 690,000
长5cm 北京保利 2021-12-06

3948 清 白玉海东青击鹄绦环
估　价：RMB 300,000～400,000
成交价：RMB 609,500
长7.7cm 永乐拍卖 2021-12-01

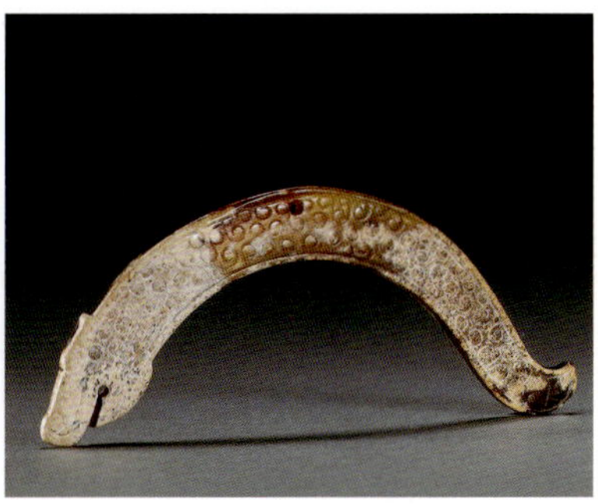

3833 清 黄玉谷纹龙形珩
估　价：RMB 80,000～120,000
成交价：RMB 170,200
长9.3cm 永乐拍卖 2021-12-01

3136 清 兽面纹玉辅首
估　价：RMB 60,000～90,000
成交价：RMB 69,000
高4cm 古天一 2021-06-07

2158 清 白玉太平有象瓦子
估　价：RMB 20,000
成交价：RMB 34,500
9.1cm×8cm 中贸圣佳 2021-09-26

3031 清 青黄玉卷云龙纹杖首
估　价：RMB 120,000～180,000
成交价：RMB 218,500
长3cm 古天一 2021-06-07

陈设和生活用品

玉 屏

96 清乾隆 碧玉山水人物御制诗文插屏
估　价：RMB 800,000～1,200,000
成交价：RMB 862,500
高29.6cm 永乐拍卖 2021-05-22

685 清乾隆 白玉双面九老图插屏
估　价：RMB 800,000～1,200,000
成交价：RMB 1,380,000
21cm×16cm 北京保利 2021-10-30

2963 清乾隆 白玉雕人物故事图插屏（成对）
估　价：RMB 180,000～200,000
成交价：RMB 287,500
直径12cm×2 中鸿信 2021-07-14

1059 清乾隆 白玉御题诗万年青纹小挂屏
估　价：RMB 1,000,000～1,500,000
成交价：RMB 1,150,000
长15cm；宽9.6cm 华艺国际 2021-03-31

1329 清乾隆 御制白玉御题诗春江花月夜插屏
估　价：RMB 1,000,000～2,000,000
成交价：RMB 2,185,000
13.3cm×15cm 保利厦门 2021-11-05

2529 清乾隆 御制碧玉祝寿图插屏
估　价：RMB 180,000～220,000
成交价：RMB 563,500
通高28cm 中鸿信 2021-07-14

1893 清中期 白玉诗文双骏图插屏
估　价：RMB 200,000～300,000
成交价：RMB 230,000
高17.5cm 北京翰海 2021-06-05

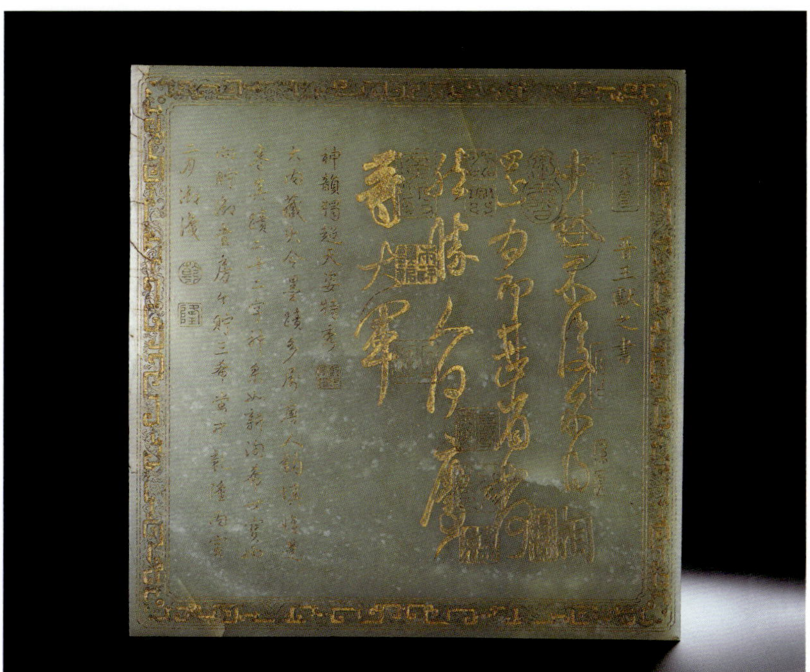

5108 清乾隆 御制青白玉填金王献之《中秋帖》暨《洛神赋十三行》插屏
估　价：RMB 20,000,000～30,000,000
成交价：RMB 28,175,000
30.7cm × 29.6cm；厚1.7cm 北京保利 2021-06-07

922 清乾隆 御制诗十六罗汉插屏
估　价：HKD 500,000～700,000
成交价：RMB 497,370
高29.7cm 中国嘉德 2021-04-21

4412 清 碧玉雕梅花山水纹插屏
估　价：RMB 250,000～300,000
成交价：RMB 287,500
22.8cm×22.6cm 西泠印社 2021-07-25

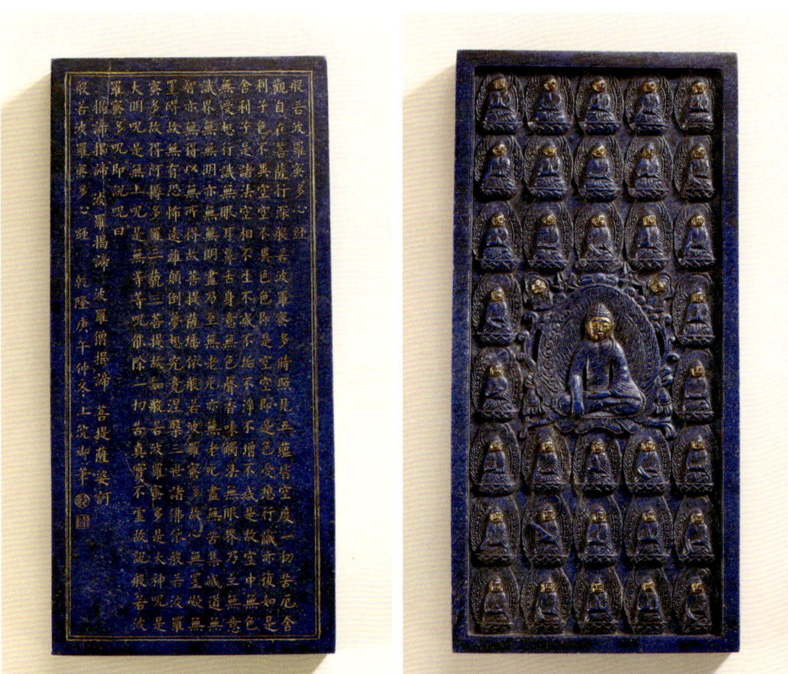

6527 清 青金石刻释迦牟尼与三十五尊者像般若波罗蜜多心经座屏
估　价：RMB 280,000～380,000
成交价：RMB 322,000
长23.8cm 北京保利 2021-12-06

玉如意

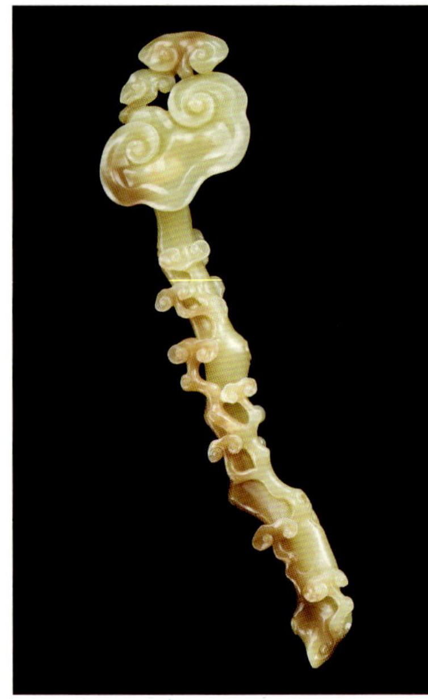

8 18世纪 黄玉灵芝如意
估　价：HKD 500,000～700,000
成交价：RMB 2,549,232
长31.6cm 香港苏富比 2021-04-22

6386 清乾隆 白玉福寿八宝纹如意
估　价：RMB 1,000,000～1,500,000
成交价：RMB 1,610,000
长44.7cm 北京保利 2021-12-06

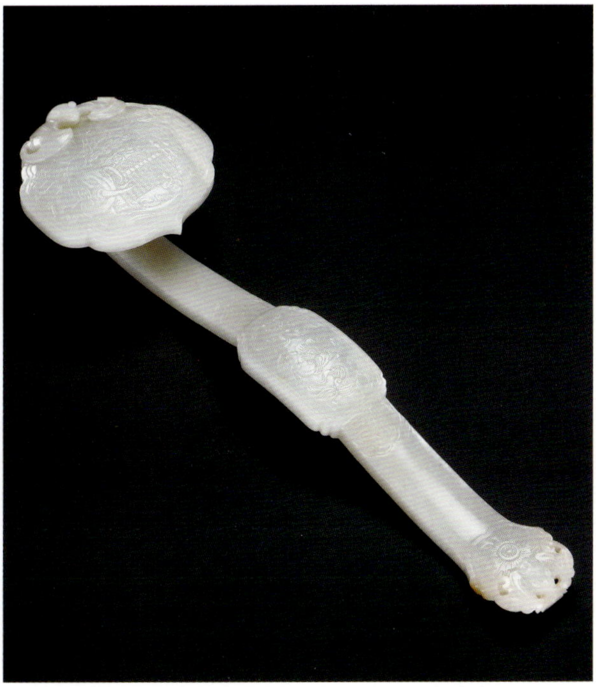

502 清乾隆 白玉太平有象如意
估　价：RMB 680,000～980,000
成交价：RMB 828,000
长34cm 北京保利 2021-09-26

501 清乾隆 白玉云龙赶珠如意
估　价：RMB 500,000～800,000
成交价：RMB 690,000
长44cm 北京保利 2021-09-26

547 清乾隆 白玉太平有象如意（一对）
估　价：RMB 2,600,000～3,600,000
成交价：RMB 4,255,000
长42cm 北京保利 2021-09-26

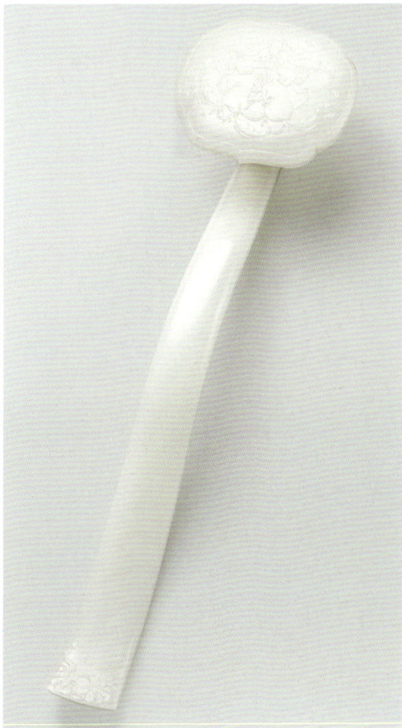

2915 清乾隆/嘉庆 白玉雕福庆万寿纹如意
估　价：HKD 1,200,000～1,800,000
成交价：RMB 3,622,500
长42cm 佳士得 2021-05-28

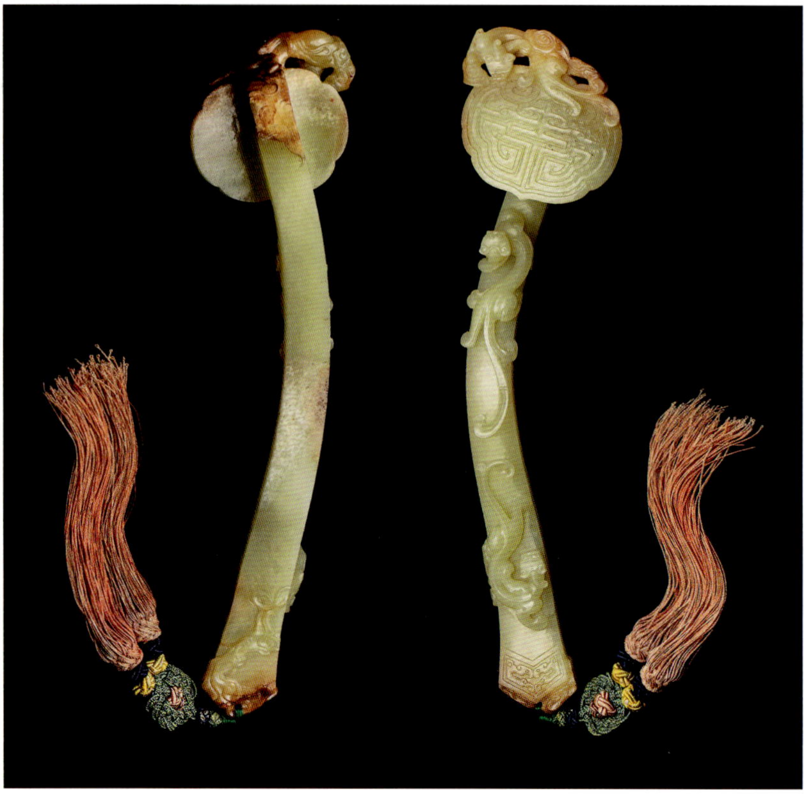

1234 清乾隆 御制黄玉雕螭龙捧寿如意
估　价：RMB 12,000,000～18,000,000
成交价：RMB 20,470,000
长31.5cm 华艺国际 2021-12-11

6391 清中期 白玉正面龙活环如意
估　价：RMB 1,000,000～1,500,000
成交价：RMB 1,150,000
长48.5cm 北京保利 2021-12-06

1376 清嘉庆 御制青白玉诗文福寿双全如意
估　价：HKD 1,200,000～1,500,000
成交价：RMB 1,193,688
长41.3cm 中国嘉德 2021-04-23

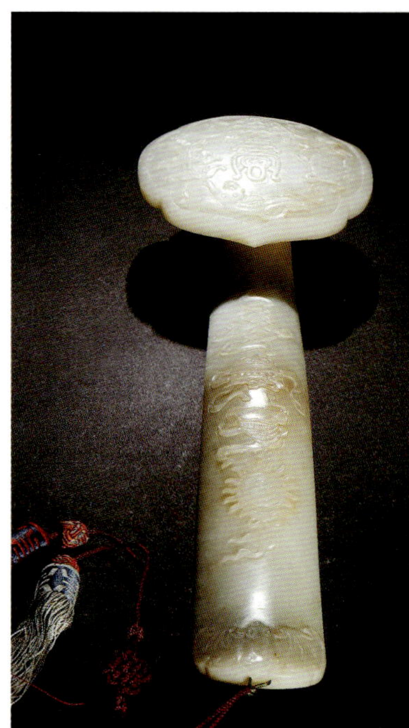

1782 19世纪 白玉八宝纹如意
估　价：RMB 600,000～800,000
成交价：RMB 690,000
长30cm 广东崇正 2021-07-19

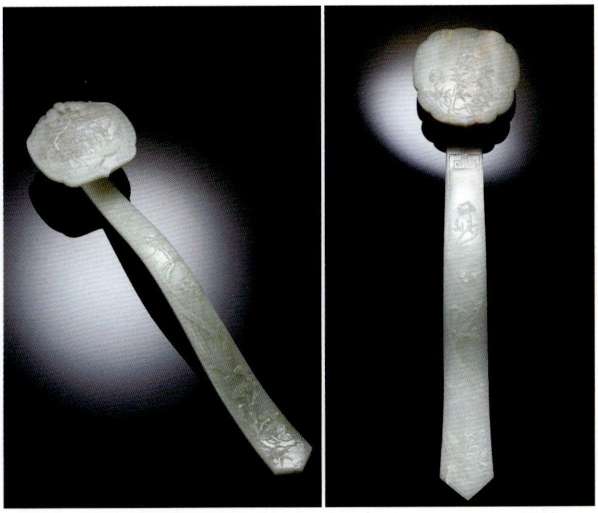

231 清 白玉昙花锦簇大如意 白玉仙翁仙境福寿双全大如意
估　价：RMB 750,000～900,000
成交价：RMB 989,000
长47cm；长51cm 永乐拍卖 2021-05-22

210 清19世纪 青白玉雕福寿双全如意
估　价：USD 40,000～60,000
成交价：RMB 326,426
长47cm 纽约苏富比 2021-09-22

216 清 黄玉雕灵芝如意
估　价：USD 10,000～15,000
成交价：RMB 391,711
长31.8cm 纽约苏富比 2021-09-22

2350 清 青白玉雕福寿花卉大如意
估　价：RMB 450,000～550,000
成交价：RMB 575,000
长52cm 北京荣宝 2021-12-02

4524 八宝吉祥 碧玉如意
估　价：RMB 120,000～180,000
成交价：RMB 172,500
456mm × 121mm × 70mm 西泠印社 2021-07-25

玉佛手

903 18世纪 白玉大佛手
估　价：USD 30,000～50,000
成交价：RMB 244,688
长17.5cm 纽约佳士得 2021-03-18

2208 清乾隆 黄玉佛手
估　价：RMB 180,000～250,000
成交价：RMB 287,500
长77mm 西泠印社 2021-01-15

2412 清 玉雕佛手摆件
估　价：RMB 30,000～50,000
成交价：RMB 201,250
高18cm 十竹斋 2021-06-27

2705 18世纪 白玉雕佛手摆件
估　价：HKD 100,000～150,000
成交价：RMB 434,700
高15.8cm 佳士得 2021-05-28

玉山子

1645 元 白玉镂雕秋山山子摆件
估　价：RMB 60,000～90,000
成交价：RMB 80,500
高11.5cm；长11cm 西泠印社 2021-01-15

3861 元至明 蜜蜡雕秋山图山子摆件
估　价：RMB 80,000～150,000
成交价：RMB 126,500
高10.5cm 西泠印社 2021-01-16

6843 明 白玉米颠拜石山子及泰祥洲水墨山子图
估　价：RMB 800,000～1,200,000
成交价：RMB 1,058,000
高15cm；画心71cm×60cm 北京保利 2021-06-08

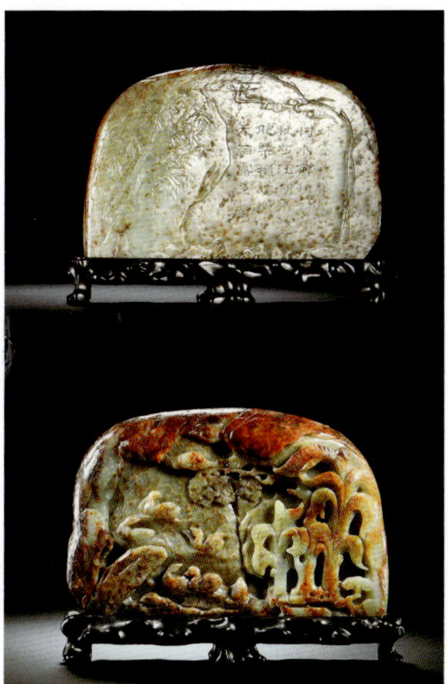

856 明 刘伯温款青玉留皮诗文山子
估　价：RMB 70,000～80,000
成交价：RMB 92,000
21cm×14.5cm 中贸圣佳 2021-07-07

513 明 玉雕芭蕉池塘诗文山子
估　价：RMB 80,000～120,000
成交价：RMB 92,000
长21.5cm 北京保利 2021-01-09

760 清早期 孔雀石小山子
估　价：RMB 150,000～200,000
成交价：RMB 207,000
高9.2cm 中贸圣佳 2021-05-21

6122 清早期 青白玉梅鹤山子
估　价：RMB 120,000～150,000
成交价：RMB 138,000
高13.6cm 北京保利 2021-12-06

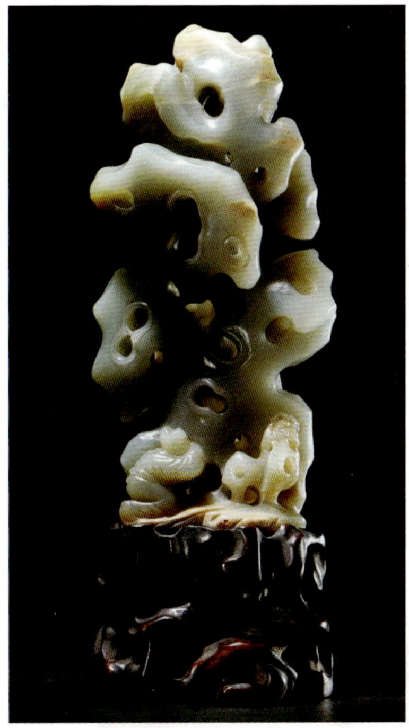

323 明 青玉米芾拜石山子
估　价：RMB 30,000
成交价：RMB 85,125
高19.5cm 浙江佳宝 2021-01-10

761 清早期 青金孔雀共生石山子
估　价：RMB 250,000～300,000
成交价：RMB 483,000
高16.5cm 中贸圣佳 2021-05-21

94 18世纪 青白玉“携琴访友”山水图山子
估　价：RMB 2,600,000～3,500,000
成交价：RMB 2,300,000
高24.5cm 永乐拍卖 2021-05-22

1912 清乾隆 白玉达摩渡江山子
估　价：RMB 150,000～200,000
成交价：RMB 287,500
高15.5cm 中贸圣佳 2021-05-21

556 清乾隆 白玉山水泛舟山子
估　价：RMB 350,000～400,000
成交价：RMB 402,500
长9.5cm 北京保利 2021-01-09

391 清乾隆 青白玉海屋添筹纹山子
估　价：RMB 800,000
成交价：RMB 1,495,000
21cm×12cm；高30cm 浙江佳宝 2021-01-10

3693 18世纪 青白玉山溪洗砚图山子
估　价：HKD 300,000～400,000
成交价：RMB 312,984
高16.8cm 香港苏富比 2021-10-13

3618 清乾隆 白玉“御题灵岩山”山子
估　价：HKD 3,000,000～5,000,000
成交价：RMB 3,129,840
高23.5cm 香港苏富比 2021-10-13

966 清乾隆 白玉雕仙山访友山子
估　价：RMB 2,200,000～2,800,000
成交价：RMB 2,990,000
高17.5cm 中贸圣佳 2021-05-20

3622 清乾隆 白玉御题“第五拔杂哩逋答喇尊者”山子
估　价：HKD 7,000,000～9,000,000
成交价：RMB 7,358,436
高22.6cm 香港苏富比 2021-10-13

560 清乾隆 青白玉御题诗山子
估　价：HKD 1,200,000～1,800,000
成交价：RMB 1,392,636
长26cm；宽15.3cm 中国嘉德 2021-04-21

3601 清乾隆 御制“题和阗玉山水图”山子
估　价：HKD 6,000,000～10,000,000
成交价：RMB 8,159,940
长21.3cm 香港苏富比 2021-10-13

3625 清嘉庆 白玉御题“味余书室诗”山子
估　价：HKD 400,000～800,000
成交价：RMB 730,296
长15cm 香港苏富比 2021-10-13

683 清中期 白玉留皮年年有余荷叶摆件
估　价：RMB 60,000～100,000
成交价：RMB 97,750
长7.5cm 北京保利 2021-10-30

923 清 “碧云”孔雀石山子
估　价：RMB 180,000～200,000
成交价：RMB 230,000
高26cm(连座) 中贸圣佳 2021-07-07

3947 清晚期 白玉雕松下高士山子摆件
估　价：RMB 220,000～250,000
成交价：RMB 253,000
24cm×24cm×7cm 北京荣宝 2021-06-19

2730 清 白玉雕人物故事山子
估　价：RMB 80,000～90,000
成交价：RMB 92,000
高17cm 北京荣宝 2021-12-02

553 清中期 青白玉留皮松下高士山子
估　价：RMB 1,200,000～1,800,000
成交价：RMB 2,185,000
高26cm 北京保利 2021-09-26

3824 清 白玉罗汉山子
估　价：RMB 380,000～450,000
成交价：RMB 552,000
高18.9cm 永乐拍卖 2021-12-01

855 清 青玉浮雕山子摆件
估　价：RMB 300,000～400,000
成交价：RMB 460,000
29.5cm×19.5cm 中贸圣佳 2021-07-07

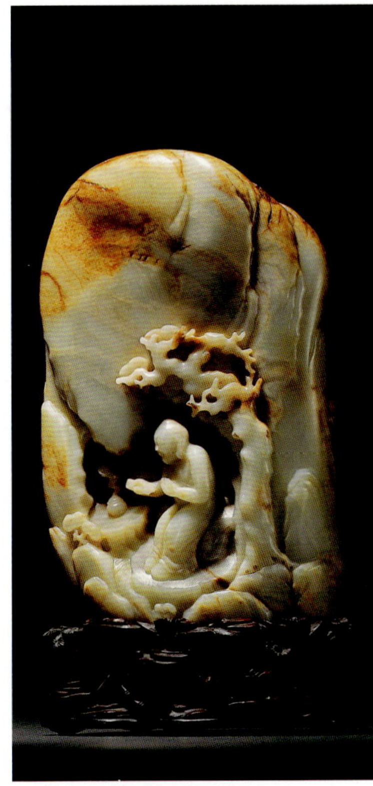

1713 清 白玉御题诗阿必达尊者山子摆件
估　价：RMB 280,000～450,000
成交价：RMB 322,000
高26.5cm 西泠印社 2021-01-15

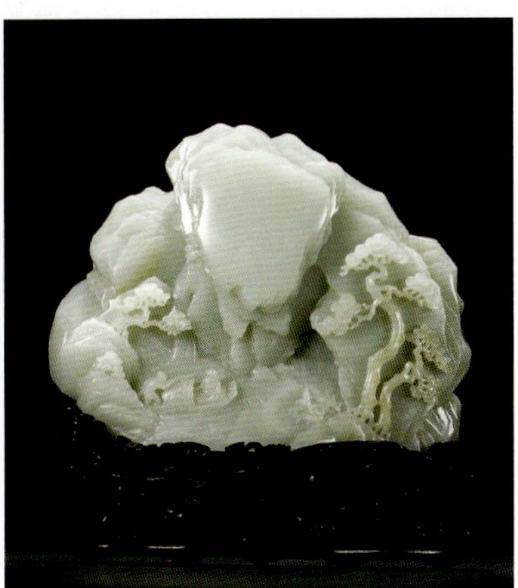

3782 清 青白玉赤壁夜游山子摆件
估　价：RMB 300,000～500,000
成交价：RMB 345,000
高18cm；长22cm 西泠印社 2021-01-16

915 清 青白玉雕文殊菩萨山子
估　价：HKD 120,000～180,000
成交价：RMB 497,370
高11.4cm 中国嘉德 2021-04-21

248 白玉三星对弈摆件
估　价：RMB 480,000～600,000
成交价：RMB 537,600
16.4cm×11.7cm×6.5cm 上海联合 2021-06-27

404 崔磊 白玉三苏摆件
估　价：RMB 880,000～1,200,000
成交价：RMB 985,600
13cm×9cm×5.8cm 上海联合 2021-11-21

609 清乾隆宫廷造办处 和田玉带皮籽料连铜鎏金器座“金风玉露”山子摆件
估　价：RMB 3,000,000～5,000,000
成交价：RMB 6,095,000
玉重5792g；18.5cm×18.5cm×40cm 博美拍卖 2021-12-03

4277 顾铭 放鹤图　青花山子
估　价：RMB 380,000～450,000
成交价：RMB 460,000
170mm×109mm×50mm 西泠印社 2021-01-16

451 青花瑶池仙境摆件
估　价：RMB 380,000～450,000
成交价：RMB 425,600
上海联合 2021-11-21

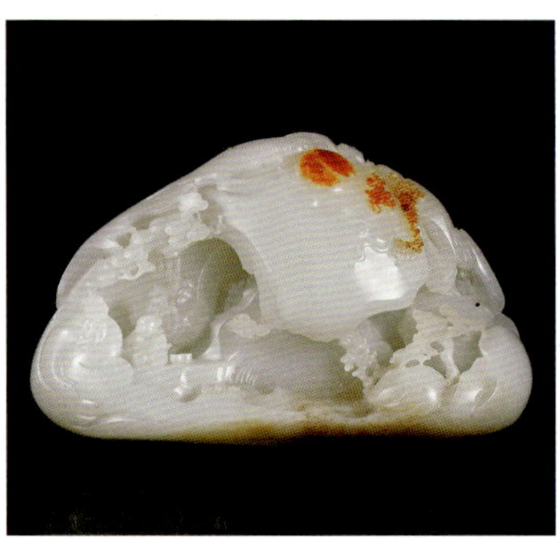

4526 侍茶图 白玉摆件
估　价：RMB 80,000～120,000
成交价：RMB 92,000
146mm×92mm×54mm 西泠印社 2021-07-25

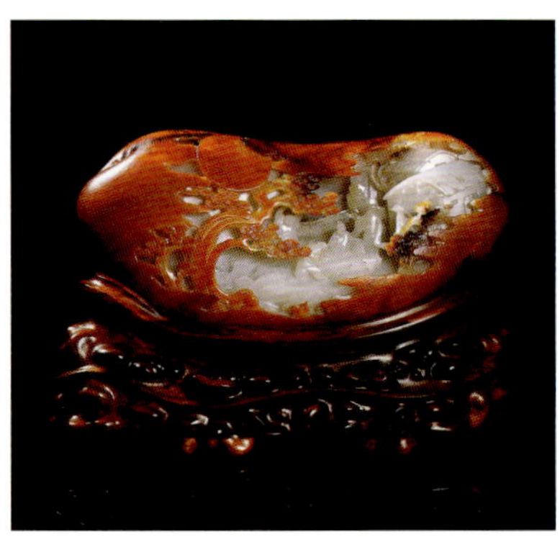

4517 张庆强 明月松间照 白玉山子
估　价：RMB 300,000～400,000
成交价：RMB 368,000
203mm×99mm×72mm 西泠印社 2021-07-25

人物摆件

15 新石器时代 石家河文化玉面人头像
估　价：HKD 800,000～1,000,000
成交价：RMB 1,221,507
高8.7cm 香港苏富比 2021-04-22

27 唐或更早 玉人
估　价：HKD 240,000～260,000
成交价：RMB 552,334
长4.9cm 香港苏富比 2021-04-22

854 文化期 玉人
估　价：HKD 50,000～70,000
成交价：RMB 49,737
高5.8cm 中国嘉德 2021-04-21

708 西周 黄玉人
估　价：HKD 350,000～450,000
成交价：RMB 378,001
高5.5cm 中国嘉德 2021-04-21

26 商至西周早期 玉人
估　价：HKD 240,000～260,000
成交价：RMB 276,167
高4.2cm 香港苏富比 2021-04-22

552 宋 双联童子
估　价：HKD 60,000～80,000
成交价：RMB 547,107
高3.2cm；宽3.3cm 中国嘉德 2021-04-21

4333 元 白玉飞天
估　价：RMB 80,000～120,000
成交价：RMB 126,500
51mm×30mm×6mm 西泠印社 2021-07-25

910 宋 玉雕菩萨
估　价：HKD 60,000～80,000
成交价：RMB 169,106
高9cm 中国嘉德 2021-04-21

551 宋 玉雕嬉戏童子
估　价：HKD 50,000～70,000
成交价：RMB 129,316
高6cm 中国嘉德 2021-04-21

1407 10至11世纪 和田玉菩萨
估　价：RMB 450,000～600,000
成交价：RMB 598,000
高16cm 朵云轩 2021-07-07

1532 明早期 玉雕上元一品赐福天官紫微大帝立像
估　价：RMB 600,000～800,000
成交价：RMB 862,500
高9.5cm 华艺国际 2021-06-05

1717 元至明 白玉随身佛坐像
估　价：RMB 120,000～180,000
成交价：RMB 143,750
高4.3cm；宽3.3cm 西泠印社 2021-01-15

2256 明 白玉雕罗汉摆件
估　价：RMB 100,000～150,000
成交价：RMB 126,500
107mm×43mm×34mm 西泠印社 2021-01-15

6401 明 白玉带沁跪人像
估　价：RMB 150,000～200,000
成交价：RMB 172,500
高6.9cm 北京保利 2021-12-06

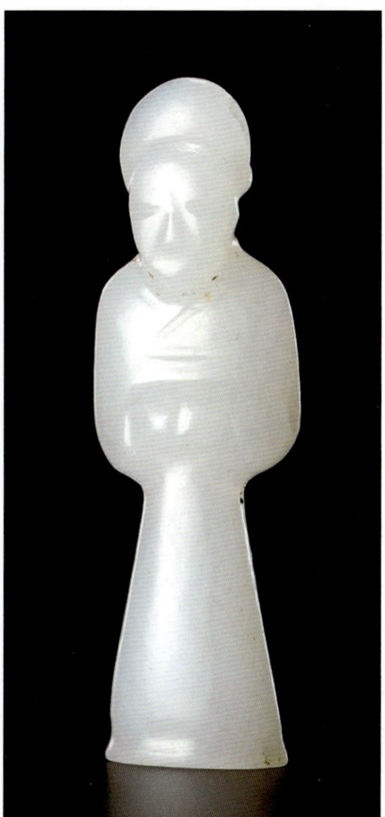

380 明 白玉官帽俑
估　价：RMB 300,000～500,000
成交价：RMB 552,000
高4.8cm 永乐拍卖 2021-05-22

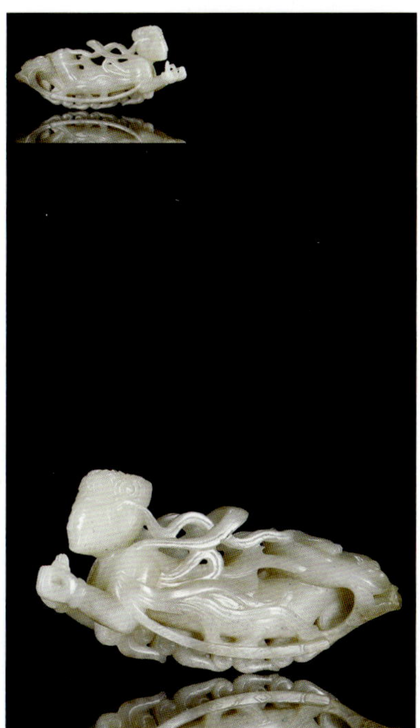

2719 明 白玉飞天
估　价：RMB 80,000～120,000
成交价：RMB 92,000
长7.3cm 西泠印社 2021-07-24

5727 明 白玉迦罗逻
估　价：RMB 20,000～30,000
成交价：RMB 575,000
长3.7cm 中国嘉德 2021-09-26

1244 明 南红玛瑙弥勒佛
估　价：RMB 200,000～300,000
成交价：RMB 230,000
高8.6cm 华艺国际 2021-12-11

327 明 白玉骑吼送子观音
估　价：RMB 60,000
成交价：RMB 126,500
高10.2cm 浙江佳宝 2021-01-10

6384 明 白玉仙童（一对）
估　价：RMB 500,000～800,000
成交价：RMB 805,000
高8.9cm 北京保利 2021-12-06

1886 明 白玉释迦牟尼
估　价：RMB 60,000～80,000
成交价：RMB 126,500
高9.5cm 中贸圣佳 2021-05-21

587 明 青白玉击鼓小童
估　价：HKD 25,000～35,000
成交价：RMB 79,579
高6cm 中国嘉德 2021-04-21

559 明 青白玉山石仕女摆件
估　价：HKD 120,000～180,000
成交价：RMB 169,106
高13.9cm 中国嘉德 2021-04-21

346 明 白玉祝融像
估　价：RMB 400,000～600,000
成交价：RMB 747,500
高2.85cm 永乐拍卖 2021-05-22

836 明 青白玉无量寿佛
估　价：RMB 150,000～200,000
成交价：RMB 276,000
高12cm 中贸圣佳 2021-07-07

619 明 玉雕释迦牟尼佛坐像
估　价：RMB 300,000～500,000
成交价：RMB 460,000
高15.3cm 博美拍卖 2021-12-03

1757 明 玉龙王持莲捻珠坐像
估　价：RMB 20,000～50,000
成交价：RMB 51,750
高9.2cm 华艺国际 2021-12-11

3082 明晚期 黄玉平安得子
估　价：RMB 160,000～200,000
成交价：RMB 184,000
高6.2cm 古天一 2021-06-07

1246 清早期 白玉阿弥陀佛
估　价：RMB 200,000～300,000
成交价：RMB 460,000
高9.5cm 华艺国际 2021-12-11

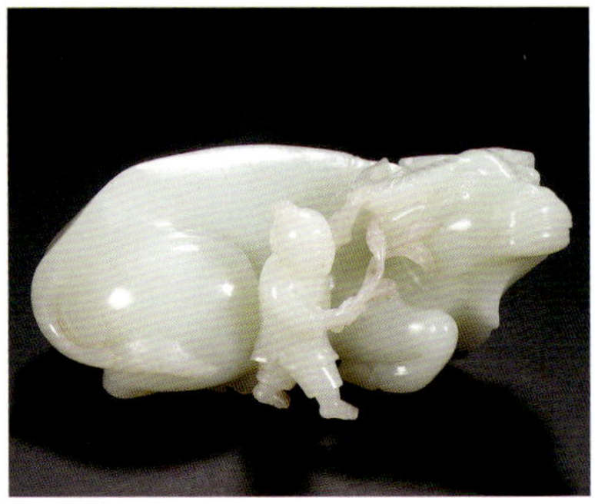

6378 18世纪 白玉童子牧牛
估　价：RMB 600,000～800,000
成交价：RMB 805,000
长15cm 北京保利 2021-12-06

6388 18世纪 墨玉巧雕童子牧牛
估　价：RMB 400,000～600,000
成交价：RMB 460,000
长19.5cm 北京保利 2021-12-06

666 18世纪 玉雕佛陀坐像
估　价：USD 80,000～120,000
成交价：RMB 1,305,000
高12.7cm 纽约佳士得 2021-03-18

516 17世纪/18世纪 黄玉留皮鹿乳奉亲
估　价：RMB 1,000,000～1,500,000
成交价：RMB 1,150,000
高8.5cm 北京保利 2021-09-26

2718 18世纪 青白玉佛坐像
估　价：HKD 500,000～800,000
成交价：RMB 1,138,500
高17.2cm 佳士得 2021-05-28

1247 清乾隆 白玉阿弥陀佛
估　价：RMB 200,000～400,000
成交价：RMB 437,000
高14cm 华艺国际 2021-12-11

590 清乾隆 白玉带皮胖娃
估　价：HKD 100,000～150,000
成交价：RMB 198,948
长4cm；宽2.9cm 中国嘉德 2021-04-21

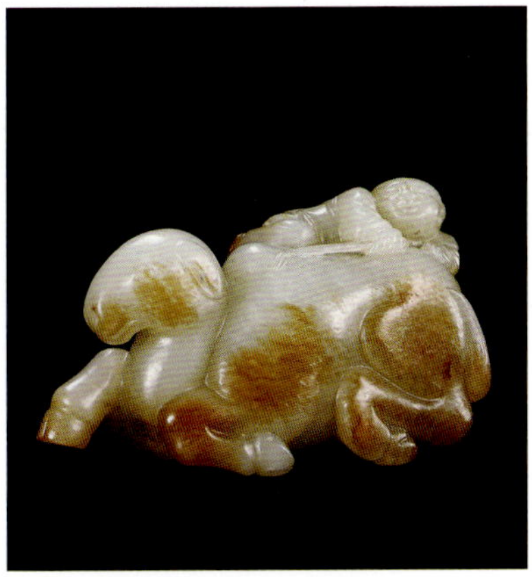

3912 清乾隆 白玉金皮童子戏驼
估　价：RMB 80,000～120,000
成交价：RMB 138,000
长8.3cm 永乐拍卖 2021-12-01

3712 清乾隆 火烧玉雕无量寿佛
估　价：RMB 1,000～2,000
成交价：RMB 80,500
高20.7cm 中国嘉德 2021-11-29

3630 清乾隆 白玉雕卧象童子
估　价：HKD 1,200,000～1,800,000
成交价：RMB 1,356,264
长12.5cm 香港苏富比 2021-10-13

3817 清乾隆 白玉载来花甲
估　价：RMB 80,000～120,000
成交价：RMB 161,000
长10.5cm 永乐拍卖 2021-12-01

3623 清乾隆 白玉雕童子牧牛
估　价：HKD 2,000,000～4,000,000
成交价：RMB 3,751,668
长18.6cm 香港苏富比 2021-10-13

1944 清乾隆 白玉陶渊明爱菊摆件
估　价：RMB 180,000～200,000
成交价：RMB 207,000
高10.8cm 中贸圣佳 2021-05-21

531 清乾隆 白玉胡人献宝摆件
估　价：RMB 80,000～120,000
成交价：RMB 138,000
高9cm 北京保利 2021-01-09

3711 清乾隆 青金石仿古雕如来法像
估　价：RMB 1,000～2,000
成交价：RMB 92,000
高10.5cm 中国嘉德 2021-11-29

1248 清乾隆 青白玉阿弥陀佛
估　价：RMB 800,000～1,200,000
成交价：RMB 1,380,000
高21cm 华艺国际 2021-12-11

61 清乾隆 青白玉雕佛坐像连碧玉莲座
估　价：USD 80,000～120,000
成交价：RMB 4,439,778
佛像高18.5cm 纽约苏富比 2021-09-22

517 清乾隆 黄玉童子骑虎
估　价：RMB 700,000～900,000
成交价：RMB 805,000
高6cm 北京保利 2021-09-26

1249 清中期 白玉阿弥陀佛（带背光）
估　价：RMB 1,200,000～1,800,000
成交价：RMB 3,450,000
高18cm 华艺国际 2021-12-11

360 清中期 白玉持宝瓶童子
估　价：RMB 20,000
成交价：RMB 57,500
高3.2cm 浙江佳宝 2021-01-10

2241 清中期 白玉达摩渡海
估　价：RMB 100,000～200,000
成交价：RMB 276,000
高15cm 华艺国际 2021-09-17

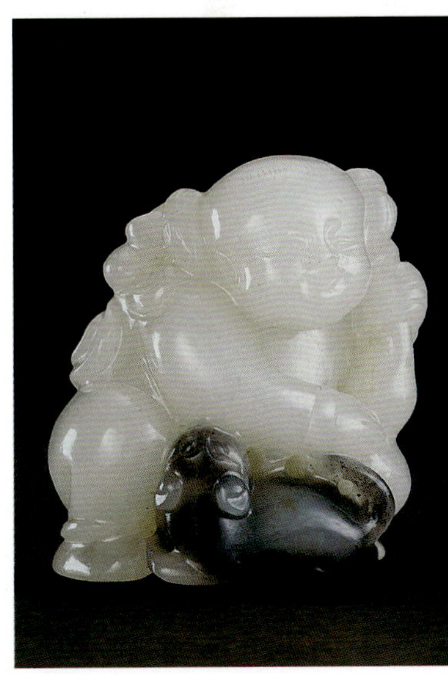

602 清中期 黑白玉巧雕童子戏獾
估　价：HKD 60,000～80,000
成交价：RMB 159,158
高4.2cm 中国嘉德 2021-04-21

668 18世纪/19世纪 白玉观音
估　价：USD 15,000～20,000
成交价：RMB 448,594
高13.8cm 纽约佳士得 2021-03-18

2215 清 白玉雕八仙人物摆件一组
估　价：RMB 600,000～1,200,000
成交价：RMB 690,000
尺寸不一 西泠印社 2021-01-15

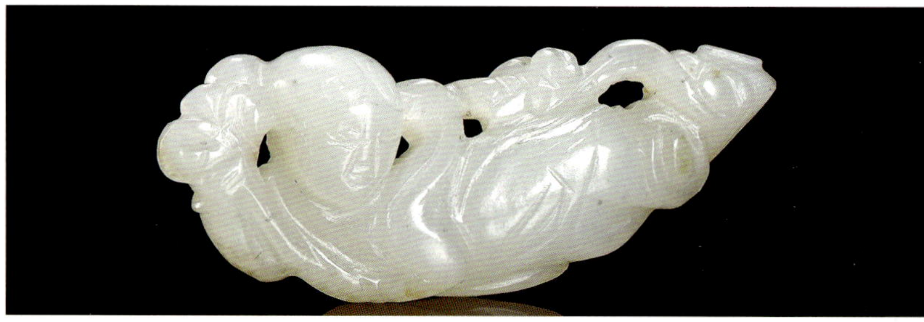

3851 清 白玉飞天
估　价：RMB 80,000～120,000
成交价：RMB 132,250
长5.8cm 永乐拍卖 2021-12-01

3860 清 白玉道教人物
估　价：RMB 30,000～50,000
成交价：RMB 59,800
高5cm 永乐拍卖 2021-12-01

2237 清 白玉雕持花书生摆件
估　价：RMB 220,000～280,000
成交价：RMB 287,500
137mm×87mm×59mm 西泠印社 2021-01-15

2214 清 白玉雕麻姑献寿摆件
估　价：RMB 700,000～1,500,000
成交价：RMB 862,500
340mm×172mm×70mm 西泠印社 2021-01-15

1714 清 白玉雕释迦牟尼坐像
估　价：RMB 500,000～800,000
成交价：RMB 1,092,500
高15.8cm 西泠印社 2021-01-15

3820 清 白玉击鼓童子
估　价：RMB 50,000～80,000
成交价：RMB 126,500
长6cm 永乐拍卖 2021-12-01

3861 清 白玉戏鹅童子
估　价：RMB 40,000～60,000
成交价：RMB 71,300
长6.7cm 永乐拍卖 2021-12-01

3858 清 白玉罗汉
估　价：RMB 300,000～500,000
成交价：RMB 552,000
高13.3cm 永乐拍卖 2021-12-01

2003 清 白玉翁仲
估　价：RMB 40,000
成交价：RMB 89,700
高3.4cm 古天一 2021-06-07

1454 马进贵 金银错嵌红宝、蓝宝白玉飞天摆件
估　价：RMB 10,000,000～15,000,000
成交价：RMB 12,305,000
18cm×9cm×5cm 上海嘉禾 2021-07-22

3936 清 灰白玉渔翁得利摆件
估　价：RMB 50,000～80,000
成交价：RMB 89,700
高13cm 永乐拍卖 2021-12-01

2685 清 南红玛瑙巧雕“吉祥如意”摆件
估　价：RMB 35,000～50,000
成交价：RMB 40,250
长10cm 北京荣宝 2021-12-02

2684 清 南红玛瑙巧雕“渔翁得利”摆件
估　价：RMB 25,000～30,000
成交价：RMB 28,750
高5.4cm 北京荣宝 2021-12-02

2098 清 黄玉雕东方朔摆件
估　价：RMB 300
成交价：RMB 793,500
高19cm 古天一 2021-06-07

3876 清 黄玉持如意罗汉
估　价：RMB 80,000～120,000
成交价：RMB 112,700
长6cm 永乐拍卖 2021-12-01

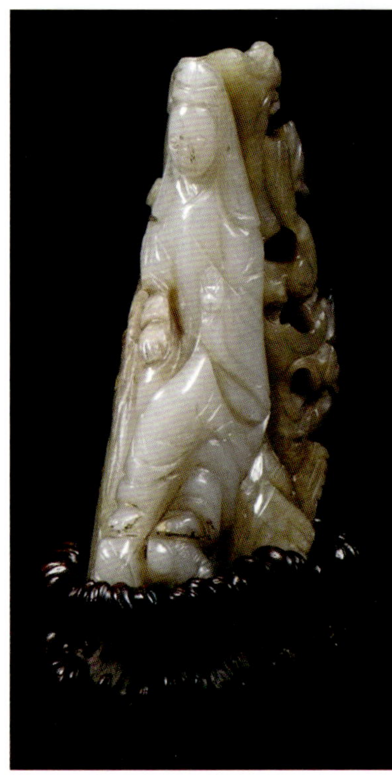

2019 清 玉雕山石自在观音
估　价：RMB 380,000
成交价：RMB 402,500
高8.2cm 古天一 2021-06-07

667 晚清/20世纪初 白玉水月观音像
估　价：USD 20,000～30,000
成交价：RMB 448,594
高15.8cm 纽约佳士得 2021-03-18

377 白玉观音摆件
估　价：RMB 1,080,000～1,500,000
成交价：RMB 1,209,600
9.5cm×7.5cm×3.2cm 上海联合 2021-06-27

1713 当代 白玉送子观音
估　价：RMB 200,000
成交价：RMB 230,000
高25cm 北京翰海 2021-04-17

300 白玉有财气摆件
估　价：RMB 100,000～150,000
成交价：RMB 112,000
6.7cm×2.4cm×1.9cm 上海联合 2021-11-21

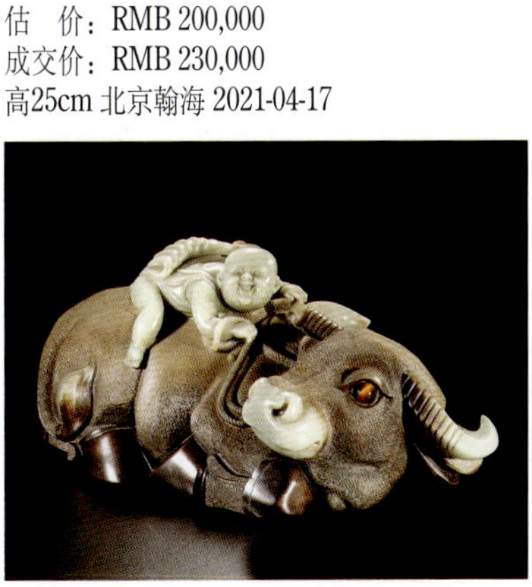

2015 当代 宋建国　青白玉童子牧牛
估　价：RMB 350,000～450,000
成交价：RMB 402,500
长76cm 北京翰海 2021-06-05

4527 福寿双全 白玉摆件
成交价：RMB 69,000
130mm×59mm×35mm 西泠印社 2021-07-25

328 曹春华 金兔毛晶无尘摆件
估　价：RMB 98,000～150,000
成交价：RMB 109,760
13cm×9.6cm×7.2cm 上海联合 2021-11-21

4269 顾铭 莲香梵影　白玉摆件
估　价：RMB 1,800,000～2,500,000
成交价：RMB 2,300,000
205mm×88mm×62mm 西泠印社 2021-01-16

4464 樊军民 道法自然 白玉摆件
估　价：RMB 280,000～350,000
成交价：RMB 356,500
140mm×80mm×70mm 西泠印社 2021-07-25

329 曹春华 钛发晶太白醉酒摆件
估　价：RMB 160,000～200,000
成交价：RMB 179,200
17cm×10.8cm×7.9cm 上海联合 2021-11-21

617 黄褐玉佛
估　价：USD 2,000～3,000
成交价：RMB 179,438
高15.5cm 纽约佳士得 2021-03-18

1449 刘忠荣 白玉麒麟观音菩萨
估　价：RMB 800,000～1,200,000
成交价：RMB 805,000
32cm×20cm×12cm 上海嘉禾 2021-07-22

5670 十八罗汉拜观音
估　价：RMB 6,000,000～8,000,000
成交价：RMB 7,130,000
22cm×11.3cm×2.7cm 北京荣宝 2021-06-19

234 俞巍巍 白玉持莲观音摆件
估　价：RMB 250,000～300,000
成交价：RMB 280,000
19cm×12.4cm×6.3cm 上海联合 2021-11-21

1189 玉雕“加官进爵”“福寿双至”观音立像
估　价：RMB 300,000～500,000
成交价：RMB 345,000
净高14.3cm 博美拍卖 2021-12-03

4288 徐志浩 妙法圆融　白玉摆件
估　价：RMB 400,000～500,000
成交价：RMB 483,000
104mm×43mm×22mm 西泠印社 2021-01-16

1408 张合冰 童子献寿
估　价：RMB 350,000～500,000
成交价：RMB 402,500
1.5cm×4.9cm×3.1cm 上海嘉禾 2021-07-22

323 抽道 白玉观音摆件
估　价：RMB 680,000～980,000
成交价：RMB 761,600
8.5cm×7.9cm×4.8cm 上海联合 2021-11-21

242 抽道 白玉莲花观音立像
估　价：RMB 680,000～850,000
成交价：RMB 784,000
12cm×6.8cm×4.4cm 上海联合 2021-06-27

动物摆件

1173 商 玉牛
估　价：HKD 80,000～120,000
成交价：RMB 119,232
宽4.6cm 中国嘉德 2021-10-14

1086 西周 玉牛
估　价：HKD 800,000～1,200,000
成交价：RMB 794,880
宽5.4cm 中国嘉德 2021-10-14

631 西周 青玉鸟（一对）
估　价：HKD 30,000～50,000
成交价：RMB 64,658
长3.4cm 中国嘉德 2021-04-21

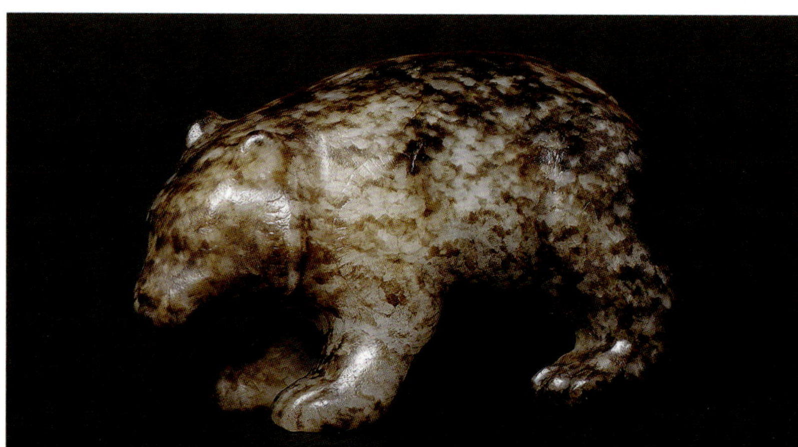

538 西汉 玉熊
估　价：HKD 350,000～550,000
成交价：RMB 2,188,428
长6.5cm；高4.5cm 中国嘉德 2021-04-21

732 东汉 玉辟邪
估 价：HKD 500,000 ~ 700,000
成交价：RMB 497,370
宽7.3cm 中国嘉德 2021-04-21

797 宋 黄玉羊和白玉骆驼（各一件）
估 价：HKD 30,000 ~ 50,000
成交价：RMB 89,424
最大的宽3.2cm 中国嘉德 2021-10-12

46 汉至六朝 玉辟邪
估 价：USD 30,000 ~ 50,000
成交价：RMB 693,655
长7cm 纽约苏富比 2021-09-22

1198 唐 玉兔
估 价：HKD 80,000 ~ 120,000
成交价：RMB 79,488
宽5.2cm 中国嘉德 2021-10-14

1105 汉 玉辟邪
估 价：HKD 6,000,000 ~ 8,000,000
成交价：RMB 8,843,040
宽6.5cm 中国嘉德 2021-10-14

711 宋 黄玉骆驼
估 价：HKD 50,000 ~ 70,000
成交价：RMB 49,680
宽5cm 中国嘉德 2021-10-12

525 汉或以后 玉骆驼
估　价：USD 8,000～12,000
成交价：RMB 815,308
宽15.3cm 纽约苏富比 2021-09-27

620 唐/元 玉骆驼
估　价：USD 300,000～500,000
成交价：RMB 2,838,375
高6.7cm 纽约佳士得 2021-03-18

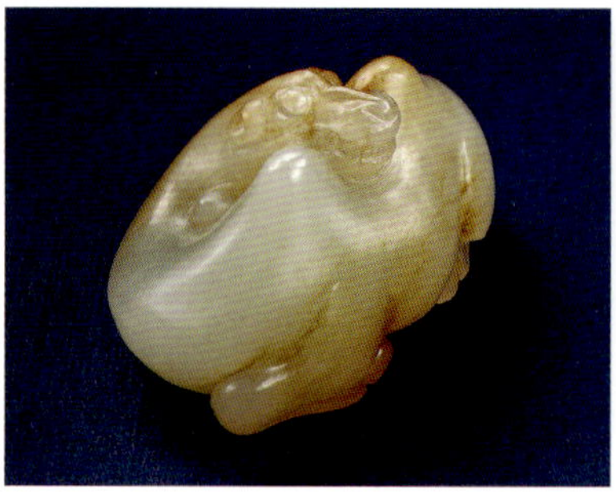

709 唐 白玉红沁骆驼
估　价：HKD 60,000～80,000
成交价：RMB 158,976
宽3.1cm 中国嘉德 2021-10-12

349 宋 白玉红沁卧犬
估　价：RMB 80,000
成交价：RMB 207,000
长7.2cm 浙江佳宝 2021-01-10

541 宋 白玉沁色双鹅
估　价：HKD 20,000～30,000
成交价：RMB 49,737
宽3.8cm；深2.9cm 中国嘉德 2021-04-21

1201 宋 黄玉牛
估　价：HKD 150,000～200,000
成交价：RMB 158,976
宽6.7cm 中国嘉德 2021-10-14

543 宋 青白玉卧狗
估　价：HKD 50,000～70,000
成交价：RMB 99,474
长6cm 中国嘉德 2021-04-21

546 宋 白玉双狮
估　价：HKD 100,000～150,000
成交价：RMB 716,213
长4.2cm；宽4.2cm 中国嘉德 2021-04-21

717 宋 黄玉卧犬
估　价：HKD 120,000～180,000
成交价：RMB 129,168
宽8cm 中国嘉德 2021-10-12

1571 辽 玉卧马
估　价：RMB 5,000
成交价：RMB 21,850
长4cm 北京翰海 2021-10-16

547 辽金 白玉马
估　价：HKD 20,000～30,000
成交价：RMB 64,658
长5.4cm；高3cm 中国嘉德 2021-04-21

544 金元 青白玉卧狗
估　价：HKD 50,000～70,000
成交价：RMB 49,737
宽7.2cm；深3cm 中国嘉德 2021-04-21

523 元 白玉红沁虎
估　价：RMB 85,000
成交价：RMB 115,000
长6cm 上海呗美 2021-05-30

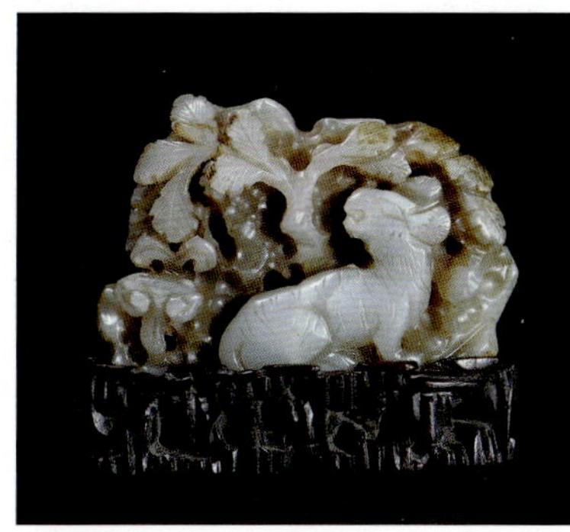

446 元 白玉秋山卧虎图摆件
估　价：RMB 50,000
成交价：RMB 86,250
长7.6cm 浙江佳宝 2021-01-10

3157 元 白玉海东青大雁摆件
估　价：RMB 150,000～200,000
成交价：RMB 172,500
长5cm 十竹斋拍卖（北京） 2021-05-29

1715 元 白玉瑞兽摆件
估　价：RMB 230,000～260,000
成交价：RMB 264,500
长7cm；高6cm 广东崇正 2021-07-19

545 元 玉雕沁色虎
估　价：HKD 20,000～30,000
成交价：RMB 71,621
宽3.3cm；厚1.7cm 中国嘉德 2021-04-21

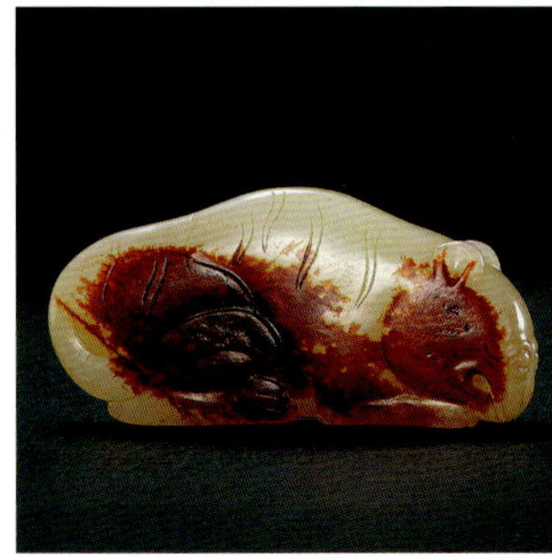

833 元/明 沁色白玉虎
估　价：HKD 60,000～80,000
成交价：RMB 59,684
宽6.1cm 中国嘉德 2021-04-21

3048 元 白玉兔
估　价：RMB 80,000～120,000
成交价：RMB 253,000
长5cm 古天一 2021-06-07

3645 元 玉沁色翼龙
估　价：RMB 80,000～100,000
成交价：RMB 92,000
长7.2cm 中国嘉德 2021-11-29

320 明 白玉白马驮经
估　价：RMB 250,000～350,000
成交价：RMB 368,000
长14.3cm 永乐拍卖 2021-05-22

1933 元 黄玉坐龙
估　价：RMB 40,000～55,000
成交价：RMB 59,800
高6.1cm 中贸圣佳 2021-05-21

1121 元/明 玉雕玄武摆件
估　价：HKD 500,000～700,000
成交价：RMB 496,800
宽12.8cm 中国嘉德 2021-10-14

1616 明 白玉雕八方来财摆件
估 价：RMB 60,000～90,000
成交价：RMB 97,750
长9.8cm 西泠印社 2021-01-15

318 明 白玉红沁马
估 价：RMB 80,000～120,000
成交价：RMB 115,000
长3.5cm 永乐拍卖 2021-05-22

2227 明 白玉龙
估 价：RMB 90,000～120,000
成交价：RMB 126,500
42mm×26mm×20mm 西泠印社 2021-01-15

6377 明 白玉骆驼摆件
估 价：RMB 800,000～1,200,000
成交价：RMB 1,288,000
长10cm 北京保利 2021-12-06

491 明 白玉红沁龙
估 价：RMB 260,000
成交价：RMB 690,000
高2.5cm 上海呗美 2021-05-30

340 明 白玉红沁辟邪兽
估 价：RMB 1,500,000～2,000,000
成交价：RMB 1,782,500
长4.5cm；宽2.1cm 永乐拍卖 2021-05-22

357 明 白玉啃蹄滚马
估 价：RMB 200,000～250,000
成交价：RMB 230,000
长4.9cm 永乐拍卖 2021-05-22

3003 明 白玉辟邪
估　价：HKD 80,000～120,000
成交价：RMB 112,888
宽6.5cm 佳士得 2021-12-03

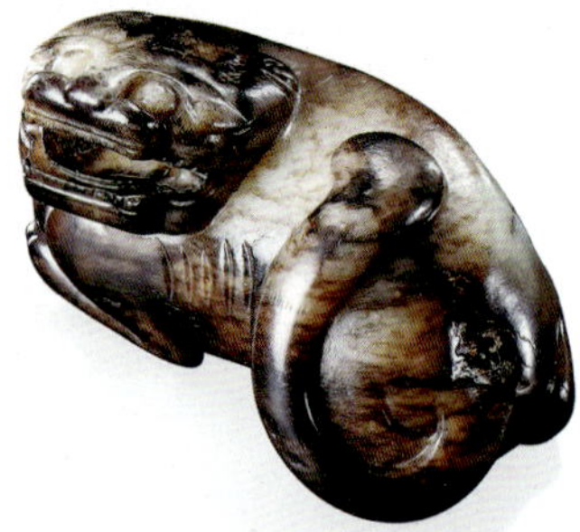

321 明 白玉水银沁虎摆件
估　价：RMB 280,000～380,000
成交价：RMB 379,500
长7.45cm 永乐拍卖 2021-05-22

1299 明 板栗黄玉瑞兽摆件带座
估　价：RMB 180,000～260,000
成交价：RMB 218,500
11cm×6cm×1.8cm 广东崇正 2021-01-07

2708 明 白玉瑞兽摆件
估　价：RMB 80,000～90,000
成交价：RMB 92,000
长4.5cm 北京荣宝 2021-12-02

356 明 白玉圆雕排骨狗
估　价：RMB 200,000～250,000
成交价：RMB 293,250
长6.2cm 永乐拍卖 2021-05-22

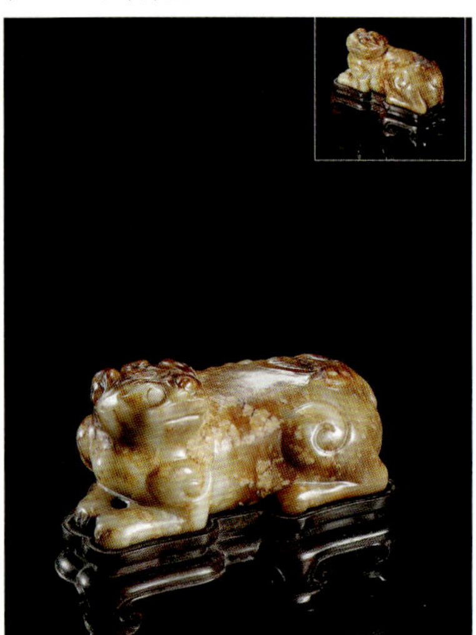

2809 明 白玉受沁卧兽摆件
估　价：RMB 160,000～250,000
成交价：RMB 322,000
高6cm；长13cm 西泠印社 2021-07-24

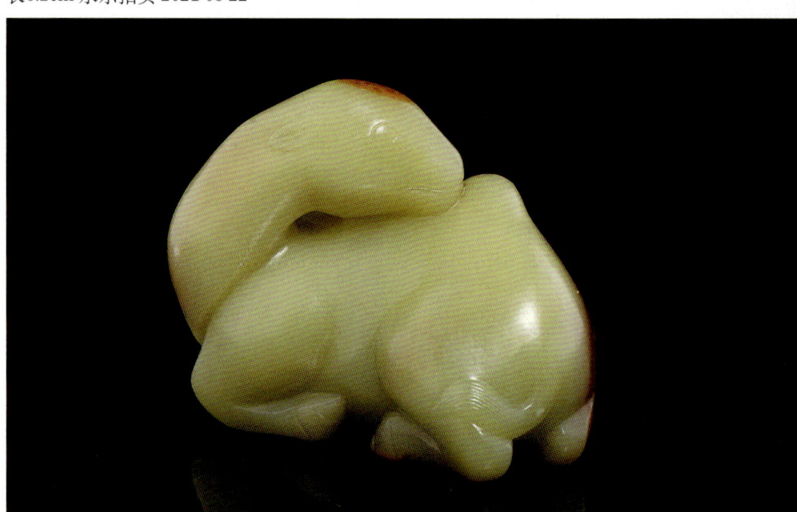

1235 明 黄玉骆驼
估　价：RMB 1,200,000～1,800,000
成交价：RMB 2,242,500
长9.6cm 华艺国际 2021-12-11

642 明 黄褐玉雕瑞兽
估　价：USD 10,000～15,000
成交价：RMB 611,719
长9cm 纽约佳士得 2021-03-18

207 明 黄玉瑞兽
估　价：USD 20,000～30,000
成交价：RMB 146,892
宽5.3cm 纽约苏富比 2021-09-22

632 明 灰褐玉雕麒麟
估　价：USD 30,000～50,000
成交价：RMB 530,156
长10.2cm 纽约佳士得 2021-03-18

500 明 旧玉龙
估　价：RMB 250,000
成交价：RMB 299,000
长7.4cm 上海呗美 2021-05-30

584 明 旧玉马上封侯
估　价：RMB 150,000
成交价：RMB 333,500
高7.8cm；长10.6cm 上海呗美 2021-05-30

3599 明 白玉鸳鸯
估　价：RMB 40,000～60,000
成交价：RMB 46,000
长3.8cm 中国嘉德 2021-11-29

1546 明 青玉骆驼
估　价：RMB 500,000～800,000
成交价：RMB 632,500
长20cm 十竹斋拍卖（北京） 2021-05-29

6375 明 旧玉卧兽
估　价：RMB 300,000～500,000
成交价：RMB 379,500
长5.4cm 北京保利 2021-12-06

52 明 玉卧虎
估　价：USD 60,000～80,000
成交价：RMB 489,639
宽4.2cm 纽约苏富比 2021-09-22

3568 明 蜜蜡雕荷雁摆件
估　价：RMB 50,000～60,000
成交价：RMB 69,000
高5.5cm 西泠印社 2021-01-16

530 明 青玉雕太狮少狮
估　价：USD 8,000～12,000
成交价：RMB 65,225
长8.6cm 纽约苏富比 2021/9/27

1570 明 玉鹿摆件
成交价：RMB 43,700
长9.5cm 西泠印社 2021-10-23

3631 明 玉沁色卧马
估　价：RMB 18,000～38,000
成交价：RMB 48,300
长4.3cm 中国嘉德 2021-11-29

1495 明或更早 玉辟邪
估　价：RMB 200,000～300,000
成交价：RMB 529,000
高6cm；长8cm 广东崇正 2021-07-19

533 明末 玉瑞鹅
估　价：USD 10,000～15,000
成交价：RMB 81,531
长19cm 纽约苏富比 2021-09-27

335 明 玉兽首圆雕件
估　价：RMB 180,000～250,000
成交价：RMB 322,000
长7.9cm 永乐拍卖 2021-05-22

940 明/清 青白玉熊
估　价：RMB 80,000～100,000
成交价：RMB 598,000
4.5cm×2.5cm×2cm 北京诚轩 2021-05-18

1899 明 玉羊摆件
估　价：RMB 40,000～50,000
成交价：RMB 46,000
长9cm 西泠印社 2021-10-23

524 明或以后 玉辟邪
估　价：USD 8,000～12,000
成交价：RMB 4,827,142
长12cm 纽约苏富比 2021-09-27

1240 清早期 鸡骨白玉卧羊（配座）
估　价：RMB 250,000～350,000
成交价：RMB 690,000
长19cm 华艺国际 2021-12-11

1406 18世纪 白水晶狮
估　价：RMB 300,000～350,000
成交价：RMB 379,500
高5.5cm 朵云轩 2021-07-07

1123 清早期 黄玉卧牛摆件
估　价：RMB 180,000～280,000
成交价：RMB 322,000
长9cm 华艺国际 2021-03-31

652 17世纪/18世纪 白玉雕卧鹿
估　价：USD 100,000～150,000
成交价：RMB 2,283,750
长19cm 纽约佳士得 2021-03-18

646 17世纪/18世纪 白玉雕瑞兽
估　价：USD 100,000～150,000
成交价：RMB 3,386,475
长9cm 纽约佳士得 2021-03-18

388 清早期 白玉马上封侯
估　价：RMB 50,000
成交价：RMB 158,900
长5.1cm 浙江佳宝 2021-01-10

598 18世纪 青白玉沁色麒麟负书
估　价：HKD 80,000～120,000
成交价：RMB 99,474
长6.4cm 中国嘉德 2021-04-21

3026 清乾隆 白玉雕“连年有余”摆件
估　价：RMB 350,000～550,000
成交价：RMB 402,500
长20cm 十竹斋拍卖（北京） 2021-05-29

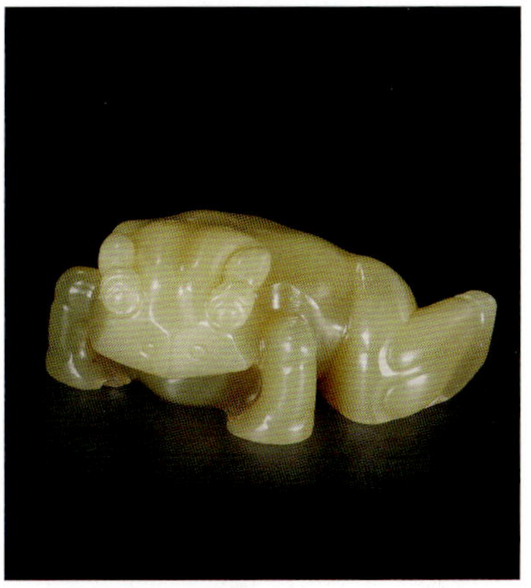

648 18世纪 青玉雕蛙
估　价：USD 15,000～25,000
成交价：RMB 367,031
长5.2cm 纽约佳士得 2021-03-18

751 18世纪 白玉麒麟负书
估　价：HKD 300,000～500,000
成交价：RMB 298,422
宽9.5cm 中国嘉德 2021-04-21

85 清乾隆 白玉“连年有余”摆件
估　价：RMB 80,000～120,000
成交价：RMB 86,250
宽16cm 永乐拍卖 2021-05-22

3907 清乾隆 白玉青鸾献寿摆件
估　价：RMB 180,000～220,000
成交价：RMB 310,500
长6.5cm 永乐拍卖 2021-12-01

650 清乾隆 白玉雕瑞兽
估　价：USD 50,000～70,000
成交价：RMB 407,813
长10.2cm 纽约佳士得 2021-03-18

3960 清乾隆 白玉白马驮经
估　价：RMB 120,000～160,000
成交价：RMB 207,000
长5.2cm 永乐拍卖 2021-12-01

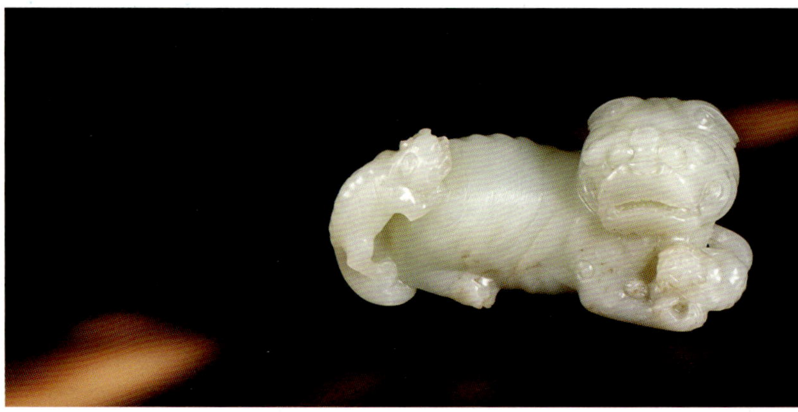

2205 清乾隆 白玉雕太师少师摆件
估　价：RMB 180,000～300,000
成交价：RMB 287,500
114mm × 59mm × 40mm 西泠印社 2021-01-15

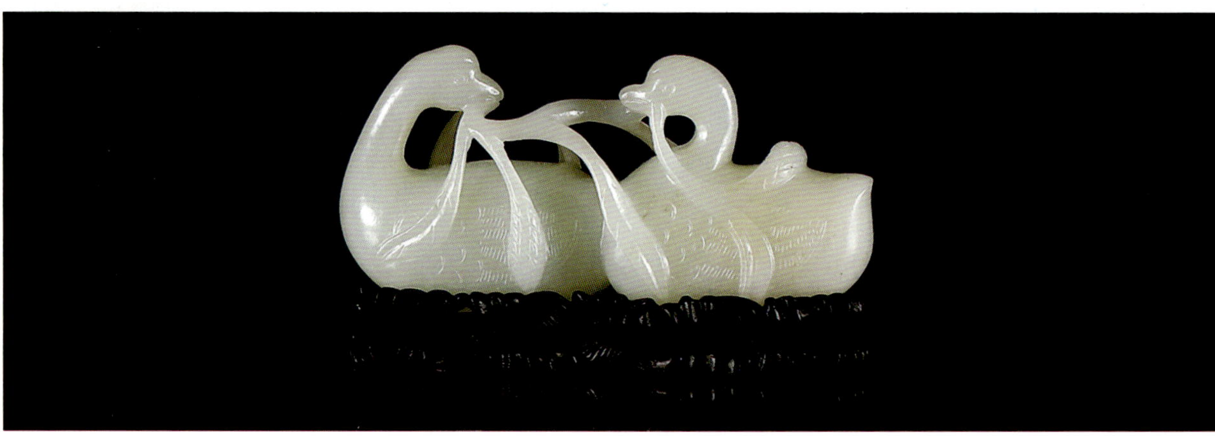

2207 清乾隆 白玉双鹅
估　价：RMB 320,000～380,000
成交价：RMB 368,000
92mm × 47mm × 26mm 西泠印社 2021-01-15

3680 清乾隆 白玉三羊开泰
估　价：RMB 150,000～200,000
成交价：RMB 322,000
6cm×3.8cm 十竹斋拍卖（北京） 2021-05-29

3626 清乾隆 白玉太平有象摆件
估　价：HKD 600,000～1,000,000
成交价：RMB 625,968
高17.8cm 香港苏富比 2021-10-13

1232 清乾隆 白玉洗象图摆件
估　价：RMB 150,000～200,000
成交价：RMB 172,500
长10.5cm 华艺国际 2021-12-11

3946 清乾隆 白玉三阳开泰
估　价：RMB 120,000～160,000
成交价：RMB 138,000
长8cm 永乐拍卖 2021-12-01

2201 清乾隆 白玉双鹿
估　价：RMB 350,000～450,000
成交价：RMB 517,500
120mm×65mm×33mm 西泠印社 2021-01-15

1527 清乾隆 白玉凤含桃摆件
估　价：RMB 80,000～150,000
成交价：RMB 161,000
长20.5cm 华艺国际 2021-06-05

850 清乾隆 白玉螳螂
估　价：RMB 50,000～60,000
成交价：RMB 86,250
长4.5cm 中贸圣佳 2021-07-07

1236 清乾隆 黄玉兔
估　价：RMB 280,000～380,000
成交价：RMB 414,000
长7cm 华艺国际 2021-12-11

518 清乾隆 碧玉麒麟负书摆件
估　价：RMB 1,200,000～1,800,000
成交价：RMB 1,437,500
长18.5cm 北京保利 2021-09-26

688 清中期 白玉荷塘双鸭摆件
估　价：RMB 100,000～200,000
成交价：RMB 115,000
长12cm 北京保利 2021-10-30

999 清乾隆 孔雀石荷叶蟾蟹摆件
估　价：RMB 120,000～180,000
成交价：RMB 92,000
长30cm 上海匡时 2021-07-08

1763 清乾隆 青玉马
估　价：RMB 100,000～150,000
成交价：RMB 172,500
长33.5cm 华艺国际 2021-12-11

2106 清乾隆 玉雕瑞兽
估　价：RMB 50,000～80,000
成交价：RMB 153,225
长7.7cm 十竹斋拍卖（北京） 2021-04-25

748 清中期 白玉卧犬
估　价：HKD 80,000～120,000
成交价：RMB 79,579
宽7.4cm 中国嘉德 2021-04-21

6099 清中期 白玉麒麟负书
估　价：RMB 35,000～55,000
成交价：RMB 51,750
长8.5cm 北京保利 2021-12-06

3926 清中期 青白玉童子洗象摆件
估　价：RMB 180,000～200,000
成交价：RMB 207,000
高13.5cm 北京荣宝 2021-06-19

3536 清中期 白玉三羊开泰
估　价：RMB 10,000～30,000
成交价：RMB 195,500
长6.4cm 中国嘉德 2021-05-19

6532 清中期 白玉卧马
估　价：RMB 80,000～120,000
成交价：RMB 115,000
长7.1cm 北京保利 2021-12-06

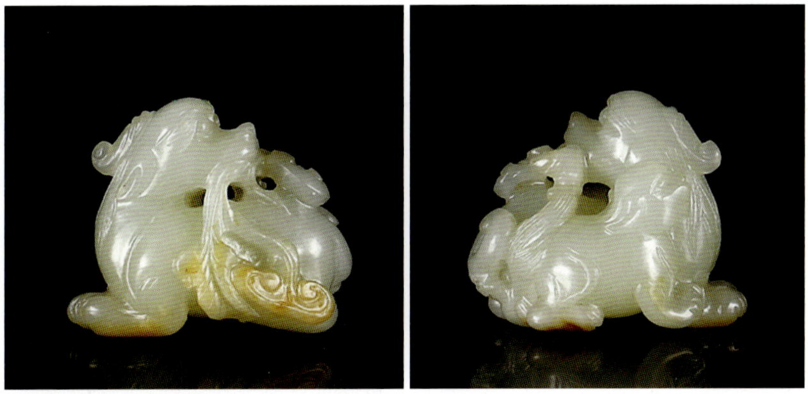

2223 清 白玉雕母子瑞兽
估　价：RMB 80,000～100,000
成交价：RMB 109,250
39mm × 33mm × 29mm 西泠印社 2021-01-15

2183 清中期 白玉童子洗象摆件
估　价：RMB 50,000～70,000
成交价：RMB 57,500
高10cm 北京翰海 2021-12-18

4392 清 白玉雕凤凰摆件
估　价：RMB 80,000～120,000
成交价：RMB 126,500
146mm × 100mm × 42mm 西泠印社 2021-07-25

647 18世纪/19世纪 白玉雕卧犬
估　价：USD 40,000～60,000
成交价：RMB 815,625
长8.7cm 纽约佳士得 2021-03-18

4356 清 白玉雕麒麟吐书
估　价：RMB 180,000～250,000
成交价：RMB 368,000
97mm×54mm×38mm 西泠印社 2021-07-25

510 清 白玉凤
估　价：RMB 60,000
成交价：RMB 112,700
2.4cm×1.8cm 上海呗美 2021-05-30

563 清 白玉莲年有鱼
估　价：RMB 350,000
成交价：RMB 402,500
长14.9cm 上海呗美 2021-05-30

3947 清 白玉福禄万代摆件
估　价：RMB 120,000～150,000
成交价：RMB 184,000
长11cm 永乐拍卖 2021-12-01

4357 清 白玉雕三足金蟾
估　价：RMB 150,000～180,000
成交价：RMB 218,500
76mm×48mm×31mm 西泠印社 2021-07-25

4378 清 白玉雕鸳鸯衔莲摆件
估　价：RMB 150,000～250,000
成交价：RMB 184,000
82mm×46mm×39mm 西泠印社 2021-07-25

3930 清 白玉虎
估　价：RMB 180,000～250,000
成交价：RMB 270,250
长7.3cm 永乐拍卖 2021-12-01

560 清 白玉龙马负图
估 价：RMB 280,000
成交价：RMB 402,500
长11cm 上海呗美 2021-05-30

3856 清 白玉骆驼
估 价：RMB 60,000～80,000
成交价：RMB 115,000
长4cm 永乐拍卖 2021-12-01

1929 清 白玉辟邪
估 价：RMB 300,000～400,000
成交价：RMB 563,500
长26.6cm 中贸圣佳 2021-05-21

79 清 白玉瑞兽
成交价：RMB 138,000
长7cm 北京保利 2021-10-30

677 清 白玉龙马负图摆件
估 价：RMB 20,000～50,000
成交价：RMB 143,750
长9.3cm 中贸圣佳 2021-03-26

78 清 白玉骆驼
成交价：RMB 195,500
长8cm 北京保利 2021-10-30

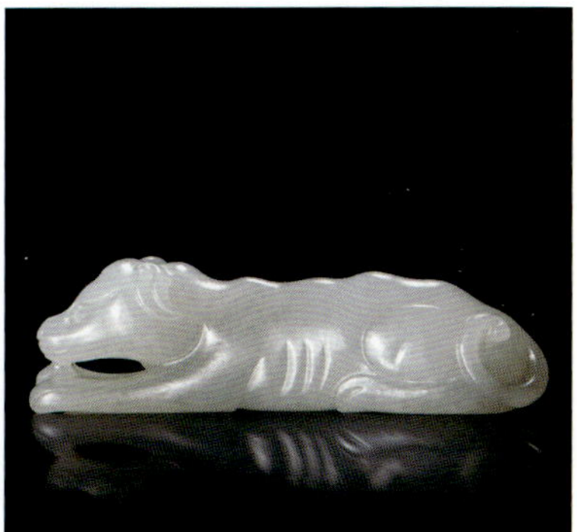

3944 清 白玉卧犬
估 价：RMB 30,000～50,000
成交价：RMB 63,250
长7.3cm 永乐拍卖 2021-12-01

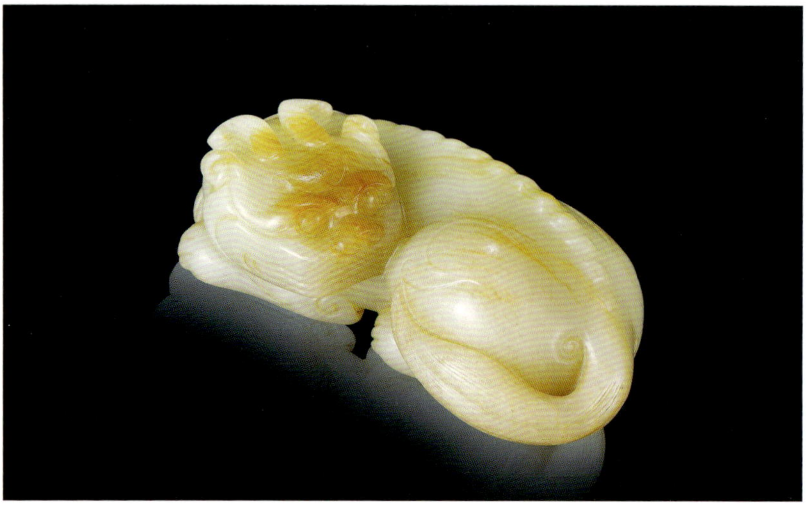

2183 清 白玉瑞兽
估　价：RMB 150,000～200,000
成交价：RMB 224,250
长10cm 华艺国际 2021-04-01

78 清 白玉喜报三元
估　价：RMB 100,000
成交价：RMB 161,000
长9.5cm 上海呗美 2021-03-28

843 清 白玉带皮双鸳鸯摆件
成交价：RMB 207,000
长6.2cm；宽6cm 中贸圣佳 2021-07-07

4401 清 白玉雕合家欢
估　价：RMB 120,000～150,000
成交价：RMB 172,500
69mm×47mm×30mm 西泠印社 2021-07-25

3872 清 白玉行龙
估　价：RMB 50,000～80,000
成交价：RMB 89,700
长6.6cm 永乐拍卖 2021-12-01

3954 清 白玉兽面
估　价：RMB 180,000～250,000
成交价：RMB 230,000
长3.9cm 永乐拍卖 2021-12-01

2291 清 白玉象耳鼓钉荷叶纹洗
估　价：RMB 80,000
成交价：RMB 149,500
长18.3cm 中贸圣佳 2021-09-26

3046 清 黄玉骆驼
估　价：RMB 50,000～80,000
成交价：RMB 126,500
高2cm；长3cm 古天一 2021-06-07

3897 清 黄玉龟
估　价：RMB 180,000～250,000
成交价：RMB 379,500
长3.6cm 永乐拍卖 2021-12-01

3945 清 白玉英雄摆件
估　价：RMB 50,000～70,000
成交价：RMB 86,250
高8.5cm 永乐拍卖 2021-12-01

3600 清 黑白玉巧雕子母兽
估　价：RMB 20,000～40,000
成交价：RMB 43,700
长4.1cm 中国嘉德 2021-11-29

3908 清 黄玉踏云坐龙
估　价：RMB 60,000～100,000
成交价：RMB 97,750
长6cm 永乐拍卖 2021-12-01

3111 清 黄玉卧狗
估　价：RMB 250,000～380,000
成交价：RMB 402,500
长8.8cm 古天一 2021-06-07

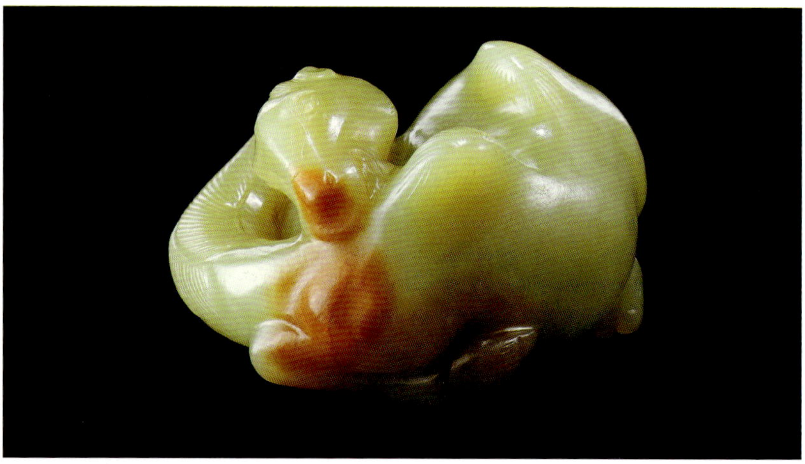

223 清 黄玉骆驼
估　价：RMB 180,000～250,000
成交价：RMB 218,500
高5cm；宽8.3cm 永乐拍卖 2021-05-22

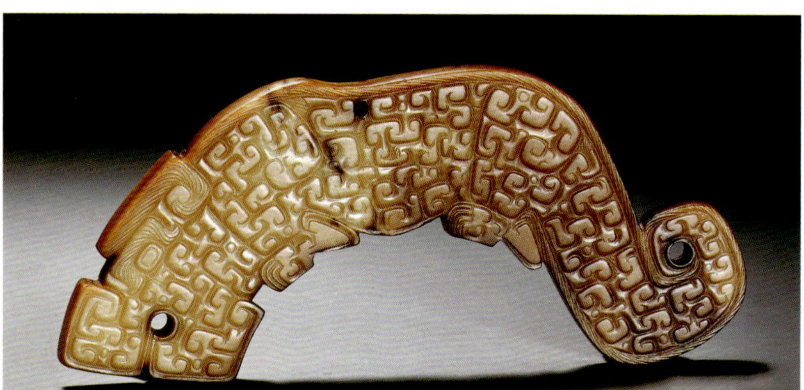

3843 清 蟠虺龙纹玉琥
估　价：RMB 80,000～120,000
成交价：RMB 172,500
长10.7cm 永乐拍卖 2021-12-01

3001 清 鸡骨白玉卧狮
估　价：HKD 120,000～180,000
成交价：RMB 194,988
高11.5cm 佳士得 2021-12-03

3801 清 青白玉蘑菇角咬尾龙
估　价：RMB 10,000～20,000
成交价：RMB 82,800
外径2.7cm 永乐拍卖 2021-12-01

2277 清 青白玉卧牛
估　价：RMB 90,000
成交价：RMB 109,250
长19cm；高8cm 中贸圣佳 2021-09-26

52 清 青白玉凤戏牡丹摆件
估　价：RMB 550,000
成交价：RMB 977,500
高22.5cm 上海呗美 2021-03-28

595 清 玉雕瑞兽摆件
估　价：USD 4,000～6,000
成交价：RMB 570,716
宽6.7cm 纽约苏富比 2021/9/27

1936 清 瑞兽摆件
估　价：RMB 120,000～180,000
成交价：RMB 138,000
长8cm 中贸圣佳 2021-05-21

1238 清 玉雕吉羊摆件
估　价：RMB 150,000～180,000
成交价：RMB 172,500
长8.5cm；高6.5cm 朵云轩 2021-07-07

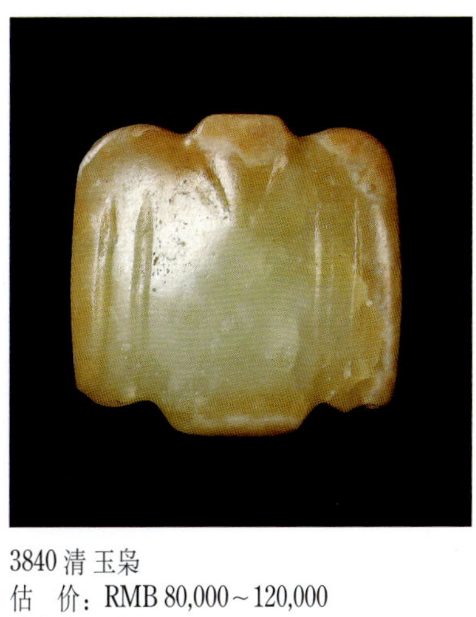

3840 清 玉枭
估　价：RMB 80,000～120,000
成交价：RMB 161,000
高1.8cm 永乐拍卖 2021-12-01

654 晚清/民国 褐玉卧虎
估　价：USD 15,000～25,000
成交价：RMB 391,500
长25.4cm 纽约佳士得 2021-03-18

4459 高毅进 安居乐业 青玉摆件
估　价：RMB 190,000～250,000
成交价：RMB 218,500
145mm×80mm×100mm 西泠印社 2021-07-25

1623 清 玉英雄
估　价：RMB 3,000
成交价：RMB 80,500
高5cm 北京翰海 2021-10-16

70 豆中强 仿古兽面
估　价：RMB 120,000～180,000
成交价：RMB 184,000
28mm×35mm×18mm 南京经典 2021-07-18

4451 崔磊 乘我大宛马 白玉摆件
估　价：RMB 1,300,000～2,500,000
成交价：RMB 3,450,000
112mm×127mm×53mm 西泠印社 2021-07-25

653 灰褐玉雕马首
估　价：USD 6,000～8,000
成交价：RMB 326,250
高11.8cm 纽约佳士得 2021-03-18

621 青白玉雕马首
估　价：USD 6,000～8,000
成交价：RMB 407,813
高9cm 纽约佳士得 2021-03-18

2386 清 白玉双鹤摆件
估　价：RMB 150,000～250,000
成交价：RMB 345,000
长11.5cm 十竹斋 2021-06-27

3424 王清 新疆和田玉黄玉籽料诸神守护
估　价：RMB 480,000～580,000
成交价：RMB 552,000
9.8cm × 6.8cm × 5.6cm 尚品润博 2021-09-12

3898 清 黄玉侧面神人
估　价：RMB 300,000～500,000
成交价：RMB 2,196,500
长8.4cm；宽2.6cm 永乐拍卖 2021-12-01

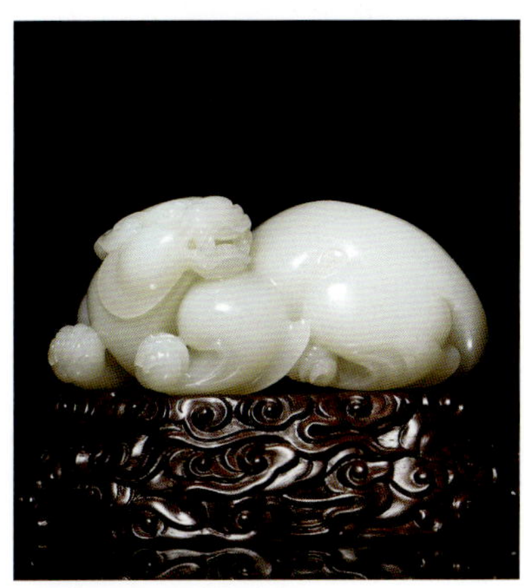

533 王永芳 白玉貔貅摆件
估　价：RMB 420,000～600,000
成交价：RMB 470,400
12.8cm × 6.2cm × 5.3cm 上海联合 2021-11-21

1448 吴顺 貔貅摆件
估　价：RMB 1,000,000～1,500,000
成交价：RMB 1,380,000
重量840g 上海嘉禾 2021-07-22

532 张焕庆 青花天伦之乐摆件
估　价：RMB 530,000～680,000
成交价：RMB 593,600
23.5cm×12cm×10cm 上海联合 2021-11-21

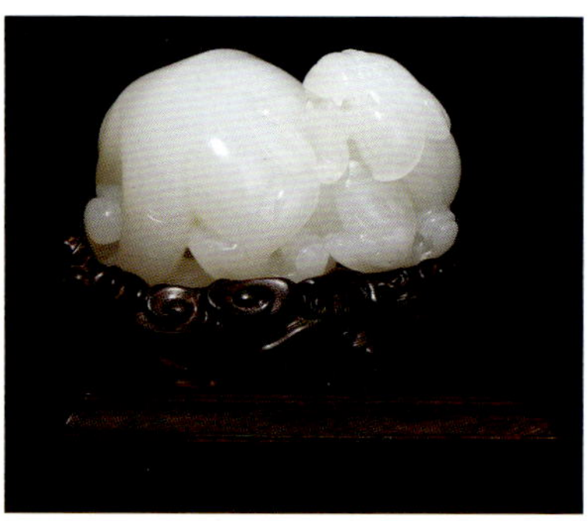

237 俞巍巍 白玉如意瑞兽摆件
估　价：RMB 250,000～300,000
成交价：RMB 280,000
6.5cm×4.7cm×4cm 上海联合 2021-11-21

1190 玉雕“马上封侯”松桥形摆件
估　价：RMB 250,000～350,000
成交价：RMB 287,500
12.5cm×5.5cm×4.5cm 博美拍卖 2021-12-03

435 张焕庆 杨勇 白玉鹤鹿同春摆件
估　价：RMB 1,280,000～1,800,000
成交价：RMB 1,433,600
15.5cm×13.5cm×8cm 上海联合 2021-11-21

382 张焕庆 白玉十二生肖摆件
估　价：RMB 600,000~800,000
成交价：RMB 672,000
尺寸不一 上海联合 2021-06-27

4498 赵琦 报喜 玉摆件（一组）
估　价：RMB 120,000~150,000
成交价：RMB 161,000
长14.5cm；长9.8cm 西泠印社 2021-07-25

380 张焕庆 杨勇 白玉孺运亨通摆件
估　价：RMB 350,000~500,000
成交价：RMB 392,000
6.4cm×4.3cm×4cm 上海联合 2021-06-27

其他摆件

571 金元 白玉荷花
估　价：HKD 50,000~70,000
成交价：RMB 81,569
长5cm 中国嘉德 2021-04-21

361 明 白玉鹤鹿仙人带皮秋山
估　价：RMB 1,800,000~2,200,000
成交价：RMB 1,955,000
高9.1cm 永乐拍卖 2021-05-22

1080 文化期 黄玉马蹄形器
估　价：HKD 800,000～1,200,000
成交价：RMB 993,600
高8.2cm 中国嘉德 2021-10-14

1743 明 白玉蛟龙钮钟
估　价：RMB 220,000～280,000
成交价：RMB 253,000
高10.5cm 广东崇正 2021-07-19

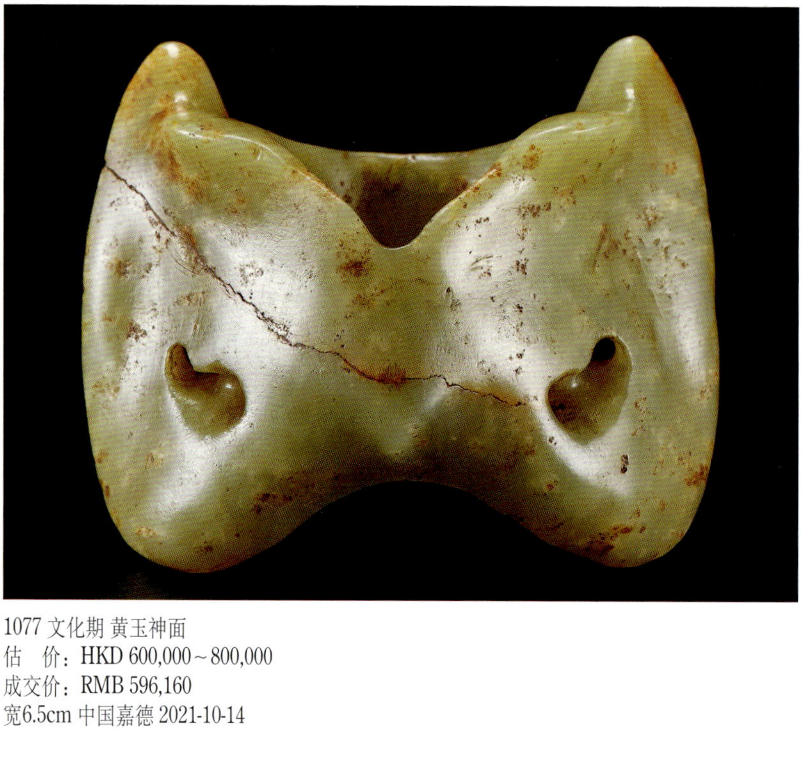

1077 文化期 黄玉神面
估　价：HKD 600,000～800,000
成交价：RMB 596,160
宽6.5cm 中国嘉德 2021-10-14

230 明 白玉荔枝摆件
估　价：RMB 50,000～80,000
成交价：RMB 86,250
高9.1cm 永乐拍卖 2021-05-22

2723 18世纪 青白玉八吉祥供件
估　价：HKD 2,000,000～4,000,000
成交价：RMB 2,070,000
高25.1cm 佳士得 2021-05-28

2704 18世纪 白玉莲形座
估　价：HKD 60,000～100,000
成交价：RMB 362,250
直径10.2cm 佳士得 2021-05-28

2722 清乾隆 青白玉夔龙纹帽架（一对）
估　价：HKD 1,500,000～2,500,000
成交价：RMB 1,449,000
高25.4cm 佳士得 2021-05-28

1697 清乾隆 白玉镂雕豆角摆件
估　价：RMB 18,000～30,000
成交价：RMB 34,500
长9.6cm 西泠印社 2021-10-23

3766 清中期 南红玛瑙雕芝仙祝寿摆件
估　价：RMB 1,000～2,000
成交价：RMB 32,200
长9.8cm 中国嘉德 2021-11-29

3149 清中期 白玉渔家乐摆件
估　价：RMB 80,000～130,000
成交价：RMB 138,000
长18cm 十竹斋拍卖（北京） 2021-05-29

1114 清 白玉雕“一路联科”摆件
估　价：RMB 400,000～600,000
成交价：RMB 460,000
长24cm 华艺国际 2021-03-31

228 清 白玉龙舟摆件
估　价：RMB 200,000～250,000
成交价：RMB 253,000
长17cm 永乐拍卖 2021-05-22

1234 清 白玉喜得莲子
估　价：HKD 150,000～200,000
成交价：RMB 149,040
宽11cm 中国嘉德 2021-10-14

3805 清 白玉弦纹锥形器
估　价：RMB 30,000～50,000
成交价：RMB 48,300
长7.6cm 永乐拍卖 2021-12-01

1694 清 水晶白菜摆件
估　价：RMB 18,000～30,000
成交价：RMB 74,750
高13cm 西泠印社 2021-04-10

2672 清 青玉佛塔
估　价：RMB 80,000～120,000
成交价：RMB 109,250
高14cm 西泠印社 2021-07-24

1236 清 青白玉福寿双全
估　价：HKD 200,000～300,000
成交价：RMB 198,720
宽10.4cm 中国嘉德 2021-10-14

243 白玉一叶观音摆件
估　价：RMB 530,000～650,000
成交价：RMB 593,600
7cm × 3.5cm × 2.3cm 上海联合 2021-11-21

2803 当代 四色法器（一组四件）
估　价：RMB 350,000～800,000
成交价：RMB 1,610,000
铃高19.5cm；钺高19cm；杵高18.6cm；十字杵高21.7cm 中鸿信 2021-07-14

443 当代 青花籽料巧雕逍遥游摆件
估　价：RMB 8,000,000～14,000,000
成交价：RMB 15,870,000
长88.8cm；宽19cm；高28cm 北京华夏天天 2021-09-25

351 碧玉和和美美摆件
估　价：RMB 180,000～250,000
成交价：RMB 201,600
26cm×11cm×11cm 上海联合 2021-06-27

3407 陈良 新疆和田玉籽料六骏摆件
估　价：RMB 1,280,000～1,580,000
成交价：RMB 1,472,000
13.1cm×4.4cm×3.9cm 尚品润博 2021-09-12

3001 涅槃1
估　价：RMB 700,000～1,280,000
成交价：RMB 851,250
约28.5cm×15cm×3cm 十竹斋拍卖（北京） 2021-04-25

4268 顾铭 吹箫引凤　白玉摆件
估　价：RMB 450,000～550,000
成交价：RMB 575,000
148mm×74mm×26mm 西泠印社 2021-01-16

64 关守龙 开太平
估　价：RMB 1,000,000
成交价：RMB 1,280,000
45cm×8cm×1cm 北京传世 2021-09-22

4222 瞿利军 湖山春泛　白玉摆件
估　价：RMB 3,600,000～5,000,000
成交价：RMB 4,542,500
208mm×118mm×64mm 西泠印社 2021-01-16

333 时晓印 青花悟道摆件
估　价：RMB 280,000～380,000
成交价：RMB 313,600
23.5cm×10.2cm×5.8cm 上海联合 2021-11-21

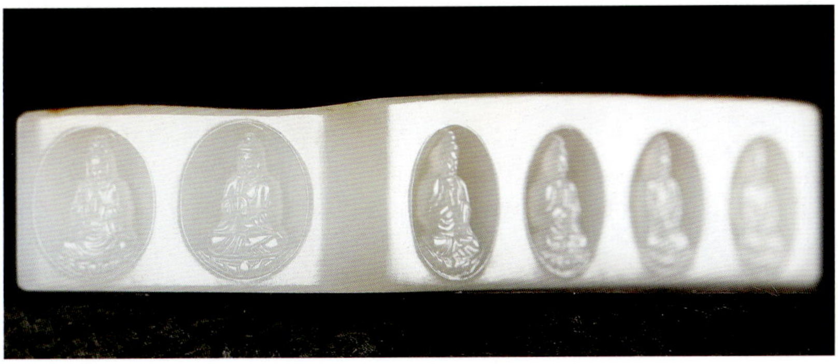

5661 颂经台
估　价：RMB 600,000～1,000,000
成交价：RMB 678,500
9.9cm×4.7cm×2cm 北京荣宝 2021-06-19

4479 王一卜 鹏程万里 白玉摆件
估　价：RMB 250,000～350,000
成交价：RMB 287,500
88mm×41mm×18mm 西泠印社 2021-07-25

243 王朝杰 碧玉蝴蝶兰摆件
估　价：RMB 250,000～350,000
成交价：RMB 280,000
14.5cm×5cm×18.5cm 上海联合 2021-06-27

1446 易少勇、邹作志 荷塘月色
估　价：RMB 1,800,000～2,500,000
成交价：RMB 1,725,000
16cm×10.5cm×4cm 上海嘉禾 2021-07-22

509 于洪飞 盘龙玉白山黑水绕忠魂
估　价：RMB 500,000～700,000
成交价：RMB 728,000
整体90cm×30cm 上海联合 2021-06-27

1126 清乾隆 碧玉描金山水人物花鸟图玉板
估　价：RMB 250,000～350,000
成交价：RMB 287,500
13cm×12.5cm×2 保利厦门 2021-11-05

221 拙道 白玉腾踔摆件
估　价：RMB 230,000～300,000
成交价：RMB 257,600
8.6cm×4.4cm×1.8cm 上海联合 2021-06-27

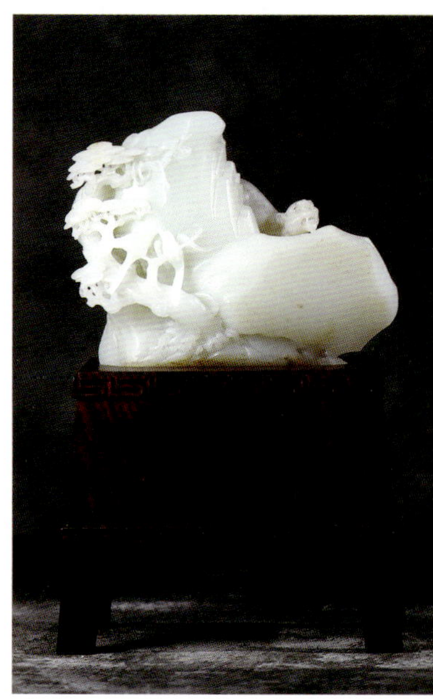

3411 杨光 新疆和田玉籽料报喜摆件
估　价：RMB 1,280,000～1,580,000
成交价：RMB 1,472,000
10.0cm×11.7cm×3.5cm 尚品润博 2021-09-12

362 张焕庆 杨勇 白玉梅兰竹菊摆件
估　价：RMB 1,380,000～1,800,000
成交价：RMB 1,683,000
24cm × 13.4cm × 12cm 上海联合 2021-06-27

6393 18世纪/19世纪 白玉雕双舟渔乐图船型摆件
估　价：RMB 3,000,000～5,000,000
成交价：RMB 4,370,000
长18.5cm 北京保利 2021-12-06

3082 清19世纪 青白玉锦荔枝
估　价：HKD 120,000～180,000
成交价：RMB 143,675
长11cm 佳士得 2021-12-03

玉　瓶

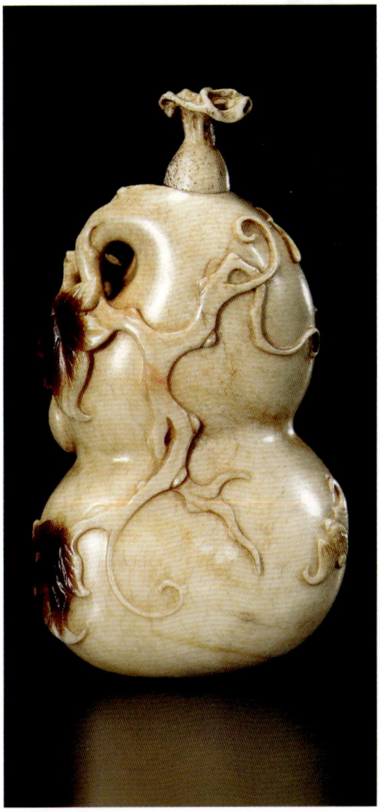

1847 明 鸡骨白玉福禄万代药瓶
估　价：RMB 15,000～25,000
成交价：RMB 20,700
高10cm 北京翰海 2021-06-05

3462 明 青玉螭龙兽面纹龙耳小方瓶
估　价：RMB 30,000～50,000
成交价：RMB 48,300
高14cm 中国嘉德 2021-05-19

3141 清早期 白玉雕福寿象耳瓶
估　价：RMB 80,000～100,000
成交价：RMB 92,000
高15cm 十竹斋拍卖（北京） 2021-05-29

6476 清乾隆 白玉大吉葫芦活环盖瓶
估　价：RMB 1,000,000～1,500,000
成交价：RMB 1,380,000
高32.7cm 北京保利 2021-06-08

3681 清雍正 水晶铺首盖瓶
估　价：RMB 150,000～180,000
成交价：RMB 172,500
高22cm 中国嘉德 2021-11-29

6473 18世纪 白玉兽面方瓶
估　价：RMB 1,500,000～2,000,000
成交价：RMB 1,840,000
高16.8cm 北京保利 2021-06-08

2719 18世纪 青白玉嵌碧玉碧玺梅花万年青纹盖瓶
估　价：HKD 800,000～1,200,000
成交价：RMB 2,484,000
高26.5cm 佳士得 2021-05-28

543 清乾隆 白玉雕龙纹寿字双凤耳盖瓶
估　价：RMB 1,600,000～2,600,000
成交价：RMB 2,415,000
高27.7cm 北京保利 2021-09-26

3415 清乾隆 白玉雕螭龙纹双耳盖瓶
估　价：RMB 550,000～650,000
成交价：RMB 667,000
高27cm 北京荣宝 2021-06-19

660 清乾隆 白玉雕仿古六方双活环耳盖瓶
估　价：USD 50,000～70,000
成交价：RMB 407,813
高16.5cm 纽约佳士得 2021-03-18

1545 清乾隆 白玉雕如意云纹香瓶
估　价：RMB 180,000～250,000
成交价：RMB 299,000
高9cm 十竹斋拍卖（北京） 2021-05-29

4373 清乾隆 白玉雕饕餮纹象耳盖瓶
估　价：RMB 1,800,000～2,400,000
成交价：RMB 2,990,000
275mm×126mm×72mm 西泠印社 2021-07-25

5107 清乾隆 白玉福寿葫芦盖瓶
估　价：RMB 1,500,000～2,500,000
成交价：RMB 1,725,000
高25cm 北京保利 2021-06-07

4379 清乾隆 白玉雕饕餮纹绳纹四方盖瓶
估　价：RMB 150,000～180,000
成交价：RMB 230,000
290mm×88mm×55mm 西泠印社 2021-07-25

1245 清乾隆 白玉雕饕餮纹象耳活环瓶
估　价：RMB 250,000～350,000
成交价：RMB 437,000
高19cm 保利厦门 2021-11-05

1111 清乾隆 白玉雕饕餮纹贯耳瓶
估　价：RMB 280,000～350,000
成交价：RMB 322,000
高19.8cm 华艺国际 2021-03-31

521 清乾隆 白玉花鸟纹活环耳瓶
估　价：RMB 800,000～1,000,000
成交价：RMB 1,012,000
高12cm 北京华夏天天 2021-09-25

352 清乾隆 白玉夔龙纹抱月瓶
估　价：RMB 180,000
成交价：RMB 241,500
高14cm 浙江佳宝 2021-01-10

542 清乾隆 白玉兽面仿古蕉叶纹盖瓶
估　价：RMB 1,200,000～1,800,000
成交价：RMB 1,380,000
高24.5cm 北京保利 2021-09-26

3363 清乾隆 白玉夔凤纹竹节耳瓶
估　价：RMB 130,000～150,000
成交价：RMB 184,000
高10.8cm 中国嘉德 2021-11-28

3707 清乾隆 白玉如意耳瓶
估　价：RMB 1,000～2,000
成交价：RMB 80,500
高14.3cm 中国嘉德 2021-11-29

1677 清乾隆 白玉双龙耳活环带盖赏瓶
估　价：RMB 120,000～200,000
成交价：RMB 212,750
高13.4cm；长14.8cm 西泠印社 2021-04-10

3621 清乾隆 白玉卧兽钮双象耳盖瓶
估　价：HKD 2,000,000～4,000,000
成交价：RMB 3,338,496
高22.1cm 香港苏富比 2021-10-13

3629 清乾隆 白玉云蝠纹大吉葫芦盖瓶
估　价：HKD 1,200,000～1,800,000
成交价：RMB 2,086,560
高21cm 香港苏富比 2021-10-13

3025 清乾隆 白玉西番莲纹双龙耳瓶
估　价：RMB 400,000～600,000
成交价：RMB 828,000
高31cm 十竹斋拍卖（北京） 2021-05-29

920 清乾隆 白玉云龙纹象耳海棠形瓶
估　价：HKD 200,000～300,000
成交价：RMB 198,948
高23.3cm 中国嘉德 2021-04-21

520 清乾隆 碧玉缠枝莲盖瓶
估　价：RMB 800,000～1,200,000
成交价：RMB 920,000
高31.6cm 北京保利 2021-09-26

1701 清乾隆 碧玉雕兽面纹香瓶
估　价：RMB 35,000～45,000
成交价：RMB 40,250
高11.2cm 西泠印社 2021-10-23

530 清乾隆 碧玉天鸡凤凰双联瓶
估　价：RMB 120,000～200,000
成交价：RMB 138,000
高17cm 北京保利 2021-01-09

3769 清乾隆 黄玉浮雕云蝠纹双活环耳葫芦形赏瓶
估　价：RMB 50,000～80,000
成交价：RMB 86,250
高23.2cm 西泠印社 2021-01-16

3625 清乾隆 黄玉仿古祥凤螭龙双联瓶
估　价：HKD 1,600,000～1,800,000
成交价：RMB 1,699,488
高16.4cm 香港苏富比 2021-04-22

1243 清乾隆 南红玛瑙螭龙戏珠双联瓶（配双座）
估　价：RMB 1,200,000～1,800,000
成交价：RMB 1,610,000
长14.5cm 华艺国际 2021-12-11

956 清乾隆 鸡骨白玉龙纹瓶
估　价：HKD 60,000～80,000
成交价：RMB 59,684
高19.3cm 中国嘉德 2021-04-21

41 清乾隆 青白玉雕瑞兽托宝瓶摆件
估　价：RMB 1,800,000～2,500,000
成交价：RMB 2,070,000
高18.4cm 永乐拍卖 2021-05-22

867 清乾隆 绿松石螭耳活环瓶
估　价：RMB 100,000～150,000
成交价：RMB 115,000
长13cm 中贸圣佳 2021-07-07

710 清乾隆 水晶兽钮环耳盖瓶
估　价：RMB 40,000～100,000
成交价：RMB 89,700
高24.7cm 中贸圣佳 2021-03-26

3458 清乾隆 玉提色双龙耳瓶
估　价：RMB 1,000～3,000
成交价：RMB 109,250
高12.4cm 中国嘉德 2021-05-19

2714 17/18世纪 青玉福禄双全盖瓶
估　价：HKD 80,000～120,000
成交价：RMB 155,250
高17.3cm 佳士得 2021-05-28

2216 清中期 白玉兽面纹龙耳盖瓶
估　价：RMB 50,000～70,000
成交价：RMB 80,500
高19cm 北京翰海 2021-12-18

2313 清中期 碧玉灵芝龙纹瓶
估　价：RMB 90,000
成交价：RMB 109,250
高20.3cm 中贸圣佳 2021-09-26

6477 清中期 白玉正面龙双耳扁瓶
估　价：RMB 1,500,000～2,000,000
成交价：RMB 2,300,000
高27.3cm 北京保利 2021-06-08

6475 清中期 白玉籽料留皮御题诗“古松谣”瓶
估　价：RMB 1,500,000～2,000,000
成交价：RMB 1,840,000
高20cm 北京保利 2021-06-08

20 清中期 黄玉兽面纹环耳瓶（一对）
估　价：RMB 160,000～200,000
成交价：RMB 690,000
高25.5cm 北京禾谷 2021-01-23

2764 清中期 青白玉雕如意活环耳双龙纹赏瓶
估　价：RMB 50,000～80,000
成交价：RMB 74,750
高25cm 西泠印社 2021-07-24

3710 清中期 青白玉雕双联瓶
估　价：RMB 1,000～2,000
成交价：RMB 207,000
高18cm 中国嘉德 2021-11-29

3086 19世纪 白玉仿古觚式瓶
估　价：HKD 120,000～180,000
成交价：RMB 102,625
高19cm 佳士得 2021-12-03

2728 19世纪 青金石凤纹盖瓶
估　价：HKD 40,000～60,000
成交价：RMB 77,625
高14.2cm 佳士得 2021-05-28

3839 清 白玉琮瓶
估　价：RMB 280,000～350,000
成交价：RMB 460,000
高21.2cm 永乐拍卖 2021-12-01

157 清 白玉雕凤鸟驮瓶摆件
估　价：RMB 100,000～120,000
成交价：RMB 138,000
高11.5cm 北京华辰 2021-06-19

2234 清 白玉雕凤纹如意活环耳赏瓶
估　价：RMB 150,000～180,000
成交价：RMB 184,000
198mm×77mm×36mm 西泠印社 2021-01-15

3145 清 白玉雕兽面纹象耳瓶
估　价：RMB 100,000～200,000
成交价：RMB 172,500
高27cm 十竹斋拍卖（北京） 2021-05-29

535 清 白玉和合二仙双联瓶
估　价：RMB 780,000
成交价：RMB 920,000
通高19.6cm 上海呗美 2021-05-30

2236 清 白玉雕狮纹盖瓶
估　价：RMB 280,000～350,000
成交价：RMB 345,000
172mm×78mm×67mm 西泠印社 2021-01-15

598 清 白玉仿古方罍瓶
估　价：RMB 280,000
成交价：RMB 517,500
高29.5cm 上海呗美 2021-05-30

4406 清 白玉龙凤纹瓶
估　价：RMB 500,000～700,000
成交价：RMB 575,000
158mm×88mm×50mm 西泠印社 2021-07-25

3779 清 白玉龙纹兽衔活环耳四方瓶
估　价：RMB 120,000～180,000
成交价：RMB 138,000
高23cm 西泠印社 2021-01-16

699 清 白玉饕餮纹出戟方瓶
估　价：RMB 200,000～400,000
成交价：RMB 310,500
高24.4cm 中贸圣佳 2021-03-26

3844 清 白玉描金抱月瓶
估　价：RMB 250,000～300,000
成交价：RMB 322,000
高22.5cm 永乐拍卖 2021-12-01

1217 清 白玉香瓶连座
估　价：RMB 300,000～400,000
成交价：RMB 552,000
高10.7cm 中贸圣佳 2021-05-21

1925 清 白玉童子拜观音赏瓶
估　价：RMB 120,000～150,000
成交价：RMB 207,000
高26cm 中贸圣佳 2021-05-21

864 清 碧玉菊花双耳活环瓶
估　价：RMB 300,000～400,000
成交价：RMB 345,000
高29cm 中贸圣佳 2021-07-07

253 清 火烧玉螭龙瓶
估　价：RMB 380,000～500,000
成交价：RMB 483,000
高20cm 永乐拍卖 2021-05-22

1940 清 青玉盖瓶
估　价：RMB 100,000～120,000
成交价：RMB 172,500
高28cm 中贸圣佳 2021-05-21

251 清 火烧玉夔龙纹四方贯耳瓶
估　价：RMB 120,000～180,000
成交价：RMB 161,000
高15.2cm 永乐拍卖 2021-05-22

190 清 水晶浮雕瑞兽纹瓶
估　价：RMB 50,000～80,000
成交价：RMB 92,000
高17cm 北京华辰 2021-06-19

3147 清 水晶高浮雕人物灵芝瓶
估　价：RMB 180,000～250,000
成交价：RMB 230,000
高36cm（含座）
十竹斋拍卖（北京） 2021-05-29

2804 当代 张铁成制白玉痕都斯坦风格西番莲盖瓶
估　价：RMB 60,000～90,000
成交价：RMB 483,000
高21cm 中鸿信 2021-07-14

4226 高毅进 富贵双喜　白玉瓶
估　价：RMB 4,800,000～6,500,000
成交价：RMB 6,900,000
210mm × 125mm × 83mm
西泠印社 2021-01-16

2805 当代 碧玉错金嵌百宝盖瓶
估　价：RMB 120,000～150,000
成交价：RMB 345,000
高35.5cm 中鸿信 2021-07-14

1453 郭忠广 西番莲香草瓶
估　价：RMB 900,000～1,500,000
成交价：RMB 1,127,000
21cm × 11cm × 3.2cm 上海嘉禾 2021-07-22

1436 彭志勇 福寿链条瓶
估　价：RMB 4,500,000～6,000,000
成交价：RMB 4,140,000
3.1cm × 1cm × 61cm 上海嘉禾 2021-07-22

2288 玉雕兽面纹双耳方瓶
估　价：RMB 650,000
成交价：RMB 828,000
高21cm 辽宁省拍 2021-07-04

2741 明 天禄尊款白玉仿古浮雕兽首扳耳把杯
估　价：RMB 60,000～100,000
成交价：RMB 109,250
高11cm；口径6.5cm 西泠印社 2021-07-24

玉　尊

1135 西汉 玉铺首尊
估　价：HKD 1,800,000～2,200,000
成交价：RMB 1,788,480
高9.3cm 中国嘉德 2021-10-14

1319 明 玉铺首尊
估　价：RMB 10,000～30,000
成交价：RMB 138,000
高7.5cm 广东崇正 2021-01-07

1303 清乾隆 白玉花蝶寿纹双螭凤耳盖尊
估　价：RMB 220,000～300,000
成交价：RMB 253,000
高13cm 广东崇正 2021-01-07

4374 清乾隆 白玉牺尊
估　价：RMB 800,000～1,500,000
成交价：RMB 1,265,000
140mm×110mm×50mm 西泠印社 2021-07-25

964 清乾隆 黄玉提油螭龙方尊
估　价：RMB 600,000～900,000
成交价：RMB 943,000
高18cm 中贸圣佳 2021-05-20

2910 18世纪/19世纪 白玉嵌碧玉茄子尊
估　价：HKD 600,000～800,000
成交价：RMB 879,750
总高16.8cm 佳士得 2021-05-28

玉觥、玉罍

4338 明 沁色玉雕天禄永昌款螭龙纹觥
估　价：RMB 500,000～700,000
成交价：RMB 920,000
120mm×72mm×41mm 西泠印社 2021-07-25

1322 明 玉羽觞杯
估　价：RMB 10,000～30,000
成交价：RMB 69,000
长7.2cm 广东崇正 2021-01-07

510 18世纪 白玉夔龙纹盖觥
估　价：RMB 200,000～300,000
成交价：RMB 276,000
高12cm 北京保利 2021-09-26

921 18世纪 青白玉仿古活环四足觥
估　价：HKD 800,000～1,200,000
成交价：RMB 795,792
高19.3cm 中国嘉德 2021-04-21

2703 18世纪/19世纪 白玉仿古瑞象形觥
估　价：HKD 60,000～100,000
成交价：RMB 331,200
高11.5cm 佳士得 2021-05-28

541 清乾隆 白玉龙纹觥杯
估　价：RMB 1,200,000～1,500,000
成交价：RMB 1,725,000
高19cm 北京保利 2021-01-09

546 清乾隆 御制白玉龙纹觥
估　价：RMB 15,000,000～20,000,000
成交价：RMB 21,850,000
高18.5cm 北京保利 2021-09-26

1703 清 白玉仿古饕餮夔龙纹活环方罍
估　价：RMB 60,000～90,000
成交价：RMB 109,250
高26.5cm 西泠印社 2021-10-23

206 明 乾隆时期刻御题诗 青玉刻岁寒三友图海棠式花觚
估　价：USD 10,000～15,000
成交价：RMB 155,052
高10.8cm 纽约苏富比 2021-09-22

3024 清乾隆 黄玉兽面纹花觚
估　价：RMB 350,000～550,000
成交价：RMB 552,000
高16.2cm 十竹斋拍卖（北京） 2021-05-29

玉　觚

123 明 白玉童子托花觚
成交价：RMB 20,700
高7cm 北京保利 2021-01-09

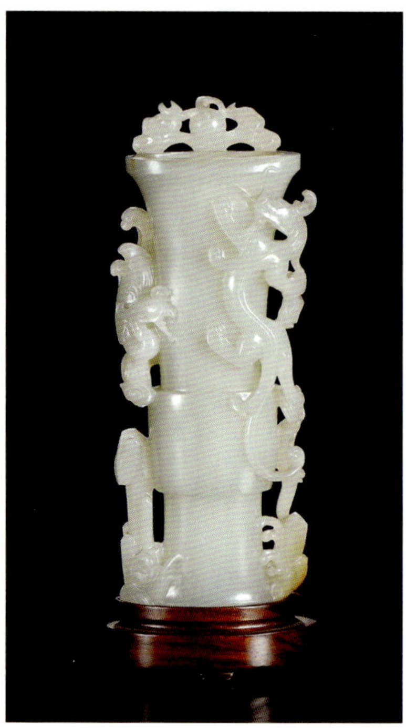

2765 清乾隆 白玉雕龙凤纹花觚
估　价：RMB 120,000～200,000
成交价：RMB 218,500
高17.5cm 西泠印社 2021-07-24

325 清乾隆 青白玉蕉叶兽面纹出戟觚
估　价：RMB 50,000
成交价：RMB 138,000
高13.5cm 浙江佳宝 2021-01-10

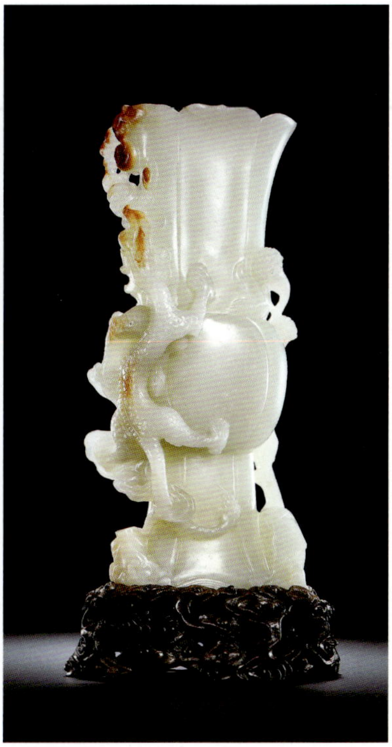

1918 清 白玉雕云龙花觚
估　价：RMB 150,000～180,000
成交价：RMB 264,500
高18.7cm 中贸圣佳 2021-05-21

3473 清中期 白玉兽面纹鼎
估　价：RMB 200,000～300,000
成交价：RMB 437,000
高15.4cm 中国嘉德 2021-05-19

845 清早期 白玉小僧帽壶
估　价：RMB 60,000～80,000
成交价：RMB 92,000
高8.1cm 中贸圣佳 2021-07-07

玉　鼎

2813 清乾隆 白玉雕饕餮纹四方龙钮方鼎
估　价：RMB 160,000～180,000
成交价：RMB 207,000
高16cm 中鸿信 2021-07-14

玉　壶

628 元/明 袖珍灰白玉仿古双耳壶
估　价：USD 4,000～6,000
成交价：RMB 106,031
高5.7cm 纽约佳士得 2021-03-18

3647 18世纪 青白玉飞凤凤耳盖壶
估　价：HKD 150,000～220,000
成交价：RMB 180,571
高20.6cm 香港苏富比 2021-04-22

5591 清乾隆 白玉雕崔子忠桐荫博古图玉壶
估　价：RMB 9,000,000～12,000,000
成交价：RMB 10,810,000
高27cm 北京保利 2021-12-05

5102 清乾隆 白玉双龙壶配碧玉龙纹盖
估　价：RMB 1,600,000～2,600,000
成交价：RMB 2,300,000
高15cm 北京保利 2021-06-07

198 清乾隆 白玉雕宝珠钮寿字纹如意茗壶
估　价：RMB 800,000～1,200,000
成交价：RMB 920,000
高13.9cm；长19.5cm 北京中汉 2021-11-28

3610 清乾隆 白玉云龙纹双龙耳扁壶
估　价：HKD 2,000,000～3,000,000
成交价：RMB 2,034,396
高18.7cm 香港苏富比 2021-10-13

6486 清乾隆 水晶方壶
估　价：RMB 300,000～500,000
成交价：RMB 345,000
宽16cm 北京保利 2021-06-08

6380 清中期 白玉花卉龙柄茶壶
估　价：RMB 300,000～350,000
成交价：RMB 345,000
宽18.2cm 北京保利 2021-12-06

3883 清 白玉梅兰山石诗文壶
估　价：RMB 220,000～260,000
成交价：RMB 322,000
宽16cm；高13.5cm 永乐拍卖 2021-12-01

624 清乾隆或以前 袖珍黄玉带盖方壶
估　价：USD 100,000～150,000
成交价：RMB 2,446,875
高8.6cm 纽约佳士得 2021-03-18

3144 清中期 碧玉痕都斯坦风格提梁壶
估　价：RMB 280,000～350,000
成交价：RMB 356,500
直径13.5cm 十竹斋拍卖（北京） 2021-05-29

2804 清 白玉雕活环龙耳穿花龙纹扁壶
估　价：RMB 95,000～120,000
成交价：RMB 109,250
高29cm 西泠印社 2021-07-24

4458 高毅进 福寿双全 白玉壶
估　价：RMB 2,300,000～3,500,000
成交价：RMB 2,875,000
190mm × 189mm × 140mm 西泠印社 2021-07-25

389 清 白玉梅桩壶
估　价：RMB 120,000
成交价：RMB 138,000
长17cm；高10cm 浙江佳宝 2021-01-10

562 清 白玉云带盖壶
估　价：HKD 300,000～500,000
成交价：RMB 298,422
高27.5cm 中国嘉德 2021-04-21

玉　卣

55 17世纪或更早 青玉雕仿古提梁卣
估　价：USD 20,000～30,000
成交价：RMB 367,229
高21.2cm 纽约苏富比 2021-09-22

3773 清 青白玉浮雕龙凤纹提梁卣
估　价：RMB 150,000～250,000
成交价：RMB 172,500
高28.2cm 西泠印社 2021-01-16

玉　罐

114 元 水晶月牙盖罐
估　价：RMB 50,000～80,000
成交价：RMB 57,500
高10cm 北京中汉 2021-05-18

6395 清乾隆 碧玉御题诗菊瓣纹盖罐
估　价：RMB 600,000～800,000
成交价：RMB 805,000
直径14cm；高11cm 北京保利 2021-12-06

3005 清嘉庆 青玉天鸡罐
估　价：RMB 300,000～400,000
成交价：RMB 368,000
高9.7cm 十竹斋拍卖（北京） 2021-05-29

1613 清 白玉菱形编织纹围棋罐 （一对）
估　价：RMB 80,000～120,000
成交价：RMB 126,500
高5.5cm；高5.6cm 西泠印社 2021-01-15

玉　匜

627 南宋/元 13至14世纪 白褐玉匜
估　价：USD 20,000～30,000
成交价：RMB 815,625
长10.9cm 纽约佳士得 2021-03-18

3238 清 玛瑙兽耳活环匜
估　价：RMB 50,000～80,000
成交价：RMB 57,500
长24cm 十竹斋拍卖（北京） 2021-05-29

329 清乾隆 白玉凤首狮足夔龙纹匜杯
估　价：RMB 1,600,000～2,000,000
成交价：RMB 2,070,000
高9cm；长16.5cm 永乐拍卖 2021-05-22

4340 明 沁色玉雕螭龙纹匜杯
估　价：RMB 500,000～700,000
成交价：RMB 805,000
144mm × 53mm × 85mm 西泠印社 2021-07-25

玉　炉

1120 元 白玉云龙纹镂雕香熏
估　价：HKD 300,000～500,000
成交价：RMB 298,080
底径5.5cm 中国嘉德 2021-10-14

3027 明 白玉暗八宝纹炉
估　价：RMB 150,000～300,000
成交价：RMB 345,000
高17cm 十竹斋拍卖（北京） 2021-05-29

2277 清乾隆 白玉雕兽面纹天鸡耳衔环三足炉
估　价：RMB 180,000～220,000
成交价：RMB 483,000
宽23cm 中鸿信 2021-07-14

6482 清乾隆 白玉兽面纹双螭耳盖炉
估　价：RMB 600,000～800,000
成交价：RMB 690,000
宽17cm 北京保利 2021-06-08

2202 清乾隆 白玉雕云龙纹三足盖炉
估　价：RMB 450,000～550,000
成交价：RMB 632,500
205mm × 142mm × 122mm 西泠印社 2021-01-15

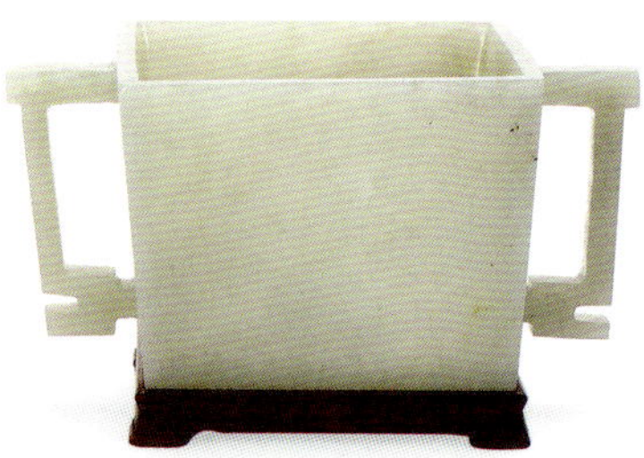

517 明 白玉马槽炉
估　价：RMB 180,000～250,000
成交价：RMB 241,500
宽16cm 北京保利 2021-01-09

1112 清乾隆 白玉雕饕餮纹双龙耳炉
估　价：RMB 800,000～1,200,000
成交价：RMB 1,265,000
长15cm 华艺国际 2021-03-31

5592 清乾隆 白玉龙钮双狮耳球形炉
估　价：RMB 1,500,000～2,500,000
成交价：RMB 3,450,000
高22.5cm 北京保利 2021-12-05

2337 清乾隆 碧玉出戟螭龙兽面纹龙钮鼎式炉
估　价：RMB 600,000～800,000
成交价：RMB 1,092,500
高21cm 西泠印社 2021-01-15

965 清中期 白玉龙钮饕餮纹鼎式炉
估　价：RMB 2,000,000～2,800,000
成交价：RMB 4,048,000
高24.5cm 中贸圣佳 2021-05-20

2958 清乾隆 白玉兽面纹双龙彝式香炉
估　价：RMB 250,000～320,000
成交价：RMB 287,500
长12.5cm 中鸿信 2021-07-14

2049 清乾隆 青白玉雕缠枝莲八宝炉
估　价：RMB 500,000
成交价：RMB 552,000
高10cm；长15cm 古天一 2021-06-07

522 清乾隆 青白玉痕都斯坦香炉
估　价：RMB 800,000～1,200,000
成交价：RMB 2,760,000
长17.7cm 北京华夏天天 2021-09-25

695 清乾隆 碧玉兽面纹花卉耳炉
估　价：RMB 200,000～300,000
成交价：RMB 230,000
宽21.5cm 北京保利 2021-10-30

1178 清乾隆 和田白玉雕饕餮纹龙钮簋式盖熏
估　价：RMB 1,200,000～1,700,000
成交价：RMB 2,070,000
高10.5cm；宽10.4cm 中贸圣佳 2021-05-20

6400 清中期 白玉饕餮纹双龙活环耳三足盖炉
估　价：RMB 250,000～350,000
成交价：RMB 287,500
宽20.3cm 北京保利 2021-12-06

2716 18世纪/19世纪 碧玉饕餮纹双兽耳三足盖炉
估　价：HKD 100,000～150,000
成交价：RMB 227,700
宽18.1cm 佳士得 2021-05-28

3406 清中期 白玉镂空雕香熏
估　价：RMB 200,000～300,000
成交价：RMB 253,000
宽16.3cm，高9.8cm 北京荣宝 2021-06-19

4388 清 白玉雕狮顶炉
估　价：RMB 150,000～180,000
成交价：RMB 195,500
124mm×85mm×115mm 西泠印社 2021-07-25

6062 清 白玉高浮雕佛像莲瓣纹钵式炉
估　价：RMB 150,000～200,000
成交价：RMB 172,500
宽12cm 北京保利 2021-12-06

541 清中期 白玉双花卉耳狮衔花卉香炉
估　价：RMB 1,000,000～1,500,000
成交价：RMB 1,610,000
宽17cm 北京保利 2021-09-26

4377 清 白玉雕凤纹活环耳炉
估　价：RMB 350,000～500,000
成交价：RMB 575,000
195mm×146mm×125mm 西泠印社 2021-07-25

2293 清 白玉葵口香炉
估　价：RMB 180,000
成交价：RMB 207,000
口径9.8cm 中贸圣佳 2021-09-26

580 清 白玉双龙耳狮钮炉
估　价：RMB 150,000～200,000
成交价：RMB 230,000
高6.5cm 北京保利 2021-01-09

567 清 碧玉镂雕花卉香炉
估　价：RMB 180,000
成交价：RMB 207,000
通高24.9cm；耳距29cm 上海呗美 2021-05-30

687 清 白玉双蝶耳蜻蜓钮活环耳炉
估　价：RMB 150,000～250,000
成交价：RMB 299,000
宽16cm 北京保利 2021-10-30

844 清 白玉倭角炉
估　价：RMB 150,000～200,000
成交价：RMB 253,000
高7.2cm 中贸圣佳 2021-07-07

1913 清 碧玉镂雕三足香炉
估　价：RMB 80,000～120,000
成交价：RMB 172,500
高15.4cm 中贸圣佳 2021-05-21

2058 清 白玉饕餮纹朝冠耳三足炉
估　价：RMB 300,000
成交价：RMB 322,000
高13cm 古天一 2021-06-07

1801 清 和田白玉海水龙纹兽衔环香炉
估　价：RMB 450,000
成交价：RMB 1,023,500
高12.5cm 北京钜鑫缘 2021-09-24

2021 当代 柳朝国　碧玉花熏
估　价：RMB 2,000,000~3,000,000
成交价：RMB 2,300,000
高35cm 北京翰海 2021-06-05

368 朱玉峰 白玉天官双耳炉
估　价：RMB 1,850,000~2,800,000
成交价：RMB 2,072,000
17.6cm×11.2cm×10.5cm 上海联合 2021-06-27

3006 晚清 白玉瑞兽耳三足炉
估　价：HKD 250,000~350,000
成交价：RMB 513,125
宽17.1cm 佳士得 2021-12-03

355 杨光 白玉双兽耳活环三足炉
估　价：RMB 550,000~800,000
成交价：RMB 616,000
11.2cm×7.4cm×11.3cm 上海联合 2021-06-27

玉　盒

2775 明 白玉浮雕螭龙纹香盒
估　价：RMB 50,000~80,000
成交价：RMB 115,000
口径6.7cm 西泠印社 2021-07-24

1597 明 玉雕仿剔红花鸟纹盖盒
估　价：RMB 60,000～80,000
成交价：RMB 92,000
直径7.4cm 西泠印社 2021-01-15

503 清乾隆 白玉“安居乐业”盖盒
估　价：RMB 300,000～500,000
成交价：RMB 437,000
口径17cm 北京保利 2021-09-26

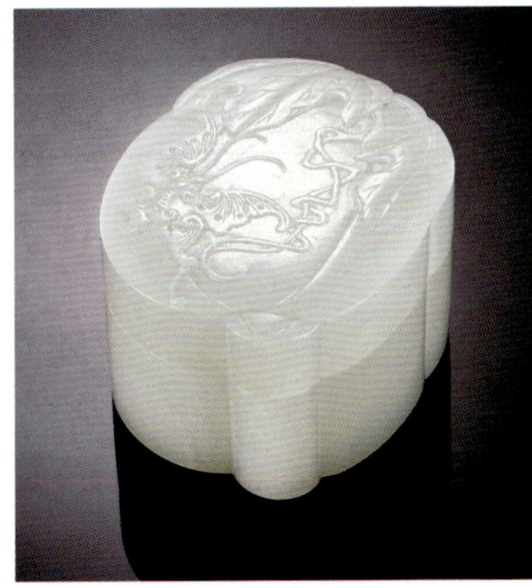

504 清乾隆 白玉瓜蝶绵绵盖盒
估　价：RMB 250,000～350,000
成交价：RMB 299,000
宽7.8cm 北京保利 2021-09-26

1924 清雍正 福寿纹扳指盒
估　价：RMB 180,000～250,000
成交价：RMB 310,500
高6.5cm 中贸圣佳 2021-05-21

1239 清乾隆 白玉留皮圆雕喜鹊盖盒
估　价：RMB 1,200,000～1,800,000
成交价：RMB 1,380,000
长16cm 华艺国际 2021-12-11

2702 18世纪 白玉鹤寿延年盖盒
估　价：HKD 100,000～200,000
成交价：RMB 227,700
宽12.1cm 佳士得 2021-05-28

963 清乾隆 白玉喜鹊衔芝盒（一对）
估　价：RMB 900,000～1,200,000
成交价：RMB 1,495,000
长18cm；高8cm 中贸圣佳 2021-05-20

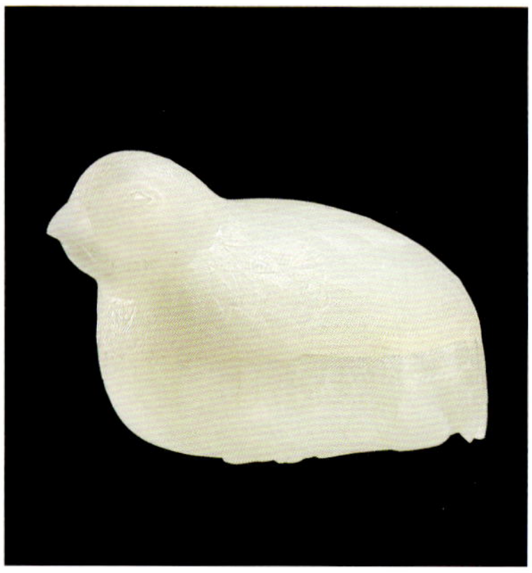

3607 清乾隆 白玉鹌鹑盒
估　价：HKD 300,000～500,000
成交价：RMB 417,312
长12cm 香港苏富比 2021-10-13

3023 清乾隆 十二章纹碧玉盒
估　价：RMB 300,000～400,000
成交价：RMB 368,000
11cm×11cm 十竹斋拍卖（北京） 2021-05-29

917 清中期 白玉镂雕云龙纹盖盒
估　价：HKD 80,000～120,000
成交价：RMB 109,421
宽9.5cm 中国嘉德 2021-04-21

505 清乾隆 白玉龙凤纹长方小盖盒
估　价：RMB 250,000～350,000
成交价：RMB 299,000
长7cm 北京保利 2021-09-26

3037 清中期 水晶鹌鹑盒（一对）
估　价：RMB 150,000～200,000
成交价：RMB 207,000
高5.3cm；长9cm 古天一 2021-06-07

841 清乾隆 白玉嵌碧玉三羊开泰盖盒
估　价：RMB 60,000～80,000
成交价：RMB 115,000
高8.2cm；直径8.5cm 中贸圣佳 2021-07-07

2701 18世纪/19世纪 白玉带皮鱼形盖盒
估　价：HKD 80,000～120,000
成交价：RMB 1,552,500
宽13.7cm 佳士得 2021-05-28

2709 19世纪 痕都斯坦碧玉花卉纹盖盒
估　价：HKD 60,000～100,000
成交价：RMB 165,600
宽14.2cm 佳士得 2021-05-28

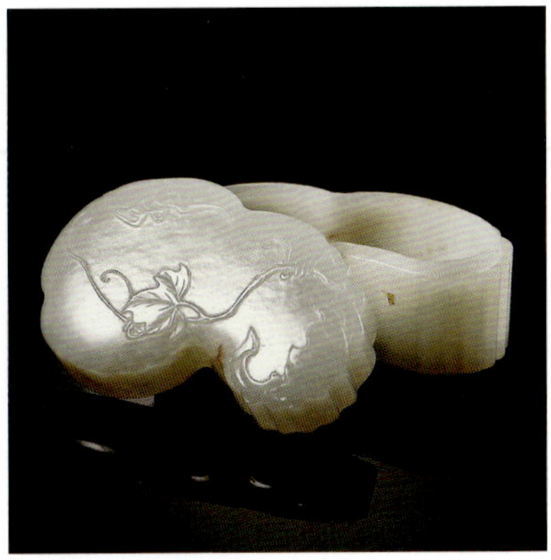

4398 清 白玉雕葫芦形盖盒
估　价：RMB 120,000～150,000
成交价：RMB 138,000
78mm × 50mm × 34mm 西泠印社 2021-07-25

玉　奁

2209 清乾隆 碧玉雕痕都斯坦式花草纹薄胎盖奁
估　价：RMB 120,000～150,000
成交价：RMB 149,500
50mm × 45mm × 45mm 西泠印社 2021-01-15

256 清 白玉“七峰草堂”款坛城纹香盒
估　价：RMB 120,000～180,000
成交价：RMB 184,000
长7.8cm 永乐拍卖 2021-05-22

玉　盘

515 明 白玉芦雁香盘
估　价：RMB 200,000～300,000
成交价：RMB 230,000
长15.5cm 北京保利 2021-01-09

450 张焕庆 杨勇 白玉九龙盒
估　价：RMB 1,380,000～1,800,000
成交价：RMB 1,545,600
玉盒10.5cm × 10.2cm × 6.2cm；玉印4.75cm × 4.75cm × 3.3cm；
玉镯直径7.7cm；宽1.8cm 上海联合 2021-06-27

1024 元 青白玉雕鱼纹香盘
估　价：RMB 120,000～180,000
成交价：RMB 138,000
直径12.8cm 华艺国际 2021-12-11

3319 清乾隆 白玉撇口盘
估　价：HKD 200,000～300,000
成交价：RMB 202,320
口径17cm 保利香港 2021-04-21

1178 清乾隆 碧玉雕莲花式香盘
估　价：RMB 250,000～350,000
成交价：RMB 356,500
口径18cm 博美拍卖 2021-12-03

1712 清乾隆 痕都斯坦风格白玉御题诗花卉纹赏盘
估　价：RMB 450,000～650,000
成交价：RMB 517,500
口径19.5cm 西泠印社 2021-01-15

62 清乾隆 青玉雕双鱼盘
估　价：USD 200,000～300,000
成交价：RMB 2,611,405
口径19.6cm 纽约苏富比 2021-09-22

4429 明 白玉雕双螭龙纹盏托
估　价：RMB 120,000～150,000
成交价：RMB 138,000
156mm×110mm×12mm 西泠印社 2021-07-25

玉　碗

5103 清雍正/清乾隆 白玉盖碗（一对）
估　价：RMB 800,000～1,200,000
成交价：RMB 1,437,500
口径12cm 北京保利 2021-06-07

3048 宋 玛瑙杯连盏托（一套）
估　价：HKD 180,000~250,000
成交价：RMB 186,300
总高11cm 佳士得 2021-05-28

2710 18世纪 碧玉嵌白玉花蝶纹高足盖碗
估　价：HKD 300,000~500,000
成交价：RMB 828,000
高25.5cm 佳士得 2021-05-28

3627 清乾隆 白玉直口碗
估　价：HKD 1,200,000~2,000,000
成交价：RMB 1,199,772
口径14.1cm 香港苏富比 2021-10-13

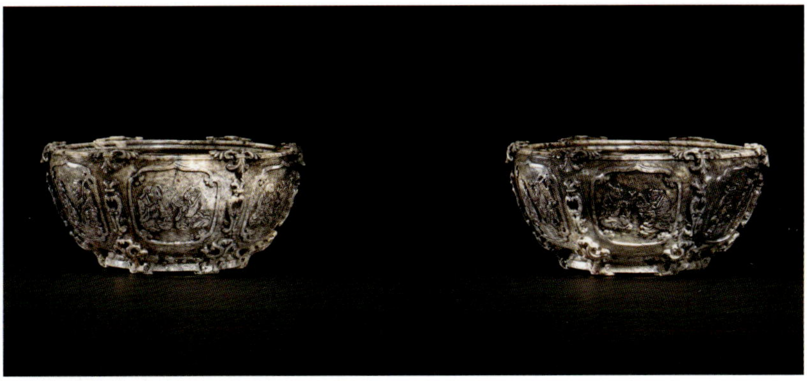

2713 18世纪 鸡骨白玉十二辰纹碗
估　价：HKD 60,000~100,000
成交价：RMB 1,345,500
口径16.2cm 佳士得 2021-05-28

543 清乾隆 白玉碗（一对）
估　价：RMB 750,000~850,000
成交价：RMB 1,207,500
口径13.3cm 北京保利 2021-01-09

5104 清乾隆 白玉御制“三清诗”盖碗
估　价：RMB 2,600,000~3,600,000
成交价：RMB 4,600,000
口径11cm 北京保利 2021-06-07

3413 清乾隆 白玉碗（一对）
估　价：RMB 500,000～800,000
成交价：RMB 690,000
口径10.6cm×2 北京荣宝 2021-06-19

916 清乾隆 青白玉碗（两只）
估　价：HKD 280,000～320,000
成交价：RMB 278,527
最大口径15.4cm 中国嘉德 2021-04-21

5101 清乾隆 白玉折沿碗（成对）
估　价：RMB 800,000～1,200,000
成交价：RMB 1,127,000
口径15cm 北京保利 2021-06-07

6474 清乾隆 青白玉御题三清诗碗
估　价：RMB 400,000～600,000
成交价：RMB 575,000
口径15.5cm 北京保利 2021-06-08

2998 清乾隆 青白玉十二辰纹盖碗
估　价：HKD 60,000～80,000
成交价：RMB 718,375
口径14.5cm 佳士得 2021-12-03

1565 清中期 白玉宫碗
估　价：RMB 180,000～250,000
成交价：RMB 207,000
口径11.7cm 华艺国际 2021-06-05

2708 清19世纪 碧玉菊花形活环耳高足碗
估　价：HKD 80,000～120,000
成交价：RMB 248,400
高20cm 佳士得 2021-05-28

935 清 碧玉暗八仙纹盖碗（一对）
估　价：HKD 80,000～120,000
成交价：RMB 278,527
高14cm×2 中国嘉德 2021-04-21

158 清 青玉痕都斯坦高足碗
估　价：RMB 150,000～200,000
成交价：RMB 276,000
口径14.5cm 北京华辰 2021-06-19

562 清 碧玉缠枝莲大碗（一对）
成交价：RMB 92,000
口径27cm 北京保利 2021-10-30

4530 白玉雕缠枝莲纹薄胎对碗
成交价：RMB 115,000
120mm×120mm×46mm×2 西泠印社 2021-07-25

玉　杯

2280 元 白玉雕龙纹单饕餮耳杯
估　价：RMB 90,000～120,000
成交价：RMB 109,250
106mm×96mm×54mm 西泠印社 2021-01-15

3660 元 玉鹦鹉把桃形杯
估　价：RMB 38,000～58,000
成交价：RMB 43,700
宽11.2cm 中国嘉德 2021-11-29

1687 明以前 玛瑙凤鸟衔莲花纹杯
估　价：RMB 28,000～40,000
成交价：RMB 126,500
口径9.2cm 广东崇正 2021-07-19

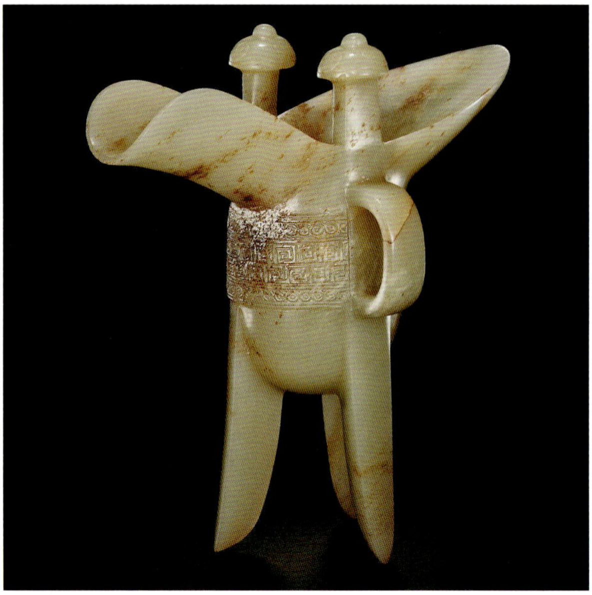

625 元/明 青褐玉爵
估　价：USD 50,000～70,000
成交价：RMB 978,750
高15.5cm 纽约佳士得 2021-03-18

6390 18世纪 白玉云蝠盏托、白玉杯（一套）
估　价：RMB 300,000～500,000
成交价：RMB 402,500
杯口径6.2cm；托长13.7cm 北京保利 2021-12-06

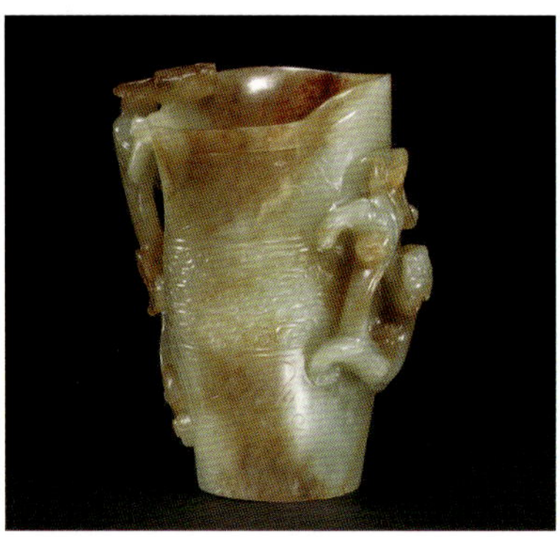

2715 明末 青白玉仿古螭龙杯
估　价：HKD 80,000～120,000
成交价：RMB 227,700
高11.7cm 佳士得 2021-05-28

51 明 青白玉菱花式双耳杯
估　价：USD 20,000～30,000
成交价：RMB 163,213
宽11.2cm 纽约苏富比 2021-09-22

626 明 褐玉饕餮纹耳杯
估　价：USD 20,000～30,000
成交价：RMB 163,125
长10.5cm 纽约佳士得 2021-03-18

3488 明 青玉双龙耳杯
估　价：RMB 80,000～120,000
成交价：RMB 92,000
宽14.2cm 中国嘉德 2021-05-19

6481 清早期 黄玉双螭玉杯
估　价：RMB 100,000～150,000
成交价：RMB 207,000
高5cm 北京保利 2021-06-08

2289 清早期 莲花底和田白玉杯
成交价：RMB 126,500
口径8.6cm；高4.1cm 中贸圣佳 2021-09-26

634 17世纪/18世纪 白玉竹鹤诗文杯
估　价：USD 10,000～15,000
成交价：RMB 391,500
口径5.3cm 纽约佳士得 2021-03-18

1176 17世纪/18世纪 和田白玉杯
估　价：RMB 250,000～400,000
成交价：RMB 1,035,000
高7.7cm 中贸圣佳 2021-05-20

942 清乾隆 白玉雕卧足杯
估　价：RMB 20,000～28,000
成交价：RMB 253,000
口径7.3cm 北京诚轩 2021-05-18

6406 清雍正 御制冰糖玛瑙盏
估　价：RMB 3,000,000～4,000,000
成交价：RMB 4,600,000
口径10.2cm 北京保利 2021-12-06

557 清乾隆 碧玉双龙耳杯
估　价：RMB 100,000～150,000
成交价：RMB 115,000
宽14.5cm 北京保利 2021-01-09

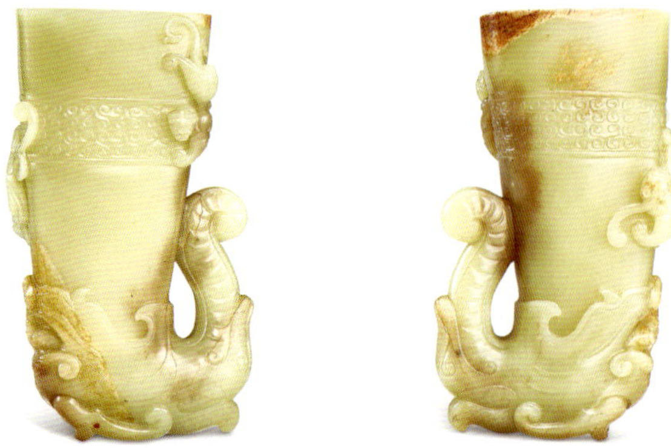

3605 清乾隆 黄玉龙首杯
估　价：HKD 5,000,000～8,000,000
成交价：RMB 5,154,300
高16.2cm 香港苏富比 2021-10-13

3011 清乾隆 白玉雕花卉纹吉祥如意六方杯及杯托（一套）
估　价：HKD 1,500,000～2,000,000
成交价：RMB 1,026,250
杯高6.2cm；托长13.4cm 佳士得 2021-12-03

5589 清乾隆 痕都斯坦式御题诗玉杯
估　价：RMB 400,000～600,000
成交价：RMB 747,500
长12.6cm 北京保利 2021-12-05

2739 清 白玉螭龙纹杯
估　价：RMB 150,000～200,000
成交价：RMB 172,500
高12cm 华艺国际 2021-06-04

3959 清 白玉英雄合卺杯
估　价：RMB 380,000～500,000
成交价：RMB 575,000
高15cm 永乐拍卖 2021-12-01

4409 清 白玉杯
估　价：RMB 160,000～250,000
成交价：RMB 230,000
48mm×66mm×66mm 西泠印社 2021-07-25

3487 清 白玉凤纹柄杯
估　价：RMB 30,000～50,000
成交价：RMB 322,000
宽8.4cm 中国嘉德 2021-05-19

6070 清 巧色玛瑙杯
估　价：RMB 120,000～150,000
成交价：RMB 138,000
口径7.6cm 北京保利 2021-12-06

1447 张宁 南红玛瑙龙凤角杯（两件）
估　价：RMB 320,000～500,000
成交价：RMB 632,500
5.7cm×5cm×4cm；5.9cm×5.2cm×3.6cm 上海嘉禾 2021-07-22

2730 清 碧玉乾卦款螭龙纹小杯
估　价：RMB 60,000～90,000
成交价：RMB 86,250
高5.6cm；通径8cm 西泠印社 2021-07-24

玉　缸

840 清乾隆 白玉浮雕童子龙纹缸
估　价：RMB 250,000～300,000
成交价：RMB 437,000
高6.6cm 中贸圣佳 2021-07-07

玉　盆

3768 清早期 御制碧玉花盆（一对）
估　价：RMB 1,000～2,000
成交价：RMB 184,000
14.4cm×14.4cm×12.5cm×2 中国嘉德 2021-11-29

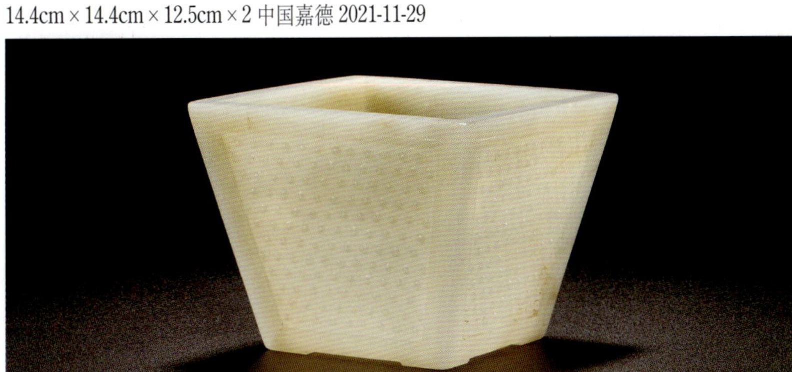

655 17至18世纪 白玉盆
估　价：USD 30,000～50,000
成交价：RMB 693,281
长11cm 纽约佳士得 2021-03-18

玉花插、盆景

518 清早期 白玉松兰万年青花插
成交价：RMB 287,500
高23.5cm 北京保利 2021-01-09

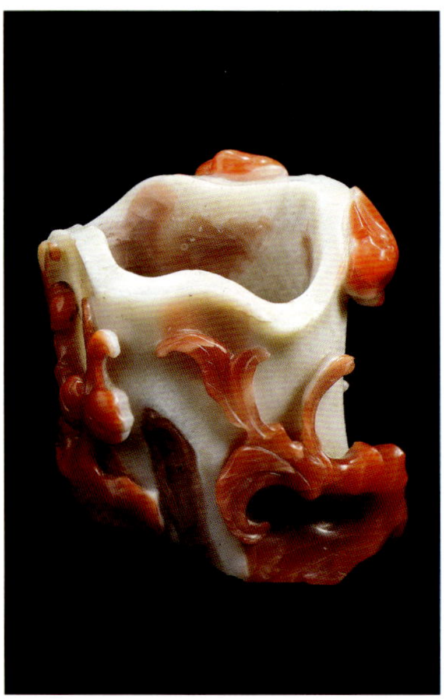

2335 清早期 南红花插
估　价：RMB 70,000
成交价：RMB 80,500
高10cm 中贸圣佳 2021-09-26

3401 清乾隆 白玉玉兰花插
估　价：RMB 120,000～180,000
成交价：RMB 184,000
长16.5cm 北京荣宝 2021-06-19

1043 清乾隆 碧玉花插
估　价：RMB 80,000～100,000
成交价：RMB 92,000
高10.3cm 上海匡时 2021-07-08

615 清乾隆 宫廷孔雀石雕松桩式大花插
估　价：RMB 1,000,000～1,500,000
成交价：RMB 2,323,000
净高42cm 博美拍卖 2021-12-03

838 清乾隆 青白玉玉兰花插
估　价：RMB 150,000～200,000
成交价：RMB 287,500
高27cm 中贸圣佳 2021-07-07

4380 清 白玉雕玉兰花插
估　价：RMB 180,000～250,000
成交价：RMB 230,000
185mm×155mm×125mm 西泠印社 2021-07-25

1910 清 南红龙凤纹花插
估　价：RMB 30,000～40,000
成交价：RMB 552,000
高15.6cm 中贸圣佳 2021-05-21

2729 18世纪/19世纪 玛瑙荷叶式花插
估　价：HKD 80,000～120,000
成交价：RMB 113,850
高14.3cm 佳士得 2021-05-28

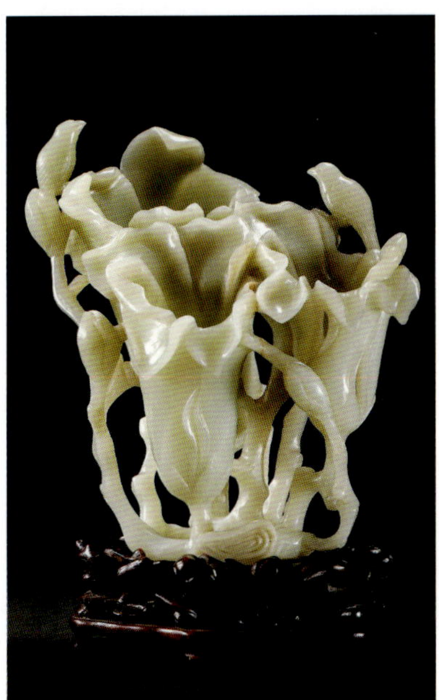

3935 清 白玉玉兰喜鹊花插
估　价：RMB 150,000～220,000
成交价：RMB 264,500
19cm×18cm 永乐拍卖 2021-12-01

2286 清 青花玉雕带皮一路连科花插
估　价：RMB 120,000～150,000
成交价：RMB 138,000
128mm×103mm×77mm 西泠印社 2021-01-15

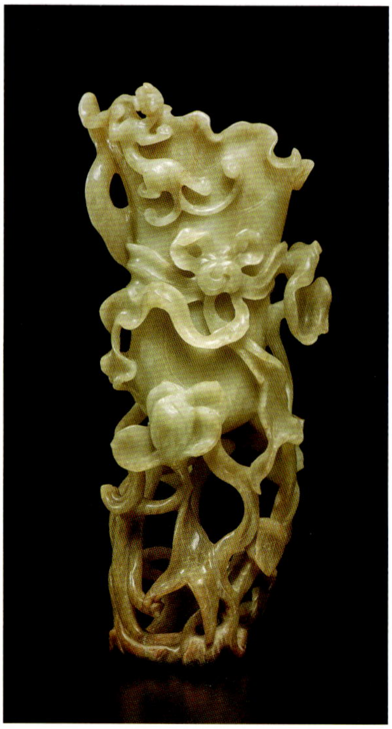

54 17世纪/18世纪 玉雕荷叶形花插
估　价：USD 10,000～15,000
成交价：RMB 97,928
高25.2cm 纽约苏富比 2021-09-22

3714 清乾隆 黑白玉雕活环兽足盆景（一对）
估　价：RMB 1,000～2,000
成交价：RMB 207,000
33cm×2 中国嘉德 2021-11-29

3087 晚清 玉石水仙花盆景（一对）
估　价：HKD 300,000～500,000
成交价：RMB 307,875
长17.5cm 佳士得 2021-12-03

961 清乾隆 碧玉花盆 仿生水仙盆景
估　价：RMB 500,000～600,000
成交价：RMB 575,000
高37.5cm 中贸圣佳 2021-05-20

玉香筒

2632 清早期 白玉雕人物故事香筒
估　价：RMB 200,000～300,000
成交价：RMB 253,000
高22.5cm 华艺国际 2021-06-04

2720 18世纪 白玉碧玉镂雕高士图香筒
估　价：HKD 400,000～600,000
成交价：RMB 879,750
高25cm 佳士得 2021-05-28

227 清乾隆 白玉镂雕耕读图香筒
估 价：RMB 300,000～400,000
成交价：RMB 333,500
高23.5cm 永乐拍卖 2021-05-22

4415 清 白玉雕山水人物香筒
估 价：RMB 900,000～1,200,000
成交价：RMB 1,265,000
277mm×57mm×49mm 西泠印社 2021-07-25

1214 清 青白玉雕 高士楼阁香筒
估 价：RMB 180,000～250,000
成交价：RMB 253,000
高18.2cm 中贸圣佳 2021-05-21

2057 清 青白玉雕松风煮茗图香筒
估 价：RMB 350,000
成交价：RMB 1,610,000
高22cm 古天一 2021-06-07

玉 镜

128 清 白玉花鸟手镜
成交价：RMB 29,900
长21cm 北京保利 2021-01-09

其他生活用品

635 明/清 灰青玉雕仿古龙耳水器
估 价：USD 10,000～15,000
成交价：RMB 244,688
高9cm 纽约佳士得 2021-03-18

2728 明 青白玉镂雕牡丹纹器盖
估　价：RMB 38,000～50,000
成交价：RMB 48,300
长12.5cm 西泠印社 2021-07-24

532 明或以后 玉仿古卮
估　价：USD 6,000～8,000
成交价：RMB 69,301
高9.2cm 纽约苏富比 2021/9/27

609 清或较晚 白玉刻竹台座
估　价：HKD 50,000～70,000
成交价：RMB 109,421
长12.1cm 中国嘉德 2021-04-21

630 明末/清初 青白玉仿古拐子龙凤纹玉卮
估　价：USD 50,000～70,000
成交价：RMB 734,063
高9.5cm 纽约佳士得 2021-03-18

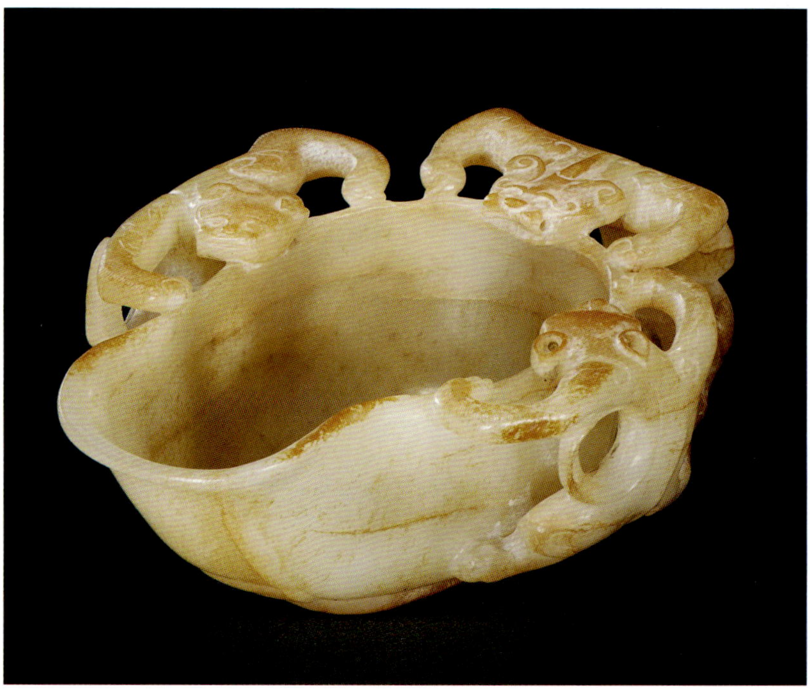

633 明/清初 白褐玉雕螭龙纹水器
估　价：USD 15,000～25,000
成交价：RMB 815,625
长14.6cm 纽约佳士得 2021-03-18

文房用品

玉 笔

533 清乾隆 白玉螭龙纹毛笔
成交价：RMB 126,500
长29cm 北京保利 2021-01-09

2743 清乾隆 白玉镂雕高士游山图笔筒
估　价：RMB 480,000～650,000
成交价：RMB 862,500
高11.8cm 西泠印社 2021-07-24

玉笔筒

3424 清乾隆 白玉雕梅兰竹菊四君子倭角小笔筒
估　价：HKD 2,200,000～3,200,000
成交价：RMB 2,167,440
高10.8cm 保利香港 2021-12-02

1302 清乾隆 白玉浮雕梅花纹笔筒带座
估　价：RMB 150,000～200,000
成交价：RMB 207,000
高11.5cm（连座）广东崇正 2021-01-07

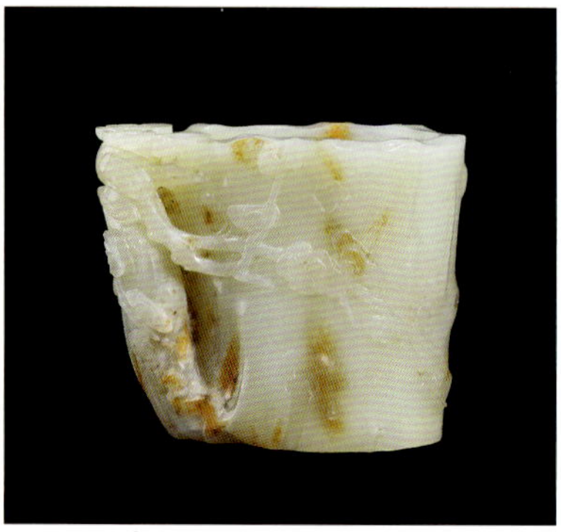

2304 清乾隆 白玉烤色梅桩纹小笔筒
估　价：RMB 200,000
成交价：RMB 230,000
高8.2cm 中贸圣佳 2021-09-26

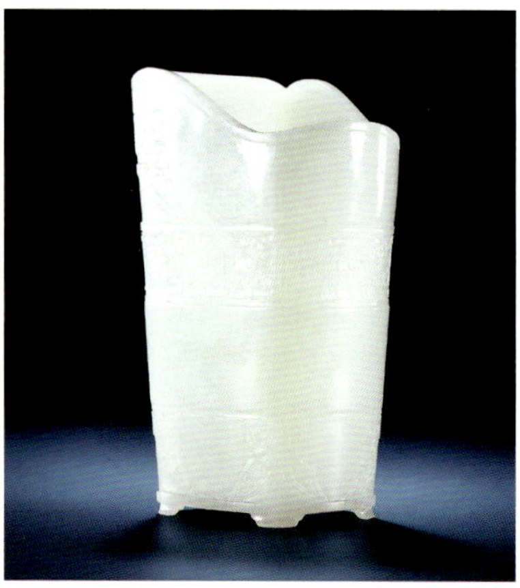

2530 清乾隆 白玉龙纹官靴笔筒
估　价：RMB 120,000～150,000
成交价：RMB 356,500
高16cm 中鸿信 2021-07-14

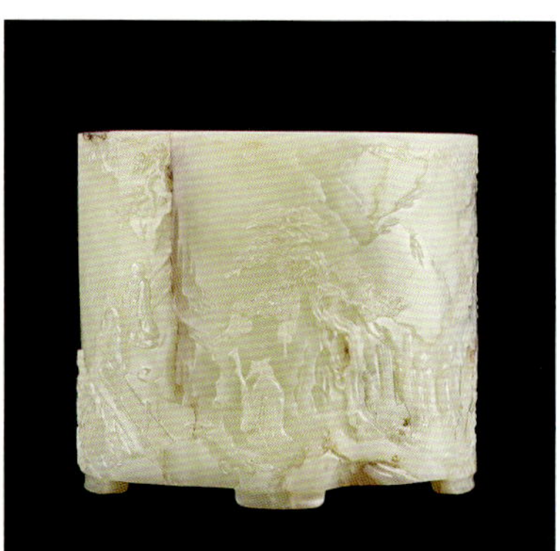

3614 清乾隆 白玉五老观潮图笔筒
估　价：HKD 700,000～1,200,000
成交价：RMB 782,460
高13.4cm 香港苏富比 2021-10-13

6381 清乾隆 白玉山水人物笔筒
估　价：RMB 400,000～500,000
成交价：RMB 460,000
高8.8cm 北京保利 2021-12-06

1246 清乾隆 碧玉雕“竹溪六逸”图笔筒
估　价：RMB 600,000～800,000
成交价：RMB 1,150,000
高16.3cm 保利厦门 2021-11-05

3606 清乾隆 御制和田碧玉题诗“樊桐仙侣”笔筒
估　价：HKD 4,000,000～6,000,000
成交价：RMB 4,352,796
高14.7cm 香港苏富比 2021-10-13

1043 清乾隆 碧玉雕万国来朝笔筒
估　价：RMB 1,100,000～1,500,000
成交价：RMB 2,242,500
高19.5cm 华艺国际 2021-12-11

2711 清乾隆 碧玉镂雕竹林七贤图笔筒
估　价：HKD 3,000,000～5,000,000
成交价：RMB 2,898,000
直径17.5cm 佳士得 2021-05-28

3425 清乾隆 碧玉雕松下高士图笔筒
估　价：HKD 1,100,000～1,600,000
成交价：RMB 1,576,320
高18.3cm；直径19.2cm 保利香港 2021-12-02

1487 清乾隆 碧玉雕竹溪六逸图笔筒
估　价：RMB 1,000,000～2,000,000
成交价：RMB 1,265,000
直径17.6cm；直径17cm 广东崇正 2021-07-19

2278 清乾隆 碧玉雕牧牛图笔筒
估　价：RMB 30,000～50,000
成交价：RMB 103,500
高18.5cm 中鸿信 2021-07-14

16 清中期 白玉山水人物诗文笔筒
估　价：RMB 400,000～600,000
成交价：RMB 920,000
高12.2cm 北京禾谷 2021-01-23

390 清 青黄玉浅浮雕“鹤鹿同春”笔筒
估　价：RMB 25,000～35,000
成交价：RMB 28,750
高9.5cm 江苏汇中 2021-05-14

1522 盛丙云刻吴湖帆李亚农赠徐森玉笔筒
估　价：RMB 500,000～800,000
成交价：RMB 575,000
高12.8cm 华艺国际 2021-06-05

3920 明 白玉“多喜多寿”笔架
估　价：RMB 70,000～80,000
成交价：RMB 80,500
长8cm 北京荣宝 2021-06-19

玉笔架

553 宋 青玉山字笔架
估　价：HKD 30,000～50,000
成交价：RMB 59,684
长9.5cm；宽6.5cm 中国嘉德 2021-04-21

3403 清 白玉雕荷塘清趣笔架
估　价：RMB 70,000～100,000
成交价：RMB 92,000
长16cm 北京荣宝 2021-06-19

6880 明晚期 青玉雕双龙戏珠笔山
估　价：RMB 60,000～80,000
成交价：RMB 195,500
长14.5cm 北京保利 2021-06-08

506 清中期 白玉松竹笔搁
估　价：RMB 350,000～450,000
成交价：RMB 575,000
长8.6cm 北京保利 2021-09-26

玉印盒

3476 清 墨玉蟠螭纹印盒
估　价：RMB 28,000～48,000
成交价：RMB 32,200
口径7.4cm 中国嘉德 2021-05-19

2790 清 青白玉浮雕乾卦十二章纹印盒
估　价：RMB 45,000～50,000
成交价：RMB 55,200
7cm × 7cm × 3.9cm 西泠印社 2021-07-24

玉墨床

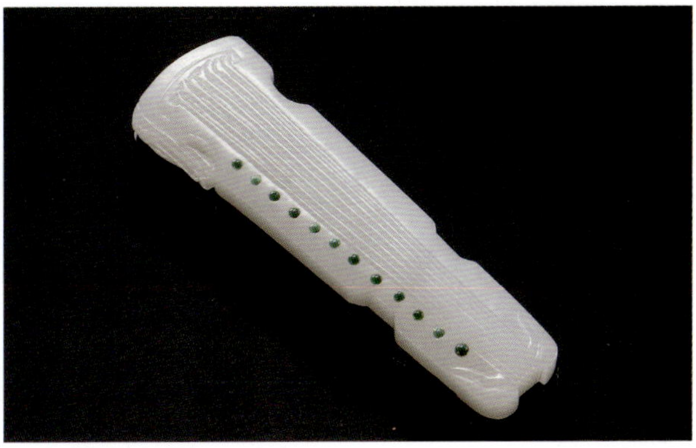

507 清乾隆 白玉题诗琴式墨床
估　价：RMB 150,000～200,000
成交价：RMB 172,500
长9.8cm 北京保利 2021-09-26

1594 清 白玉琴式墨床
估　价：RMB 40,000～60,000
成交价：RMB 92,000
长10.5cm 西泠印社 2021-01-15

玉水丞、玉水盂

631 明 灰白玉雕貔貅式水丞
估　价：USD 15,000～20,000
成交价：RMB 530,156
长14.7cm 纽约佳士得 2021-03-18

4382 元 白玉雕蚣蝮水丞
估　价：RMB 120,000～250,000
成交价：RMB 207,000
135mm×82mm×72mm 西泠印社 2021-07-25

550 明 白玉喜上眉梢水盂
估　价：RMB 130,000
成交价：RMB 149,500
长14.8cm；宽9cm 上海呗美 2021-05-30

986 清乾隆 玛瑙桃形水盂
估　价：RMB 70,000～90,000
成交价：RMB 89,700
高4cm 上海匡时 2021-07-08

659 明/清初 16至18世纪 褐玉童子水丞
估　价：USD 15,000～20,000
成交价：RMB 391,500
宽7cm 纽约佳士得 2021-03-18

3007 清乾隆 白玉鼓钉纹海棠形水丞
估　价：RMB 100,000～150,000
成交价：RMB 115,000
长8.5cm 十竹斋拍卖（北京） 2021-05-29

1228 清中期 白玉卷口水丞
估　价：HKD 60,000～80,000
成交价：RMB 67,565
口径9.7cm 中国嘉德 2021-10-14

1542 清乾隆 玉河塘水丞
估　价：RMB 250,000～350,000
成交价：RMB 287,500
高7.5cm；长11cm 十竹斋拍卖（北京） 2021-05-29

玉砚滴

1078 清乾隆“一路连科”玉砚滴
估　价：RMB 150,000～250,000
成交价：RMB 172,500
高12.5cm 上海嘉禾 2021-07-22

1591 清 白玉蛙形砚滴
估　价：RMB 80,000～120,000
成交价：RMB 109,250
长10.5cm 西泠印社 2021-01-15

962 明 白玉辟邪水注
估　价：RMB 250,000～300,000
成交价：RMB 368,000
高9cm 中贸圣佳 2021-05-20

玉笔洗

249 明 白玉黑沁牛毛纹海八怪椭圆洗
估　价：RMB 800,000～1,200,000
成交价：RMB 1,150,000
13.9cm × 8.5cm 永乐拍卖 2021-05-22

629 明 青玉仿古双耳长方洗
估　价：USD 5,000～7,000
成交价：RMB 122,344
长16.2cm 纽约佳士得 2021-03-18

2740 明 白玉雕荷叶洗
估　价：RMB 50,000～80,000
成交价：RMB 103,500
13.5cm × 11cm 西泠印社 2021-07-24

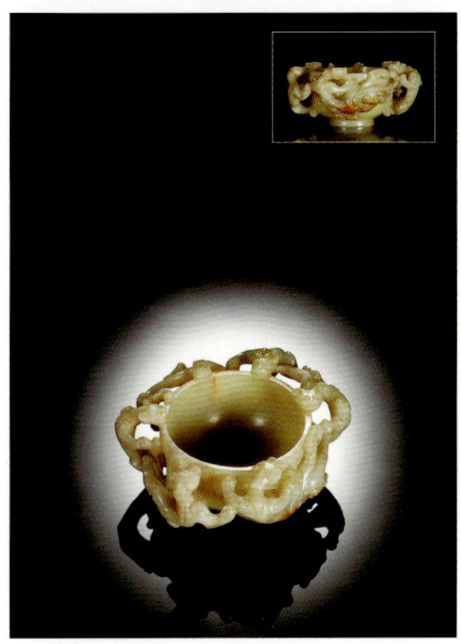

1582 明 黄玉镂雕螭龙纹水洗
估　价：RMB 65,000～80,000
成交价：RMB 115,000
高4.5cm；通径10.5cm 西泠印社 2021-01-15

2712 18世纪 白玉双蝠活环耳双联洗
估　价：HKD 80,000～120,000
成交价：RMB 227,700
宽15cm 佳士得 2021-05-28

2707 18世纪 碧玉菊花形洗
估　价：HKD 200,000～400,000
成交价：RMB 393,300
宽22cm 佳士得 2021-05-28

4375 清乾隆 白玉雕如意双福洗
估　价：RMB 800,000～1,200,000
成交价：RMB 1,265,000
108mm × 108mm × 53mm 西泠印社 2021-07-25

513 清乾隆 白玉飞龙耳洗
估　价：RMB 2,600,000～3,600,000
成交价：RMB 4,025,000
长24cm 北京保利 2021-09-26

551 清乾隆 白玉福寿双龙耳洗
估　价：RMB 6,000,000～9,000,000
成交价：RMB 7,590,000
宽26.2cm 北京保利 2021-09-26

1110 清乾隆 白玉雕鱼化龙吉庆有余纹洗
估　价：RMB 250,000～350,000
成交价：RMB 379,500
长14.8cm 华艺国际 2021-03-31

656 清乾隆 白玉双鱼洗
估　价：USD 60,000～80,000
成交价：RMB 489,375
口径12cm 纽约佳士得 2021-03-18

3683 清乾隆 白玉福寿桃形洗
估　价：RMB 150,000～200,000
成交价：RMB 552,000
11cm × 10cm × 3.5cm
十竹斋拍卖（北京） 2021-05-29

551 清乾隆 白玉荷花洗
估　价：RMB 120,000～200,000
成交价：RMB 172,500
长17.5cm 北京保利 2021-01-09

540 清乾隆 白玉羊头洗
估　价：RMB 1,000,000～2,000,000
成交价：RMB 2,070,000
宽14cm 北京保利 2021-01-09

2721 清乾隆 白玉仿古双凤耳洗
估　价：HKD 300,000～500,000
成交价：RMB 465,750
宽22.3cm 佳士得 2021-05-28

3616 清乾隆 白玉螳螂瓜棱式洗
估　价：HKD 300,000～500,000
成交价：RMB 438,178
长23.5cm 香港苏富比 2021-10-13

511 清乾隆 白玉御题诗贝壳洗
估 价：RMB 1,600,000～2,600,000
成交价：RMB 2,530,000
长10.2cm 北京保利 2021-09-26

552 清乾隆 碧玉年年有余环耳洗
估 价：RMB 1,200,000～2,200,000
成交价：RMB 2,070,000
宽30cm 北京保利 2021-09-26

3006 清乾隆 碧玉雕西番莲纹双鱼水洗
估 价：RMB 600,000～900,000
成交价：RMB 977,500
长19.5cm 十竹斋拍卖（北京） 2021-05-29

2022 清嘉庆 白玉四足活环双鱼洗
估 价：RMB 250,000
成交价：RMB 253,000
高5cm；长20.5cm 古天一 2021-06-07

3690 清乾隆 黄玉灵芝洗
估 价：HKD 600,000～800,000
成交价：RMB 625,968
长18.3cm 香港苏富比 2021-10-13

512 清嘉庆 青白玉佛像法螺洗
估 价：RMB 200,000～300,000
成交价：RMB 287,500
长10.5cm 北京保利 2021-09-26

918 清中期 青白玉童子洗
估　价：HKD 600,000 ~ 800,000
成交价：RMB 596,844
宽19.5cm 中国嘉德 2021-04-21

255 清 白玉连生贵子荷塘清趣洗
估　价：RMB 150,000 ~ 200,000
成交价：RMB 201,250
16cm × 13cm 永乐拍卖 2021-05-22

2222 清中期 白玉大吉笔洗
估　价：RMB 200,000 ~ 300,000
成交价：RMB 230,000
口径13.5cm 北京翰海 2021-12-18

4317 清 白玉雕桃形洗
估　价：RMB 50,000 ~ 80,000
成交价：RMB 92,000
120mm × 118mm × 43mm 西泠印社 2021-07-25

958 清 白玉松树纹洗
估　价：HKD 280,000 ~ 320,000
成交价：RMB 278,527
宽20.6cm 中国嘉德 2021-04-21

4384 清 白玉雕缠枝莲纹葵口洗
估　价：RMB 150,000 ~ 180,000
成交价：RMB 172,500
128mm × 127mm × 57mm 西泠印社 2021-07-25

250 清 白玉和谐莲叶纹水洗
估　价：RMB 350,000 ~ 500,000
成交价：RMB 575,000
9.25cm × 6.7cm 永乐拍卖 2021-05-22

936 清 碧玉双连活环洗
估 价：HKD 200,000～300,000
成交价：RMB 198,948
宽28cm 中国嘉德 2021-04-21

2223 清中期 白玉鹅衔枝笔舔
估 价：RMB 8,000～10,000
成交价：RMB 55,200
长7.7cm 北京翰海 2021-12-18

玉笔舔

520 清早期 黄玉簸箕纹笔舔
估 价：RMB 80,000～120,000
成交价：RMB 92,000
口径5.5cm 北京保利 2021-01-09

252 清 痕都斯坦火烧玉雕莨苕纹花形洗
估 价：RMB 100,000～150,000
成交价：RMB 138,000
18.6cm 永乐拍卖 2021-05-22

3684 清乾隆 白玉雕竹形笔舔
估 价：RMB 200,000～300,000
成交价：RMB 552,000
10cm×7cm 十竹斋拍卖（北京） 2021-05-29

555 清乾隆 黄玉龙纹笔洗
估 价：RMB 120,000
成交价：RMB 138,000
长16cm 北京保利 2021-01-09

3651 清乾隆 白玉年年有余如意有福笔舔
估 价：HKD 800,000～1,200,000
成交价：RMB 1,221,507
长20cm 香港苏富比 2021-04-22

1583 清 陈玉阶旧藏子印款白玉浮雕松鼠葡萄纹笔舔
估　价：RMB 120,000～180,000
成交价：RMB 138,000
长9.3cm 西泠印社 2021-01-15

600 清 青白玉雕双灵芝式笔舔
估　价：USD 8,000～12,000
成交价：RMB 77,454
宽11.6cm 纽约苏富比 2021-09-27

玉纸镇

6060 元 玉雕胡人驯马镇
成交价：RMB 46,000
长6.3cm 北京保利 2021-06-08

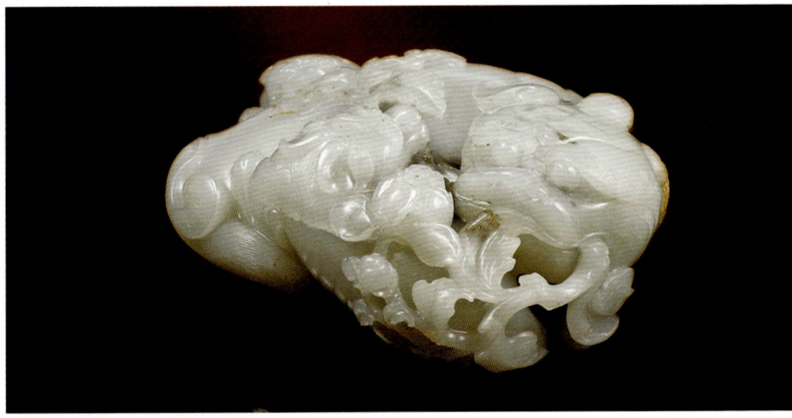

4376 清乾隆 白玉雕母子瑞兽纸镇
估　价：RMB 1,200,000～1,500,000
成交价：RMB 1,495,000
124mm × 93mm × 55mm 西泠印社 2021-07-25

1682 明以前 青玉鹿形镇
估　价：RMB 28,000～50,000
成交价：RMB 184,000
高4.2cm；长10cm 广东崇正 2021-07-19

1122 清乾隆 玛瑙牛镇纸
估　价：RMB 120,000～150,000
成交价：RMB 143,750
长6.2cm 华艺国际 2021-03-31

1188 清中期 白玉童子击鼓纸镇
估　价：RMB 250,000～300,000
成交价：RMB 280,000
6.5cm×6.3cm×3.7cm 上海联合 2021-06-27

1574 清 青花玉俏色双龙镇纸
估　价：RMB 450,000～650,000
成交价：RMB 632,500
长8.2cm 西泠印社 2021-01-15

玉砚台

2176 清 螭龙纹古琴形白玉砚
估　价：RMB 180,000～280,000
成交价：RMB 345,000
15.3cm×8.4cm 西泠印社 2021-07-24

2177 明 宋仁宗纪年款白玉砚
估　价：RMB 120,000～180,000
成交价：RMB 241,500
13cm×7.5cm 西泠印社 2021-07-24

1610 清 墨玉螭龙纹砚
估　价：RMB 50,000～80,000
成交价：RMB 126,500
17.2cm×9.5cm 西泠印社 2021-01-15

1926 清 天籁阁款云龙纹玉砚
估　价：RMB 120,000～180,000
成交价：RMB 138,000
长22.7cm；宽12.8cm 中贸圣佳 2021-05-21

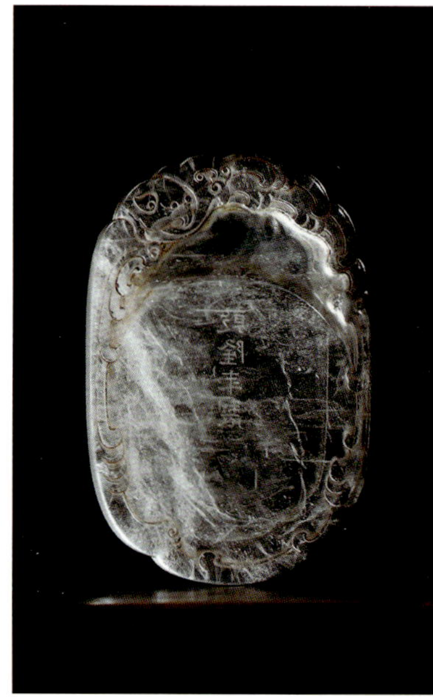

2175 清乾隆 福从天降水晶砚
估　价：RMB 120,000～200,000
成交价：RMB 241,500
14.3cm×10.3cm 西泠印社 2021-07-24

玉　玺

534 元、明 旧藏玉玺（六方）
估　价：RMB 950,000
成交价：RMB 2,070,000
尺寸不一 上海呗美 2021-05-30

3406 清嘉庆 碧玉云龙钮“笔砚精良”“人生一乐”印玺
估　价：HKD 1,200,000～1,800,000
成交价：RMB 1,416,240
高6cm 保利香港 2021-04-21

358 明 白玉蹲龙“隆福徽音”方玺
估　价：RMB 6,000,000～8,000,000
成交价：RMB 6,785,000
5.6cm×5.6cm；高5.5cm 永乐拍卖 2021-05-22

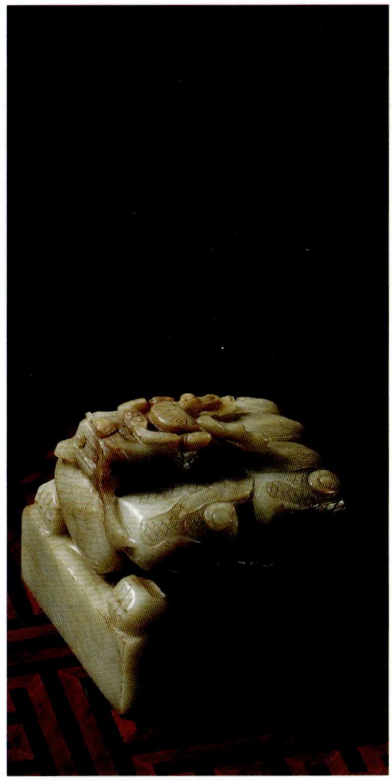

1573 明 青白玉雕盘龙钮宝玺
估　价：RMB 300,000～500,000
成交价：RMB 1,552,500
高14.5cm；长14.2cm；宽13.3cm
西泠印社 2021-01-15

1572 清康熙 碧玉雕龙钮几暇摹古宝玺
估　价：RMB 380,000～600,000
成交价：RMB 782,000
高6.5cm；长7cm；宽7cm
西泠印社 2021-01-15

3603 清乾隆 乾隆帝御宝交龙钮白玉玺
估　价：HKD 125,000,000～180,000,000
成交价：RMB 122,817,513
10.4cm × 10.4cm；高7.8cm 香港苏富比 2021-04-22

3601 明洪熙 永乐仁孝文皇后青玉龙钮谥宝
估　价：HKD 25,000,000～30,000,000
成交价：RMB 36,611,490
10cm × 7.2cm；高10.2cm 香港苏富比 2021-04-22

3608 18世纪 御制白玉椭圆兽钮宝玺
估　价：HKD 1,000,000～1,500,000
成交价：RMB 1,593,270
长3.3cm 香港苏富比 2021-04-22

550 清乾隆 白玉交龙钮方玺“乾隆御笔之宝”
估　价：RMB 8,000,000～12,000,000
成交价：RMB 9,200,000
13cm × 13cm × 9.5cm 北京保利 2021-09-26

1816 清乾隆五十四年（1789年） 御制白玉蹲龙钮“八征耄念之宝”“向用五福”宝玺（一组）
成交价：RMB 39,100,000
2.6cm×2.6cm×5.2cm；2.6cm×1.65cm 华艺国际 2021-06-05

2760 战国 玉“文信君”覆斗钮方印
估　价：HKD 400,000~600,000
成交价：RMB 718,375
2.4cm×2.4cm 佳士得 2021-12-03

2761 战国 玉鹿钮“玉”方印
估　价：HKD 350,000~500,000
成交价：RMB 667,063
1.3cm×1.3cm 佳士得 2021-12-03

玉印章

805 战国 白玉红沁覆斗钮印
估　价：HKD 180,000~220,000
成交价：RMB 179,053
宽2.4cm 中国嘉德 2021-04-21

2762 战国 玉蟠龙钮“鲁晷”方印
估　价：HKD 600,000~800,000
成交价：RMB 1,334,125
2.4cm×2.4cm 佳士得 2021-12-03

810 西汉 白玉受沁螭龙印
估　价：HKD 200,000～300,000
成交价：RMB 218,843
宽2.6cm 中国嘉德 2021-04-21

3010 元 白玉提油龟纽印
成交价：RMB 86,250
高4.5cm 古天一 2021-06-07

298 明 白玉“杨易”覆斗形印
估　价：RMB 80,000～100,000
成交价：RMB 97,750
长2.0cm；高1.4cm 永乐拍卖 2021-05-22

251 11世纪 水晶赑屃钮印
估　价：RMB 80,000
成交价：RMB 92,000
高3.4cm 浙江佳宝 2021-01-10

3008 元 黑白玉虎纽方印
成交价：RMB 115,000
高1.8cm；2cm×2cm 古天一 2021-06-07

3043 元 白玉龟纽印花押圆印
成交价：RMB 172,500
高2cm；直径2.5cm 古天一 2021-06-07

1877 明 青白玉兽钮印章
估　价：RMB 120,000～150,000
成交价：RMB 247,250
11cm×10.8cm；高11.1cm 中贸圣佳 2021-05-21

6140 明 青玉桥钮道教法印
估　价：RMB 300,000～500,000
成交价：RMB 517,500
8cm×7.8cm×8cm 北京保利 2021-06-08

1377 18世纪/19世纪 碧玉龙钮印章
估　价：HKD 800,000～1,500,000
成交价：RMB 746,055
高6.6cm 中国嘉德 2021-04-23

1576 清乾隆 白玉瑞兽钮印章
估　价：RMB 80,000～150,000
成交价：RMB 184,000
高3.8cm 广东崇正 2021-01-07

61 清 白玉红沁龟钮印章
估　价：RMB 150,000～180,000
成交价：RMB 1,265,000
长2.7cm；高2.6cm 北京鸿盛祥 2021-06-05

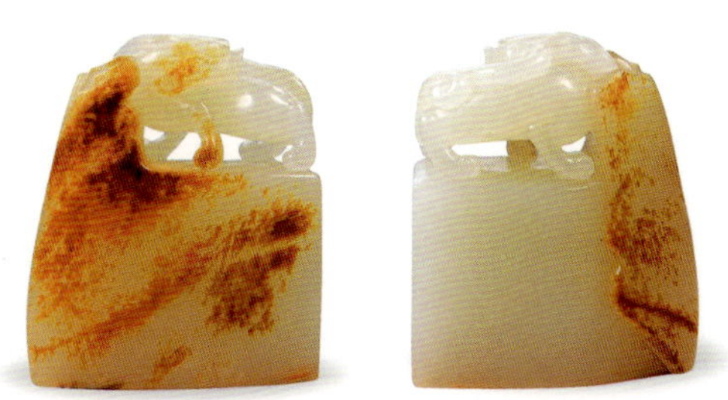

1277 清乾隆 白玉洒金皮“读书乐”雕螭龙钮印
估　价：RMB 500,000～800,000
成交价：RMB 575,000
高4.8cm 华艺国际 2021-03-31

923 18世纪/19世纪 黄玉印（三方一组）
估　价：HKD 200,000～300,000
成交价：RMB 447,633
最大的宽2.7cm 中国嘉德 2021-04-21

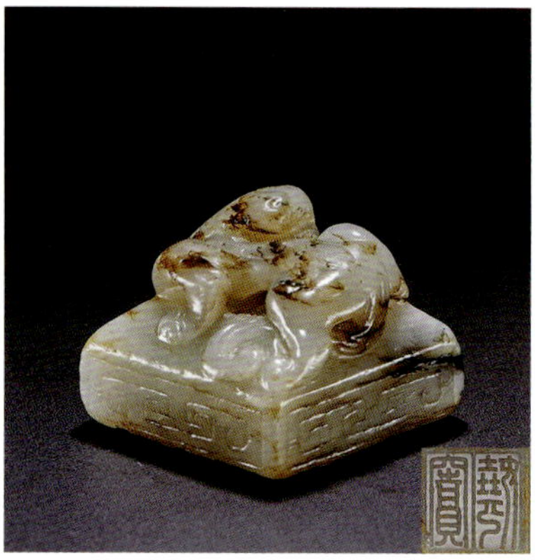

3005 清 白玉螭龙纽方印
成交价：RMB 253,000
高2.4cm 古天一 2021-06-07

378 黄杨洪 白玉如日中天印章
估　价：RMB 840,000～1,200,000
成交价：RMB 940,800
7cm×5cm×4.2cm 上海联合 2021-06-27

4258 李剑 鸿运当头　瑞兽钮白玉印
估　价：RMB 300,000～400,000
成交价：RMB 368,000
72mm×43mm×36mm 西泠印社 2021-01-16

2609 清 南红玛瑙显亲王双联印“显亲王宝”“墨池清兴”
估　价：RMB 250,000～350,000
成交价：RMB 322,000
3.5cm×1.6cm×2.4cm 华艺国际 2021-06-04

6555 清 周尚均制 黄高年刻高山玛瑙冻胡人驭狮钮唐绍元用印
估　价：RMB 300,000～500,000
成交价：RMB 483,000
2.8cm×2.8cm×7.4cm 北京保利 2021-06-08

玉臂搁

3614 清乾隆 玛瑙刻竹纹臂搁
估　价：RMB 1,000～2,000
成交价：RMB 126,500
长14cm 中国嘉德 2021-05-19

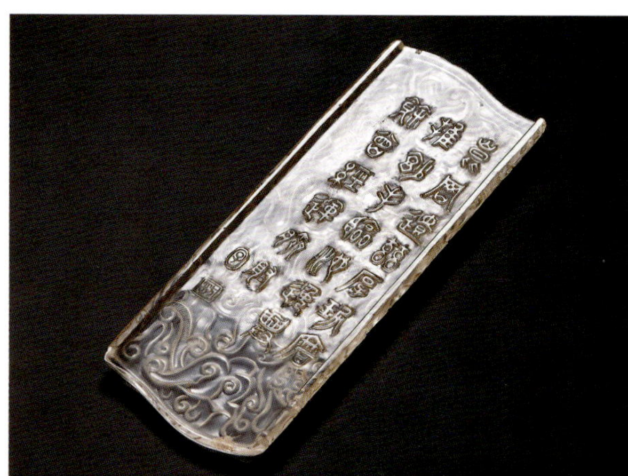

3035 明 子冈款水晶雕龙凤诗文臂搁
估　价：RMB 60,000～100,000
成交价：RMB 112,700
12.5cm×5cm 古天一 2021-06-07

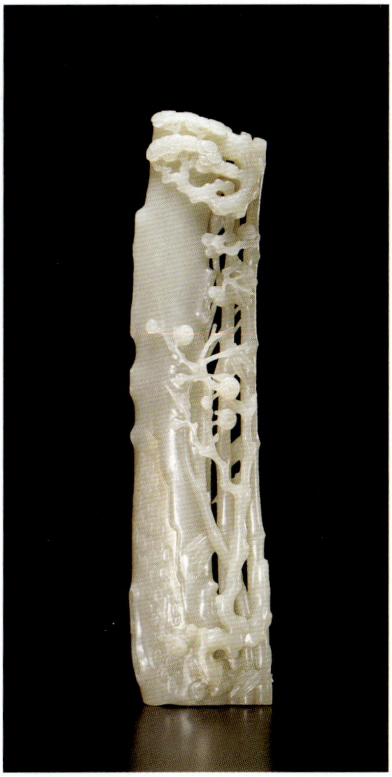

1867 清中期 白玉松竹梅臂搁
估　价：RMB 70,000～90,000
成交价：RMB 80,500
长29cm 北京翰海 2021-06-05

砚　屏

1115 清乾隆 白玉刻“西清砚谱序”砚屏
估　价：RMB 280,000～350,000
成交价：RMB 322,000
高24cm 华艺国际 2021-03-31

550 清乾隆 白玉刻描金梅花砚屏
成交价：RMB 299,000
长7.7cm 北京保利 2021-01-09

葬　玉

537 西汉 白玉猪
估　价：HKD 50,000～70,000
成交价：RMB 81,569
长4.7cm 中国嘉德 2021-04-21

1188 汉 青白玉蝉
估　价：HKD 40,000～60,000
成交价：RMB 57,629
高6.5cm 中国嘉德 2021-10-14

474 清 白玉受沁猪握（一对）
估　价：RMB 120,000
成交价：RMB 138,000
长11.4cm×2 浙江佳宝 2021-01-10

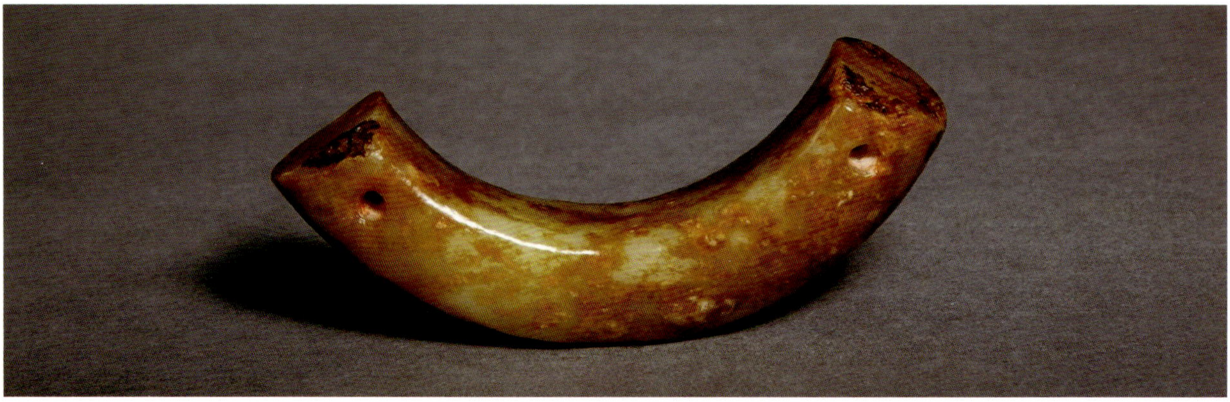

1052 清 玉手握
估　价：RMB 120,000
成交价：RMB 126,500
长8.5cm 古天一 2021-06-07

原　石

894 当代 和田玉料
估　价：RMB 10,000～20,000
成交价：RMB 1,449,000
长17cm 中贸圣佳 2021-07-07

3390 新疆和田玉顶级羊脂籽料原石
估　价：RMB 880,000～980,000
成交价：RMB 1,012,000
3.7cm×2.9cm×2.6cm 尚品润博 2021-09-12

388 白玉红皮原石
估　价：RMB 1,500,000～2,000,000
成交价：RMB 1,680,000
重量253.7g 上海联合 2021-11-21

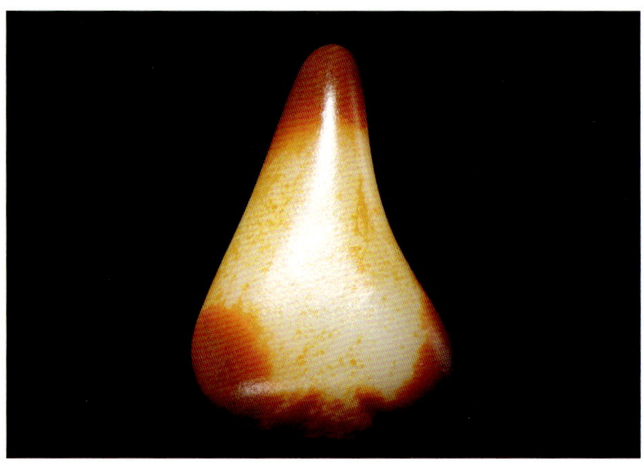

508 白玉红皮原石（自行车凳）
估　价：RMB 880,000～1,200,000
成交价：RMB 985,600
重量44g 上海联合 2021-11-21

2021玉器拍卖成交汇总

（成交价RMB：1万元以上）

拍品名称	物品尺寸	成交价RMB	拍卖公司	拍卖日期
礼玉				
玉璜				
新石器时代 玉璜	宽11.6cm	51,726	中国嘉德	2021-04-21
文化期玉璜和黄玉环(各一件)	最大的宽11.5cm	19,872	中国嘉德	2021-10-12
春秋晚期 双龙首玉璜	长10.3cm	246,300	佳士得	2021-12-03
春秋晚期 双龙首玉璜及龙纹玉珩各一	高10.3cm；高12.5cm	174,463	佳士得	2021-12-03
春秋晚期 龙纹玉璜	长12.4cm	153,938	佳士得	2021-12-03
春秋 玉满沁龙纹璜	宽8.9cm	79,579	中国嘉德	2021-04-21
战国中晚期 镂雕龙凤纹玉璜	长11.8cm	2,873,500	佳士得	2021-12-03
战国晚期 玉双龙凤出廓璜	长16.2cm	1,128,875	佳士得	2021-12-03
战国早中期 青玉楚式谷纹大璜	长31.8cm	461,813	佳士得	2021-12-03
战国中期 双龙首玉璜	长12cm	174,463	佳士得	2021-12-03
战国中期 双龙首玉璜	长11.2cm	112,888	佳士得	2021-12-03
明 青白玉镂空蟠虺龙纹璜	长12cm；宽2.2cm	345,000	永乐拍卖	2021-05-22
明 红沁玉璜	长4.55cm；宽2.6cm	120,750	永乐拍卖	2021-05-22
明 白玉虎形璜	长6.4cm；宽1.4cm	63,250	永乐拍卖	2021-05-22
明 玉沁色谷丁纹璜	长7.5cm	48,300	中国嘉德	2021-05-19
明 玉神人纹璜	长10.3cm；宽5cm	35,650	西泠印社	2021-01-15
明 红沁玉璜	长11.2cm	20,700	中贸圣佳	2021-05-21
清 青玉神人龙纹璜	长13.5cm	483,000	永乐拍卖	2021-12-01
清 白玉龙纹璜	长10cm	253,000	古天一	2021-06-07
清 双龙首玉璜	长15.5cm	218,500	古天一	2021-06-07
清 青玉谷纹璜	长10cm	51,750	古天一	2021-06-07
清 白玉龙首兽面纹璜	长9.4cm；宽2.8cm	50,600	永乐拍卖	2021-12-01
清 白玉龙纹璜	长8.6cm	40,250	古天一	2021-06-07
清 和田玉龙纹玉璜	长9.4cm	21,850	北京钜鑫缘	2021-01-13
玉琥				
明 玉琥	长8cm	18,400	北京禾谷	2021-01-24
玉璧				
新石器时代 玉璧	外径20.3cm	318,317	中国嘉德	2021-04-21
新石器时代 青玉璧	外径16.2cm	109,421	中国嘉德	2021-04-21
新石器时代 青玉璧	外径17cm	71,621	中国嘉德	2021-04-21
新石器时代 青白玉联璧	外径12.5cm	61,674	中国嘉德	2021-04-21
新石器时代 青白玉联璧	外径10.5cm；孔径5.5cm	34,816	中国嘉德	2021-04-21
新石器时代 青玉璧	外径13cm；孔径4cm	31,832	中国嘉德	2021-04-21
文化期 玉有领璧	最大的高10.9cm	198,720	中国嘉德	2021-10-14
文化期玉璧三件和玉琮(两件)	最大的高7.7cm	74,520	中国嘉德	2021-10-14
文化期 玉璧	直径20.2cm	34,816	中国嘉德	2021-04-21
西周 白玉璧	外径19.5cm	278,208	中国嘉德	2021-10-14
西周玉虎和玉鸟纹璧(各一件)	最大的直径4.2cm	49,680	中国嘉德	2021-10-12
春秋晚期/战国早期 玉云龙纹璧	外径19.1cm	1,128,875	佳士得	2021-12-03
春秋 白玉出廓蟠虺纹螭龙璧	宽6.2cm	298,422	中国嘉德	2021-04-21
战国中期 谷纹玉璧	外径12.5cm	564,438	佳士得	2021-12-03
战国 黄玉受沁谷纹璧	外径10cm	248,685	中国嘉德	2021-04-21
战国中期 镶嵌用谷纹玉璧	外径12cm	205,250	佳士得	2021-12-03
战国早中期 青玉楚式谷纹璧	直径16.6cm	153,938	佳士得	2021-12-03
战国 白玉镂雕熊纹璧	外径6.7cm	149,211	中国嘉德	2021-04-21
战国/汉 蒲纹玉璧	直径：8.5cm	25,056	罗芙奥	2021-07-17
西汉 白玉双龙衔环纹出廓璧	高26.8cm	19,499,400	中国嘉德	2021-10-14
汉 玉兽面龙凤谷纹璧(两件)	最大的外径20cm	298,080	中国嘉德	2021-10-14
汉 青玉兽面纹璧	外径24.2cm	119,232	中国嘉德	2021-10-12
汉或以后 白玉黑沁谷纹璧	直径14.1cm	21,884	中国嘉德	2021-04-21
宋、明 玉雕琮式勒两件、螭龙璧和觿各一件	最大的长7.1cm	84,553	中国嘉德	2021-04-21
公元前3-前2世纪 青玉璧	直径17.1cm	407,813	纽约佳士得	2021-03-18
元 白玉螭龙纹璧	直径11.6cm	218,500	上海嘪美	2021-03-28
元 白玉龙纹出廓璧	高6.8cm	97,750	古天一	2021-06-07
元-明 浮雕红沁双螭龙谷纹玉璧	外径11.8cm	57,500	西泠印社	2021-01-15
明以前 白玉双螭龙纹璧	外径7.2cm	92,000	广东崇正	2021-07-19
明以前 黄玉浮雕双螭虎纹璧	直径4.4cm	40,250	广东崇正	2021-07-19
明以前 黄玉谷纹璧	直径8cm	36,800	广东崇正	2021-07-19
明 古玉螭龙纹玉璧	外径20.7cm	2,185,000	北京保利	2021-12-05
明 谷纹玉璧	外径10.5cm	1,840,000	华艺国际	2021-03-31
明 青玉瑞斑蒲纹玉璧	外径10.8cm	1,322,500	华艺国际	2021-03-31
明 龙纹玉璧	外径6.5cm	322,000	中贸圣佳	2021-05-21
明 白玉龙纹璧	直径4.5cm	299,000	上海嘪美	2021-05-30
明 龙纹玉璧	外径4.7cm	287,500	中贸圣佳	2021-05-21
明 白玉镂雕龙纹璧	外径7.9cm	253,000	西泠印社	2021-01-15
明 青白玉带皮螭龙璧摆件	外径9.5cm	230,000	西泠印社	2021-07-24
明 白玉五色沁谷纹璧	直径8.6cm	230,000	上海嘪美	2021-03-28
明 黄玉雕螭龙出府璧	长5.9cm；宽4.9cm	207,000	十竹斋	2021-06-27
明 白玉雕螭龙纹璧	116mm×116mm×5mm	172,500	西泠印社	2021-07-25
明 舞人出廓玉璧	长5cm	172,500	中贸圣佳	2021-05-21
明 白玉红沁素璧	外径6.5cm	161,000	永乐拍卖	2021-05-22
明 白玉黄沁出廓凤鸟纹璧形佩	长3.7cm	161,000	永乐拍卖	2021-05-22
明 白玉蒲纹璧	直径8.9cm	149,500	上海嘪美	2021-05-30
明 白玉璧、绞丝环	环直径3.6cm；璧直径2.5cm	149,500	上海嘪美	2021-05-30
明 白玉红沁有领璧	外径6.2cm	138,000	西泠印社	2021-01-15
明 青白玉沁色谷纹璧	外径5.5cm	115,000	中贸圣佳	2021-07-07
明 青白玉龙纹出廓璧	长6.8cm；宽4.8cm	115,000	上海嘪美	2021-05-30
明 青白玉三虎头兽面卷草纹璧	外径10.05cm	110,400	永乐拍卖	2021-05-22
明 蒲纹玉璧	外径10.4cm	109,250	中贸圣佳	2021-05-21
明 白玉留皮双螭抱璧佩	宽7.2cm	103,500	中国嘉德	2021-11-29
明 玉提油御题诗圭璧	高15.6cm	103,500	中国嘉德	2021-05-18
明 青白玉螭龙纹璧	直径29.9cm	99,360	中国嘉德	2021-10-14
明 旧玉雕谷纹璧	47mm×47mm×4mm	92,000	西泠印社	2021-01-15
明 黄玉红沁螭龙谷纹璧	外径5cm	74,750	永乐拍卖	2021-05-22
明 青玉弦纹有领璧	外径8.9cm	69,000	西泠印社	2021-07-24
明 白玉竹节纹玉璧	直径3.2cm	69,000	永乐拍卖	2021-05-22
明 白玉红沁云谷纹系璧	直径4.6cm	57,500	永乐拍卖	2021-05-22
明 白玉出廓凤鸟璧	长5.5cm；宽3.7cm	55,200	永乐拍卖	2021-05-22
明 玉雕红沁谷纹璧	外径4.7cm；内径1.8cm	51,750	西泠印社	2021-07-24
明 黄玉红沁有领璧	外径6.1cm；内径2.8cm	46,000	西泠印社	2021-01-15
明至清 旧玉璧、龙纹玦，白玉转心佩(共三件)	尺寸不一	46,000	北京保利	2021-06-08
明 黄玉蒲纹璧	直径17.5cm	43,700	广东崇正	2021-07-19
明 谷纹玉璧	外径4.9cm；内径1.6cm	43,700	西泠印社	2021-07-24

2021玉器拍卖成交汇总(续表)

(成交价RMB：1万元以上)

拍品名称	物品尺寸	成交价RMB	拍卖公司	拍卖日期
明 白玉红沁龙纹璧	直径3.7cm	43,700	永乐拍卖	2021-05-22
明 青白玉受沁双螭龙纹出廓璧	长9cm；宽7.5cm	43,700	浙江佳宝	2021-01-10
明 白玉谷纹璧	外径8.5cm；内径3.6cm	41,400	西泠印社	2021-04-10
明 旧玉雕螭龙纹璧	直径23.5cm	40,250	北京保利	2021-06-08
明 白玉浮雕螭龙纹璧及玉弦纹环(一组两件)	尺寸不一	40,250	西泠印社	2021-07-24
明 黄玉螭龙纹璧	直径5.4cm	40,250	中贸圣佳	2021-09-26
明 白玉红沁夔龙纹璧	外径4.2cm；内径2cm	35,650	西泠印社	2021-07-24
明 玉雕团龙纹璧	直径12.5cm	34,500	华艺国际	2021-12-11
明 白玉四蝉谷纹璧	直径5.1cm；宽5cm	34,500	上海呗美	2021-05-30
明 玉提色蟠螭璧	直径7.3cm	34,500	中国嘉德	2021-05-19
明 沁色白玉璧	43mm×36mm×3mm	34,500	西泠印社	2021-07-25
明 螭纹璧	直径8cm	32,200	辽宁省拍	2021-07-04
明 白玉透雕凤纹璧	直径8.6cm	32,200	西泠印社	2021-10-23
明 青玉沁色蟠螭纹璧	长7.8cm	32,200	中国嘉德	2021-05-19
明 白玉龙纹璧	外径5cm；内径2cm	28,750	西泠印社	2021-07-24
明 白玉雕鸟纹璧	36mm×36mm×3mm	28,750	西泠印社	2021-01-15
明 白玉受沁谷纹璧	外径6cm；内径1.9cm	23,000	西泠印社	2021-07-24
明 白玉璧	直径8.5cm	20,700	北京保利	2021-10-30
明 玉雕螭衔灵芝璧	直径5.5cm	20,700	北京诚轩	2021-11-28
明 三连璧	直径7.9cm×3	20,700	辽宁省拍	2021-07-04
明 玉红沁浮雕变体龙纹璧	外径4.9cm；内径2cm	20,700	西泠印社	2021-07-24
明 玉璧	直径9cm	17,250	北京禾谷	2021-01-24
明 玉璧(一组二件)	长4.2cm；长4.1cm	17,250	北京禾谷	2021-01-24
清乾隆 白玉螭龙纹璧	外径18.8cm	3,129,840	香港苏富比	2021-10-13
清乾隆 白玉兽面纹璧	外径5.6cm	94,300	十竹斋拍卖(北京)	2021-05-29
清乾隆 白玉高浮雕螭龙纹璧	直径5.5cm	46,000	浙江佳宝	2021-01-10
清中期 白玉雕螭龙璧	外径5.5cm	92,000	北京荣宝	2021-06-19
清中期 白玉出廓龙纹璧形佩	高6cm	36,800	北京翰海	2021-12-18
清中期 白玉勾莲纹璧	直径6cm	34,500	北京华辰	2021-06-19
清中期 白玉螭龙纹璧	直径4cm	25,300	北京翰海	2021-12-18
清中期 白玉镂雕龙凤纹璧	高15.5cm；通高25.5cm	23,000	中鸿信	2021-07-14
18世纪/19世纪 白玉圭璧	高17.9cm	367,031	纽约佳士得	2021-03-18
19世纪 白玉雕双螭龙衔芝玉璧插屏	直径12cm；高22cm	74,750	保利厦门	2021-11-05
清 白玉蒲纹璧	外径9.5cm	345,000	古天一	2021-06-07
清 青白玉卷云纹璧	外径6cm	322,000	古天一	2021-06-07
清 青白玉勾连云纹璧	外径6.2cm	310,500	古天一	2021-06-07
清 白玉五岳真形图璧	外径10.5cm	299,000	永乐拍卖	2021-12-01
清 白玉勾连云纹璧	直径7cm	287,500	古天一	2021-06-07
清 青黄玉阴刻龙纹璧	外径7cm	253,000	古天一	2021-06-07
清 白玉云谷龙纹璧	外径7.8cm	218,500	永乐拍卖	2021-12-01
清 白玉勾云纹套环璧	外径5.6cm	207,000	古天一	2021-06-07
清 白玉谷纹璧	外径17.3cm；内径7.2cm	201,250	永乐拍卖	2021-12-01
清 白玉卷云纹谷纹璧	直径5.4cm	195,500	古天一	2021-06-07
清 白玉高浮雕谷纹璧	外径14.5cm；内径4cm	195,500	永乐拍卖	2021-12-01
清 青白玉出廓谷纹璧	高5.6cm	126,500	古天一	2021-06-07
清 白玉雕龙凤纹璧	51mm×51mm×5mm	115,000	西泠印社	2021-07-25
清 白玉红沁谷纹璧	外径8.1cm	79,450	浙江佳宝	2021-01-10
清 白玉龙凤纹长宜子孙璧	长13.3cm	74,750	西泠印社	2021-01-16
清 玉龙凤呈祥璧	直径5.5cm	74,750	中贸圣佳	2021-09-26
清 青玉出廓双凤蒲纹璧	长7.1cm；宽4.3cm	57,500	永乐拍卖	2021-12-01
清 白玉雕荷塘鸳鸯玉璧	直径12.5cm	57,500	中鸿信	2021-07-14
清 白玉蒲纹璧	直径5.2cm	55,200	古天一	2021-06-07
清 留皮玉螭龙璧	直径6.7cm	55,200	中贸圣佳	2021-09-26
清 玉雕龙纹璧	直径5.6cm	51,750	古天一	2021-06-07
清 白玉蟠螭纹璧	直径5.6cm	51,750	中国嘉德	2021-05-19
清 白玉蟠螭席纹璧	直径5.8cm	51,750	中国嘉德	2021-11-29
清 白玉螭龙璧和狮子戏球璧(各一件)	最大的直径5.7cm	49,680	中国嘉德	2021-10-14
清 白玉龙纹璧	直径5.9cm；厚1cm	48,300	上海呗美	2021-05-30
清 白玉螭龙卷草乳钉璧	直径6.2cm；厚1.3cm	48,300	永乐拍卖	2021-12-01
清 玉螭龙谷纹璧	直径15.1cm	43,700	中贸圣佳	2021-09-26
清 玉螭纹出廓璧	6.8cm×7cm	41,400	十竹斋	2021-06-27
清 玉螃蟹玉璧(两件)	尺寸不一	41,400	北京翰海	2021-10-16
清 凤鸟纹玉璧	直径5cm	40,250	古天一	2021-06-07
清 玉圭、玉璧(一组八件)	尺寸不一	36,800	古天一	2021-06-07
清 白玉红沁卧蚕纹出戟璧	直径5.6cm；高0.5cm	34,500	浙江佳宝	2021-01-10
清 白玉龙首弦纹双层璧	直径5.1cm；厚0.3cm	32,200	永乐拍卖	2021-12-01
清 白玉螭龙璧	直径6.8cm	29,900	北京保利	2021-05-18
清 白玉蟠螭纹璧	直径5.3cm	25,300	中国嘉德	2021-05-19
清 白玉留皮螭龙纹璧	直径5.3cm	25,300	中鸿信	2021-07-14
清 玉浮雕螭龙璧及变体龙纹勒(一组两件)	尺寸不一	23,000	西泠印社	2021-01-15
清 玉璧(4件)	高9cm	20,700	北京翰海	2021-10-16
清 玉云纹璧	直径5.8cm	18,400	北京翰海	2021-04-17
清 白玉龙纹璧	长5cm	17,250	北京保利	2021-01-09
清 玉螭龙璧	直径4.2cm	17,250	北京翰海	2021-10-16
清 和田玉龙纹出廓璧	高7.4cm	17,250	北京钜鑫缘	2021-09-24
清 白玉出廓双龙谷丁纹玉璧	长6.5cm；宽3.9cm	17,250	西泠印社	2021-10-23
清 白玉受沁璧(一组二件)	直径6.1cm；5.3cm	17,250	浙江佳宝	2021-01-10
清 白玉受沁卷云纹璧	直径4.4cm；高0.46cm	17,250	浙江佳宝	2021-01-10
白玉凤纹璧	直径8.2cm	51,750	十竹斋	2021-06-27
旧玉谷纹璧	直径13.7cm	29,510	北京保利	2021-01-18
白玉璧	高44cm	28,750	北京保利	2021-10-31
玉琮				
新石器时代 良渚人面双层玉琮	外径9cm；内径6.1cm；高4.4cm	6,912,600	中国嘉德	2021-04-21
新石器时代 玉琮	外径6cm	318,317	中国嘉德	2021-04-21
新石器时代 玉琮	外径7.4cm	159,158	中国嘉德	2021-04-21
新石器时代 白玉琮	孔径4cm	91,516	中国嘉德	2021-04-21

(成交价RMB：1万元以上)

拍品名称	物品尺寸	成交价RMB	拍卖公司	拍卖日期
新石器时代 青玉琮	孔径4.2cm；高3.5cm	81,569	中国嘉德	2021-04-21
新石器时代 青玉琮	孔径6cm；高5.4cm	69,632	中国嘉德	2021-04-21
新石器时代 青玉琮	孔径5cm；高6cm	64,658	中国嘉德	2021-04-21
新石器时代 青玉琮	孔径5.2cm；高7.2cm	54,711	中国嘉德	2021-04-21
文化期 玉神人面纹琮	宽8.6cm	1,887,840	中国嘉德	2021-10-14
文化期 良渚青玉人面纹琮	宽8.6cm	1,790,532	中国嘉德	2021-04-21
文化期 龙山文化人面玉琮	宽7.4cm	994,740	中国嘉德	2021-04-21
文化期 良渚小玉琮	宽4.8cm	57,695	中国嘉德	2021-04-21
商晚期 白玉红沁弦纹琮	宽6.9cm	517,265	中国嘉德	2021-04-21
商代 白玉琮	高19cm	414,000	台北艺珍	2021-11-07
商 玉琮	8.5cm×8.4cm×5.7cm	94,500	中国嘉德	2021-04-21
商 玉琮	长7.5cm；宽7.4cm	67,642	中国嘉德	2021-04-21
西周 玉琮	高12.3cm	218,843	中国嘉德	2021-04-21
西周 蝉纹玉琮	高4.7cm	159,158	中国嘉德	2021-04-21
西周 玉琮	宽4cm	61,674	中国嘉德	2021-04-21
西周 玉琮	高5.7cm	27,821	中国嘉德	2021-10-12
战国 玉谷纹琮	宽5.9cm	1,092,960	中国嘉德	2021-10-14
周/西汉 褐玉琮	外径15cm	1,863,000	佳士得	2021-05-28
宋或更早 玉琮	高19.2cm	84,553	中国嘉德	2021-04-21
明以前 玉兽面纹琮	高13.6cm；长5.7cm	43,700	广东崇正	2021-07-19
明 素面玉琮	直径6cm；高3.5cm	529,000	华艺国际	2021-03-31
明 玉琮	长6cm	356,500	中贸圣佳	2021-05-21
明 满沁玉琮	长6.7cm	241,500	永乐拍卖	2021-05-22
明 旧玉琮	9.3cm×6.9cm	207,000	上海呗美	2021-05-30
明 白玉浮雕螭龙纹玉琮	高4.3cm；直径5.8cm	161,000	西泠印社	2021-07-24
明 提油黄玉琮	长4.4cm	103,500	中贸圣佳	2021-03-26
明 红沁玉琮	长6.1cm；宽4.6cm	89,700	永乐拍卖	2021-05-22
明 沁色玉琮	74mm×49mm×49mm	86,250	西泠印社	2021-01-15
明 玉琮	高5.6cm；口径8.7cm	69,000	西泠印社	2021-07-24
明 白玉黑漆古沁谷纹方形琮	2.1cm×5.1cm×4.9cm	34,500	西泠印社	2021-01-15
明 八卦纹琮	长8.3cm；宽8.3cm	34,500	中贸圣佳	2021-03-26
明 玉琮	10cm×6.5cm	28,750	北京禾谷	2021-01-24
明 青白玉红沁素面玉琮	高3.5cm；长6cm	27,600	西泠印社	2021-01-15
明 黄玉琮	4.3cm×4.4cm×3cm	23,000	中国嘉德	2021-05-19
明 青玉人面纹琮形勒子	高3.8cm	20,700	北京华辰	2021-06-19
明 青玉琮	长7.1cm；宽7cm	20,700	中贸圣佳	2021-09-26
清 玉琮	高3.8cm；6.5cm×6.5cm	690,000	古天一	2021-06-07
清 青黄玉玉琮	6cm×6cm×2.1cm	195,500	古天一	2021-06-07
清 多节玉琮	长1.7cm	109,250	永乐拍卖	2021-12-01
清 黄玉琮	高6.6cm	109,250	上海呗美	2021-03-28
清 玉琮(清配铜胆)	高3cm；6cm×6cm	59,800	古天一	2021-06-07
清 黄玉雷纹琮	高4.5cm	25,300	北京翰海	2021-04-17
清 玉琮	1.2cm×1.2cm×7cm	20,700	十竹斋	2021-06-27
良渚风格玉琮	宽7.7cm	326,426	纽约苏富比	2021-09-22

拍品名称	物品尺寸	成交价RMB	拍卖公司	拍卖日期
清 玉琮	高6cm	36,800	十竹斋	2021-06-27
明 玉琮勒	长5.5cm	25,300	十竹斋	2021-06-27
清 玉琮(带木盒)	长6.8cm；宽6.8cm	17,250	十竹斋	2021-06-27
玉圭				
新石器时代 白玉圭	长20cm	616,739	中国嘉德	2021-04-21
新石器时代 白玉圭	长17.2cm	179,053	中国嘉德	2021-04-21
新石器时代 玉圭形佩	长5cm；宽2.9cm	39,790	中国嘉德	2021-04-21
文化期 玉圭	长9cm	82,800	台北艺珍	2021-11-07
明 沁色玉雕十二章纹圭	26.6cm×6.0cm×1.3cm	345,000	西泠印社	2021-07-25
清乾隆 古玉御题诗圭	长39.7cm	3,450,000	北京保利	2021-12-05
清乾隆 白玉兽面纹圭	长9.6cm	345,000	北京保利	2021-12-06
清乾隆 黄玉兽面纹圭	长10.8cm	345,000	北京保利	2021-12-06
玉璋				
新石器时代末 玉牙璋	长38.1cm	693,012	纽约苏富比	2021-09-27
新石器时代 青玉璋	长16.3cm	159,158	中国嘉德	2021-04-21
新石器时代 灰白玉璋	长15.8cm；宽6.6cm	34,816	中国嘉德	2021-04-21
文化期 玉牙璋	高32.1cm	99,360	中国嘉德	2021-10-14
玉册				
清乾隆 御制“贞符昰采”白玉“长宜子孙”璧册页	长13.5cm；册页长15.6cm；宽9.5cm	9,200,000	华艺国际	2021-06-05
清乾隆“绥边经制”青白玉描金御制诗玉册	11.5cm×19.5cm；7.3cm×14.4cm	3,220,000	北京保利	2021-06-07
清乾隆 灰玉诗文册页	长17.5cm；宽11.2cm	57,500	中贸圣佳	2021-05-21
清 青玉经文玉册(4片)	10.3cm×6.7cm×4	322,000	上海呗美	2021-03-28
清 刻韦陀碧玉册	长13.4cm；宽7.6cm	63,250	中贸圣佳	2021-05-21
玉刀				
新石器时代 灰玉刀	长30cm	94,500	中国嘉德	2021-04-21
文化期 玉刮削器	长9.4cm	21,859	中国嘉德	2021-10-12
商 多孔玉刀	长38.7cm	99,474	中国嘉德	2021-04-21
商 玉五孔刀	长37cm	29,808	中国嘉德	2021-10-14
清 白玉貘纹刀环	长4cm；宽2cm；厚0.4cm	89,700	永乐拍卖	2021-12-01
清 白玉刀环	长3.7cm；宽2.3cm；	36,800	永乐拍卖	2021-12-01
玉戈				
商 玉戈	长54cm	1,877,904	香港苏富比	2021-10-13
商 白玉戈	高32cm	1,193,688	中国嘉德	2021-04-21
商 玉戈	长12.5cm	278,527	中国嘉德	2021-04-21
商 鸟形玉戈	宽10.6cm	179,053	中国嘉德	2021-04-21
商 玉戈	高33.6cm	178,848	中国嘉德	2021-10-14
商 玉戈	高44.7cm	119,369	中国嘉德	2021-04-21
商 玉戈	高21cm	49,737	中国嘉德	2021-04-21
春秋晚期至战国早期 玉援夙首铜内戈	长13.5cm	8,086,850	佳士得	2021-12-03
战国 玉戈	宽29.3cm	248,685	中国嘉德	2021-04-21
明 穿孔玉戈	长12.8cm	345,000	华艺国际	2021-03-31
玉钺				
新石器时代 碧玉钺(两件)	长20cm；长17.7cm	51,726	中国嘉德	2021-04-21
新石器时代 墨玉钺	长27.8cm	39,790	中国嘉德	2021-04-21
新石器时代 碧玉斧和碧玉钺(各一件)	尺寸不一	17,905	中国嘉德	2021-04-21

2021玉器拍卖成交汇总(续表)

(成交价RMB：1万元以上)

拍品名称	物品尺寸	成交价RMB	拍卖公司	拍卖日期
文化期 玉钺	高18cm	79,488	中国嘉德	2021-10-14
玉斧				
新石器时代 玉斧	长15cm	179,053	中国嘉德	2021-04-21
新石器时代 玉斧	长25.4cm	149,211	中国嘉德	2021-04-21
新石器时代 青白玉斧	长21.5cm	81,569	中国嘉德	2021-04-21
新石器时代 白玉斧	长9.2cm	59,684	中国嘉德	2021-04-21
新石器时代 墨玉斧和碧玉斧(各一件)	长10.5cm；长9.8cm	51,726	中国嘉德	2021-04-21
新石器时代 石斧、石凿和墨玉凿(各一件)	尺寸不一	51,726	中国嘉德	2021-04-21
新石器时代 碧玉凿和碧玉斧(各一件)	碧玉凿长9cm；碧玉斧长13.5cm	49,737	中国嘉德	2021-04-21
新石器时代 玉斧	长14cm；宽8.8cm	31,832	中国嘉德	2021-04-21
新石器时代 石斧和青玉斧(各一件)	石斧长13.5cm；青玉斧长14.2cm	19,895	中国嘉德	2021-04-21
新石器时代 石凿三件和石斧两件	尺寸不一	19,895	中国嘉德	2021-04-21
文化期 玉神祖纹镶嵌绿松石斧	高20.5cm	298,422	中国嘉德	2021-04-21
文化期 玉带沁斧	高11.7cm	31,795	中国嘉德	2021-10-12
文化期 玉斧(五件)	最大的高19.2cm	31,795	中国嘉德	2021-10-14
文化期 玉斧(三件)	最大的高22.3cm	27,821	中国嘉德	2021-10-12
佩玩件				
玉玦				
新石器时代 玉玦两件 玉勒子一件	尺寸不一	119,369	中国嘉德	2021-04-21
文化期 玉玦	高3.8cm	149,211	中国嘉德	2021-04-21
文化期 白玉红沁玦(一对)	外径4.2cm×2	109,421	中国嘉德	2021-04-21
文化期 玉玦(一对)	最大的宽3.3cm	79,488	中国嘉德	2021-10-14
文化期 白玉奶皮沁环或玦(共十八件)	最大的直径3.5cm	49,737	中国嘉德	2021-04-21
春秋晚期 玉龙纹玦	外径8.4cm	123,150	佳士得	2021-12-03
明 黄玉满沁玉玦	外径3.3cm	230,000	永乐拍卖	2021-05-22
明 白玉黄沁玉玦	外径4.5cm	115,000	永乐拍卖	2021-05-22
明 白玉玦	51mm×51mm×5mm	20,700	西泠印社	2021-01-15
明 满沁玉玦(一对)	直径3.5cm；直径3.5cm	20,700	永乐拍卖	2021-05-22
明 龙纹玦(一对)	直径3.4cm	17,250	北京禾谷	2021-01-24
清 龙胎形玉玦	外径3cm	74,750	古天一	2021-06-07
清 青黄玉玦	直径3.8cm	46,000	永乐拍卖	2021-09-26
玉璇玑				
新石器时代 白玉璇玑	外径9.6cm	79,579	中国嘉德	2021-04-21
文化期 玉璇玑	宽9.1cm	51,667	中国嘉德	2021-10-14
明 白玉黄沁璇玑	外径5.3cm	86,250	永乐拍卖	2021-05-22
明 旧玉璇玑	宽9cm	29,900	北京保利	2021-06-08
玉环				
新石器时代 玉环	外径10.5cm	139,264	中国嘉德	2021-04-21
新石器时代 白玉圆瑗	孔径5cm；高3.5cm	54,711	中国嘉德	2021-04-21
新石器时代 玉环	外径11.6m	54,711	中国嘉德	2021-04-21
新石器时代 青玉环	外径14.7cm	51,726	中国嘉德	2021-04-21
新石器时代 玉环	外径9.4cm；厚0.5cm	39,790	中国嘉德	2021-04-21
新石器时代 青玉环	外径9.6cm；孔径5.4cm	27,853	中国嘉德	2021-04-21

拍品名称	物品尺寸	成交价RMB	拍卖公司	拍卖日期
新石器时代 青玉素环	外径11cm；孔径5.2cm	24,869	中国嘉德	2021-04-21
新石器时代 青白玉环	外径10.6cm；孔径5.3cm	24,869	中国嘉德	2021-04-21
新石器时代 青玉瑗	外径6cm；孔径4.1cm	21,884	中国嘉德	2021-04-21
新石器时代 青玉素环	外径13.8cm；孔径5.5cm	17,905	中国嘉德	2021-04-21
文化期 白玉奶皮沁勒子带玉环(一组)	长41cm	109,421	中国嘉德	2021-04-21
文化期 玉满红沁蚩尤环	宽1.3cm	99,474	中国嘉德	2021-04-21
文化期 玉环	宽7.5cm	31,795	中国嘉德	2021-10-12
文化期 玉环和玉镯(四件)	最大的直径8.2cm	24,840	中国嘉德	2021-10-12
商至周 玉鸮、兽面、咬尾龙和绞丝环(各一件)	最大的宽6.2cm	178,848	中国嘉德	2021-10-14
东周 白玉红沁谷纹环	外径16cm	179,053	中国嘉德	2021-04-21
春秋晚期 玉组佩及谷纹玉环(十五件、一件)	最大的长10cm	821,000	佳士得	2021-12-03
春秋 黄玉蟠虺纹环	外径6.1cm	129,316	中国嘉德	2021-04-21
战国 玉扭丝环(三件)	最大的直径5cm	328,400	佳士得	2021-12-03
战国 玛瑙环(十三件)	最大的直径8.2cm	287,350	佳士得	2021-12-03
战国中期 谷纹玉环	外径14cm	256,563	佳士得	2021-12-03
战国 玉环嵌琉璃(四件)	最大的直径4cm	256,563	佳士得	2021-12-03
战国早期 青白玉云龙纹玉环	外径12.3cm	246,300	佳士得	2021-12-03
战国至汉 玉谷纹环	外径4.5cm	155,052	纽约苏富比	2021-09-22
战国 玉素环	外径6.6cm	139,104	中国嘉德	2021-10-14
战国 玉环(两件)	最大的直径9.8cm	87,231	佳士得	2021-12-03
战国 玉龙纹环	外径4.5cm	59,616	中国嘉德	2021-10-14
汉 白玉红沁镂雕龙凤纹环	外径8.7cm	894,240	中国嘉德	2021-10-14
唐 白玉龙纹环	外径6.7cm	99,474	中国嘉德	2021-04-21
元 玉镂雕喜鹊登梅环(一对)	直径4.9cm；直径5cm	46,000	西泠印社	2021-04-10
明 黄玉环	外径8.6cm	264,500	永乐拍卖	2021-05-22
明 青玉环	外径9.2cm	230,000	中贸圣佳	2021-05-21
明 大玉环	外径11cm	103,500	中贸圣佳	2021-05-21
明 黄玉红沁浮雕双龙纹环	外径4.6cm	86,250	永乐拍卖	2021-05-22
明 白玉谷纹环	外径5.5cm	74,750	中贸圣佳	2021-07-07
明 白玉蒲纹环	直径5.1cm	69,000	上海呗美	2021-03-28
明 金镶玉寿字耳环(一对两件)	玉长1.7cm；高2.5cm	46,000	中贸圣佳	2021-09-26
明 玉变体龙纹环	外径6cm	43,700	西泠印社	2021-07-24
明 青白玉变体龙纹出脊玉瑗	外径6.1cm；内径3.9cm	43,700	西泠印社	2021-07-24
明 白玉双面龙纹套环	长5.8cm	43,700	中国嘉德	2021-05-19
明 白玉绞丝环	外径4cm；内径1.9cm	34,500	西泠印社	2021-01-15
明 玉鹰、玉龙佩及玉绞丝环(一组三件)	尺寸不一	34,500	西泠印社	2021-01-16
明 白玉双面交龙环	直径8.2cm	34,500	中国嘉德	2021-11-29
明 白玉云雷纹环	外径4.3cm；内径1.7cm	28,750	西泠印社	2021-01-15
明 白玉红沁勾连卷云纹环	直径3.6cm	25,300	永乐拍卖	2021-05-22
明 旧玉环	直径12.5cm	25,300	中贸圣佳	2021-05-21
明 红沁玉环	直径5.8cm	20,700	中贸圣佳	2021-03-26
明 白玉绞丝环	直径3.7cm	20,700	中贸圣佳	2021-05-21
明代 双螭龙玉瑗	直径7cm	20,472	台北艺珍	2021-11-07

(成交价RMB：1万元以上)

拍品名称	物品尺寸	成交价RMB	拍卖公司	拍卖日期
明 玉浮雕螭龙纹环	直径4cm	18,400	北京翰海	2021-10-16
明 玉雕红沁环	外径4.9cm；内径2cm	17,250	西泠印社	2021-10-23
清乾隆 白玉诗文环	外径5.9cm	195,500	永乐拍卖	2021-05-22
清乾隆 白玉蟠螭纹环	外径4.4cm；内径3.3cm	161,000	中国嘉德	2021-11-29
清中期 黄玉诗文环	直径5.3cm	115,000	北京保利	2021-12-06
清中期 白玉浮雕螭龙环	直径5.3cm	43,700	浙江佳宝	2021-01-10
清中期 白玉环形出廓玄武坠	高4.3cm	17,250	北京翰海	2021-12-18
清 白玉纽绳环	外径5.5cm	517,500	永乐拍卖	2021-12-01
清 玉雕出廓龙首云纹环	外径5.5cm	517,500	古天一	2021-06-07
清 白玉镂空转心玉套环	直径5.55cm	172,500	永乐拍卖	2021-05-22
清 白玉谷纹环	外径9.3cm；内径6.3cm	109,250	永乐拍卖	2021-12-01
清 白玉臂环	外径8.9cm；内径6.2cm	105,800	永乐拍卖	2021-12-01
清 白玉龙环	直径9cm	92,000	上海呗美	2021-05-30
清 白玉环	长9.2cm；宽9.4cm	86,250	永乐拍卖	2021-12-01
清 白玉红沁龙纹瑗	直径6cm	78,200	浙江佳宝	2021-01-10
清 白玉题字海棠形玉绦环	长6cm	57,500	古天一	2021-06-07
清 黄玉龙纹环	长5cm	57,500	上海呗美	2021-05-30
清 黄玉手环	直径7.3cm	51,750	古天一	2021-06-07
清 白玉双雁衔莲巾环	长4.4cm；高4.4cm	48,300	永乐拍卖	2021-12-01
清 白玉螭龙纹环	直径5.8cm	43,700	北京翰海	2021-12-18
清 白玉环	外径4.6cm；内径1.8cm	34,816	中国嘉德	2021-04-21
清 白玉俏色蝶恋花纹环	直径4.9cm；高1.2cm	32,200	浙江佳宝	2021-01-10
清 白玉云雁纹巾环	长2.7cm；宽2.2cm	23,000	永乐拍卖	2021-12-01
清 黄玉刻诗文环	外径5.3cm；内径2.7cm	20,700	西泠印社	2021-10-23
吴正森 白玉活环半月壶	6.7cm×11.2cm×4.4cm	76,160	上海联合	2021-11-21
白玉阴刻百寿对环	外径10.2cm；内径7.8cm	17,250	西泠印社	2021-04-10
玉管、玉勒				
文化期 良渚人面玉勒子	高3.5cm	59,684	中国嘉德	2021-04-21
文化期 玉勒子(六件)	最大高6cm	54,711	中国嘉德	2021-04-21
商 玉蝉纹柄形勒子	长9.9cm	99,360	中国嘉德	2021-10-14
西周 玉弦纹勒子	高4cm	49,680	中国嘉德	2021-10-14
春秋晚期 玉云谷纹管	长10.5cm	307,875	佳士得	2021-12-03
春秋 白玉红沁卷云纹长勒(两件)	最大的长7.5cm	81,569	中国嘉德	2021-04-21
宋 白玉勒子	长6.9cm	64,658	中国嘉德	2021-04-21
明以前 黄玉斜盘龙纹勒子	高4.8cm	63,250	广东崇正	2021-07-19
明 青黄玉红沁简化龙纹管	长3.5cm	322,000	永乐拍卖	2021-05-22
明 白玉红沁龙形勒	高7.5cm；宽1.6cm	299,000	上海呗美	2021-05-30
明 白玉红沁卷云纹勒子	长2.9cm	241,500	永乐拍卖	2021-05-22
明 黄玉虎头勒	高2.8cm；宽2.6cm	218,500	上海呗美	2021-05-30
明 黄玉勒子	48mm×15mm×15mm	138,000	西泠印社	2021-07-25
明 青白玉雕弦纹勒子	88mm×14mm×14mm	115,000	西泠印社	2021-07-25
明 白玉龙纹勒子、白玉云雷纹勒子(一组三件)	尺寸不一	109,250	永乐拍卖	2021-05-22
明 玉管勒	长7.2cm	74,750	永乐拍卖	2021-05-22
明 白玉刻《梅花落》词六棱勒子	长6cm	73,600	中贸圣佳	2021-03-26
明 玉勒子、扁珠、双龙佩组佩	尺寸不一	64,400	永乐拍卖	2021-05-22
明 白玉雕云纹勒子	50mm×19mm×13mm	57,500	西泠印社	2021-07-25
明 青白玉暗刻七世佛铭勒子	长4.8cm	55,200	中国嘉德	2021-11-29
明 蝌蚪纹勒子	长4cm	55,200	中贸圣佳	2021-09-26
明 白玉雕勾云纹勒子	53mm×18mm×17mm	51,750	西泠印社	2021-01-15
明 白玉刻广目天王勒子	长2.9cm；外径2.3cm	46,000	西泠印社	2021-01-16
明 白玉兽型纹勒子	长3.1cm；宽1.7cm	43,700	永乐拍卖	2021-05-22
明 黄玉琮式勒子	长6cm	40,250	中贸圣佳	2021-09-26
明 白玉红沁谷纹勒	高2.7cm；上口径2cm	40,250	西泠印社	2021-07-24
明 白玉骆驼、旧玉勒(三件)	长2.7cm；长2.6cm；长3cm	40,250	中国嘉德	2021-05-19
明 白玉沁色蟠螭纹勒子	长3.6cm	40,250	中国嘉德	2021-11-29
明 白玉阴刻双钩佛经八棱幢形勒子	长5.5cm；直径1.6cm	34,500	西泠印社	2021-01-15
明 玉圆素勒子	长5.2cm	32,200	中国嘉德	2021-11-29
明 旧玉勒子一组三件	尺寸不一	32,200	西泠印社	2021-01-15
明 白玉红沁变体龙纹勒	长6.9cm	29,900	西泠印社	2021-07-24
明 青白玉螭龙纹勒子	高6.2cm	29,900	中贸圣佳	2021-03-26
明 白玉红沁谷纹勒及变体龙纹长方佩(一组两件)	1.玉勒长3cm；2.玉佩长4.6cm	28,750	西泠印社	2021-01-15
明 青白玉勒子	高4.7cm	25,300	广东崇正	2021-07-19
明 白玉受沁龙凤纹勒子	长7.7cm；宽3.1cm	25,300	西泠印社	2021-07-24
明 白玉红沁谷纹勒	高6.5cm；上口径1.7cm	23,000	西泠印社	2021-01-15
明 白玉浮雕勾云纹勒子	长3.2cm	23,000	西泠印社	2021-01-16
明至清 白玉红沁谷纹勒及玉螭龙佩(一组两件)	玉勒长4.6cm；玉佩长4cm	20,700	西泠印社	2021-01-16
明 菱形玉勒	长4.7cm	17,250	北京禾谷	2021-01-24
明 蜜蜡弥勒挂坠	高3.8cm	17,250	十竹斋拍卖(北京)	2021-04-25
清早期 白玉百寿纹管形佩	高5.8cm	59,800	广东崇正	2021-01-07
清中期 白玉螭龙纹勒	高2.5cm	25,300	北京翰海	2021-06-05
清 白玉出戟卷云纹方形勒子	长5.5cm	345,000	古天一	2021-06-07
清 卷云纹玉勒子	高2.2cm	287,500	古天一	2021-06-07
清 青黄玉素勒子	长7.2cm	287,500	古天一	2021-06-07
清 白玉谷纹勒子	长3.8cm	253,000	古天一	2021-06-07
清 卷云纹鼓形玉勒子	外径2.4cm；高1.3cm	230,000	古天一	2021-06-07
清 白玉枣形勒(一对)	长2.4cm；长2.5cm	218,500	永乐拍卖	2021-12-01
清 黄玉龙纹勒子	长4cm	212,750	永乐拍卖	2021-12-01
清 青白玉谷纹长勒	长9.2cm	195,500	永乐拍卖	2021-12-01
清 白玉出戟勾云纹扁勒	高3.5cm	178,250	古天一	2021-06-07
清 白玉出廓谷纹扁勒子	高5.8cm	172,500	古天一	2021-06-07
清 卷云纹满工玉勒子	高2.8cm	138,000	古天一	2021-06-07
清 白玉龙纹长勒	长7.2cm；宽0.7cm	138,000	永乐拍卖	2021-12-01
清 白玉弦纹勒子	高4.4cm	126,500	古天一	2021-06-07
清 白玉卷云纹勒形佩	长10cm	115,000	古天一	2021-06-07

2021玉器拍卖成交汇总(续表)

(成交价RMB：1万元以上)

拍品名称	物品尺寸	成交价RMB	拍卖公司	拍卖日期
清 三角形玉勒子	长4.2cm	109,250	古天一	2021-06-07
清 白玉留皮翎管	长7cm	109,250	中国嘉德	2021-11-29
清 白玉组合龙纹长勒子	长7.3cm	92,000	古天一	2021-06-07
清 玉勒子一串	最大的长3.3cm	89,700	古天一	2021-06-07
清 蛇形玉勒	长4.4cm	86,250	古天一	2021-06-07
清 白玉龙首网格纹勒子	长0.9cm；宽0.6cm	82,800	永乐拍卖	2021-12-01
清 白玉刻御题金刚经莲纹长勒	长9cm	69,000	西泠印社	2021-01-16
清 青黄玉卷云纹勒子	长4cm	57,500	古天一	2021-06-07
清 白玉弦纹勒	高2.4cm	50,600	古天一	2021-06-07
清 旧玉兽面勒	高2.2cm；直径2.3cm	50,600	上海呗美	2021-03-28
清 随形如意及玉诗文勒子	长40cm；玉高3.5cm	48,300	华艺国际	2021-12-11
清 青白玉云龙纹勒子	长6.1cm	48,300	中贸圣佳	2021-03-26
清 玉勒	长6.1cm；宽1.6cm	46,000	永乐拍卖	2021-12-01
清 玉留皮翎管	高7.3cm	43,700	中国嘉德	2021-05-19
清 白玉红沁谷纹长勒	长8.8cm；直径1cm	41,400	西泠印社	2021-01-15
清 玉勒子	高2.5cm	40,250	古天一	2021-06-07
清 白玉阴刻观音像勒子	长5.3cm；直径1.1cm	26,450	西泠印社	2021-07-24
清 白玉阴刻心经观音像勒子	长4cm；上口径1.4cm	26,450	西泠印社	2021-07-24
清 玉谷纹勒子	直径2.2cm；高2.6cm	21,850	十竹斋	2021-06-27
清 黄玉阴刻双钩经文勒子	长5.2cm；直径1.4cm	17,250	西泠印社	2021-01-16
清 白玉八棱勒子	高4.8cm	17,250	中国嘉德	2021-05-19
明 如意云纹玉勒	长8.6cm	77,648	纽约苏富比	9/27/2021
白玉龙纹勒子	长5.5cm	17,250	北京保利	2021-10-31
玉刀剑饰				
新石器时代 玉杵	高19.7cm；厚2.5cm	69,632	中国嘉德	2021-04-21
明 穿孔玉珥	长10.7cm	345,000	华艺国际	2021-03-31
明 玉刀形组合器	长8.3cm；长8.6cm	287,500	永乐拍卖	2021-05-22
明 青玉钺	9cm×6.7cm	264,500	中国嘉德	2021-11-30
明 龙纹玉斧	长17.7cm	103,500	中贸圣佳	2021-05-21
明 玉匕形器	长14.6cm	92,000	永乐拍卖	2021-05-22
明 白玉雕羊首刀柄	64mm×40mm×20mm	57,500	西泠印社	2021-07-25
明 玉匕形器	长3.5cm	20,700	辽宁省拍	2021-07-04
明 玉斧玉佩	长7cm；宽5cm	17,250	辽宁省拍	2021-07-04
清乾隆 白玉雕痕都斯坦式花草纹刀柄	128mm×54mm×24mm	368,000	西泠印社	2021-01-15
清乾隆 青玉花卉痕都斯坦玉柄刀	长39cm	264,500	永乐拍卖	2021-12-01
清乾隆 莫卧儿王朝白玉莨苕纹刀柄	长14.2cm	207,000	浙江佳宝	2021-01-10
清乾隆 青白玉仿痕都斯坦雕花卉纹柄刀	长34.2cm	103,500	中国嘉德	2021-05-19
清乾隆 痕都斯坦水晶羊首刀柄	长33cm	92,000	中鸿信	2021-07-14
清中期 白玉马首刀柄	长12.5cm	92,000	广东崇正	2021-01-07
清中期 白玉玉钺	长11cm	66,700	广东崇正	2021-01-07
清 青玉饕餮纹钺形佩	高7.7cm；宽6.5cm	322,000	永乐拍卖	2021-12-01

拍品名称	物品尺寸	成交价RMB	拍卖公司	拍卖日期
清 玉锛	长9.2cm	253,000	古天一	2021-06-07
清 白玉夔龙兽面纹斧形佩	长13.5cm；宽7.3cm	55,200	永乐拍卖	2021-12-01
清 黄玉龙首钺	长9.6cm	46,000	中国嘉德	2021-11-29
承天斧	长21.4cm	862,500	北京荣宝	2021-06-19
万寿斧	长15cm	575,000	北京荣宝	2021-06-19
明 沁色玉剑首	45mm×45mm×13mm	32,200	西泠印社	2021-01-15
明 勾连纹玉剑首	直径5cm	17,250	北京禾谷	2021-01-24
清 玉雕龙蛇纹剑首	直径5cm	345,000	古天一	2021-06-07
清 白玉浮雕螭龙纹剑首	高2cm；长2.8cm	253,000	古天一	2021-06-07
清 白玉虎头剑首坠	直径3.7cm	138,000	永乐拍卖	2021-12-01
清 白玉柿蒂纹剑首	直径4cm	138,000	古天一	2021-06-07
明 白玉浮雕龙纹剑格	宽4.9cm；厚2.2cm	92,000	上海呗美	2021-05-30
清乾隆 白玉雕螭龙纹剑格	60mm×27mm×23mm	126,500	西泠印社	2021-07-25
清 谷纹玉剑格	长5.3cm	69,000	古天一	2021-06-07
清 玉剑格	长6.2cm	25,300	十竹斋	2021-06-27
汉 玉雕带沁剑饰(五件)	最大的长7.4cm	178,848	中国嘉德	2021-10-14
汉 玉满红沁兽面勾连纹剑璏	长7.6cm	149,211	中国嘉德	2021-04-21
汉 玉剑饰(三件)	最大的长6.7cm	149,040	中国嘉德	2021-10-14
汉 白玉灰皮红沁螭龙剑璏	宽5.6cm	87,537	中国嘉德	2021-04-21
宋或明 玉瑞兽四件和白玉连云纹剑璏一件	最大的长10.3cm	81,475	中国嘉德	2021-10-14
明 白玉浮雕双螭剑璏	长9.15cm	333,500	永乐拍卖	2021-05-22
明 白玉黄沁出廓螭龙剑璏	长7cm	322,000	永乐拍卖	2021-05-22
明 旧玉红沁文带	长12cm；宽2.3cm	218,500	上海呗美	2021-05-30
明 白玉红沁兽面卷云纹剑璏	长9.5cm；宽2.5cm	143,750	永乐拍卖	2021-05-22
明 兽面文带	长10.3cm	126,500	中贸圣佳	2021-09-26
明 白玉满沁双梁凤纹剑璏	长5.4cm	120,750	永乐拍卖	2021-05-22
明 勾云纹文带	长13cm；宽2.5cm	101,200	中贸圣佳	2021-09-26
明白玉红沁高浮雕双螭龙纹剑璏	长8cm	86,250	西泠印社	2021-01-15
明 玉沁色螭纹剑璏	长12.2cm	57,500	中国嘉德	2021-11-29
明 白玉红沁浮雕凤鸟纹剑璏	长7.1cm；宽2.4cm	42,550	永乐拍卖	2021-05-22
明 白玉文带	长7.9cm	34,500	中贸圣佳	2021-03-26
明 白玉雕螭龙纹剑饰	长8.3cm；宽2.5cm	20,700	西泠印社	2021-07-24
清 白玉高浮雕螭龙剑饰(一套四件)	直径4.2cm；长8cm；长5.5cm×2	517,500	古天一	2021-06-07
清 白玉兽面纹剑璏	长9.8cm	264,500	古天一	2021-06-07
清 白玉高浮雕螭龙纹剑璏	长6.6cm	172,500	古天一	2021-06-07
清 青玉螭龙纹剑璏	长4.6cm	161,000	永乐拍卖	2021-12-01
清 白玉勾连云纹大剑璏	长13.6cm	149,500	古天一	2021-06-07
清 白玉兽面纹剑璏	长9cm	143,750	古天一	2021-06-07
清 白玉浅浮雕螭龙纹剑璏	长6cm	138,000	古天一	2021-06-07
清 白玉兽面勾云纹剑璏	长9cm	92,000	古天一	2021-06-07
清 白玉兽面勾连云纹剑璏	长12.1cm；宽2.3cm	63,250	永乐拍卖	2021-12-01
清 兽面纹文带	长8.6cm	48,300	中贸圣佳	2021-03-26
清 白玉剑璏	宽4.4cm	25,300	永乐拍卖	2021-09-26
西汉 白玉雕螭龙纹剑珌	长5.7cm	244,688	纽约佳士得	2021-03-18
西汉 玉雕出廓螭龙纹剑珌	宽6cm	59,684	中国嘉德	2021-04-21
汉 白玉浮雕螭龙纹剑珌	宽6.1cm	49,737	中国嘉德	2021-04-21

(成交价RMB：1万元以上)

拍品名称	物品尺寸	成交价RMB	拍卖公司	拍卖日期
明 白玉红沁出廓龙凤纹剑珌	长5.4cm；宽4.1cm	1,092,500	永乐拍卖	2021-05-22
明 白玉浮雕螭龙剑珌	长6.5cm；宽3.9cm	437,000	永乐拍卖	2021-05-22
明 沁色玉雕双螭纹剑珌	56mm×33mm×22mm	92,000	西泠印社	2021-07-25
清 白玉高浮雕龙凤纹剑珌	高5.6cm	1,725,000	古天一	2021-06-07
清或更早 白玉勾云纹剑珌	长9cm	20,700	广东崇正	2021-01-07
清 玉雕卷云纹剑珌	长9.8cm	26,450	十竹斋	2021-06-27
玉扳指				
明 玉梵文出戟搬指	高4.2cm	34,816	中国嘉德	2021-04-21
清初 白玉教子朝天扳指	高2.5cm；直径3.3cm	29,900	古天一	2021-06-07
清乾隆 白玉 黄玉 白玉带沁御题诗搬指(三件)	尺寸不一	1,725,000	北京保利	2021-06-07
清乾隆 白玉御题诗咏玉韘扳指	直径3cm	805,000	保利厦门	2021-11-05
清乾隆 白玉御制诗文扳指	直径3cm	747,500	北京华夏天天	2021-09-25
清乾隆 白玉雕"咏秋声赋"御题诗扳指	直径3.1cm	586,728	保利香港	2021-04-21
清乾隆 白玉"辅正志直"扳指	高2.5cm	299,000	十竹斋拍卖(北京)	2021-05-29
清乾隆 白玉雕带皮龙纹扳指	38mm×35mm×26mm	230,000	西泠印社	2021-01-15
清乾隆 白玉三羊开泰扳指	内径2cm；外径3.1cm	161,000	中国嘉德	2021-11-28
18世纪 白玉雕高士图扳指	直径3.5cm	106,031	纽约佳士得	2021-03-18
清乾隆 白玉狩猎图扳指	高2.5cm	65,830	浙江佳宝	2021-01-10
清乾隆 黄玉留皮螭龙扳指	高2.7cm	63,250	西泠印社	2021-01-16
清乾隆 白玉梅花诗文扳指	内径2cm；高2.5cm	51,750	浙江佳宝	2021-01-10
清乾隆 白玉狩猎图扳指	外径3.1cm；内径2cm	46,000	永乐拍卖	2021-12-01
清乾隆 白玉带沁束腰扳指	高2.8cm	28,750	华艺国际	2021-06-05
清中期 白玉浮雕胡马人物刻诗文扳指	高2.5cm；外径3.2cm	36,800	西泠印社	2021-07-24
清道光 白玉留皮"清静无为"扳指	直径2.7cm	517,500	北京保利	2021-12-05
清道光 行有恒堂 黄皮玉扳指	高2.5cm	506,000	中贸圣佳	2021-05-21
18世纪/19世纪 白玉雕亭台楼阁诗文扳指	直径3.2cm	163,125	纽约佳士得	2021-03-18
18世纪/19世纪 白玉扳指(两件)	直径3.5cm	97,875	纽约佳士得	2021-03-18
清 洒金白玉扳指	直径3.5cm	113,500	北京保利	2021-08-15
清 白玉狩猎图扳指	直径2.9cm	109,250	永乐拍卖	2021-05-22
清 白玉锦地纹刻四喜扳指挂饰	长37cm	63,250	北京华辰	2021-06-19
清 白玉猎鹿图御题诗扳指	直径3.3cm	51,750	北京保利	2021-12-06
清 白玉透雕教子朝天扳指	高2.5cm；直径3cm	48,300	古天一	2021-06-07
清 白玉洒金皮扳指	宽3.6cm	46,000	永乐拍卖	2021-09-26
清 白玉芦鸭纹扳指	直径263.1cm	40,250	北京华夏天天	2021-09-25
清 白玉扳指	长3.6cm	36,800	中国嘉德	2021-03-29
清 黄玉扳指	直径3.5cm；高2.9cm	36,800	中贸圣佳	2021-05-21
清 白玉题诗扳指	直径2.6cm	34,500	北京保利	2021-06-08
清 玉扳指	直径3.5cm	34,500	北京翰海	2021-04-17

拍品名称	物品尺寸	成交价RMB	拍卖公司	拍卖日期
清 黄玉花甲重周扳指	高3cm；直径3.5cm	34,500	古天一	2021-06-07
清 白玉透雕博古八山纹扳指	高2.6cm；直径3cm	32,200	古天一	2021-06-07
清 螭纹带皮扳指	直径2.7cm；内径1.7cm	32,200	辽宁省拍	2021-07-04
清 白玉留皮蟠螭扳指	内径2cm	28,750	中国嘉德	2021-11-29
清 扳指(一组三件)	尺寸不一	28,750	中鸿信	2021-07-14
清 白玉龙纹扳指、螭钮章料(两件)	直径2.1cm×2	25,300	中国嘉德	2021-05-19
清 白玉扳指	直径3cm	23,835	北京保利	2021-08-09
清 青白玉雕各式扳指五件	尺寸不一	22,700	北京保利	2021-01-18
清 玉扳指(八件)	最大的直径3.4cm	21,884	中国嘉德	2021-04-21
清 白玉扳指	直径3cm	20,700	北京保利	2021-06-08
清 白玉云龙戏珠扳指	高2.4cm	20,700	永乐拍卖	2021-05-22
清 白玉腰鼓形扳指	内径2cm	20,700	中国嘉德	2021-11-29
清 留皮花鸟牡丹扳指	直径1.8cm	20,700	中贸圣佳	2021-09-26
清 白玉扳指	内径1.9cm	17,250	中国嘉德	2021-09-26
倪伟滨 暗香 白玉扳指	54mm×51mm×33mm	494,500	西泠印社	2021-07-25
吴金星 白玉龙凤扳指、瑞兽印章	3.6cm×3.5cm×3.1cm	448,000	上海联合	2021-06-27
黄杨洪 白玉红皮扳指	2.8cm×2.85cm×1.5cm	190,400	上海联合	2021-11-21
清 玉雕扳指	高2.9cm	31,050	十竹斋	2021-06-27
玉扳指	内径1.9cm	25,300	辽宁省拍	2021-07-04
玉扳指	外径3.3cm；内径1.9cm	20,700	辽宁省拍	2021-07-04
蒋平 白玉貔貅扳指	重量32g	18,816	上海联合	2021-11-21
玉带板				
唐 白琉璃胡人吹笛带板	高5.2cm；宽4cm	57,695	中国嘉德	2021-04-21
宋 白玉仙人图带板	宽5.2cm	19,872	中国嘉德	2021-10-14
元 白玉雕螭龙纹带板	59mm×73mm×11mm	460,000	西泠印社	2021-07-25
元 白玉凤纹带饰	直径6.7cm；厚1.4cm	184,000	上海呗美	2021-05-30
元 白玉透雕云龙纹长方形带饰	8cm×4cm	143,750	古天一	2021-06-07
元 玉雕海东青啄天鹅带环	直径6.5cm	115,000	北京诚轩	2021-05-18
元 白玉螭龙带穿、胡人戏狮牌(两件)	直径5.1cm；4.9cm×4.7cm	97,750	中国嘉德	2021-05-19
元 黑白玉巧雕龙纹带板	7cm×6.6cm	94,300	古天一	2021-06-07
元 白玉大雁海东青带饰	长6.2cm	80,500	北京荣宝	2021-06-19
元 玉龙纹连珠纹提携	高6cm	69,552	中国嘉德	2021-10-14
元 白玉龙头提携	高6.8cm	59,800	古天一	2021-06-07
元 凤穿牡丹纹白玉带板	7.9cm×5.2cm	59,800	中贸圣佳	2021-03-26
元 白玉雕凤纹带板	76mm×38mm×5mm	36,800	西泠印社	2021-07-25
元/明 白玉镂雕荷塘鹭鸶带板	宽8.5cm	29,808	中国嘉德	2021-10-14
元 玉瓜果纹带饰	长5cm	28,750	北京翰海	2021-10-16
元 旧玉胡人戏狮带板	长4.2cm；宽4.1cm	28,750	上海呗美	2021-05-30
元 玛瑙色雕灵芝纹带板	长4cm	27,240	北京保利	2021-08-15
元 灰白玉螭纹带板	长3.8cm	19,295	北京保利	2021-08-15
明 白玉雕龙纹及花鸟纹带饰(一组二十件)	较大的长13.7cm×2	2,039,063	纽约佳士得	2021-03-18
明 白玉带板六块镶银盒	玉最大的长14.2cm；最小的长12.7cm	299,000	上海呗美	2021-05-30
明 黑白玉巧雕双螭衔芝带饰	长10.7cm；宽7.2cm	218,500	永乐拍卖	2021-05-22

2021玉器拍卖成交汇总(续表)

(成交价RMB：1万元以上)

拍品名称	物品尺寸	成交价RMB	拍卖公司	拍卖日期
明 白玉浮雕狮子绣球带板(一组二十件)	长5.5～10.5cm	207,000	西泠印社	2021-01-16
明 白玉镂雕瑞兔献寿纹带饰	长8.8cm	207,000	浙江佳宝	2021-01-10
明 白玉穿云龙纹带饰	高7.3cm；厚1.4cm	172,500	上海呗美	2021-05-30
明或更早 白玉麒麟送子纹带板(一套十二件)	高3.7cm	172,500	广东崇正	2021-07-19
明 白玉素带板一套(二十件)	尺寸不一	161,000	十竹斋拍卖(北京)	2021-05-29
明 白玉雕翼龙纹带板	76mm×65mm×7mm	138,000	西泠印社	2021-07-25
明 玉雕春水带饰	长8.8cm；宽7.3cm	126,500	十竹斋	2021-06-27
明 白玉透雕龙纹带板	长7.5cm；宽5.8cm	124,200	十竹斋	2021-06-27
明 胡人带板	4.3cm×4.3cm	115,000	中贸圣佳	2021-05-21
明 青白玉带板(一组17件)	长3.5cm~5.5cm不等	92,000	北京荣宝	2021-12-02
明 白玉透雕龙纹坨尾	长17.5cm；宽6.3cm	92,000	十竹斋	2021-06-27
明 白玉龙纹带板	13.4cm×4.5cm	74,750	中国嘉德	2021-11-29
明 白玉透雕鹤鹿同春带板	长7.5cm	71,300	北京翰海	2021-12-18
明 玉雕龙纹桃形带饰	长6.4cm；宽5.6cm	66,700	十竹斋	2021-06-27
明 白玉双龙戏珠带板	10.3cm×4cm	63,250	中国嘉德	2021-05-19
明 白玉透雕麒麟带板	7.2cm×5.3cm	63,250	中国嘉德	2021-05-19
明 玉花鸟带板	长7.2cm	57,500	北京翰海	2021-10-16
明 白玉雕螭龙纹带板	长4.5cm；宽4.5cm	57,500	西泠印社	2021-07-24
明 白玉透雕鹿纹带板(两件)	7.7cm×4.7cm；6.8cm×4.3cm	57,500	中国嘉德	2021-05-19
明 白玉镂雕龙纹带板(一套十六件)	尺寸不一	57,500	北京禾谷	2021-01-24
明 铜鎏金嵌龙纹玉带饰	长7.5cm；宽4.3cm	48,300	十竹斋	2021-06-27
明 玉龙纹带板	长8cm	46,000	北京翰海	2021-10-16
明 白玉龙穿花纹带板	8.8cm×6cm	43,700	古天一	2021-06-07
明 玉雕云龙带板	长8.5cm	42,550	北京翰海	2021-04-17
明 玉雕麒麟带板	长7cm	41,400	北京翰海	2021-04-17
明 白玉透雕龙纹带板	长7.3cm	40,250	北京翰海	2021-12-18
明 白玉透雕龙纹带板	长6cm	36,800	北京翰海	2021-12-18
明 秋山带穿(青玉)	长4.6cm	36,800	辽宁省拍	2021-07-04
明 白玉雕龙纹带板	70mm×62mm×13mm	36,800	西泠印社	2021-07-25
明 白玉龙纹带板	长7.8cm	34,500	北京保利	2021-05-18
明 白玉雕龙纹带板	长7.2cm	34,500	北京保利	2021-12-06
明 玉雕龙纹带板	长6.7cm；宽5.5cm	34,500	十竹斋	2021-06-27
明 玉双层镂雕穿花龙带板	长6.8cm；宽5cm	34,500	中贸圣佳	2021-09-26
明 白玉浮雕螭龙纹带板(一组)	长6cm~11.2cm；宽2cm~6cm	32,200	西泠印社	2021-07-24
明 青白玉透雕云龙纹大带板	长17cm	32,200	中国嘉德	2021-03-29
明 玉雕云龙带板	长9cm	31,050	北京翰海	2021-04-17
明 玉雕云鹤带板	长7.5cm	28,750	北京翰海	2021-04-17
明 玉雕花鸟带板	长4cm	28,750	北京翰海	2021-10-16
明 白玉云鹤纹带板	长5.8cm；宽4.3cm	20,700	浙江佳宝	2021-01-10
明 玉雕云龙带板	长6.5cm	19,550	北京翰海	2021-04-17

拍品名称	物品尺寸	成交价RMB	拍卖公司	拍卖日期
明 白玉龙纹寿字带板	长6.95cm；宽6.8cm	18,400	中贸圣佳	2021-03-26
明至清 青白玉瓜瓞带板、白玉狮子绣球带板	长3.6cm；长5.5cm	17,250	北京保利	2021-12-06
明 铜鎏金镶白玉带饰	长7.1cm；宽5.6cm	17,250	浙江佳宝	2021-01-10
清康熙 白玉狮子戏球纹带饰	6cm×5.5cm；69g	34,500	广东崇正	2021-07-19
清中期 白玉透雕童子带饰	长8cm	92,000	北京翰海	2021-12-18
清中期 白玉饕餮纹宝瓶形提携(一对)	长7.1cm；宽3.9cm	80,500	浙江佳宝	2021-01-10
清中期 白玉蝉形提携	高5.8cm	36,800	北京翰海	2021-06-05
清中期 铜鎏金白玉童子带板	长7cm	21,565	北京保利	2021-08-09
清 白玉胡人带板	长5.4cm	195,500	古天一	2021-06-07
清 白玉奏乐带板	长3.4cm	184,000	永乐拍卖	2021-12-01
清 嵌白玉龙纹提携(一对)	6.2cm×9.6cm×2	178,250	中贸圣佳	2021-07-07
清 白玉胡人击鼓带板	长4.1cm	97,750	永乐拍卖	2021-12-01
清 胡人击鼓带板	长4.5cm；宽4.5cm	89,700	永乐拍卖	2021-12-01
清 白玉巧雕秋山虎纹带饰	长4.3cm；宽3.6cm	86,250	永乐拍卖	2021-12-01
清 白玉巧雕秋山虎纹带饰	长5.1cm；宽5.1cm	82,800	永乐拍卖	2021-12-01
清 白玉胡人伎乐纹带板(一套)	尺寸不一	57,500	永乐拍卖	2021-12-01
清 白玉雕和合二仙菱花带饰	67mm×62mm×7mm	55,200	西泠印社	2021-07-25
清 白玉龙纹带板	长8.6cm；宽5.4cm	48,300	永乐拍卖	2021-12-01
清 白玉柿柿如意纹提携	长3cm；高5.5cm	43,700	中贸圣佳	2021-09-26
清 白玉穿花螭龙纹带板	长6.1cm；宽4.7cm	40,250	永乐拍卖	2021-12-01
清 白玉雕龙纹带板	84mm×51mm×7mm	40,250	西泠印社	2021-07-25
清 白玉巧雕秋山卧鹿纹带饰	长4.7cm；宽2.5cm	34,500	永乐拍卖	2021-12-01
清 玉双层镂雕双凤带饰	长11.2cm	34,500	中贸圣佳	2021-09-26
清 白玉福寿带饰	长5.6cm	28,750	中国嘉德	2021-05-19
清 白玉雕仙人乘槎带板	54mm×41mm×10mm	28,750	西泠印社	2021-07-25
清 白玉螭龙纹带饰	长9.2cm	27,240	北京保利	2021-08-15
清 白玉龙纹带板	5.7cm×7.5cm	25,300	十竹斋	2021-06-27
清 白玉腰缠万贯带穿	长5.5cm；宽3.3cm	25,300	永乐拍卖	2021-12-01
清 白玉龙纹带板	长8.3cm	23,000	北京保利	2021-05-18
清 白玉红沁镂雕童子戏莲带饰	直径5cm；厚2cm	23,000	西泠印社	2021-01-16
清 白玉海东青击鹄带饰	高4.8cm；宽3cm	23,000	永乐拍卖	2021-12-01
清 白玉双螭纹带饰	长4.5cm	19,295	北京保利	2021-08-15
太平有象玉带板	8.5cm×5.5cm×1.5cm	18,400	泰和嘉成	2021-06-06
玉带钩				
战国晚期至西汉早期 龙首凤纹玉带钩	长11cm	2,565,625	佳士得	2021-12-03
战国 兽首玉带钩	宽5.6cm	923,625	佳士得	2021-12-03
战国 龙首虎面玉带钩	长15cm	872,313	佳士得	2021-12-03
战国 龙首谷纹玉带钩(三件)	最长的长14cm	225,775	佳士得	2021-12-03
战国中期 龙首玉带钩(两件)	较大的长18.5cm	205,250	佳士得	2021-12-03
战国中期 龙首玉带钩(两件)	较长的长2cm	174,463	佳士得	2021-12-03
战国 龙首玉带钩(三件)	最长的长9cm	66,706	佳士得	2021-12-03
战国 玉龙首带钩(二件组)	长13cm；3.6cm×1.7cm	41,400	台北艺珍	2021-11-07

拍品名称	物品尺寸	成交价RMB	拍卖公司	拍卖日期
战国 龙首玉带钩(两件)	最长的长10.2cm	41,050	佳士得	2021-12-03
元 浮雕螭龙大龙钩	长15.2cm	78,200	中贸圣佳	2021-09-26
元 青白玉龙首琵琶形带钩	长13.5cm	69,000	古天一	2021-06-07
元 苍龙教子白玉大龙钩	长14.8cm	39,100	中贸圣佳	2021-03-26
明 白玉龙钩	长12.5cm	97,750	北京保利	2021-06-08
明白玉苍龙教子带钩(一组十件)	最大长14.2cm	1,127,000	上海呗美	2021-05-30
明 白玉鸿运当头龙首带钩	长7cm	195,500	永乐拍卖	2021-05-22
明 白玉红沁龙首兽面衔环带钩	长5.1cm	172,500	永乐拍卖	2021-05-22
明 白玉苍龙教子带钩	长10cm	46,000	中贸圣佳	2021-03-26
明 青白玉龙钩	长12.5cm；宽1.8cm	43,700	上海呗美	2021-05-30
明 白玉苍龙教子带钩	长10.1cm；宽1.8cm	28,750	浙江佳宝	2021-01-10
明 白玉红沁螭龙纹带钩	长7.9cm	23,000	西泠印社	2021-01-16
清早期 白玉苍龙教子纹大带钩	长12.5cm	109,250	浙江佳宝	2021-01-10
18世纪 白玉龙凤纹带钩(两件)白玉蝉纹带钩	1.长7.6cm；2.长5.5cm	115,000	北京华夏天天	2021-09-25
清乾隆 和田玉太狮少狮带钩	长6.2cm	69,000	广东崇正	2021-01-07
清中期 白玉兽面纹龙首带钩	长8.8cm	46,000	北京翰海	2021-12-18
清中期 白玉龙首带钩	长11.5cm	41,400	西泠印社	2021-07-24
清中期 白玉螭龙纹龙首带钩	长13.5cm	40,250	北京翰海	2021-12-18
清中期 白玉螭龙纹龙首带钩	长12.2cm	34,500	北京翰海	2021-12-18
清中期 白玉竹纹龙首带钩	长7.8cm	34,500	北京翰海	2021-12-18
清中期 白玉蝉首双寿带钩	长11.8cm	28,750	北京保利	2021-06-08
清中期 白玉鹅首带钩	长10cm	28,750	北京翰海	2021-12-18
清 白玉龙钩、白玉蝉	钩长8.2cm；蝉长5.8cm	1,207,500	上海呗美	2021-05-30
清 白玉苍龙教子大带钩(两件)	长14.7cm；长13.5cm	224,250	永乐拍卖	2021-12-01
清 白玉螭龙纹龙首带钩	长10cm	207,000	古天一	2021-06-07
清 白玉勾连云纹龙钩	长5cm	115,000	古天一	2021-06-07
清 玉双龙钩	长12cm	89,700	中贸圣佳	2021-09-26
清 白玉雕凤纹带钩	长9.5cm	69,000	华艺国际	2021-03-31
清 白玉雕龙纹带钩	124mm×29mm×28mm	69,000	西泠印社	2021-01-15
清 白玉雕苍龙教子带钩	长14cm	57,500	华艺国际	2021-03-31
清 白玉带钩	长3.3cm；宽1cm	57,500	上海呗美	2021-05-30
清 白玉"子冈"款卷足墨床、青玉螭龙纹带钩(一组两件)	长4.9cm；长9.8cm	51,750	中贸圣佳	2021-09-26
清 红翡、翠龙钩(两件)	长8.7cm；长9.6cm	48,300	中国嘉德	2021-05-19
清 白玉沁色龙钩	长13.4cm	46,000	中国嘉德	2021-05-19
清 白玉螭龙大带钩	长16cm	46,000	中国嘉德	2021-05-19
清 白玉苍龙教子带钩	长12.5cm	43,700	华艺国际	2021-04-01
清 螭龙纹带钩	长9cm	43,700	中贸圣佳	2021-09-26
清 白玉 碧玉带钩(一组五只)	长9.5cm	40,250	北京华辰	2021-06-19
清 白玉龙纹带钩	长13cm	36,800	古天一	2021-06-07
清 白玉雕望子成龙带钩	129mm×27mm×30mm	27,600	西泠印社	2021-07-25
清 白玉勾云纹小龙钩	长9.5cm	25,300	中国嘉德	2021-05-19
清 白玉马上封侯和带钩(共四件)	最大的长5.3cm	24,869	中国嘉德	2021-04-21
清 玛瑙巧雕苍龙教子带钩	长7.8cm	23,000	西泠印社	2021-01-16
清 白玉带钩	宽11.6cm	23,000	永乐拍卖	2021-09-26
清 白玉龙钩	长12.8cm；宽2.3cm	23,000	中贸圣佳	2021-03-26
清 白玉雕望子成龙带钩	126mm×26mm×26mm	21,850	西泠印社	2021-07-25
清 白玉螭龙带钩	长11.9cm	20,700	中国嘉德	2021-05-19

拍品名称	物品尺寸	成交价RMB	拍卖公司	拍卖日期
清 白玉雕苍龙教子带钩	长11.5cm	18,400	北京华辰	2021-06-19
清 白玉龙首带钩	长12.3cm	17,250	中国嘉德	2021-03-29
清 白玉螭龙带钩	长7.6cm	17,250	中国嘉德	2021-05-19
清 玉雕苍龙教子龙钩	长11.5cm	41,400	十竹斋	2021-06-27
玉龙钩(两个)	长9.5cm；9.5cm	20,700	辽宁省拍	2021-07-04
玉龙钩	长10cm	20,700	辽宁省拍	2021-07-04
清乾隆 白玉云纹龙钩	长12.7cm	34,500	北京保利	2021-12-06
玉带扣				
西周/汉 青玉兔和鸭首带扣(各一件)	最大的宽3cm	31,795	中国嘉德	2021-10-12
战国 嵌金云纹玉带扣	长5cm；宽3cm	547,107	中国嘉德	2021-04-21
唐至宋 青玉马形带扣	高2cm；宽4cm	19,895	中国嘉德	2021-04-21
辽金 黑白玉双熊带扣	高4.4cm；宽2.9cm	169,106	中国嘉德	2021-04-21
明 白玉沁色和合二仙带扣	长6.2cm	92,000	北京华夏天天	2021-09-25
明 白玉荷花鹭鸶带扣	长8.4cm	32,200	中国嘉德	2021-05-19
明 白玉花鸟纹带扣	长6.5cm；高5.5cm	18,400	广东崇正	2021-07-19
明 太平有象玉带扣	长7.1cm	17,250	北京禾谷	2021-01-24
清中期 白玉龙带扣	长9.5cm	46,000	华艺国际	2021-04-01
清中期 白玉浮雕梅花图带扣	长8.4cm	28,750	北京保利	2021-06-08
清中期 白玉蝶恋花纹倭角带扣	长6.3cm；宽5.2cm	25,300	浙江佳宝	2021-01-10
清 白玉双环带扣	直径4.5cm×2	59,800	古天一	2021-06-07
清 白玉雕螭龙纹带扣	130mm×53mm×19mm	43,700	西泠印社	2021-07-25
清 白云太平有象带扣	长7.4cm	25,300	北京禾谷	2021-01-24
清 白玉刻御制诗带扣	长4.6cm；宽3.1cm	23,000	西泠印社	2021-07-24
清 白玉雕龙首三联带扣	尺寸不一	23,000	西泠印社	2021-07-25
清 白玉带扣	9.5cm×3.4cm×1.1cm	20,160	上海联合	2021-06-27
清 白玉龙纹带扣	长7cm	17,250	北京保利	2021-10-31
清 白玉镂雕螭龙纹带扣	长12.5cm	17,250	西泠印社	2021-01-16
清 白玉雕"福禄双全"带扣	长9cm	17,250	中鸿信	2021-07-14
玉锁				
清早期 白玉镂雕开光玉堂富贵双龙锁	长8.2cm	39,725	浙江佳宝	2021-01-10
清 碧玉福寿长春双龙锁	宽8.5cm	40,250	中国嘉德	2021-11-29
清 玉锁	4cm×3.5cm	37,950	十竹斋	2021-06-27
清 白玉双寿长春锁	高5.2cm；宽7.9cm	24,869	中国嘉德	2021-04-21
玉磬				
明 黄玉龙凤纹磬	长13.2cm	126,500	中国嘉德	2021-11-29
清乾隆 碧玉双龙描金玉磬	长28.5cm	437,000	中贸圣佳	2021-05-21
清乾隆 碧玉阴刻描金龙纹磬	宽29cm	248,685	中国嘉德	2021-04-21
清 青玉磬	长21cm	57,500	江苏汇中	2021-05-14
清 碧玉螭龙纹磬	长26.8cm	39,100	中贸圣佳	2021-03-26
玉刚卯 严卯				
明 玉刚卯严卯(一对)	高2.1cm	23,000	朵云轩	2021-07-07
明 玉刚卯	高2.8cm	20,700	中贸圣佳	2021-05-21
玉柄形器				
春秋早期 玉柄形器	长10.5cm	82,100	佳士得	2021-12-03
春秋晚期 玉柄形器	长7.5cm	76,969	佳士得	2021-12-03
明 白玉柄形器	长7.15cm	71,300	永乐拍卖	2021-05-22
清 白玉柄形器	长6.5cm	115,000	古天一	2021-06-07
清 玉柄形器	长12.2cm	36,800	永乐拍卖	2021-12-01

2021玉器拍卖成交汇总(续表)

(成交价RMB：1万元以上)

拍品名称	物品尺寸	成交价RMB	拍卖公司	拍卖日期
玉炉顶				
元 白玉鹭鸶炉顶	高4.3cm	97,750	上海呗美	2021-05-30
元 白玉鹭鸟炉顶	高4.7cm；宽4.3cm	92,000	上海呗美	2021-03-28
元 青白玉炉顶	高4.6cm；宽5.1cm	89,700	上海呗美	2021-05-30
元 白玉鹭鸶纹炉顶嵌炉盖	总高7.8cm；玉高3.8cm	51,750	上海呗美	2021-05-30
元 白玉提油镂雕苍龙钮炉顶	带座高6.5cm；高5cm	43,700	西泠印社	2021-01-15
元 白玉镂雕鹭丝炉顶	宽4.4cm	39,790	中国嘉德	2021-04-21
元 白玉秋山炉顶	高3.5cm	34,500	北京翰海	2021-12-18
明早期 玉雕荷塘鸳鸯炉顶	高6.2cm	126,500	华艺国际	2021-04-01
明 白玉龙穿花炉顶	高7cm	672,750	十竹斋	2021-06-27
明 白玉黄皮一路连科炉顶	高4.2cm	132,250	永乐拍卖	2021-05-22
明 白玉镂雕一路连科炉顶	直径4.3cm；高3.5cm	109,250	永乐拍卖	2021-05-22
明 玉鹭鸶纹炉顶	5.5cm×4.5cm	55,200	十竹斋	2021-06-27
明 黄玉龙戏珠炉顶	高7.5cm	46,000	中贸圣佳	2021-09-26
清 青白玉春水秋山纹炉顶	高5.2cm	43,700	广东崇正	2021-07-19
清 玉螭龙纹炉顶 璧 诗文牌 瓷龙纹珠(一组五件)	尺寸不一	23,000	广东崇正	2021-07-19
清 玉雕春水炉顶	高8cm	20,700	十竹斋	2021-06-27
清 旧玉一路连科炉顶	高6cm	17,250	北京翰海	2021-06-05
玉香囊				
清乾隆 碧玉镂雕龙首香囊	长8.6cm	632,500	北京华夏天天	2021-09-25
清中期 黄玉荷包香囊	高5.3cm	187,188	保利香港	2021-12-02
清中期 白玉香囊	宽6.8cm	139,264	中国嘉德	2021-04-21
清 黄玉雕龙纹香囊	长7.5cm	115,000	朵云轩	2021-07-07
清 白玉雕“西厢”、“梁祝”人物纹香囊	58mm×58mm×26mm	57,500	西泠印社	2021-01-15
清 白玉镂雕双鹿纹香囊	长6.5cm；宽3.8cm	55,200	西泠印社	2021-07-24
清 白玉红皮荷花香囊佩	高4.6cm	43,700	古天一	2021-06-07
清 白玉“乾隆年制”铭双龙捧寿纹心中有佛香囊	长3.7cm；宽2.7cm	37,950	浙江佳宝	2021-01-10
清 白玉立佛香囊挂件	高4.3cm	36,800	广东崇正	2021-07-19
清 白玉香囊	长4.1cm；宽1.9cm	23,000	中贸圣佳	2021-05-21
白玉葫芦香囊	6.3cm×4.2cm×2.1cm	44,800	上海联合	2021-06-27
王广安 新疆和田玉籽料香囊	4.8cm×4.2cm×1.7cm	18,400	尚品润博	2021-09-12
玉珠串、项链				
新石器时代 玉串饰	总围长77cm	198,948	中国嘉德	2021-04-21
新石器时代 玉串饰	总围长81cm	189,001	中国嘉德	2021-04-21
文化期 玉串饰	长64.4cm	317,952	中国嘉德	2021-10-14
元至明 玉熊及玉鹅多宝串	总长6cm	18,400	西泠印社	2021-04-10
明以前 玉双凤纹璧 出戟勒子 椭圆珠多宝串	尺寸不一	115,000	广东崇正	2021-07-19
明以前 玉龙工字佩 椭圆珠多宝串	尺寸不一	48,300	广东崇正	2021-07-19
明以前玉螭龙佩圆环翁仲多宝串	尺寸不一	40,250	广东崇正	2021-07-19
明以前玉环工字佩椭圆珠多宝串	尺寸不一	34,500	广东崇正	2021-07-19
明以前 玉双凤纹环 兔子 扁圆珠多宝串	尺寸不一	20,700	广东崇正	2021-07-19
明 多宝串	尺寸不一	1,495,000	中贸圣佳	2021-05-21
明 白玉多宝串	直径3.3cm；厚0.6cm	448,500	上海呗美	2021-05-30
明 白玉管饰、司南佩、工字佩多宝串	尺寸不一	310,500	永乐拍卖	2021-05-22
明 玉管、玉璧串饰	尺寸不一	299,000	永乐拍卖	2021-05-22
明 玉勒子一串九颗	尺寸不一	207,000	中贸圣佳	2021-05-21
明 旧玉印章多宝串	印高2.5cm；玉饰长3.5cm	172,500	上海呗美	2021-05-30
明 白玉玛瑙人物多宝串(四件)	最大的高3.7cm	149,500	上海呗美	2021-05-30
明 旧玉串	尺寸不一	149,500	上海呗美	2021-05-30
明 玉翁仲、玉冈卯、绿松石蚕多宝串	高4cm；高2.5cm；高2.8cm	103,500	古天一	2021-06-07
明 白玉多宝串(三件)	尺寸不一	103,500	上海呗美	2021-05-30
明或更早 玉龙凤佩、蝌蚪纹勒子多宝串	长10.5cm	92,000	广东崇正	2021-01-07
明 玉珠一对	高2.3cm	92,000	中贸圣佳	2021-05-21
明 白玉多宝串(玉交颈鹅、玉公鸡、玉鸳鸯、玉竹笋)	尺寸不一	87,400	永乐拍卖	2021-05-22
明或更早 黄玉勒子、鸟饰多宝串	长7cm	80,500	广东崇正	2021-01-07
明 白玉司南、刚卯、严卯及翁仲多宝串(一组四件)	尺寸不一	75,900	西泠印社	2021-01-15
明 旧玉手串	大的长3.3cm；小的长1.8cm	55,200	上海呗美	2021-05-30
明 玉雕六式佩多宝串	总长19cm	46,000	西泠印社	2021-07-24
明 玉雕多宝串	尺寸不一	43,700	西泠印社	2021-07-24
明 多宝串	尺寸不一	34,500	西泠印社	2021-07-25
明至清 白玉龙纹佩、黄玉出廓谷纹璧、玉龙凤纹璧多宝串(一组三件)	尺寸不一	20,700	西泠印社	2021-01-16
明或更早 玉铭文斜式刚卯多宝串	长10cm	18,400	广东崇正	2021-01-07
明或更早 玉龙形多宝串	长7.1cm	17,250	广东崇正	2021-01-07
清乾隆 玉雕十二生肖手串	尺寸不一	230,000	博美拍卖	2021-12-03
清乾隆 蜜蜡十八子一串	长22.2cm	20,700	中国嘉德	2021-11-29
清 卷云纹玉勒、玉璧串饰	长4cm；外径4.8cm	368,000	古天一	2021-06-07
清 十八粒刻字玉珠串		310,500	古天一	2021-06-07
清 谷纹玉璧串饰	外径2.8cm；外径4cm	287,500	古天一	2021-06-07
清 白玉勒、玉觿串饰	长2.8cm；长5cm	207,000	古天一	2021-06-07
清 碧玺十八子手串		172,500	古天一	2021-06-07
清 多宝串	尺寸不一	115,000	上海呗美	2021-03-28
清 玉勒、玉璧多宝	外径3.2cm；高2.4cm	78,200	永乐拍卖	2021-12-01
清 金珀念珠(一串)	直径6.5cm	71,539	中国嘉德	2021-10-14
清 玉石朝珠	长117cm	63,250	北京华辰	2021-06-19
清 金珀念珠(一串)	直径7cm	59,616	中国嘉德	2021-10-14
清 玉多宝串龟背挂件	长29cm	57,500	上海嘉禾	2021-07-22
清 白玉仿松子手串	珠长约1.4cm	55,200	西泠印社	2021-07-24
清 白玉镂雕龙纹十八子持珠	珠径1.4cm	55,200	西泠印社	2021-07-24
清 刚卯、货布形鸡心佩多宝	尺寸不一	46,000	永乐拍卖	2021-12-01
清 白玉印、玉环多宝串	高2.5cm	43,700	古天一	2021-06-07
清 白玉鱼鸟钱多宝串(二串)	长10.7cm；长12cm	43,700	中国嘉德	2021-05-19
清 玛瑙珠串	长5.7cm	40,250	古天一	2021-06-07
清 白玉浅刻诗文梅花香筒、冈卯玉印多宝串(共两件)	长7.3cm；长7cm	34,500	北京保利	2021-06-08
清 白玉十八子持珠	珠径约1.3cm	34,500	西泠印社	2021-04-10

(成交价RMB：1万元以上)

拍品名称	物品尺寸	成交价RMB	拍卖公司	拍卖日期
清 松子诗文手串		34,500	中贸圣佳	2021-05-21
清 琥珀十八子手持	直径1.1cm	25,300	上海呗美	2021-05-30
清 白玉十八子持珠	珠径1.5cm	25,300	西泠印社	2021-01-16
清 白玉刚卯、工字佩及翁仲多宝串	尺寸不一	23,000	西泠印社	2021-07-24
清 白玉红沁绞丝环、龙纹佩多宝串	直径3.6cm；2.3cm	23,000	浙江佳宝	2021-01-10
清 玉羊、玉兽及玉琮多宝串	尺寸不一	20,700	西泠印社	2021-10-23
清至民国 青白玉雕公鸡、青白玉螭龙耳杯、白玉莲蓬、天珠手串、琥珀项链等共九件	尺寸不一	28,375	北京保利	2021-01-18
现代 多米尼加收藏级天空蓝天然珠链(一套)	12.5cm~30cm不等	920,000	北京禾谷	2021-01-23
新疆和田玉籽料原石手串		3,680,000	尚品润博	2021-09-12
新疆和田玉籽料原石手串	2.3cm×2.2cm×1.2cm	1,587,000	尚品润博	2021-09-12
新疆和田玉籽料原石手串		1,472,000	尚品润博	2021-09-12
白玉原籽手串	重量45.8g	145,600	上海联合	2021-11-21
新疆和田玉籽料原石手串		138,000	尚品润博	2021-09-12
白玉珠串	直径12.5cm，18颗	112,000	上海联合	2021-06-27
白玉手串8颗	尺寸不一	52,080	上海联合	2021-06-27
白玉手串	重量48g	48,160	上海联合	2021-11-21
新疆和田玉籽料原石手串	10颗	46,000	尚品润博	2021-09-12
玉小件、佛珠、手串(十九件)	尺寸不一	40,250	中国嘉德	2021-03-29
原籽手串	尺寸不一	32,200	南京经典	2021-07-18
白玉原石手串	重量51.87g	24,640	上海联合	2021-11-21
白玉原石手串	重量69.3g	17,920	上海联合	2021-11-21
清 绿松石龙纹手串十八粒	直径1.2cm	17,250	十竹斋	2021-06-27
明 饕餮纹璧项链	直径6.9cm；长32.5cm	31,625	北京禾谷	2021-01-24
清中期 珊瑚珍珠翡翠朝珠	长79cm	248,400	中国嘉德	2021-10-14
清中期 金珀朝珠/白玉翎管(一组)	翎管长7.2cm；朝珠直径1.2cm；直径1.55cm	103,500	浙江佳宝	2021-01-10
清 绿松石朝珠	珠径1.5cm	287,500	十竹斋拍卖(北京)	2021-05-29
清 沉香朝珠	珠径1.4cm	33,600	上海联合	2021-06-27
清 黄水晶及碧玺108子朝珠	珠径0.8cm	32,200	西泠印社	2021-04-10
清 琥珀108子朝珠	珠径1.1cm；总重322g	28,750	西泠印社	2021-01-16
清 白玉108颗朝珠	直径0.7cm	23,000	中鸿信	2021-07-14
清 琥珀108子朝珠	珠径1.3cm；总重323g	20,700	西泠印社	2021-07-24
清 琥珀108子朝珠	珠径1.3cm；总重323g	18,400	西泠印社	2021-10-23
蓝宝朝珠一挂108颗		2,386,500	北京乔禧	2021-05-16
丹麦海漂琥珀项链	10.5cm×8cm×2.7cm	56,750	北京保利	2021-01-19
卢振秀 寿山田黄石十八罗汉项链	尺寸不一	40,320	上海联合	2021-11-21
玉籽料项链	长40cm	31,795	中国嘉德	2021-10-12
玉镯				
新石器时代 玉镯	外径8cm	348,159	中国嘉德	2021-04-21
新石器时代 玉镯	外径10.4cm	298,422	中国嘉德	2021-04-21
新石器时代 玉镯	外径8cm	129,316	中国嘉德	2021-04-21
新石器时代 玉镯	外径8.1cm	109,421	中国嘉德	2021-04-21
文化期 玉镯	宽6.9cm	298,422	中国嘉德	2021-04-21
文化期 玉镯	宽8cm	139,104	中国嘉德	2021-10-12
西周 玉波曲纹镯	外径7cm	489,639	纽约苏富比	2021-09-22

拍品名称	物品尺寸	成交价RMB	拍卖公司	拍卖日期
明 双龙戏珠白玉手镯(一对)	外径7.8cm×2	230,000	中贸圣佳	2021-05-21
明 黄玉浮雕蝉纹手镯	外径9.5cm	103,500	西泠印社	2021-07-24
明 满沁玉镯	外径8.3cm	55,200	永乐拍卖	2021-05-22
明 黄玉龙纹镯	外径8.2cm	40,250	西泠印社	2021-10-23
明 玉镯	外径7.7cm；内径6cm	34,500	西泠印社	2021-07-24
明 玉绞丝手镯	直径8cm	24,150	北京翰海	2021-04-17
清乾隆 白玉沁色手镯(一对)	外径5.8cm×2	207,000	永乐拍卖	2021-05-22
清 青黄玉束腰手镯	高3.3cm；外径7.8cm	1,437,500	古天一	2021-06-07
清 白玉双凤纹手镯	内径5.7cm；外径7.8cm	138,000	古天一	2021-06-07
清 白玉连珠龙手镯	内径5.9cm	138,000	上海呗美	2021-03-28
清 白玉连珠式手镯(一对)	内径5.9cm×2	97,750	中国嘉德	2021-05-19
清 白玉马蹄形手镯(一对)	内径5.6cm×2	63,250	中国嘉德	2021-11-29
清 白玉沁色双龙戏珠手镯	直径8cm	57,500	北京华夏天天	2021-09-25
清 白玉红沁圆镯	85mm×85mm×13mm	55,200	西泠印社	2021-01-15
清 竹节纹手镯	直径7.8cm	55,200	广东崇正	2021-01-07
清 玉龙头手镯	直径8cm	48,300	北京翰海	2021-04-17
清 白玉手镯	外径7.5cm；内径5.5cm	46,000	古天一	2021-06-07
清 白玉绞丝镯	内径5.7cm	43,700	中国嘉德	2021-05-19
清 白玉龙咬尾镯	内径5.5cm	40,250	中国嘉德	2021-11-29
清 白玉双龙拱珠镯(一对)	内径7.5cm	36,800	北京保利	2021-06-08
清 玉连珠手镯(两件)	直径8cm	36,800	北京翰海	2021-04-17
清 白玉麻花镯	内径5.9cm	34,500	中国嘉德	2021-05-19
清 白玉镯	内径5.7cm	34,500	中国嘉德	2021-05-19
清 白玉雕三多纹手镯	直径7.6cm	34,500	中国嘉德	2021-11-29
清 白玉带皮圆镯	外径79mm；内径60mm	32,200	西泠印社	2021-01-15
清 白玉手镯(一对)	内径5.6cm×2	28,750	十竹斋拍卖(北京)	2021-05-29
清 青白玉镯	内径5.7cm	28,750	中国嘉德	2021-03-29
清 白玉双龙抱珠手镯	7.8cm×7cm	25,300	古天一	2021-06-07
清 白玉绞丝镯	内径5.6cm	25,300	中国嘉德	2021-09-26
清 白玉绞丝手镯	内径5.8cm	25,300	中国嘉德	2021-11-29
清 白玉镯(一对)	内径5.6cm×2	25,300	中国嘉德	2021-11-29
清 黄玉受沁竹节纹手镯	外径7.4cm；内径5.5cm	23,000	西泠印社	2021-07-24
清 白玉绳纹手镯	直径6.2cm	23,000	中鸿信	2021-07-14
清 黄玉圆条镯	内径5.9cm；厚0.9cm	22,400	上海联合	2021-06-27
清 白玉手镯	内径5.5cm；宽1.1cm	20,700	浙江佳宝	2021-01-10
清 白玉手镯	内径5.8cm	17,250	十竹斋拍卖(北京)	2021-05-29
清 黄玉镯	内径5.6cm	17,250	中国嘉德	2021-05-19
白玉手镯	7.6cm×2.15cm×1cm	358,400	上海联合	2021-11-21
白玉仿古纹手镯	7.7cm×1.75cm×1cm	313,600	上海联合	2021-11-21
白玉手镯	内径5.7cm；厚1.25cm	246,400	上海联合	2021-06-27
近代 白玉手镯	直径7.7cm	34,500	北京翰海	2021-10-16
白玉手镯	直径8cm	25,300	北京保利	2021-10-31
和田白玉正庄手镯	直径5.9cm	23,000	北京钜鑫缘	2021-01-13
白玉龙纹镯	直径7.7cm	20,700	北京保利	2021-10-31

2021玉器拍卖成交汇总(续表)

(成交价RMB：1万元以上)

拍品名称	物品尺寸	成交价RMB	拍卖公司	拍卖日期
和田玉绳纹龙镯	直径5.7cm	18,400	北京钜鑫缘	2021-01-13
白玉镯(两只)	内径5.8cm；内径5.5cm	17,250	中国嘉德	2021-03-29
玉冠饰				
元 白玉镂雕荷鹭纹发簪	长13cm	55,200	西泠印社	2021-01-16
元 黑白玉摩羯发簪	总长19.5cm	43,700	上海呗美	2021-05-30
明 白玉螭龙纹发簪(子岗款)	长13.1cm	115,000	上海呗美	2021-05-30
清 白玉凤簪	长7cm	78,200	永乐拍卖	2021-12-01
清 白玉簪子	15.5cm	34,500	十竹斋	2021-06-27
清 白玉福寿纹发簪	长17.3cm	31,780	中国嘉德	2021-05-19
明 冠形玉梳背	长8.35cm；宽4.7cm	78,200	永乐拍卖	2021-05-22
清 玉梳背	长10cm	32,200	中贸圣佳	2021-09-26
明 黄玉浮雕牛首纹箍形器	高4.6cm；直径6.6cm	126,500	西泠印社	2021-01-15
明 白玉红沁箍	外径6.8cm	101,200	上海呗美	2021-05-30
明 白玉红沁箍形器	高2.8cm；直径4.3cm	80,500	上海呗美	2021-05-30
明 白玉红沁弦纹箍形器	高4cm；口径4.6cm	36,800	西泠印社	2021-07-24
明玉箍形器	高3.5cm；直径4cm	27,600	广东崇正	2021-01-07
清 沁色玉雕云纹箍形器	44mm×44mm×35mm	92,000	西泠印社	2021-07-25
清 白玉箍形器	外径3.3cm	55,200	永乐拍卖	2021-12-01
清 玉扁方	高29.5cm	23,000	上海嘉禾	2021-07-22
玉韘形佩				
春秋晚期至战国 韘形玉佩(两件)	较大的长6cm	461,813	佳士得	2021-12-03
明 白玉螭龙凤鸟纹韘形佩	长6.75cm	862,500	永乐拍卖	2021-05-22
明 玉雕鸡心佩(一组五件)	最大的96mm×46mm×5mm	632,500	西泠印社	2021-07-25
明 白玉红沁鸡心佩	长7.1cm	195,500	上海呗美	2021-05-30
明 白玉龙凤鸡心佩	长7.5cm	138,000	北京保利	2021-01-09
明 白玉螭龙鸡心佩	长8.2cm	69,000	北京保利	2021-10-30
明 白玉雕鸡心佩	36mm×34mm×5mm	46,000	西泠印社	2021-01-15
明 白玉红沁螭龙纹鸡心佩	长6.5cm；宽4.6cm	40,250	西泠印社	2021-10-23
明 白玉龙纹鸡心佩	长6.5cm	36,800	北京保利	2021-05-18
明 玉雕龙熊纹鸡心佩	长6.5cm；宽3.5cm	36,800	西泠印社	2021-01-15
明 青白玉红沁浮雕兽面纹韘	高3.5cm	34,500	西泠印社	2021-01-15
明 白玉沁色龙纹鸡心佩	长6cm	32,200	北京保利	2021-12-06
明 白玉镂雕龙虎纹韘形佩	长7cm；宽4.8cm	23,000	西泠印社	2021-07-24
明 白玉镂雕螭龙纹鸡心佩	长4.8cm；宽3.2cm	20,700	西泠印社	2021-07-24
明末清初 黄玉博古螭龙纹鸡心佩	高4cm	69,000	古天一	2021-06-07
清乾隆 黄玉保合太和双联鸡心佩	长7cm	1,552,500	北京保利	2021-09-26
清乾隆 碧玉螭龙韘形佩	长8.2cm	379,500	永乐拍卖	2021-12-01
清中期 白玉螭龙鸡心佩	直径5.8cm	34,500	中鸿信	2021-07-14
清中期 白玉螭龙纹鸡心佩	高4.3cm	32,200	北京翰海	2021-12-18
清中期 白玉云纹鸡心佩	高6.3cm	17,250	北京翰海	2021-12-18
清 白玉螺纹勾连云龙纹韘	长5.4cm	517,500	永乐拍卖	2021-12-01
清 白玉雕螭龙纹鸡心佩	79mm×50mm×6mm	471,500	西泠印社	2021-07-25
清 白玉出廓螭龙纹鸡心佩	高6cm	345,000	古天一	2021-06-07
清 白玉透雕三螭龙大鸡心佩	高12cm	230,000	古天一	2021-06-07

拍品名称	物品尺寸	成交价RMB	拍卖公司	拍卖日期
清 玉云龙鸡心佩	长5.3cm	149,500	北京翰海	2021-04-17
清 白玉金皮螭龙鸡心佩	长6.2cm	78,200	永乐拍卖	2021-12-01
清 螭龙童子鸡心佩	长6.4cm；宽3.5cm	69,000	中贸圣佳	2021-05-21
清 白玉龙凤纹鸡心佩	长9.5cm；宽6.5cm	55,200	西泠印社	2021-07-24
清 白玉螭龙纹鸡心佩	长6.2cm；宽3.3cm	51,750	浙江佳宝	2021-01-10
清 白玉高浮雕螭龙纹韘形佩	长5.5cm；宽4cm	36,800	西泠印社	2021-07-24
清 白玉鸡心佩	直径5cm	25,300	古天一	2021-06-07
玉司南佩				
明以前 黄玉工子牌	长5.3cm	34,500	广东崇正	2021-01-07
清 青白玉双面雕荔枝花卉纹工字牌	长4.6cm	36,800	浙江佳宝	2021-01-10
清 白玉工字佩、翁仲(两件)	尺寸不一	34,500	永乐拍卖	2021-12-01
清 玉司南佩、螭龙佩及玉蝉(一组三件)	总长9cm	32,200	西泠印社	2021-01-16
清 工字佩、玉兔及玉环佩(一组三件)	尺寸不一	17,250	西泠印社	2021-01-15
玉 牌				
春秋晚期 秦式龙纹镂空玉牌	高5cm	1,642,000	佳士得	2021-12-03
春秋晚期 秦式龙纹镂空玉牌	宽5.5cm	513,125	佳士得	2021-12-03
元 白玉红沁鸳鸯纹牌饰	长5.1cm	25,300	浙江佳宝	2021-01-10
明 白玉五福临门牌	长6.9cm	713,000	上海呗美	2021-05-30
明 白玉山水人物诗文牌	5cm × 3.5cm	322,000	古天一	2021-06-07
明 白玉雕风云际会牌	53mm×36mm×7mm	230,000	西泠印社	2021-01-15
明 白玉天干地支牌	长4.9cm	126,500	上海呗美	2021-05-30
明 白玉雕凤竹纹诗文牌	50mm×28mm×7mm	92,000	西泠印社	2021-01-15
明 白玉镂雕鹦鹉牌	58mm×52mm×5mm	74,750	西泠印社	2021-01-15
明 白玉双狮戏钱透雕牌	5.7cm × 3.8cm	69,000	中国嘉德	2021-05-19
明 白玉雕寿字牌	50mm×38mm×8mm	55,200	西泠印社	2021-07-25
明 玉夔龙形牌(一对)	长18.8cm	46,000	中贸圣佳	2021-09-26
明 白玉七“寿”纹镂雕牌	长7.7cm	43,700	广东崇正	2021-01-07
明 白玉透雕翼龙方牌	长6.7cm	43,700	北京保利	2021-06-08
明 吉祥牌子	高6.2cm	34,500	辽宁省拍	2021-07-04
明 白玉双螭纹诗文牌	高5.7cm	32,200	中鸿信	2021-07-14
明 白玉雕龙凤纹牌	57mm×38mm×5mm	32,200	西泠印社	2021-01-15
明 白玉山水牌	长4.3cm	28,750	北京保利	2021-01-09
明 白玉镂雕绶带梅花牌	长6.2cm；宽4.5cm	28,750	西泠印社	2021-07-24
明 白玉苍龙教子小牌	3.7cm × 2.7cm	28,750	中国嘉德	2021-05-19
明子冈款白玉双龙首山水诗文牌	长5.1cm；宽3.6cm	20,700	浙江佳宝	2021-01-10
清早期 白玉高士图牌	7cm × 5cm	609,500	中贸圣佳	2021-07-07
清初 白玉山水清音牌	6.6cm × 4cm	57,500	古天一	2021-06-07
清早期 白玉山水高士诗文牌	长5cm	36,800	北京保利	2021-06-08
清早期 白玉诗文牌	高5.8cm	36,800	中鸿信	2021-07-14
清乾隆 白玉十二章纹牌	长8.5cm	6,900,000	北京华夏天天	2021-09-25
清乾隆 白玉沁色“采芝献寿”牌	长5.3cm	4,370,000	北京华夏天天	2021-09-25
清乾隆 白玉大吉大利葫芦牌	长9.5cm	920,000	北京保利	2021-06-08
清乾隆白玉“子冈”款山水人物牌	长5.2cm	713,000	永乐拍卖	2021-05-22
清乾隆 白玉雕岁岁平安牌	59mm×49mm×6mm	345,000	西泠印社	2021-01-15

(成交价RMB：1万元以上)

拍品名称	物品尺寸	成交价RMB	拍卖公司	拍卖日期
清乾隆 白玉沁色九如牌	长6.3cm	345,000	北京华夏天天	2021-09-25
清乾隆 白玉"太平人瑞"人物纹牌	长7.3cm	345,000	北京华夏天天	2021-09-25
清乾隆 仕女白玉牌	高5.3cm；宽3.5cm	328,264	中国嘉德	2021-04-21
清乾隆 白玉福自天来牌	6.3cm×4.2cm	195,500	中国嘉德	2021-05-19
清乾隆 白玉花鸟诗文子冈牌	4.5cm×3cm	172,500	中国嘉德	2021-11-29
清乾隆 碧玺龙翔凤瑞牌	5.6cm×4cm	172,500	中贸圣佳	2021-05-21
清乾隆 黄玉斋戒牌	6.3cm	172,500	中国嘉德	2021-11-29
清乾隆 白玉高士题诗子冈牌	长6cm	138,000	北京保利	2021-09-26
清乾隆 白玉"同心比翼"牌	长5.3cm	115,000	北京荣宝	2021-06-19
清乾隆 煤晶斋戒牌	长5cm	80,500	北京保利	2021-10-30
18世纪 白玉石榴斋戒牌	5.5cm×4cm	74,750	十竹斋拍卖(北京)	2021-05-29
清乾隆 白玉雕受天百禄牌	长5.2cm；宽3.5cm	69,000	西泠印社	2021-07-24
清乾隆 御制青白玉第七尊者铭牌	长7.96cm	66,700	浙江佳宝	2021-01-10
清乾隆 莫卧儿王朝白玉雕花卉纹八角牌	长6.4cm；宽5.5cm	55,200	浙江佳宝	2021-01-10
清乾隆 白玉兰花子冈牌	长4.8cm	46,000	北京保利	2021-12-06
清乾隆鸡骨白玉开光云龙花卉纹牌	长6cm；宽4cm	34,500	浙江佳宝	2021-01-10
清乾隆 白玉花蝶喜字牌	直径5.7cm	23,000	北京保利	2021-01-09
清中期 白玉浮雕"龙凤呈祥"挂牌(一对)	长6.5cm×2	368,000	北京荣宝	2021-06-19
清中期 白玉山水福禄题诗牌	长6cm	345,000	北京保利	2021-06-08
清中期 白玉雕十八罗汉插牌	高23cm	253,000	北京荣宝	2021-06-19
清中期 白玉四爱纹牌	长6.9cm	230,000	北京华夏天天	2021-09-25
清中期 "子冈"款人物故事诗文牌	长7cm	74,750	北京荣宝	2021-06-19
清中期 白玉吉庆有余喜字牌	长5.8cm	69,000	北京保利	2021-10-30
清中期 白玉雕落花流水诗纹牌	高6cm	57,500	中鸿信	2021-07-14
清中期 白玉雕刘海戏金蟾龙纹牌	高6cm	57,500	中鸿信	2021-07-14
清中期 白玉留红皮福寿灵芝牌	长4.4cm	51,750	浙江佳宝	2021-01-10
清中期 白玉吉庆有余"玉珍"牌	长5.6cm	40,250	北京保利	2021-01-09
清中期 玛瑙巧作人物腰牌	7.1cm×5.5cm	34,500	中国嘉德	2021-11-29
清中期 白玉浅刻罗汉诗文牌	长6.2cm	23,000	北京保利	2021-06-08
清中期 白玉山水人物题诗纹牌	5.8cm×4.4cm	23,000	华艺国际	2021-04-01
18世纪/19世纪 白玉"月下抚琴"仕女诗文牌	长5.7cm	345,000	永乐拍卖	2021-05-22
清19世纪 白玉双色高士图诗文牌	高5.4cm	44,859	纽约佳士得	2021-03-18
清晚期 黑白玉双面工巧雕玉牌	长5.6cm	24,970	北京保利	2021-08-09
清 白玉雕玉堂锦绣牌	5.2cm×4.2cm	402,500	古天一	2021-06-07
清 透雕龙纹玉牌饰	4cm×3cm	345,000	古天一	2021-06-07
清 白玉诗文牌	长6cm；宽4.1cm	287,500	上海哄美	2021-05-30
清 白玉山水人物诗文牌	长5.3cm	195,500	永乐拍卖	2021-05-22
清 白玉寿比南山牌	长5.9cm；宽4.5cm	189,750	上海哄美	2021-05-30
清 白玉二乔读书诗文牌	高5.2cm	161,000	永乐拍卖	2021-12-01
清 白玉雕福寿绵绵牌	50mm×44mm×6mm	138,000	西泠印社	2021-07-25
清 黄玉拜石问道牌	长6.2cm	138,000	北京荣宝	2021-12-02
清 白玉如意云头太平无事牌	4.9cm×3.2cm	129,316	中国嘉德	2021-04-21
清 白玉百事如意牌	长7cm	126,500	中贸圣佳	2021-03-26
清 白玉诗文春耕图子冈牌	长6cm	115,000	北京保利	2021-01-09
清 白玉渔家乐诗文牌	长6.3cm	115,000	北京保利	2021-10-30

拍品名称	物品尺寸	成交价RMB	拍卖公司	拍卖日期
清 白玉梅花灵芝图文玩牌	高6.3cm	99,360	中国嘉德	2021-10-12
清 白玉雕岁寒三友牌	60mm×43mm×6mm	92,000	西泠印社	2021-01-15
清 灵猴偷桃玉牌	长4.8cm	89,700	中贸圣佳	2021-09-26
清 白玉吉庆有余牌	长5.5cm；宽4.1cm	89,700	上海哄美	2021-05-30
清 白玉雕赏荷图诗文牌	63mm×42mm×7mm	86,250	西泠印社	2021-07-25
清 玛瑙巧雕封侯万代纹牌	高4.7cm	78,200	永乐拍卖	2021-12-01
清 白玉山水诗文牌	长4.7cm；宽3.1cm	74,750	上海哄美	2021-05-30
清 白玉透雕螭龙纹牌饰	长5.5cm	71,300	古天一	2021-06-07
清 白玉日乌月兔圆牌	直径5.8cm	69,000	北京保利	2021-12-06
清 白玉梅花诗文牌	5.4cm×6.4cm×0.6cm	63,250	中国嘉德	2021-11-29
清 白玉雕连升三级牌	57mm×43mm×7mm	63,250	西泠印社	2021-07-25
清 白玉雕双螭龙纹牌	56mm×31mm×6mm	57,500	西泠印社	2021-07-25
清 白玉雕琴棋书画牌	55mm×47mm×6mm	57,500	西泠印社	2021-07-25
清 玉雕鸡神花卉牌	长5.5cm；宽4cm	55,200	西泠印社	2021-10-23
清 白玉灵芝纹"寿"字牌	长4.4cm	50,600	中贸圣佳	2021-03-26
清 白玉喜鹊登梅牌	长5.7cm	49,450	中贸圣佳	2021-03-26
清 白玉葫芦万代纹牌	高6cm	48,300	广东崇正	2021-01-07
清 白玉三多如意牌	长4.6cm；高5.4cm	48,300	中贸圣佳	2021-09-26
清 白玉浅浮雕太白醉酒诗文芝亭牌	长6.3cm	46,000	江苏汇中	2021-05-14
清 白玉山水花卉子冈牌	高5.7cm；宽3.8cm	46,000	永乐拍卖	2021-12-01
清 白玉双龙荷塘清趣牌	6.1cm×4.2cm×0.7cm	46,000	中国嘉德	2021-11-29
清 白玉三羊开泰纹牌	高6cm	43,700	广东崇正	2021-01-07
清 白玉浮雕清供图牌	长4.8cm；宽3.9cm	43,700	西泠印社	2021-04-10
清 玛瑙俏色芭蕉仕女图牌	长4.6cm；宽3.1cm	43,700	浙江佳宝	2021-01-10
清 白玉喜报三元牌	长3.3cm；高5.8cm	43,700	中贸圣佳	2021-09-26
清 白玉雕行游图诗文牌	51mm×36mm×5mm	43,700	西泠印社	2021-07-25
清 白玉和合二仙牌	长7cm	43,130	北京保利	2021-08-09
清 白玉人物牌	长5.8cm	40,250	北京保利	2021-01-09
清 白玉泛舟诗文牌	长6.8cm	40,250	北京保利	2021-05-18
清 蜜蜡葫芦形斋戒牌	长6.9cm；宽4.3cm	40,250	西泠印社	2021-01-16
清 白玉高士松鹿牌	5.3cm×3cm×0.6cm	40,250	中国嘉德	2021-11-29
清 白玉雕奇石诗文牌	55mm×45mm×6mm	40,250	西泠印社	2021-07-25
清 白玉雕双骏图牌	56mm×52mm×7mm	40,250	西泠印社	2021-07-25
清 白玉牌(两件)	尺寸不一	40,250	中鸿信	2021-07-14
清 白玉太平无事牌	长3.8cm；宽2.1cm	37,800	中国嘉德	2021-04-21
清 白玉浮雕高士诗文牌	长6cm	34,500	北京保利	2021-12-06
清 白玉浅浮雕竹林七贤诗文芝亭牌	长6.3cm	34,500	江苏汇中	2021-05-14
清 白玉浅浮雕无双谱人物子冈牌	长6.1cm	34,500	江苏汇中	2021-05-14
清 白玉镂雕鹦鹉圆牌	4.3cm×6cm	34,500	十竹斋	2021-06-27
清 翡翠雕如意云头形斋戒牌	长7cm；宽4.1cm	34,500	西泠印社	2021-10-23
清 白玉文玩款诗文玉牌	长5.3cm；宽3.7cm	34,500	中贸圣佳	2021-09-26
清 白玉雕太白醉酒诗文牌	55mm×38mm×9mm	34,500	西泠印社	2021-01-15

2021玉器拍卖成交汇总（续表）

（成交价RMB：1万元以上）

拍品名称	物品尺寸	成交价RMB	拍卖公司	拍卖日期
清 白玉雕松下高士图诗文牌	60mm×40mm×7mm	34,500	西泠印社	2021-07-25
清 白玉浮雕龙凤同心和合牌	高1.2cm；直径5.5cm	33,350	西泠印社	2021-04-10
清 白玉浅浮雕岁岁平安牌	长6cm	32,200	江苏汇中	2021-05-14
清 青白玉浅浮雕双马牌子	长7.3cm；宽4.9cm	32,200	中贸圣佳	2021-03-26
清 子冈款双童子诗文玉牌	长6cm；宽4cm	29,900	西泠印社	2021-01-16
清 黄玉童子诗文牌	高5.2cm	29,808	中国嘉德	2021-10-14
清 白玉诗文牌	高4.2cm	28,750	广东崇正	2021-07-19
清 金星料斋戒牌	4.8cm×6.4cm×0.8cm	28,750	中国嘉德	2021-11-29
清 白玉泛舟图文珍牌	长5.5cm	28,750	中贸圣佳	2021-03-26
清 白玉雕金鸡玉兔牌	44mm×44mm×5mm	28,750	西泠印社	2021-07-25
清 黄玉丁财两旺牌	长6cm；宽3.6cm	28,375	浙江佳宝	2021-01-10
清 白玉人物诗文牌	高6.5cm	25,300	北京禾谷	2021-01-24
清 白玉雕喜上眉梢牌	长5.2cm；宽3cm	24,150	西泠印社	2021-07-24
清 白玉山水纹牌	6.8cm×5cm×1cm	23,000	广东崇正	2021-01-07
清 羲之爱鹅螭纹牌	宽3.6cm；高5cm	23,000	辽宁省拍	2021-07-04
清 白玉金扣双兔纹吉祥如意牌	长5.3cm；宽3.7cm	23,000	浙江佳宝	2021-01-10
清 白玉龙凤纹玉牌	长5.7cm；宽4.2cm	23,000	中贸圣佳	2021-05-21
清 白玉羲之爱鹅牌	长4.9cm；宽3.6cm	23,000	中贸圣佳	2021-09-26
清 白玉三多如意牌	高6cm	23,000	中贸圣佳	2021-09-26
清 白玉瓜瓞形斋戒牌	长5.3cm	23,000	中贸圣佳	2021-09-26
清 白玉十二生辰猛虎寅字牌	直径5.5cm	21,850	永乐拍卖	2021-05-22
清 白玉高士诗文牌	长6.3cm	20,700	北京荣宝	2021-12-02
清 玉福寿牌	5.5cm × 4.5cm	20,700	十竹斋	2021-06-27
清 黄玉浮雕吉庆有余牌	长6cm；宽4.2cm	20,700	西泠印社	2021-10-23
清 白玉无双谱人物诗文牌	长5.6cm；宽4.5cm	20,700	中贸圣佳	2021-09-26
清 白玉雕一路福星牌	60mm×54mm×4mm	20,700	西泠印社	2021-07-25
清 白玉双龙"为官难"牌	直径5.8cm	17,250	北京保利	2021-01-09
民国 白玉瑞兽牌	长6cm	18,160	北京保利	2021-01-18
仵子辉 白玉紫气东来插牌	14.2cm×6.8cm×1.8cm	1,568,000	上海联合	2021-06-27
瞿利军 水乡牌	6.5cm×4.8cm×1.3cm	977,500	上海嘉禾	2021-07-22
张焕庆 白玉一路连科插牌	16.5cm×12cm×2.3cm	784,000	上海联合	2021-06-27
白玉日照金山牌	9.4cm×6.2cm×2.1cm	728,000	上海联合	2021-11-21
周立祥 白玉幽香、暗香对牌	5.3cm×4.05cm×0.88cm×2	672,000	上海联合	2021-11-21
庞然 醉翁亭记 白玉牌	119mm×47mm×15mm	632,500	西泠印社	2021-01-16
山水诗意牌	长8.7cm	632,500	北京荣宝	2021-06-19
新疆和田玉籽料双鱼牌	7.3cm×4.3cm×1.4cm	552,000	尚品润博	2021-09-12
李奥登 墨碧不动明王挂牌	6.4cm×4cm×1.8cm	548,800	上海联合	2021-06-27
郭万龙 连年有余 白玉牌	60mm×48mm×13mm	494,500	西泠印社	2021-07-25
山水牌	长5.5cm	437,000	北京荣宝	2021-06-19
庞然 六君子图 白玉牌	73mm×39mm×12mm	368,000	西泠印社	2021-07-25
庞然 远浦归舟 墨玉牌	132mm×41mm×15mm	345,000	西泠印社	2021-07-25
杨曦 有龙则灵 白玉牌	79mm×47mm×14mm	345,000	西泠印社	2021-07-25
朱跃真 白玉小沙弥挂牌	5.8cm×4.2cm×2cm	336,000	上海联合	2021-06-27
郭万龙 力争上游 白玉牌	52mm×37mm×10mm	322,000	西泠印社	2021-01-16
黄罕勇 虎虎生威 白玉牌	83mm×52mm×19mm	322,000	西泠印社	2021-01-16
张永来 黄财神 白玉牌	73mm×52mm×21mm	287,500	西泠印社	2021-01-16
吴灶发 喜相逢 白玉牌	64mm×45mm×21mm	253,000	西泠印社	2021-01-16
杨曦 观世自在 白玉牌	60mm×36mm×11mm	253,000	西泠印社	2021-01-16
杨曦 龙凤呈祥 白玉对牌	长55mm；长47mm	253,000	西泠印社	2021-07-25

拍品名称	物品尺寸	成交价RMB	拍卖公司	拍卖日期
吴金星 马到成功 白玉牌	55mm×27mm×12mm	230,000	西泠印社	2021-07-25
张永来 白度母 白玉牌	49mm×38mm×17mm	218,500	西泠印社	2021-01-16
高毅进 和和美美 白玉牌	63mm×37mm×15mm	195,500	西泠印社	2021-01-16
倪伟滨 福海无量 白玉牌	52mm×35mm×10mm	195,500	西泠印社	2021-07-25
庞然 垂钓图 黄玉牌	55mm×32mm×10mm×2	195,500	西泠印社	2021-07-25
高毅进 溪山访友 白玉牌	95mm×39mm×13mm	184,000	西泠印社	2021-01-16
唐典强 仿古兽守护牌	82mm×50mm×17mm	184,000	南京经典	2021-07-18
吴灶发 如意观音 白玉牌	77mm×46mm×11mm	184,000	西泠印社	2021-01-16
胡玮 鸭蛋青耄耋富贵对牌	7.05cm×3.3cm×2	179,200	上海联合	2021-06-27
白玉执莲观音挂牌	7.3cm×4.1cm×1.1cm	154,560	上海联合	2021-06-27
高毅进 福禄寿 白玉牌	69mm×28mm×14mm	149,500	西泠印社	2021-01-16
林金波 九思 白玉牌	61mm×35mm×11mm	138,000	西泠印社	2021-07-25
瞿利军 青山翠古 白玉牌	61mm×35mm×11mm	138,000	西泠印社	2021-07-25
胡玮 析木玉松荫听琴手牌	8.8cm×4.8cm×1.28cm	134,400	上海联合	2021-06-27
碧玉绿度母挂牌	5.4cm×5.4cm×1.7cm	134,400	上海联合	2021-06-27
瞿利军 春山幽居 白玉牌	71mm×40mm×11mm	126,500	西泠印社	2021-01-16
高毅进 妙法莲华 白玉牌	88mm×31mm×14mm	126,500	西泠印社	2021-01-16
林金波 九容 白玉牌	61mm×35mm×11mm	126,500	西泠印社	2021-07-25
徐志浩 净心涤尘 白玉牌	51mm×32mm×16mm	115,000	西泠印社	2021-01-16
瞿利军 浮沉自如 白玉牌	66mm×30mm×10mm	115,000	西泠印社	2021-07-25
杨大钊 墨碧姑苏四景对牌	尺寸不一	112,000	上海联合	2021-06-27
姚圣国 青花桃源仙境牌	5.9cm×3.3cm×1.4cm	106,400	上海联合	2021-11-21
忠义牌	长5.7cm; 宽3.5cm	103,500	北京荣宝	2021-06-19
姚圣云 白玉观音挂牌	5.4cm×3.5cm×1.1cm	98,560	上海联合	2021-06-27
王永芳 白玉祥龙戏珠挂牌	6.2cm×3.77cm×1.63cm	95,200	上海联合	2021-11-21
吴金星 马到成功 白玉牌	42mm×29mm×14mm	92,000	西泠印社	2021-01-16
林金波 九思铭 白玉牌	74mm×34mm×11mm	92,000	西泠印社	2021-01-16
张永来 黄财神 黄沁玉牌	46mm×34mm×22mm	92,000	西泠印社	2021-01-16
郭万龙 自有金缠 白玉牌	50mm×20mm×8mm	92,000	西泠印社	2021-07-25
郭万龙 吉上加吉 白玉牌	35mm×29mm×9mm	92,000	西泠印社	2021-07-25
兰竹牌	长5.5cm; 宽3.1cm	80,500	北京荣宝	2021-06-19
林金波 平安无事 白玉牌	67mm×35mm×10mm	80,500	西泠印社	2021-01-16
王贺 白玉济世观音挂牌	6.25cm×3.6cm×1cm	72,800	上海联合	2021-11-21
徐志浩 妙音善法 白玉牌	46mm×26mm×17mm	57,500	西泠印社	2021-01-16
殷小金 有余 白玉牌	53mm×44mm×24mm	57,500	西泠印社	2021-01-16
白玉平安无事牌	7.35cm×3cm×1cm	56,000	上海联合	2021-11-21
胡锡涛 白度母 白玉牌	52mm×52mm×17mm	51,750	西泠印社	2021-01-16
张永来 绿度母 析木玉牌	49mm×38mm×11mm	48,300	西泠印社	2021-07-25
张永来 绿度母 碧玉牌	62mm×42mm×10mm	46,000	西泠印社	2021-01-16
林金波 马到成功 白玉牌	61mm×28mm×10mm	40,250	西泠印社	2021-01-16
侯晓锋 随心自在 碧玉牌	76mm×43mm×12mm	40,250	西泠印社	2021-01-16
上海杰艺 连升三级 白玉牌	60mm×24mm×9mm	36,800	西泠印社	2021-07-25
胡玮 黑青达摩挂牌	4.45cm×2.6cm×1.1cm	35,840	上海联合	2021-06-27
龚克勤 白玉双喜临门挂牌	3.8cm×2.3cm×1.5cm	35,840	上海联合	2021-11-21
清 白玉山水人物诗文牌	长5.1cm; 宽3.5cm	35,650	十竹斋	2021-06-27
近代 白玉人物故事牌	长4cm；高6cm	34,500	中贸圣佳	2021-09-26
林金波 金玉满堂 白玉牌	47mm×31mm×12mm	34,500	西泠印社	2021-07-25
不言兮作品 玛瑙巧雕 福寿三多牌	46mm×33mm×11mm	31,780	北京保利	2021-01-19
白玉松下人物子冈牌	长9cm	28,750	北京保利	2021-10-31
胡玮 和田玉黑青荷香牌子	4.6cm×1.8cm×1.1cm	23,000	尚品润博	2021-09-12
黄玉雕万寿无疆牌	长7cm；宽3.2cm	23,000	西泠印社	2021-07-24
王鸿武 和田玉籽料观音牌	4.6cm×3.2cm×1.1cm	20,700	北京荣宝	2021-06-19
黄铭制 和田玉籽料幽兰牌	5.4cm×3.5cm×1cm	20,700	广东精诚所至	2021-01-22
林金波 芳荷一品 白玉牌	44mm×26mm×9mm	20,700	西泠印社	2021-01-16

拍品名称	物品尺寸	成交价RMB	拍卖公司	拍卖日期
王彬 鸭蛋青虾趣挂牌	5.6cm×2.45cm×1.3cm	20,160	上海联合	2021-11-21
王彬 鸭蛋青富甲一方挂牌	4.35cm×3.15cm×1.2cm	17,920	上海联合	2021-11-21
白玉子冈款诗文牌	长6cm；宽4cm	17,250	陕西中宝	2021-01-12
殷小金 和田玉翠青双鱼牌	6.0cm×3.5cm×1.3cm	17,250	尚品润博	2021-09-12
白玉浮雕童子骑龙如意牌	长5.2cm；宽3.7cm	17,250	西泠印社	2021-07-24
清 双玉环佩	长13cm	89,700	中贸圣佳	2021-09-26
佩挂件				
新石器时代 红山文化玉猪龙	高4cm	1,193,688	中国嘉德	2021-04-21
文化期 石家河玉雕神人佩	高5cm	278,527	中国嘉德	2021-04-21
文化期 黄玉勾云佩	宽9.7cm	178,848	中国嘉德	2021-10-14
文化期 黄玉小猪龙	高2.8cm	178,848	中国嘉德	2021-10-14
文化期 石家河白玉虎头	宽3cm	139,264	中国嘉德	2021-04-21
文化期 石家河玉人面	高3cm	79,579	中国嘉德	2021-04-21
文化期 玉神人	高6cm	59,616	中国嘉德	2021-10-14
文化期 红山玉鸮	宽3.6cm	49,737	中国嘉德	2021-04-21
文化期 勾云纹玉佩	宽5.6cm	19,895	中国嘉德	2021-04-21
商晚期 黄玉鹦鹉佩	长9.3cm	233,680	香港苏富比	2021-04-22
商晚期 青玉鸟佩	长3cm	208,656	香港苏富比	2021-10-13
商 玉雕C龙	宽3.1cm	31,832	中国嘉德	2021-04-21
商/明 玉牛(两件)	最大的宽3.1cm	19,872	中国嘉德	2021-10-12
西周 人龙合璧玉佩	长9.5cm	169,949	香港苏富比	2021-04-22
西周 黄玉龙纹佩(一对)	宽6.2cm×2	84,553	中国嘉德	2021-04-21
西周 玉兔和青玉兔	玉兔长2.5cm；青玉兔长4cm	49,737	中国嘉德	2021-04-21
春秋晚期 龙形玉佩(三件)	最长9.5cm	564,438	佳士得	2021-12-03
春秋晚期/战国中期 玉佩(四件)	最长10.7cm	513,125	佳士得	2021-12-03
春秋晚期 龙形玉佩(两件)	最长9.9cm	246,300	佳士得	2021-12-03
春秋晚期 秦式龙纹“亚”字形玉佩(两件)	较大的长4cm	246,300	佳士得	2021-12-03
春秋 玉雕卧蚕纹螭龙(一对)	最大的宽7.9cm	238,738	中国嘉德	2021-04-21
春秋晚期 虎形玉佩	长5.5cm	225,775	佳士得	2021-12-03
春秋晚期 龙形玉佩	长8.5cm	205,250	佳士得	2021-12-03
春秋晚期龙形云谷纹玉佩(两件)	较长15.3cm	205,250	佳士得	2021-12-03
春秋中晚期 蛙形玉佩	长3.2cm	164,200	佳士得	2021-12-03
春秋 玉虎形佩(三件)	最长6cm	123,150	佳士得	2021-12-03
春秋晚期及战国早期 玉虎形佩玉及兽佩	长4.8cm	87,231	佳士得	2021-12-03
战国晚期 龙形玉佩	长9.1cm	12,520,250	佳士得	2021-12-03
战国晚期/西汉早期 玉透雕龙凤纹佩	长10cm	5,623,850	佳士得	2021-12-03
战国 白玉猴	高2.3cm	1,989,480	中国嘉德	2021-04-21
战国中期 龙形云猴玉佩	长9.9cm	1,744,625	佳士得	2021-12-03
战国中期 玉透雕双龙佩	长12.2cm	1,026,250	佳士得	2021-12-03
战国晚期 龙凤玉佩	长16.3cm	615,750	佳士得	2021-12-03
战国 纽丝纹龙形玉佩	长16.8cm	564,438	佳士得	2021-12-03
战国中期 镂雕龙形玉佩	长8cm	564,438	佳士得	2021-12-03
战国 白玉双龙佩	长4cm	547,107	中国嘉德	2021-04-21
战国中期 透雕四龙纹玉佩	长6.9cm	513,125	佳士得	2021-12-03
战国 谷纹S龙	长9.4cm	497,370	中国嘉德	2021-04-21
战国中晚期 龙凤鸟纹玉佩	长14.9cm	410,500	佳士得	2021-12-03
战国中期 龙形玉佩	长11cm	328,400	佳士得	2021-12-03
战国中晚期 玉透雕龙凤纹佩	长15.4cm	307,875	佳士得	2021-12-03
战国中期 龙凤玉佩	长6.8cm	287,350	佳士得	2021-12-03
战国中期 龙形玉佩	长13.1cm	287,350	佳士得	2021-12-03
战国中期 龙形玉佩	长10.4cm	266,825	佳士得	2021-12-03

拍品名称	物品尺寸	成交价RMB	拍卖公司	拍卖日期
战国早期 龙形玉佩(两件)	较长12.6cm	164,200	佳士得	2021-12-03
战国早期 龙形玉佩	长12.5cm	133,413	佳士得	2021-12-03
战国 玉兽面	高3.5cm	47,748	中国嘉德	2021-04-21
战国 龙形玉佩(三件一组)	尺寸不一	38,976	罗芙奥	2021-07-17
战国 黄玉带沁龙	宽9cm	34,816	中国嘉德	2021-04-21
汉 玉熊	高2cm	298,080	中国嘉德	2021-10-12
汉 玉雕镂空龙纹佩	高8cm	188,784	中国嘉德	2021-10-14
汉 玉跪人	高4.5cm	99,474	中国嘉德	2021-04-21
唐 玉雕束莲腰鼓形佩	长3.6cm	59,616	中国嘉德	2021-10-12
宋或较晚 白玉英雄佩	高3.5cm；宽4.1cm	149,211	中国嘉德	2021-04-21
宋/元 玉雕红沁双鱼佩	宽5.4cm	29,808	中国嘉德	2021-10-12
元 白玉鸳鸯佩	长7cm	207,000	上海呗美	2021-03-28
元 白玉雁坠	长5.2cm	184,000	古天一	2021-06-07
元 白玉镂雕穿花云龙纹佩	长5.8cm	149,500	中贸圣佳	2021-03-26
元 白玉雕童子戏鹅坠	55mm×39mm×26mm	126,500	西泠印社	2021-01-15
元 玉虎符	长5cm	103,500	华艺国际	2021-12-11
元 青玉双龙佩	长7.8cm；宽6.4cm	103,500	上海呗美	2021-05-30
元 白玉红沁舞人把件	高7cm	92,000	西泠印社	2021-01-15
元 玉沁色饮马佩	长4.7cm	92,000	中国嘉德	2021-11-29
元 白玉镂雕松下人物故事佩	长8.5cm	83,950	西泠印社	2021-04-10
元 白玉花佩	长5.9cm；宽3.9cm	80,500	上海呗美	2021-05-30
元 白玉镂雕海东青捕雁佩	长7.5cm	51,750	西泠印社	2021-01-16
元 青白玉持荷童子吊坠	高3.7cm	46,000	中贸圣佳	2021-05-21
元 玉雕双荔枝穿心孔坠	3.5cm×2.8cm	43,700	古天一	2021-06-07
元 玉嘎拉哈	长3.3cm	43,700	中贸圣佳	2021-09-26
元 白玉“富贵”双全挂件	长2.8cm	40,250	北京荣宝	2021-06-19
元 黄玉荷雁坠	长5.6cm	36,800	古天一	2021-06-07
元至明 白玉高浮雕双螭龙纹佩	长7.9cm；宽5.6cm	34,500	西泠印社	2021-01-15
元 玉雕鳜鱼佩	高3.5cm×宽8cm	32,200	北京诚轩	2021-11-28
元 白玉双鱼佩	长8cm	23,000	古天一	2021-06-07
元 青白玉镂雕云龙纹佩	长9cm；宽3.3cm	23,000	西泠印社	2021-01-15
明以前 白玉鸟纹佩	长4.3cm	21,850	广东崇正	2021-07-19
明以前 白玉海东青春水佩	长5.5cm	20,700	广东崇正	2021-07-19
明以前 玉摩羯鱼龙纹挂件	长5.4cm	20,700	广东崇正	2021-07-19
明 白玉红沁咬尾龙	4.6cm×4.5cm	1,127,000	永乐拍卖	2021-05-22
明 白玉黄沁S龙佩	长14.6cm；宽9.7cm	1,092,500	永乐拍卖	2021-05-22
明 白玉镂空龙纹神人佩	长4.8cm；宽4.2cm	828,000	永乐拍卖	2021-05-22
明 白玉镂空龙凤纹佩	直径4.5cm	609,500	上海呗美	2021-05-30
明 白玉螭龙佩	长8.4cm	552,000	永乐拍卖	2021-05-22
明 “子冈”款白玉喜鹊登梅佩	直径5.5cm	333,500	古天一	2021-06-07
明 青黄玉楚式龙形佩	长14.5cm	287,500	永乐拍卖	2021-05-22
明 白玉佛佩	38mm×34mm×10mm	230,000	西泠印社	2021-01-15
明 白玉莲池交颈鸿雁纳言佩	长6.8cm	230,000	永乐拍卖	2021-05-22
明 白玉龙形博古佩	长8.8cm	230,000	古天一	2021-06-07
明 白玉沁色龙凤纹佩	宽5.3cm	230,000	北京华夏天天	2021-09-25
明 白玉螭龙纹方佩	4.5cm×4.7cm	218,500	浙江佳宝	2021-01-10
明 黄玉狮子	35mm×32mm×26mm	218,500	西泠印社	2021-01-15
明 青黄玉圆棱眼玉蝉	直径3.8cm	218,500	永乐拍卖	2021-05-22
明 白玉红沁镂雕兽面双龙纹佩	长9cm；宽4cm	207,000	西泠印社	2021-01-15

2021玉器拍卖成交汇总(续表)

(成交价RMB：1万元以上)

拍品名称	物品尺寸	成交价RMB	拍卖公司	拍卖日期
明 白玉立凤兽面纹佩	高4.8cm	195,500	永乐拍卖	2021-05-22
明 白玉山水清音佩	长6.4cm	172,500	北京保利	2021-12-06
明 白玉双童摔跤嬉戏佩	高2.7cm	172,500	永乐拍卖	2021-05-22
明 凤鸟纹圆挂饰	直径3cm	161,000	中贸圣佳	2021-07-07
明 白玉鸟形佩	高9.1cm	155,250	上海呗美	2021-05-30
明 白玉鸳鸯佩	长5cm	149,500	永乐拍卖	2021-05-22
明 青黄玉五彩沁咬尾夔龙佩	外径10.5cm	138,000	永乐拍卖	2021-05-22
明 白玉胡人乐舞佩	长5.6cm	132,250	永乐拍卖	2021-05-22
明 痕都斯坦玉挂件	玉牌长2.65cm～3.1cm	120,750	永乐拍卖	2021-05-22
明 白玉镂雕凤穿牡丹佩	长7.4cm	115,000	浙江佳宝	2021-01-10
明 黄玉虎佩	长3.6cm	115,000	永乐拍卖	2021-05-22
明 黄玉猪龙	长4.5cm；宽3.7cm	115,000	西泠印社	2021-07-24
明 青黄玉龙形佩	长11.6cm；宽2.6cm	115,000	永乐拍卖	2021-05-22
明 玉雕螭龙盘尾佩	长5.5cm；宽4.5cm	115,000	西泠印社	2021-07-24
明 白玉比翼同心佩	高5.1cm；宽3cm	115,000	上海呗美	2021-05-30
明 黄玉圆雕瑞兽	长5.8cm；宽3cm	109,250	永乐拍卖	2021-05-22
明 白玉红沁谷纹龙凤佩	长10cm；宽5.2cm	103,500	西泠印社	2021-01-15
明 白玉红沁串佩	长1.8cm；长3.6cm	97,750	永乐拍卖	2021-05-22
明 白玉黄沁工形佩	长4cm	97,750	永乐拍卖	2021-05-22
明 白玉浮雕蟠虺纹龙形冲牙	长6.95cm	89,700	永乐拍卖	2021-05-22
明 黄玉C形出脊龙纹佩	长6cm；宽5.5cm	89,700	西泠印社	2021-01-15
明 白玉浮雕兽面纹蝉形佩	长6.5cm；宽4cm	86,250	西泠印社	2021-01-15
明 白玉黄褐沁瑞兽	长4.95cm；宽3cm	86,250	永乐拍卖	2021-05-22
明 玉雁荷花佩	5.5cm×4.6cm	78,200	古天一	2021-06-07
明 旧玉螭龙纹佩	高5.5cm	74,750	北京翰海	2021-12-18
明 玉雕龙首蚕身佩	长7cm；宽5cm	74,750	西泠印社	2021-01-15
明 白玉镂雕一佛二弟子佩	长4.8cm；宽3.5cm	74,750	西泠印社	2021-07-24
明 巧雕黄玉双鹅	长5.0cm；高3.7cm	74,750	永乐拍卖	2021-05-22
明 玉咬尾龙环组佩	直径1.9cm	66,700	永乐拍卖	2021-05-22
明 白玉双面阿文佩	4cm×3.7cm×0.9cm	63,250	中国嘉德	2021-11-29
明 白玉子辰佩	高5.5cm；厚1cm	59,800	上海呗美	2021-05-30
明 白玉花佩	长5.7cm	57,500	中国嘉德	2021-05-19
明 玉雕兽面纹佩	长8cm；宽5cm	57,500	西泠印社	2021-01-15
明 白玉饕餮纹迦楼罗金翅鸟护心佩(两件)	尺寸不一	57,500	中鸿信	2021-07-14
明 玉蝉	长5.8cm	55,200	中贸圣佳	2021-09-26
明 貔貅	6cm×2.3cm	51,750	上海嘉禾	2021-07-22
明 沁色玉雕喜字佩	57mm×52mm×5mm	51,750	西泠印社	2021-07-25
明 白玉巧雕“代代封侯”佩	长6cm	50,600	中贸圣佳	2021-03-26
明至清 白玉松鹤图诗文双龙佩	长6.7cm；宽4.2cm	49,450	西泠印社	2021-04-10
明 玉虎佩件	长7.5cm	48,300	北京禾谷	2021-01-24
明 白玉梵文桃心坠	高4.5cm	48,300	古天一	2021-06-07
明 白玉天禄佩	高4.5cm	48,300	中鸿信	2021-07-14
明 黄玉凤鸟纹觿形佩	长8cm；宽4cm	46,000	西泠印社	2021-01-15
明 鸡骨白玉福寿齐眉佩	高5.5cm	43,700	北京翰海	2021-12-18
明 白玉红沁咬尾飞龙佩	长4.8cm；宽3.7cm	43,700	永乐拍卖	2021-05-22
明 端木蕻良旧藏古玉(一组四件)	尺寸不一	40,250	西泠印社	2021-01-16
明 玉沁色龙纹佩	长8.1cm	40,250	中国嘉德	2021-05-19
明 白玉子鼠寿字佩	高5.5cm	39,100	上海呗美	2021-03-28
明 青玉谷纹大青龙佩	长16.5cm	34,500	北京禾谷	2021-01-24
明 白玉龙纹佩	长8cm；宽1.1cm	34,500	上海呗美	2021-05-30
明 白玉双鱼挂件	长6.7cm	34,500	十竹斋拍卖(北京)	2021-05-29
明 玉翁仲挂件	高4.5cm	34,500	西泠印社	2021-07-24
明 白玉鱼形佩	长9.5cm；宽4cm	34,500	西泠印社	2021-07-24
明 白玉镂雕福寿万年佩	长6cm	34,500	中国嘉德	2021-05-19
明 黄玉仿古高浮雕龙凤纹挂件	长7.2cm	32,200	西泠印社	2021-01-15
明 青白玉如意纹佩饰	长7cm；宽6.9cm	32,200	西泠印社	2021-07-24
明 白玉镂空凤穿牡丹佩	长6.3cm；宽4.7cm	32,200	浙江佳宝	2021-01-10
明 青玉“年年有余”佩	长8cm	32,200	中贸圣佳	2021-03-26
明 白玉迦楼罗挂件(带紫檀盒)	长3.8cm	28,750	广东崇正	2021-01-07
明 旧玉红沁蝉	长5.6cm	28,750	上海呗美	2021-05-30
明 白玉卧兔挂件	高1.2cm；长2.4cm	28,750	西泠印社	2021-01-15
明 白玉浮雕释迦牟尼佩	长5.7cm；宽3.8cm	28,750	西泠印社	2021-07-24
明 白玉蝉	长5.6cm；宽2.8cm	28,750	西泠印社	2021-07-24
明 白玉梅竹佩(一对)	长3.7cm；宽2.5cm	28,375	浙江佳宝	2021-01-10
明 白玉玛瑙串链玉斧挂件(一套)	玉斧长14.9cm；玛瑙长35cm	27,600	北京禾谷	2021-01-24
明 白玉镂雕秋山佩	长4.3cm；宽2.5cm	27,600	西泠印社	2021-01-16
明 玉龙钮坠	长10cm	25,300	北京保利	2021-01-09
明 白玉龙纹坠	直径2.6cm	25,300	上海呗美	2021-05-30
明 白玉鱼化龙纹挂件	高6cm	23,000	广东崇正	2021-07-19
明 和田青白玉蝉	长5.8cm	23,000	中贸圣佳	2021-03-26
明 白玉透雕鹦鹉佩	高4.8cm	21,850	古天一	2021-06-07
明 玉雕子辰佩	高4.6cm	21,850	古天一	2021-06-07
明 旧玉童子献宝坠	长5cm	20,700	北京翰海	2021-12-18
明 黄玉螭龙纹玉佩	6.8cm×4.1cm	20,700	北京禾谷	2021-01-24
明 白玉螭龙纹佩(两件)	长5cm；长4cm	20,700	广东崇正	2021-01-07
明 玉雕鹦鹉联珠纹佩	直径5.2cm	20,700	西泠印社	2021-07-24
明 白玉红沁葫芦佩	长4.3cm；宽5.1cm	20,700	浙江佳宝	2021-01-10
明 白玉夔龙佩	长6.7cm；宽4.4cm	20,700	浙江佳宝	2021-01-10
明 蝠在眼前佩	长6.8cm	19,295	北京保利	2021-08-15
明 白玉提油羊挂件	高5.3cm	18,400	广东崇正	2021-07-19
明 白玉红沁双猴坠	宽2.1cm；高3.4cm	18,400	浙江佳宝	2021-01-10
明 白玉鱼纹佩	长6.5cm	18,400	中鸿信	2021-07-14
明 玉马上上任坠	高5.5cm	17,250	北京翰海	2021-10-16
明 玉提色龙虎佩	高7.5cm	17,250	中国嘉德	2021-05-19
明晚期 青白玉雕送子观音佩	高4.5cm×宽4cm	28,750	北京诚轩	2021-11-28
明末清初 白玉龙舟转心佩	高5.5cm	172,500	古天一	2021-06-07
明末清初 黄玉龙凤纹博古佩	长6.5cm	57,500	古天一	2021-06-07

拍品名称	物品尺寸	成交价RMB	拍卖公司	拍卖日期
清早期 白玉蛇形佩	长5cm	488,050	北京保利	2021-08-15
清早期 白玉天鹿佩	高7.5cm	172,500	十竹斋拍卖(北京)	2021-05-29
清早期 黄玉诗文方胜纹佩	宽6.2cm；高6.5cm	115,000	华艺国际	2021-06-04
清早期 白玉雕双龙“长宜子孙”佩	高6.2cm	103,500	十竹斋拍卖(北京)	2021-05-29
清早期 白玉龙纹佩	6cm×2.6cm	69,000	中国嘉德	2021-05-19
清早期 白玉红皮骨	宽4.6cm	59,684	中国嘉德	2021-04-21
清早期 白玉三阳开泰	长3.3cm；宽3.5cm	49,737	中国嘉德	2021-04-21
清初 沁色马上封侯挂件	7.5cm×3.7cm	34,500	十竹斋拍卖(北京)	2021-05-29
清早期 白玉红沁蒲扇双猫佩	长5.9cm；宽4.1cm	19,550	浙江佳宝	2021-01-10
清早期 白玉蜻蜓花卉图坠	长5.3cm	18,400	中贸圣佳	2021-09-26
清乾隆 黄玉仿古龙纹佩	宽12.5cm	16,100,000	北京保利	2021-12-05
清乾隆 白玉长宜子孙佩	长11.8cm	7,992,500	北京保利	2021-09-26
清乾隆 白玉博古兽面纹斧形佩	长4.7cm	816,500	古天一	2021-06-07
清乾隆 白玉留皮多子多孙坠	长6.3cm	805,000	北京保利	2021-09-26
18世纪 白玉双龙佩	长8cm	552,000	北京华夏天天	2021-09-25
18世纪 白玉子冈款竹节佩	长5cm	552,000	北京华夏天天	2021-09-25
18世纪或以前 白玉罗汉坠	高4.4cm	367,031	纽约佳士得	2021-03-18
清乾隆 青白玉长宜子孙佩	高13.7cm	230,000	北京保利	2021-10-30
清乾隆 白玉龙纹平安佩	宽6.3cm	184,000	北京华夏天天	2021-09-25
清乾隆 白玉雕留皮灵芝坠	42mm×27mm×21mm	172,500	西泠印社	2021-01-15
清乾隆 白玉雕双螭龙佩	69mm×42mm×13mm	172,500	西泠印社	2021-01-15
清乾隆/嘉庆 白玉雕螭龙纹佩	宽5.8cm	130,500	纽约佳士得	2021-03-18
清乾隆 玉雕螭龙纹佩	长7.4cm	115,000	华艺国际	2021-03-31
清乾隆 白玉洒金皮松鼠丝瓜佩	长6cm	101,200	永乐拍卖	2021-12-01
清乾隆 南红玛瑙巧雕福至心灵坠	长4.5cm	92,000	北京保利	2021-01-09
清乾隆 玉璧挂件	长6.7cm	92,000	中贸圣佳	2021-05-21
清乾隆 白玉金皮子孙万代佩	长6.7cm	89,700	永乐拍卖	2021-12-01
清乾隆 白玉“心中有佛”挂件	长4.2cm	80,500	北京荣宝	2021-06-19
清乾隆 白玉雕花蝶佩	长6.9cm；宽5.8cm	75,900	浙江佳宝	2021-01-10
清乾隆 白玉蝉	长4.5cm	74,750	中贸圣佳	2021-05-21
清乾隆 白玉合欢蜻蜓佩	长5.3cm	66,700	永乐拍卖	2021-12-01
清乾隆 白玉龙凤佩	外径5.4cm	63,250	永乐拍卖	2021-12-01
清乾隆 白玉福至心灵挂件	4cm×3cm	63,250	十竹斋拍卖(北京)	2021-05-29
清乾隆 白玉夔龙纹佩	宽3.8cm；高6cm	59,800	永乐拍卖	2021-12-01
18世纪 白玉三阳开泰	长5.5cm；宽3.3cm	59,684	中国嘉德	2021-04-21
清乾隆 白玉年年有余佩	长6.8cm	57,500	北京保利	2021-10-31
清乾隆 白玉风云际会佩	长7cm；宽5cm	52,900	永乐拍卖	2021-12-01
清乾隆 琥珀雕松鼠葡萄挂坠	长6.3cm	43,700	中国嘉德	2021-05-19
清乾隆 白玉“长宜子孙”佩	高23.5cm	25,300	中鸿信	2021-07-14
清中期 白玉刻张灵闺阁诗瑞兽钮双联佩	长8cm	195,500	北京保利	2021-06-08
清中期 白玉雕羲之爱鹅诗文佩	长6.4cm	172,500	华艺国际	2021-03-31
清中期 白玉雕吉祥童子佩	高5.6cm	149,500	十竹斋拍卖(北京)	2021-05-29
清中期 黑白玉巧雕三猫佩	长4.4cm	138,000	北京华夏天天	2021-09-25
清中期 白玉浮雕一鹭太平凤鸟佩	长5.3cm	115,000	西泠印社	2021-07-24
清中期 白玉寿山福海佩	高6.8cm	115,000	北京翰海	2021-06-05
清中期 白玉仕女诗文佩	高5cm	92,000	北京翰海	2021-12-18
清中期 白玉太白醉酒佩	高5.2cm	92,000	北京翰海	2021-06-05
清中期 白玉巧色济公戏虎挂件	长4cm	86,250	北京保利	2021-09-26
清中期 白玉洒金福寿封侯坠	高4.8cm	80,500	北京翰海	2021-06-05
清中期 白玉双龙佩	高7cm	74,750	北京翰海	2021-12-18
清中期 白玉吉庆有余佩	直径9.7cm	69,000	中国嘉德	2021-05-19
清中期 青白玉带皮金玉满堂	长4.5cm；宽3.7cm	61,674	中国嘉德	2021-04-21
清中期 白玉刘海戏蟾佩	高5.4cm	57,500	北京翰海	2021-12-18
清中期 白玉竹节佩	高7.3cm	57,500	北京翰海	2021-12-18
清中期 白玉福禄金蟾坠	高6.1cm	57,500	北京翰海	2021-06-05
清中期 白玉洒金瓜果坠	高6cm	51,750	北京翰海	2021-06-05
清中期 白玉夔龙纹斋戒佩	高6cm	48,300	北京翰海	2021-12-18
清中期 白玉英武佩	高5.5cm	48,300	北京翰海	2021-12-18
清中期 白玉龙纹佩	高4cm	48,300	北京翰海	2021-12-18
清中期 白玉双螭龙纹佩	直径5.5cm	48,300	广东崇正	2021-01-07
清中期 白玉花卉葫芦转心佩	高6.7cm	46,000	北京翰海	2021-12-18
清中期 白玉鹅衔枝坠	长4.5cm	46,000	北京翰海	2021-12-18
清中期 白玉福寿如意佩	高5.9cm	46,000	北京翰海	2021-06-05
清中期 白玉梅妻鹤子佩	高7cm	46,000	北京翰海	2021-06-05
清中期 白玉天干地支佩	高7.1cm	46,000	北京翰海	2021-06-05
清中期 白玉教子升天佩	高6.7cm	46,000	北京翰海	2021-06-05
清中期 白玉巧雕竹节凤纹佩	高6.5cm	43,700	北京翰海	2021-12-18
清中期 黑白玉巧雕和谐坠	高4.8cm	36,800	北京翰海	2021-12-18
清中期 白玉洒金螭龙纹坠	高4.8cm	36,800	北京翰海	2021-12-18
清中期 白玉平安无事佩	高4.8cm	34,500	北京翰海	2021-12-18
清中期 白玉四灵神佩	高4cm	34,500	北京翰海	2021-12-18
清中期 白玉五蝠佩	直径5.5cm	34,500	北京翰海	2021-12-18
清中期 白玉留皮福寿坠	高5.2cm	34,500	北京翰海	2021-06-05
清中期 白玉子辰佩	高7cm	34,500	北京翰海	2021-06-05
清中期 白玉双欢坠	长5.2cm	32,200	北京翰海	2021-12-18
清中期 白玉兰花坠	高6cm	32,200	北京翰海	2021-12-18
清中期 白玉芭蕉童子坠	高5.5cm	32,200	北京翰海	2021-12-18
清中期 白玉夔龙纹佩	高6cm	32,200	北京翰海	2021-12-18
清中期 白玉龙形佩	高8cm	32,200	北京翰海	2021-12-18
清中期 黑白玉巧雕双龙佩	高7cm	32,200	北京翰海	2021-12-18
清中期 白玉童子葫芦万代坠	高4cm	32,200	北京翰海	2021-12-18
清中期 白玉童子坠	高5.4cm	32,200	北京翰海	2021-06-05
清中期 白玉茄果坠	长5.1cm	32,200	中国嘉德	2021-11-29
清中期 白玉竹节佩	高7.6cm	31,795	中国嘉德	2021-10-14
清中期 白玉挂坠(一对)	长2.5cm	30,645	北京保利	2021-08-09
清中期 青白玉籽料刻灵芝纹挂坠	长3.5cm	30,645	北京保利	2021-08-09
清中期 白玉洒金螭龙纹坠	高4.8cm	28,750	北京翰海	2021-12-18
清中期 白玉一路连科佩	高5.5cm	28,750	北京翰海	2021-12-18
清中期 白玉灵芝如意童子坠	长7cm	28,750	北京翰海	2021-12-18
清中期 白玉吉庆有余佩	高7.1cm	28,750	北京翰海	2021-06-05
清中期 白玉教子升天佩	高7.2cm	28,750	北京翰海	2021-06-05
清中期 黄玉雕鸡形挂件	长4.5cm	28,750	北京华辰	2021-06-19
清中期 白玉君子佩	长4.5cm	28,750	中鸿信	2021-07-14
清中期 白玉刻花卉如意头花形佩	宽8cm	26,105	北京保利	2021-08-09
清中期 白玉双猫坠	长5.8cm	25,300	北京保利	2021-01-09
清中期 黄玉“听香书屋”题诗佩	直径5.9cm	25,300	北京保利	2021-12-06

2021玉器拍卖成交汇总(续表)

(成交价RMB：1万元以上)

拍品名称	物品尺寸	成交价RMB	拍卖公司	拍卖日期
清中期 白玉洒金福在眼前坠	长5.7cm	25,300	北京翰海	2021-12-18
清中期 白玉龙凤佩	高8cm	25,300	北京翰海	2021-12-18
清中期 白玉合家欢坠	长4.8cm	25,300	北京翰海	2021-06-05
清中期 白玉灵芝如意坠	长5cm	23,000	北京翰海	2021-12-18
清中期 白玉太平如意佩	高5.5cm	23,000	北京翰海	2021-12-18
清中期 白玉一品当朝佩	高6.5cm	23,000	北京翰海	2021-12-18
清中期 白玉双龙佩	高5.5cm	23,000	北京翰海	2021-12-18
清中期 白玉雕刘海戏金蟾挂件	高6.5cm	23,000	北京华辰	2021-06-19
清中期 白玉蜻蜓佩	长6.3cm； 宽4.5cm	21,850	浙江佳宝	2021-01-10
清中期 白玉桃形坠	高3.8cm	20,700	北京翰海	2021-12-18
清中期 白玉瓜果坠	高6cm	20,700	北京翰海	2021-12-18
清中期 白玉龙凤佩	高5cm	20,700	北京翰海	2021-12-18
清中期 白玉龙纹转心佩	高4.8cm	20,700	北京翰海	2021-12-18
清中期 白玉年年有余佩	直径5.3cm	20,700	北京翰海	2021-12-18
清中期 白玉留皮一路连科坠	高6.5cm	20,700	北京翰海	2021-06-05
清中期 白玉百事如意佩	高5.8cm	20,700	北京翰海	2021-06-05
清中期 白玉鹅衔枝坠	高3.5cm	17,250	北京翰海	2021-12-18
清中期 白玉云凤纹物华天宝佩	高5.8cm	17,250	北京翰海	2021-12-18
清中期 白玉龙纹喜字佩	高6.5cm	17,250	北京翰海	2021-12-18
清中期 白玉龙纹葫芦佩	高5cm	17,250	北京翰海	2021-12-18
清中期 白玉蝴蝶佩	高4.5cm	17,250	北京翰海	2021-12-18
清中期 白玉吉庆有余佩	高4.5cm	17,250	北京翰海	2021-12-18
清中期 白玉英武佩	高5.5cm	17,250	北京翰海	2021-12-18
清中期 白玉童子坠	长4.5cm	17,250	北京翰海	2021-12-18
清中期 白玉留皮瓜瓞绵绵坠	高5cm	17,250	北京翰海	2021-06-05
清中期 白玉松下人物诗文佩	高4.5cm	17,250	北京翰海	2021-06-05
清中期 白玉花篮佩	长5.5cm； 宽5.4cm	17,250	浙江佳宝	2021-01-10
清18至19世纪 白玉福寿纹佩	宽7.5cm	18,400	中贸圣佳	2021-09-25
清 白玉透雕凤纹佩	5.5cm × 3.6cm	1,782,500	古天一	2021-06-07
清 白玉出廓龙纹佩	5cm × 3.2cm	874,000	古天一	2021-06-07
清 白玉龙凤佩	长8.6cm	862,500	古天一	2021-06-07
清 白玉高浮雕螭龙纹佩	直径4.6cm	747,500	古天一	2021-06-07
清 玉蝉	长6cm	667,000	古天一	2021-06-07
清 双联玉蚕	长3.2cm	575,000	永乐拍卖	2021-12-01
清 白玉龙形谷纹佩	长9.3cm	437,000	古天一	2021-06-07
清 玉雕透雕双凤佩	4cm × 2.5cm	356,500	古天一	2021-06-07
清 青玉凤鸟佩	长5.5cm	270,250	永乐拍卖	2021-12-01
清 白玉雕松鼠葡萄纹佩	56mm×46mm×15mm	253,000	西泠印社	2021-01-15
清 黄玉神人佩	高4.5cm	218,500	永乐拍卖	2021-12-01
清 白玉雕瓜果挂件	43mm×26mm×15mm	201,250	西泠印社	2021-07-25
清 白玉留皮蟠螭佩	5.8cm × 4cm	184,000	中国嘉德	2021-11-29
清 白玉蝉形佩	长5.1cm	172,500	上海呗美	2021-05-30
清 白玉雕松鼠葡萄挂件	54mm×47mm×24mm	161,000	西泠印社	2021-01-15
清 黄玉雕府上有龙佩	高10cm	161,000	中鸿信	2021-07-14
清 青花玉雕俏色喜中三元坠	40mm×30mm×25mm	161,000	西泠印社	2021-01-15
清 白玉雕扇子扑蝶佩	65mm×47mm×8mm	149,500	西泠印社	2021-07-25
清 白玉雕一路清廉佩	51mm×37mm×11mm	138,000	西泠印社	2021-07-25
清 白玉雕芝兰佩	46mm×30mm×12mm	138,000	西泠印社	2021-01-15
清 白玉红皮金鱼佩	长6cm	138,000	北京华夏 天天	2021-09-25
清 白玉英雄坠	长4.3cm	126,500	北京保利	2021-06-08
清 玉山水佩	长5.8cm	126,500	北京翰海	2021-10-16
清 白玉红皮金玉满堂	长6.1cm； 宽3.3cm	126,500	上海呗美	2021-05-30

拍品名称	物品尺寸	成交价RMB	拍卖公司	拍卖日期
清 碧玺雕鸠合同心佩	高5cm	115,000	古天一	2021-06-07
清 白玉灵芝双鲶鱼佩	长7.7cm	115,000	上海呗美	2021-03-28
清 黑白玉巧作龙纹佩	7.5cm × 4cm	112,700	古天一	2021-06-07
清 白玉凤鸣竹佩	高7.3cm； 宽3.6cm	109,250	上海呗美	2021-05-30
清 白玉鱼化龙佩	宽20cm	106,031	纽约佳士得	2021-03-18
清 粉碧玺螭龙纹坠	高5.2cm	101,200	古天一	2021-06-07
清 青白玉兽形佩	高5.5cm	101,200	古天一	2021-06-07
清 白玉雕吉祥佩	70mm×44mm×7mm	97,750	西泠印社	2021-07-25
清乾隆款白玉浮雕大吉葫芦佩	长6.5cm	97,750	西泠印社	2021-07-24
清 白玉雕连年有余挂件	长7cm	92,000	北京华辰	2021-06-19
清 白玉双猫坠	长5cm	92,000	北京华夏 天天	2021-09-25
清 白玉雕灵芝挂件	50mm×43mm×8mm	92,000	西泠印社	2021-07-25
清 白玉红皮松鼠葡萄佩	长5.3cm	89,700	古天一	2021-06-07
清 玛瑙巧雕双鹅坠	3.8cm×2.2cm×2.4cm	86,250	北京诚轩	2021-05-18
清 白玉黄沁榴开百子佩	长7.1cm； 宽4.3cm	86,250	永乐拍卖	2021-05-22
清 白玉蝴蝶佩	直径7.8cm	86,250	中国嘉德	2021-05-19
清 白玉龙纹佩	长14.5cm	80,500	中鸿信	2021-07-14
清 青玉虎纹龙形冲牙	长10.1cm	78,200	永乐拍卖	2021-12-01
清 道教五雷号令、敕令(两件)	长5cm；长8.1cm	74,750	永乐拍卖	2021-12-01
清 白玉双鹿挂件	长5.4cm	71,300	中贸圣佳	2021-03-26
清 白玉龙凤纹佩	长6.2cm；宽3cm	71,300	中贸圣佳	2021-03-26
清 玉沁色生肖葫芦佩	长8.4cm	69,000	中国嘉德	2021-11-29
清 玉八卦佩	长5.3cm	69,000	北京翰海	2021-04-17
清 白玉留皮金玉满堂佩	长6.5cm	69,000	北京华夏 天天	2021-09-25
清 白玉蝉	高6cm	69,000	古天一	2021-06-07
清 龙首玉坠	长3cm	69,000	古天一	2021-06-07
清 白玉报喜三元佩	直径7.2cm	69,000	十竹斋拍卖 (北京)	2021-05-29
清 白玉红皮葫芦佩	长5.85cm； 宽3.8cm	69,000	永乐拍卖	2021-05-22
清 白玉双螭纹斧形佩	长6.7cm； 宽4.7cm	69,000	中贸圣佳	2021-03-26
清 白玉雕喜上眉梢佩	52mm×33mm×13mm	69,000	西泠印社	2021-01-15
清 白玉雕童子戏鹅坠	56mm×29mm×21mm	69,000	西泠印社	2021-07-25
清 白玉雕和合二仙佩	66mm×66mm×7mm	69,000	西泠印社	2021-07-25
清 白玉佩(三件)	尺寸不一	69,000	中鸿信	2021-07-14
清 青黄玉凤鸟纹觿形佩	长5.6cm	66,700	永乐拍卖	2021-12-01
清 青白玉蝉	长6.8cm	66,700	古天一	2021-06-07
清 白玉龙纹佩	长9.2cm； 宽2.9cm	66,700	永乐拍卖	2021-12-01
清 翡翠巧雕金玉满堂佩	长6.4cm； 宽3.6cm	66,700	永乐拍卖	2021-12-01
清 镂空雕螭龙玉佩	长9cm	63,250	北京禾谷	2021-01-24
清 龙凤玉佩	长5.3cm	59,800	中贸圣佳	2021-09-26
清 白玉福寿佩	长5.8cm	57,500	北京保利	2021-05-18
清 白玉蝉	高5.8cm	57,500	古天一	2021-06-07
清 玉连珠纹鹦鹉佩	直径5.2cm	57,500	十竹斋	2021-06-27
清 白玉刻人物诗文佩	长6cm； 宽4.4cm	57,500	西泠印社	2021-07-24
清 白玉带皮烟荷塘清趣挂件	长4.6cm	57,500	中贸圣佳	2021-03-26
清 龙纹挂件	高6.2cm	57,500	中贸圣佳	2021-09-26
清 玉雕诗文花卉佩(3件)	尺寸不一	57,500	北京翰海	2021-10-16

(成交价RMB：1万元以上)

拍品名称	物品尺寸	成交价RMB	拍卖公司	拍卖日期
清 玉鱼桃坠(3件)	尺寸不一	57,500	北京翰海	2021-10-16
清 白玉雕同心佩	82mm×56mm×5mm	57,500	西泠印社	2021-01-15
清 沁色玉雕结交四方佩	56mm×54mm×7mm	56,350	西泠印社	2021-07-25
清 白玉雕岁岁双安龙虎佩	长8.3cm；宽4.5cm	55,200	西泠印社	2021-07-24
清 蓝宝挂坠	长1.5cm	55,200	中贸圣佳	2021-03-25
清 白玉雕带皮松鼠葡萄纹坠	53mm×39mm×18mm	55,200	西泠印社	2021-07-25
清 黄玉八刀蝉	长5.7cm	51,750	永乐拍卖	2021-12-01
清 白玉留皮"一鸣惊人"挂件	高4.5cm	51,750	中鸿信	2021-07-14
清 带皮松鼠葡萄挂件	长7cm	51,750	中贸圣佳	2021-09-26
清 白玉红皮巧雕鸡挂件	长5.7cm	48,300	北京保利	2021-12-06
清 白玉金玉满堂佩	长5cm	48,300	古天一	2021-06-07
清 白玉鱼化龙佩	长9.6cm；宽4.8cm	48,300	上海呗美	2021-05-30
清 白玉留皮花卉喜字佩	长5cm；宽4.7cm	48,300	西泠印社	2021-07-24
清 玉如意方佩	长5cm	47,150	北京翰海	2021-10-16
清 玛瑙巧雕凤云际会坠	长6cm；宽4.5cm	46,000	北京华夏天天	2021-09-25
清 令旗童子	宽4cm；高6cm	46,000	辽宁省拍	2021-07-04
清 白玉莲生贵子花形佩	直径6.8cm	46,000	中国嘉德	2021-05-19
清 白玉双蝠团花佩	直径7.2cm	46,000	中国嘉德	2021-05-19
清 白玉福禄封侯挂件	高4.2cm；长5cm	46,000	中贸圣佳	2021-03-26
清 白玉留皮金玉满堂挂件	3.3cm×4.2cm	44,850	十竹斋	2021-06-27
清 白玉鹌擒鹅雁佩	长8cm	43,700	北京保利	2021-06-08
清 玉溪山亭畔佩	长5.5cm	43,700	北京翰海	2021-10-16
清 白玉鸳鸯佩	长5.5cm	43,700	古天一	2021-06-07
清 碧玉长宜子孙佩	直径8.1cm	43,700	中贸圣佳	2021-03-26
清 玉英武佩	直径5.7cm	43,700	中贸圣佳	2021-09-26
清 白玉雕福在眼前佩	68mm×56mm×10mm	43,700	西泠印社	2021-01-15
清 黄玉雕龙钮兽纹钟形佩	长4.5cm；宽3cm	42,550	西泠印社	2021-07-24
清 玉童子佩	长5.2cm	41,400	北京翰海	2021-10-16
清 白玉雕望子成龙	40mm×26mm×12mm	40,250	西泠印社	2021-07-25
清 白玉双鱼佩	长11cm；宽2.8cm	37,950	永乐拍卖	2021-12-01
清 玉奉天诰命佩	长6cm	36,800	北京翰海	2021-10-16
清 白玉一品青莲佩	长6.3cm；宽4.6cm	34,500	上海呗美	2021-05-30
清 白玉福在眼前佩	直径4.5cm	34,500	十竹斋	2021-06-27
清 白玉浮雕米芾拜石佩	长4.7cm；宽3.5cm	34,500	西泠印社	2021-07-24
清 白玉状元及第锭形佩	长5.2cm；宽3.5cm	34,500	永乐拍卖	2021-12-01
清 白玉洒金皮福禄万代坠	长5.7cm；宽4.5cm	34,500	浙江佳宝	2021-01-10
清 火烧玉金蟾送子石榴形佩	直径5.6cm	34,500	中国嘉德	2021-05-19
清 白玉凌霄花佩	长5.1cm	34,500	中国嘉德	2021-05-19
清 白玉双龙灵芝佩	4.3cm×2.4cm	34,500	中国嘉德	2021-05-19
清 白玉福寿三多佩	6cm×4cm	34,500	中国嘉德	2021-05-19
清 白玉凤穿牡丹纹佩	直径8.2cm	34,500	中贸圣佳	2021-03-26
清 白玉留皮丰衣足食佩	长5.1cm；宽3.5cm	34,500	中贸圣佳	2021-09-26
清 玉佩(4件)	尺寸不一	34,500	北京翰海	2021-10-16
清 白玉蕉叶仕女	长9.7cm；宽4.8cm	32,700	浙江佳宝	2021-01-10
清 白玉子辰佩	高5.5cm	32,200	北京翰海	2021-12-18
清 白玉雕蛇挂件	3.2cm×4cm	32,200	十竹斋	2021-06-27
清 白玉神人龙纹佩	长12.2cm；宽1cm	32,200	永乐拍卖	2021-12-01
清 白玉吉祥如意佩	长7cm；宽4.4cm	32,200	浙江佳宝	2021-01-10
清 镂雕合和二仙玉片	长6.8cm；宽5.6cm	32,200	中贸圣佳	2021-09-26
清 白玉事事如意挂件	长6.3cm	32,200	中贸圣佳	2021-09-26
清 白玉佩(三枚)	尺寸不一	32,200	中鸿信	2021-07-14
清 玉红沁镂雕丰衣足食佩	高5cm	31,795	中国嘉德	2021-10-12
清 玉雕螭虎佩	高7.2cm	31,050	北京翰海	2021-10-16
清 白玉浮雕藕片	直径5.5cm	30,645	北京保利	2021-08-15
清 玉回龙佩	长5.5cm	29,900	北京翰海	2021-04-17
清 白玉花形佩	直径5.5cm	29,842	中国嘉德	2021-04-21
清 白玉雕福禄万代坠	长5.5cm	28,750	北京保利	2021-12-06
清 玉喜字佩	直径6cm	28,750	北京翰海	2021-04-17
清 玉雕福寿结形佩	长5.5cm	28,750	北京翰海	2021-10-16
清 白玉灵芝如意坠	高6cm	28,750	北京翰海	2021-12-18
清 白玉洒金福寿坠	高5.2cm	28,750	北京翰海	2021-06-05
清 白玉螭龙虎佩	长8cm	28,750	北京华辰	2021-06-19
清 双龙玉佩	长5.5cm	28,750	中贸圣佳	2021-09-26
清 白玉青花鹦鹉佩	直径5.8cm；高0.85cm	28,375	浙江佳宝	2021-01-10
清 玉雕童子坠	高5.5cm	27,600	北京翰海	2021-10-16
清 镂雕人物挂件	高6cm	27,600	中贸圣佳	2021-05-21
清 白玉山水花卉坠	高5.5cm	25,300	北京翰海	2021-06-05
清 白玉三色巧雕马挂件	1.5cm×3cm×4.5cm	25,300	十竹斋	2021-06-27
清 白玉雕猴挂件	5cm×6.5cm	25,300	十竹斋	2021-06-27
清 黄玉浮雕福瓜佩	长7.5cm；宽4.7cm	25,300	西泠印社	2021-01-16
清 白玉交结三方佩	直径5.1cm；宽1cm	25,300	永乐拍卖	2021-12-01
清 白玉豆荚坠	长5.7cm；宽2.9cm	25,300	浙江佳宝	2021-01-10
清 白玉红沁牛生麒麟坠	长4.1cm；宽3.7cm	25,300	浙江佳宝	2021-01-10
清 白玉雕镂空转心佩	高7cm	25,300	中鸿信	2021-07-14
清 白玉雕瓜瓞绵绵佩	53mm×36mm×21mm	25,300	西泠印社	2021-01-15
清 白玉镂雕连理同结、瓜瓞绵绵佩(两件)	尺寸不一	25,300	中鸿信	2021-07-14
清 玉福寿长昌佩	长5.5cm	24,150	北京翰海	2021-10-16
清 白玉留皮人物挂件	2.5cm×4.5cm	24,150	十竹斋	2021-06-27
清 玉花卉佩	高6cm	23,000	北京翰海	2021-04-17
清 玉龙纹佩	长5.5cm	23,000	北京翰海	2021-04-17
清 玉松下老人佩	长6cm	23,000	北京翰海	2021-10-16
清 玉福在眼前佩	直径5.5cm	23,000	北京翰海	2021-10-16
清 白玉鱼化龙佩	高4.8cm	23,000	北京翰海	2021-12-18
清 白玉人物诗文佩	高5.5cm	23,000	北京翰海	2021-06-05
清 白玉兽面纹佩	高8cm	23,000	北京翰海	2021-06-05
清 白玉转心法轮佩	直径5.5cm	23,000	古天一	2021-06-07
清 白玉咬尾龙佩	长5cm	23,000	古天一	2021-06-07
清 白玉龙纹"文玉"铭文佩	长4.1cm	23,000	广东崇正	2021-07-19
清 玉雕心中有佛挂件	高5.1cm	23,000	江苏汇中	2021-12-01
清 白玉留皮凤凰挂件	1.5cm×3cm×5cm	23,000	十竹斋	2021-06-27
清 白玉带沁凤鸟佩	玉佩长6.5cm	23,000	西泠印社	2021-04-10
清 白玉红沁牛形挂件	高2cm 长4.5cm	23,000	西泠印社	2021-10-23
清 白玉福寿纹龙凤合符佩	长6.8cm；宽6cm	23,000	西泠印社	2021-10-23
清 白玉蝉	长6.4cm	23,000	中国嘉德	2021-05-19
清 白玉凌霄花坠	长4.5cm	23,000	中国嘉德	2021-11-29
清 白玉双欢灵芝挂件	长4cm	23,000	中贸圣佳	2021-03-26

2021玉器拍卖成交汇总(续表)

(成交价RMB：1万元以上)

拍品名称	物品尺寸	成交价RMB	拍卖公司	拍卖日期
清 白玉万代封侯挂件	长6.5cm	23,000	中贸圣佳	2021-03-26
清 白玉雕鹅衔莲坠	44mm×44mm×22mm	23,000	西泠印社	2021-07-25
清 杂玉(一组六件)	尺寸不一	23,000	中贸圣佳	2021-09-26
清 白玉莲花双鱼佩	长4.2cm；宽3cm	22,700	浙江佳宝	2021-01-10
清 多宝小兽项饰	尺寸不一	22,700	浙江佳宝	2021-01-10
清 白玉刻字福禄佩	6cm×5.5cm	21,850	古天一	2021-06-07
清 玉凤衔灵芝佩	长5.5cm	20,700	北京翰海	2021-10-16
清 白玉留皮葫芦万代坠	高6cm	20,700	北京翰海	2021-06-05
清 白玉欢天喜地佩	高5.4cm	20,700	北京翰海	2021-06-05
清 白玉龙翔凤瑞佩	高6.6cm	20,700	北京翰海	2021-06-05
清 白玉诗文佩	高5cm	20,700	北京翰海	2021-06-05
清 白玉花卉诗文佩	高4.5cm	20,700	北京翰海	2021-06-05
清 白玉包金嵌宝石喜字佩	7.5cm×5.2cm	20,700	古天一	2021-06-07
清 玉瓜	5cm×2.8cm×2.2cm	20,700	十竹斋	2021-06-27
清 白玉灵芝竹节挂坠	长5.2cm	20,700	十竹斋拍卖(北京)	2021-04-25
清 白玉浮雕双螭龙穿云纹佩	长6.6cm；宽3.8cm	20,700	西泠印社	2021-01-16
清 青白玉咬尾夔龙佩	直径5.3cm；高0.4cm	20,700	浙江佳宝	2021-01-10
清 白玉蝉	长5.55cm；宽2.6cm	20,700	浙江佳宝	2021-01-10
清 白玉留皮瓜瓞连绵坠	长5.7cm	20,700	中国嘉德	2021-03-29
清 白玉雕“和合二仙”	高4.8cm	20,700	中鸿信	2021-07-14
清 白玉鹦鹉佩	长5.8cm	20,700	中贸圣佳	2021-03-26
清 玉雕灵芝坠	长3.5cm	19,550	北京翰海	2021-10-16
清 白玉透雕凤竹佩、拐子龙纹佩、子辰佩三件	长7.7cm；长7.2cm	19,295	北京保利	2021-01-18
清 玉雕藕片	直径5.4cm	19,295	北京保利	2021-08-15
清 白玉双欢坠	长4.5cm	18,400	北京翰海	2021-10-16
清 白玉双獾挂件	4cm×5.7cm	18,400	十竹斋	2021-06-27
清 白玉镂雕鱼化龙佩	长5.8cm；宽4.2cm	18,400	西泠印社	2021-01-16
清 玉佩(两件)	尺寸不一	18,400	北京翰海	2021-10-16
清 白玉瑞兽挂件	4.7cm×3.6cm×2.5cm	17,920	上海联合	2021-06-27
清 白玉龙纹佩	长6.5cm	17,250	北京保利	2021-10-31
清 白玉龙凤双面佩	长5.5cm	17,250	北京保利	2021-12-06
清 玉雕鹦鹉佩	直径6cm	17,250	北京翰海	2021-04-17
清 玉雕鹅坠	长5cm	17,250	北京翰海	2021-10-16
清 碧玉夔龙纹斋戒佩	高5.4cm	17,250	北京翰海	2021-12-18
清 白玉荷莲鸳鸯诗文佩	高6.5cm	17,250	北京翰海	2021-06-05
清 白玉万年清泰龙凤佩	高4.5cm	17,250	北京翰海	2021-06-05
清 白玉吉庆有余佩	高5.6cm	17,250	北京翰海	2021-06-05
清 白玉和合二仙佩	长4.1cm；宽3.4cm	17,250	西泠印社	2021-04-10
清 玉蝉	长6cm；宽2.7cm	17,250	西泠印社	2021-07-24
清 翡翠雕吉羊如意佩	长4.4cm；宽3.6cm	17,250	西泠印社	2021-10-23
清 白玉竹节鹦鹉佩	直径5cm	17,250	永乐拍卖	2021-09-26
清 白玉福在眼前佩	长5.7cm；宽4.7cm	17,250	浙江佳宝	2021-01-10
清 白玉丰衣足食佩	长6.5cm；宽5.2cm	17,250	浙江佳宝	2021-01-10
清 白玉鹅衔瑞果坠	长3.9cm	17,250	中国嘉德	2021-11-29
清 白玉留皮多子多福童子坠	长4cm	17,250	中国嘉德	2021-11-29
现代 18K包金玛瑙佩	6cm×4.5cm	51,750	北京禾谷	2021-01-24
当代 白玉籽料俏色笑口常开佩	长4cm	17,250	中国嘉德	2021-09-26

拍品名称	物品尺寸	成交价RMB	拍卖公司	拍卖日期
仁者寿	长12.5cm	1,380,000	北京荣宝	2021-06-19
徐志浩 观音挂件	5.5cm×4cm×2.1cm	1,380,000	上海嘉禾	2021-07-22
白玉静心挂件	6.2cm×2.7cm×2.65cm	1,120,000	上海联合	2021-11-21
杨曦 侧面观音	6cm×3.3cm×2cm	1,035,000	上海嘉禾	2021-07-22
白玉济世观音挂件	5cm×3cm×1.9cm	985,600	上海联合	2021-06-27
崔磊 白玉红皮财神挂件	3.9cm×4.7cm×2.3cm	985,600	上海联合	2021-11-21
赵显志 事事有喜	4.9cm×3.3cm×1.8cm	828,000	上海嘉禾	2021-07-22
张焕庆 杨勇 白玉诸事大吉挂件	6.3cm×2.6cm×2.1cm	761,600	上海联合	2021-11-21
瞿利军 枫桥夜泊	7.5cm×4.5cm×2cm	713,000	上海嘉禾	2021-07-22
中和铭	长7.6cm	517,500	北京荣宝	2021-06-19
崔磊 白玉卯日星君挂件	5cm×4cm×2.1cm	504,000	上海联合	2021-11-21
白玉观音挂件	5.6cm×3.9cm×2cm	392,000	上海联合	2021-06-27
高毅进 招财瑞兽 白玉把件	75mm×53mm×50mm	322,000	西泠印社	2021-01-16
杨曦 龙吟九霄 白玉挂件	75mm×35mm×19mm	322,000	西泠印社	2021-01-16
俞巍巍 红玉如鱼得水挂件	4.5cm×4.4cm×2cm	313,600	上海联合	2021-06-27
高毅进 马上封侯 白玉把件	83mm×38mm×37mm	287,500	西泠印社	2021-01-16
黄杨洪 灵龟听经 白玉挂件	46mm×30mm×22mm	287,500	西泠印社	2021-07-25
白玉莲花观音挂件	5.85cm×4.3cm×2.5cm	257,600	上海联合	2021-11-21
一念之间	44mm×33mm×16mm	253,000	十竹斋拍卖(北京)	2021-04-25
吴金星 白玉貔貅佩	6cm×2.7cm×1.9cm	224,000	上海联合	2021-06-27
张寿宴 白玉荷塘春暖挂件	3.85cm×2.45cm×2.1cm	224,000	上海联合	2021-11-21
拙道 青花蝉挂件	4.8cm×2.7cm×1.8cm	224,000	上海联合	2021-11-21
吴灶发 花开富贵 白玉挂件	38mm×28mm×19mm	207,000	西泠印社	2021-01-16
张焕庆 杨勇 白玉灵芝如意挂件	6.5cm×4.2cm×2.2cm	201,600	上海联合	2021-11-21
朱跃真 白玉花开富贵挂件	5.3cm×3.9cm×2cm	201,600	上海联合	2021-06-27
范佰成 一鸣惊人	6cm×2.5cm	195,500	上海嘉禾	2021-07-22
乐善佩	长7.4cm	184,000	北京荣宝	2021-06-19
郭万龙 灵猴献寿 白玉挂件	44mm×36mm×16mm	184,000	西泠印社	2021-07-25
侯晓锋 笑口常开 白玉挂件	44mm×29mm×20mm	184,000	西泠印社	2021-07-25
王永芳 白玉灵猴献寿挂件	5cm×3.4cm×2.4cm	179,200	上海联合	2021-11-21
汪洋 白玉如意观音挂件	5.6cm×3.3cm×1.5cm	179,200	上海联合	2021-06-27
路·歌者 之三十二	约66mm×65mm×15mm	172,500	十竹斋拍卖(北京)	2021-04-25
赵显志 灵猴献寿 白玉挂件	46mm×39mm×22mm	172,500	西泠印社	2021-01-16
吴正森 白玉观音挂件	6.05cm×2.95cm×2.3cm	168,000	上海联合	2021-11-21
杨波 白玉数财挂件	4cm×3.2cm×1cm	168,000	上海联合	2021-11-21
杨波 白玉雄鸡挂件	3.3cm×2.8cm×1cm	168,000	上海联合	2021-06-27
杨曦 一马当先 白玉挂件	52mm×52mm×21mm	161,000	西泠印社	2021-07-25
黄杨洪 白玉貔貅挂件	3.5cm×2.5cm×2.4cm	156,800	上海联合	2021-11-21
崔磊 白玉财帛星君挂件	4.1cm×2.8cm×1.7cm	156,800	上海联合	2021-06-27
徐志浩 慧性灵心 白玉挂件	66mm×29mm×17mm	149,500	西泠印社	2021-07-25
范民广 白玉事事如意	4.55cm×3.1cm×2.55cm	145,600	上海联合	2021-11-21
李卓 白玉金玉满堂挂件	5.2cm×4.4cm×2.3cm	145,600	上海联合	2021-11-21
张良 弥勒佛	61mm×50mm×28mm	138,000	南京经典	2021-07-18
白玉重生挂件	4.6cm×2.5cm×2.8cm	134,400	上海联合	2021-11-21
吴正森 白玉执莲观音挂件	7.1cm×3.1cm×1.7cm	134,400	上海联合	2021-11-21
朱跃真 白玉灵芝如意挂件	5.3cm×2.6cm×1.8cm	134,400	上海联合	2021-06-27
福气临门	63mm×55mm×56mm	120,750	南京经典	2021-07-18
房军建 白玉笑口常开挂件	4cm×2.05cm×1.1cm	112,000	上海联合	2021-11-21
王天翔 白玉洋洋得意挂件	4.2cm×2.6cm×2.4cm	109,760	上海联合	2021-11-21
曹伟 白玉一路有财挂件	4.8cm×1.85cm×1.2cm	98,560	上海联合	2021-06-27
上善若水	长7.3cm	92,000	北京荣宝	2021-06-19
龙凤佩	长8.5cm；宽4.1cm	92,000	北京荣宝	2021-06-19
侯晓锋 招财纳福 白玉挂件	57mm×33mm×18mm	92,000	西泠印社	2021-01-16
郭万龙 鸿运当头 白玉挂件	54mm×21mm×10mm	92,000	西泠印社	2021-07-25

拍品名称	物品尺寸	成交价RMB	拍卖公司	拍卖日期
吴金星 飞龙在天 白玉挂件	46mm×22mm×16mm	92,000	西泠印社	2021-07-25
龚克勤 白玉一夜成名挂件	4.8cm×2.2cm×1.6cm	87,360	上海联合	2021-06-27
白玉清莲挂件	3.55cm×2.65cm×1.55cm	84,000	上海联合	2021-06-27
孔帅 白玉貔貅挂件	3.1cm×2.1cm×2cm	76,160	上海联合	2021-06-27
吴金星 如意瑞兽 白玉挂件	45mm×25mm×18mm	74,750	西泠印社	2021-01-16
侯晓锋 财神到 南红挂件	60mm×36mm×22mm	74,750	西泠印社	2021-07-25
蒋喜 黄沁龙凤佩	5cm×4.1cm×0.9cm	72,800	上海联合	2021-06-27
白玉瑞兽挂件	3.9cm×2.9cm×1.3cm	72,800	上海联合	2021-06-27
林光 龙兴宏盛	58.4mm×31.3mm×15.7mm	69,000	南京经典	2021-07-18
邢春 貔貅	52mm×32mm×26mm	69,000	南京经典	2021-07-18
李剑 择理处安居 白玉挂件	61mm×24mm×14mm	69,000	西泠印社	2021-01-16
三毛 白玉执莲童子挂件	5.2cm×2.5cm×1.8cm	67,200	上海联合	2021-11-21
龚克勤 白玉清荷挂件	4cm×2.7cm×1.1cm	67,200	上海联合	2021-11-21
张胜利 白玉常胜将军挂件	8cm×2.8cm×1.3cm	61,600	上海联合	2021-06-27
佛佑安康	长5.3cm；宽2.6cm	57,500	北京荣宝	2021-06-19
龙佩	长7.5cm；宽4cm	57,500	北京荣宝	2021-06-19
白玉籽料有凤来仪佩	长5.3cm	57,500	中国嘉德	2021-03-29
杨曦 灵猴献瑞 白玉挂件	51mm×25mm×14mm	57,500	西泠印社	2021-07-25
白玉福在眼前挂件	3.75cm×3.3cm×2.05cm	56,000	上海联合	2021-11-21
胡锡涛 闭月羞花 白玉挂件	53mm×25mm×24mm	55,200	西泠印社	2021-07-25
白玉牛首挂件	4cm×3.5cm×1.8cm	53,760	上海联合	2021-06-27
王天翔 白玉一路发挂件	4.75cm×2.1cm×1.9cm	53,760	上海联合	2021-11-21
唐典强 饕餮纹珠	23mm × 16mm	51,750	南京经典	2021-07-18
顾铭 封侯拜相 白玉挂件	48mm×36mm×21mm	51,750	西泠印社	2021-01-16
杨曦 金玉满堂 白玉挂件	38mm×38mm×10mm	51,750	西泠印社	2021-07-25
吴正森 白玉渔翁挂件	3.8cm×2.1cm×1.2cm	51,520	上海联合	2021-06-27
黄佳 白玉佛手挂件	4.1cm×2.2cm×1.8cm	50,400	上海联合	2021-06-27
王一卜 曲水造像 白玉挂件	41mm×31mm×8mm	48,300	西泠印社	2021-01-16
顾铭 力争上游 白玉挂件	51mm×37mm×14mm	48,300	西泠印社	2021-01-16
清 琥珀喜上梅梢佩、琥珀年年有余佩	尺寸不一	46,000	十竹斋	2021-06-27
荷塘清趣	44mm×28mm×16mm	46,000	南京经典	2021-07-18
蒋永葆 白玉貔貅挂件	3.35cm×1.8cm×1.7cm	44,800	上海联合	2021-06-27
龚克勤 白玉如意挂件	4.8cm×1.7cm×1.2cm	42,560	上海联合	2021-06-27
黄沁裸女挂件	5cm×2.35cm×1.15cm	42,560	上海联合	2021-06-27
清 白玉年年有余佩	长6.3cm；宽5cm	41,400	十竹斋	2021-06-27
侯晓锋 招福财神 白玉挂件	48mm×29mm×10mm	40,250	西泠印社	2021-01-16
龚克勤 白玉福豆挂件	3.2cm×2cm×1.1cm	39,200	上海联合	2021-11-21
白玉龙龟挂件	3.8cm×2.3cm×1.7cm	38,080	上海联合	2021-11-21
林金波 福禄寿 白玉挂件	51mm×31mm×15mm	36,800	西泠印社	2021-01-16
鸿运当头貔貅	53mm×18mm×23mm	34,500	南京经典	2021-07-18
清 玉雕大吉挂件	高6.5cm	34,500	十竹斋	2021-06-27
黄罕勇 吉祥如意 白玉挂件	30mm×26mm×16mm	34,500	西泠印社	2021-01-16
徐志浩 居高声远 白玉挂件	58mm×28mm×19mm	34,500	西泠印社	2021-01-16
徐志浩 节节高升 白玉挂件	45mm×37mm×21mm	34,500	西泠印社	2021-01-16
白玉金玉满堂挂件	3.4cm×2.9cm×0.9cm	33,600	上海联合	2021-06-27
吴金星 白玉鸡挂件	4.6cm×2.3cm×0.8cm	33,600	上海联合	2021-11-21
张胜利 白玉锦鲤挂件	5.5cm×2.1cm×1.4cm	31,360	上海联合	2021-11-21
清 玉雕荔枝佩	长4.7cm；宽4.3cm	29,900	十竹斋	2021-06-27
白玉笑口常开挂件	3.65cm×2.9cm×2.2cm	29,120	上海联合	2021-11-21
清 玉雕秋叶美人挂件	长6.8cm	25,300	十竹斋	2021-06-27
白玉子料观音佩	长4.5cm	25,300	中国嘉德	2021-03-29
玛瑙坠		25,300	辽宁省拍	2021-07-04
黄沁猴挂件	5.3cm×2.5cm×1.5cm	24,640	上海联合	2021-06-27

拍品名称	物品尺寸	成交价RMB	拍卖公司	拍卖日期
白玉鸟形佩	长5.5cm	23,000	北京华辰	2021-06-19
白玉福缘龙凤佩	6cm × 4.4cm	23,000	北京钜鑫缘	2021-09-24
杨曦 新疆和田玉籽料龙佩	4.1cm×1.5cm×0.9cm	23,000	尚品润博	2021-09-12
近代 白玉海八怪纹佩	直径5.2cm	23,000	中贸圣佳	2021-03-26
黄罕勇 金蟾 青花挂件	33mm×23mm×15mm	23,000	西泠印社	2021-01-16
玉、玛瑙、料小件(十八件)	尺寸不一	23,000	中国嘉德	2021-09-26
白玉唐羊挂件	2.7cm×2.55cm×1.55cm	22,400	上海联合	2021-06-27
白玉招财猫挂件	3.1cm×2.4cm×1.85cm	22,400	上海联合	2021-11-21
明 玉春水佩	长7.7cm；宽3.6cm	20,700	十竹斋	2021-06-27
白玉籽料前途无量佩	长3.2cm	20,700	中国嘉德	2021-03-29
黄沁关公挂件	5.4cm×2.1cm×1.4cm	20,160	上海联合	2021-06-27
张胜利 白玉牛头挂件	4.3cm × 4cm × 1cm	18,816	上海联合	2021-06-27
黄沁旺财挂件	5.2cm×4.5cm×2.5cm	18,480	上海联合	2021-06-27
俞巍巍 白玉洋洋如意挂件	5cm×3.6cm×1.9cm	17,920	上海联合	2021-11-21
殷小金 和田玉翠青如意佩	5.0cm×3.7cm×0.8cm	17,250	尚品润博	2021-09-12
清 白玉玉珠钱	直径5.6cm	17,250	十竹斋	2021-06-27
白玉籽料福寿如意佩	长3.7cm	17,250	中国嘉德	2021-03-29
把玩件				
西周 玉兔	长4.8cm；高2.5cm	99,474	中国嘉德	2021-04-21
西周/唐 黄玉兔首和青白玉兔(各一件)	最大的宽5.5cm	44,712	中国嘉德	2021-10-12
元 白玉雕英明神武把件	45mm×31mm×29mm	195,500	西泠印社	2021-01-15
元至明 白玉虎噬羊形把件	长7cm	57,500	西泠印社	2021-01-15
元 白玉红沁回首鹿把件	高3.5cm；长5.5cm	56,350	西泠印社	2021-01-16
元 白玉持球人物把件	高5.9cm	46,000	西泠印社	2021-01-15
元或以前 白玉带皮双龙把件	长6cm	34,500	广东崇正	2021-01-07
明 青白玉受沁猪龙把件	长11.9cm	207,000	西泠印社	2021-01-15
明 玉熊把件	高3cm	138,000	西泠印社	2021-01-15
明 蜜蜡雕福禄万代把件	高7.8cm	92,000	西泠印社	2021-07-24
明 青白玉红沁立象把件	长6.9cm	80,500	西泠印社	2021-07-24
明 火烧玉骆驼把件	长15.5cm	75,900	西泠印社	2021-07-24
明 玉鹰把件	高1.8cm；长7.8cm	57,500	西泠印社	2021-07-24
明 玉鼠把件	高1.4cm；长4.7cm	51,750	西泠印社	2021-07-24
明 玉雕四不像把件	高4.2cm；长7cm	51,750	西泠印社	2021-07-24
明 白玉红沁镂雕双兔把件	长6.5cm；宽3.3cm	46,000	西泠印社	2021-07-24
明 玉雕受沁瑞兽衔灵芝把件	高4.5cm；长11cm	46,000	西泠印社	2021-07-24
明 白玉龙龟把件	长5.3cm	46,000	中鸿信	2021-07-14
明 白玉提油卧马把件	高2.5cm；长8cm	43,700	西泠印社	2021-01-16
明 玉雕红沁回首鹿把件	高4.5cm；长6.4cm	40,250	西泠印社	2021-01-16
明 蜜蜡雕瑞兽把件	长8.4cm	34,500	西泠印社	2021-10-23
明 蜜蜡雕迦楼罗把件	高6.5cm；长7.5cm	34,500	西泠印社	2021-07-24
明 黄玉受沁瑞兽把件	高3.1cm；长3.8cm	27,600	西泠印社	2021-04-10
明 白玉太狮少狮手把件	长9.5cm	23,000	北京禾谷	2021-01-24
明 白玉羊衔穗把件	长5.5cm	23,000	广东崇正	2021-07-19
明 白玉卧鹿把件	长6.5cm；宽3.6cm	23,000	西泠印社	2021-04-10
明 白玉红沁卧牛把件	高2.5cm；长5.5cm	23,000	西泠印社	2021-07-24

2021玉器拍卖成交汇总（续表）

（成交价RMB：1万元以上）

拍品名称	物品尺寸	成交价RMB	拍卖公司	拍卖日期
明 白玉瑞兽把件	长4.8cm	23,000	中鸿信	2021-07-14
明 白玉雕包袱形瑞兽把件	长6cm	23,000	中鸿信	2021-07-14
明 白玉红沁瑞兽把件	高5cm；长8cm	20,700	西泠印社	2021-04-10
明 黄玉鹌鹑把件	高3.5cm；长4.5cm	20,700	西泠印社	2021-04-10
明 白玉虎形把件	高3.7cm；长8.7cm	20,700	西泠印社	2021-04-10
明 白玉狮子舞球把件	长19cm	17,250	北京禾谷	2021-01-24
明 玉雕受沁天禄把件	高4.2cm；长4.5cm	17,250	西泠印社	2021-01-15
明 白玉红沁胡人骑象把件	高5.3cm；长6cm	17,250	西泠印社	2021-07-24
清早期 水晶雕瑞兽把件	高3.2cm；长5.5cm	20,700	西泠印社	2021-01-16
清乾隆 白玉鹦鹉暖手	长6cm	632,500	古天一	2021-06-07
18世纪 白褐玉雕灵猴献寿把件	宽5cm	163,125	纽约佳士得	2021-03-18
清乾隆 南红玛瑙巧雕双猴献寿把件	高3.4cm	52,900	西泠印社	2021-01-16
清乾隆 青花料巧雕麒麟送子把件	高5.5cm；长5cm	46,000	西泠印社	2021-07-24
清乾隆 白玉童子戏球把件	长4.5cm	32,200	广东崇正	2021-07-19
清乾隆 玛瑙巧雕童子戏猴把件	高7.3cm	25,300	西泠印社	2021-07-24
清中期 黄玉雕摩羯鱼把件	长5.6cm	103,500	西泠印社	2021-01-15
清中期 白玉松鼠葡萄把件	长8.3cm；宽4.2cm	97,750	浙江佳宝	2021-01-10
清 黄玉受沁灵猴献寿把件	长6cm	115,000	西泠印社	2021-07-24
清 白玉雕太极神羊把件	51mm×37mm×17mm	92,000	西泠印社	2021-01-15
清 白玉雕英雄把件	47mm×38mm×20mm	92,000	西泠印社	2021-01-15
清 白玉红沁母仪天下把件	长8cm	74,750	西泠印社	2021-04-10
清白玉牌、白玉把件（一组五件）	尺寸不一	74,750	西泠印社	2021-07-25
清 白玉雕灵猴献寿把件	43mm×26mm×23mm	63,250	西泠印社	2021-01-15
清 白玉瑞兔衔灵芝把件	高3.7cm；长7.3cm	55,200	西泠印社	2021-07-24
清 白玉“隆庆有余”手把件	高6.9cm	52,900	中鸿信	2021-07-14
清 白玉欢天喜地人物把件	带座高8.5cm；高7.4cm	49,450	西泠印社	2021-04-10
清 翡翠雕岁岁平安把件	63mm×29mm×28mm	40,250	西泠印社	2021-01-15
清 白玉“福禄寿”把件	高3.3cm；长5.2cm	37,950	西泠印社	2021-01-15
清 黄玉雕回首马把件	高3.7cm；长4.5cm	36,800	西泠印社	2021-01-16
清 白玉红皮松鼠葡萄把件	长6cm	36,800	中贸圣佳	2021-05-21
清 黄玉持莲童子把件	高5.8cm	34,500	西泠印社	2021-10-23
清 南红玛瑙巧雕“福禄万代”把件	长6.5cm	34,500	北京荣宝	2021-06-19
清 黄玉卧牛把件	高1.7cm；长5cm	34,500	西泠印社	2021-01-15
清 白玉受沁熊把件	高4cm；长4.5cm	34,500	西泠印社	2021-01-15
清 白玉玉兰花把件	长7.1cm；宽3.6cm	34,500	永乐拍卖	2021-12-01
清 黄玉雕河图洛书把件	长6.5cm；宽5.4cm	28,750	西泠印社	2021-07-24
清 白玉浮雕府上有龙把件	长11.8cm；宽6cm	28,750	西泠印社	2021-10-23
清 青白玉雕菱角莲蓬形把件	长5.7cm	25,300	北京中汉	2021-11-28
清 白玉受沁瑞兽把件	高3.5cm；长4.5cm	25,300	西泠印社	2021-01-15
清 玉鼠把件	高2cm；长4.5cm	23,000	西泠印社	2021-01-15
清 南红玛瑙瑞兽把件	带座高5.4cm；长7cm	23,000	西泠印社	2021-01-16
清 青白玉红沁佛手把件	带座高5.5cm；长8.5cm	23,000	西泠印社	2021-04-10
清 白玉兔把件	高3.8cm；长7.2cm	23,000	西泠印社	2021-07-24
清 白玉佛手把件	长6.4cm	23,000	西泠印社	2021-07-24
清青白玉财富把件（一组十二件）	尺寸不一	23,000	北京禾谷	2021-01-24
清 和田玉和合二仙把件	长6cm	20,700	北京九歌	2021-06-13
清 白玉红沁瑞兽把件	高2.6cm；长5.4cm	20,700	西泠印社	2021-01-15
清 玛瑙卧牛把件	高1.8cm；长4.5cm	20,700	西泠印社	2021-04-10
清 黄玉卧兔把件	高3cm；长7.8cm	20,700	西泠印社	2021-04-10
清 玛瑙巧雕荷叶莲座把件	长4.7cm	20,700	中贸圣佳	2021-03-26
清 青白玉财富把件（一组九件）	长7.8cm	17,250	北京禾谷	2021-01-24
清 白玉辈辈封侯把件	高5cm；长2.5cm	17,250	广东崇正	2021-07-19
清 白玉雕童子洗象把件	高3.5cm；长5cm	17,250	西泠印社	2021-01-15
清 白玉雕魁星点斗把件	高10.7cm	17,250	西泠印社	2021-07-24
黄杨洪 六牙神象 白玉把件	71mm×43mm×36mm	805,000	西泠印社	2021-07-25
张明泉 沉浮一念 白玉把件	88mm×52mm×25mm	690,000	西泠印社	2021-07-25
姚建峰 白玉貔貅把件	10.9cm×5.15cm×3.6cm	672,000	上海联合	2021-06-27
黄杨洪 白玉龟把件	6.3cm×4.5cm×2.2cm	649,600	上海联合	2021-06-27
崔磊 君子之立 白玉把件	74mm×33mm×24mm	552,000	西泠印社	2021-07-25
崔磊 寿以为尊 白玉把件	53mm×56mm×30mm	552,000	西泠印社	2021-07-25
白玉财神把件	8cm×5cm×2.85cm	537,600	上海联合	2021-06-27
黄杨洪 白玉事事如意把件	5.5cm × 4cm × 3cm	470,400	上海联合	2021-06-27
吴金星 看家守业　白玉把件	74mm×26mm×25mm	437,000	西泠印社	2021-01-16
杨曦 福寿双全 白玉把件	56mm×42mm×27mm	437,000	西泠印社	2021-07-25
熊明星 新疆和田玉籽料招财进宝把件	7.3cm×4.7cm×4.0cm	345,000	尚品润博	2021-09-12
黄杨洪 白玉如意貔貅把件	7cm×4.3cm×3.2cm	291,200	上海联合	2021-11-21
侯晓锋 笑口常开　白玉把件	72mm×39mm×23mm	287,500	西泠印社	2021-01-16
吴启锋 白玉报喜把件	15cm×4.6cm×2.6cm	280,000	上海联合	2021-11-21
熊明星 白玉诸事圆成把件	6.8cm × 5cm × 4cm	268,800	上海联合	2021-11-21
崔磊 喜乐财神　白玉把件	72mm × 49mm × 19mm	253,000	西泠印社	2021-01-16
黄杨洪 欢喜财神 白玉把件	54mm × 28mm × 21mm	253,000	西泠印社	2021-07-25
葛洪 紫气东来　白玉把件	69mm × 55mm × 29mm	207,000	西泠印社	2021-01-16
郭万龙 财神到　白玉把件	62mm × 39mm × 24mm	207,000	西泠印社	2021-01-16
黄杨洪 龟鹤延年 白玉把件	58mm × 34mm × 23mm	207,000	西泠印社	2021-07-25
高毅进 吉祥如意　白玉把件	64mm × 34mm × 32mm	172,500	西泠印社	2021-01-16
黄罕勇 牛气　白玉把件	72mm × 39mm × 24mm	138,000	西泠印社	2021-01-16
崔磊 招财童子　白玉把件	58mm × 52mm × 19mm	138,000	西泠印社	2021-01-16
殷小金 瓜瓞绵绵　白玉把件	119mm × 44mm × 25mm	138,000	西泠印社	2021-01-16
陈良 新疆和田玉籽料马上成功把件	7.1cm×2.5cm×3.1cm	115,000	尚品润博	2021-09-12
殷小金 力争上游　白玉把件	113mm × 33mm × 31mm	115,000	西泠印社	2021-01-16
白玉寿比南山手件	10.3cm × 4.6cm × 2.6cm	112,000	上海联合	2021-06-27
黄沁龙龟把件	3.1cm × 2.2cm × 1.75cm	110,880	上海联合	2021-11-21
葛洪 守护平安 白玉把件	106mm × 55mm × 31mm	109,250	西泠印社	2021-07-25
顾铭 金运瑞兽　白玉把件	60mm×23mm×28mm	103,500	西泠印社	2021-01-16
拙道 白玉锦灰堆手把件	9.7cm×4.4cm×1.7cm	100,800	上海联合	2021-11-21
黄罕勇 喜庆吉祥　白玉把件	57mm×51mm×21mm	86,250	西泠印社	2021-01-16
清 青白玉雕丁财两旺把件	长6.7cm	81,531	纽约苏富比	9/27/2021
白玉鹅如意把件	6.4cm × 3.65cm × 2.9cm	78,400	上海联合	2021-11-21
熊明星 白玉诸事如意把件	5.7cm × 4.2cm × 3.3cm	76,160	上海联合	2021-06-27
沈水富 白玉狮子狗把件	5.9cm × 2.85cm × 2.5cm	70,560	上海联合	2021-11-21
葛洪 守护 白玉把件	63mm × 43mm × 28mm	69,000	西泠印社	2021-07-25

(成交价RMB：1万元以上)

拍品名称	物品尺寸	成交价RMB	拍卖公司	拍卖日期
王朝杰 墨玉旺财把件	6.3cm×4.3cm×2.9cm	61,600	上海联合	2021-06-27
俞巍巍 白玉金榜题名把件	5.93cm×2.8cm×2.6cm	58,240	上海联合	2021-06-27
熊明星 白玉和气生财把件	4.2cm×3.3cm×3cm	56,000	上海联合	2021-06-27
冯钤 鸿运当头　青花把件	61mm×31mm×32mm	46,000	西泠印社	2021-01-16
欢喜弥勒　白玉把件	85mm×66mm×49mm	46,000	西泠印社	2021-01-16
马上封侯　白玉把件	90mm×40mm×60mm	43,700	西泠印社	2021-01-16
林金波 得金应手 白玉把件	34mm×26mm×15mm	43,700	西泠印社	2021-07-25
熊明星 白玉诸事圆成把件	3.8cm×2.6cm×2.9cm	42,560	上海联合	2021-06-27
笑口常开 白玉把件	86mm×42mm×32mm	36,800	西泠印社	2021-07-25
王朝杰 墨玉扭转乾坤把件	5.45cm×3.9cm×2.7cm	35,840	上海联合	2021-06-27
孟庆东 贵妃醉酒 白玉把件	82mm×49mm×31mm	34,500	西泠印社	2021-07-25
万象更新 白玉把件	65mm×40mm×36mm	34,500	西泠印社	2021-07-25
路路如意 白玉把件	79mm×62mm×26mm	28,750	西泠印社	2021-07-25
丹麦海漂贵人把件童子献寿	5.7cm×3.2cm×3cm	28,375	北京保利	2021-01-19
张小柏 青花顶呱呱把件	5.05cm×3.7cm×2.9cm	28,000	上海联合	2021-11-21
于士荣　和田玉籽料“荣”款瑞兽把件	55mm×35mm×25mm	23,000	华艺国际	2021-03-31
其他佩玩件				
文化期 石家河双虎首连体玉饰	高8.5cm	198,948	中国嘉德	2021-04-21
商 白玉咬尾龙	高2.3cm	676,423	中国嘉德	2021-04-21
商晚期 青玉佩饰	7.1cm	84,974	香港苏富比	2021-04-22
商晚期至西周 白玉鸟佩饰	长5.6cm	371,763	香港苏富比	2021-04-22
商至西周早期 玉兔佩饰	长3.5cm	127,462	香港苏富比	2021-04-22
晚商/西周早期 黄褐玉管形饰	高6.3cm	81,563	纽约佳士得	2021-03-18
西周 鱼形饰(六件一组)	尺寸不一	44,544	罗芙奥	2021-07-17
东周至西汉 玉佩饰两枚	长5.1cm；长4.9cm	849,744	香港苏富比	2021-04-22
兴隆洼文化/东周 白玉带沁谷纹勒一件和玉饰两件	最大的长7.2cm	34,776	中国嘉德	2021-10-12
春秋晚期至战国中期玉饰（五件）	较长的长8cm	389,975	佳士得	2021-12-03
春秋早期龙纹玉玦、玉饰(两对)	玉玦高3.8cm×2	174,463	佳士得	2021-12-03
春秋晚期 秦式龙纹玉觿(两件)	较长的长8cm	164,200	佳士得	2021-12-03
春秋晚期 玉扁□(两件)	较长的长11.4cm	112,888	佳士得	2021-12-03
战国晚期 虎纹管形玉饰	长9cm	4,926,000	佳士得	2021-12-03
战国 龙纹玉饰(四件)	较长的长19cm	461,813	佳士得	2021-12-03
战国早期 盾形玉饰(两件)	长7cm×2	328,400	佳士得	2021-12-03
战国 黄玉谷纹双龙首珩	11.8cm	254,923	香港苏富比	2021-04-22
战国中期 双龙首玉珩	长12.6cm	174,463	佳士得	2021-12-03
周或以后 玉弦纹器	直径6.4cm	260,899	纽约苏富比	2021-09-27
宋 白玉荷叶嵌件	6.4cm×4.5cm	54,711	中国嘉德	2021-04-21
辽 白玉莲花叶水草纹饰	长4.8cm	44,265	北京保利	2021-08-15
金 白玉双绶带鸟纹饰	长3.8cm	32,915	北京保利	2021-08-15
元 白玉镂雕“麒麟望月”图饰	长9.5cm	3,450,000	永乐拍卖	2021-05-22
元 玉雕麒麟望月饰件	9.4cm×6.8cm	1,265,000	中贸圣佳	2021-07-07
元 白玉春水图带环	8.2cm×4.5cm×2.6cm	402,500	中国嘉德	2021-11-29
元 白玉秋山镶件	直径10cm	92,000	北京荣宝	2021-06-19
元至明 白玉春水图瓦饰	长7.9cm；宽6.3cm	51,750	浙江佳宝	2021-01-10
元 青白玉双层镂雕双鹿饰板	长7.2cm；宽4.2cm	32,200	中贸圣佳	2021-09-26
元 玉海东青捕雁饰件	长5cm	23,000	北京翰海	2021-10-16
明 黄玉红沁蟠虺纹腕饰	长7.7cm	897,000	永乐拍卖	2021-05-22
明 白玉观音饰件	高6cm	690,000	北京翰海	2021-12-18
明 白玉镂空龙形觿	长12cm	379,500	永乐拍卖	2021-05-22
明 镂雕人物动物配饰(一组两件)	长7.6cm；长7.0cm	322,000	西泠印社	2021-07-25
明 白玉饰件(一组八件)	尺寸不一	207,000	中贸圣佳	2021-07-07

拍品名称	物品尺寸	成交价RMB	拍卖公司	拍卖日期
明 砚嵌白玉透雕穿花雁春水玉饰	长8.2cm；宽5.8cm	143,750	永乐拍卖	2021-05-22
明 玉饰一组(十件)	尺寸不一	126,500	上海呗美	2021-05-30
明 浮雕龙纹玉珩	长8.3cm	109,250	永乐拍卖	2021-05-22
明 红沁玉珠、玉龙形饰	直径1.6cm；直径1.85cm	86,250	永乐拍卖	2021-05-22
明 白玉谷纹双龙首珩	长8.7cm；宽1.9cm	69,000	永乐拍卖	2021-05-22
明 白玉红沁人龙纹片饰(一对)	长4.1cm；宽2.7cm	66,700	永乐拍卖	2021-05-22
明 白玉龙纹玉饰嵌木盒	玉长6.9cm；宽5.5cm	63,250	上海呗美	2021-05-30
明 白玉双鹤嵌饰、玉沁色虎纹嵌饰(两件)	3.9cm×4.2cm；3.7cm×3.8cm	63,250	中国嘉德	2021-05-19
明 青黄玉红沁龙纹觿	长4.1cm；宽1.55cm	57,500	永乐拍卖	2021-05-22
明 青玉浮雕谷纹珩	长13.2cm；宽2.9cm	52,900	永乐拍卖	2021-05-22
明 鸟形玉饰	长2.5cm；宽2.5cm	46,000	辽宁省拍	2021-07-04
明 白玉海东青啄大雁玉饰	长4.2cm	46,000	中鸿信	2021-07-14
明 白玉三才环、玉饰	环直径4.7cm	43,700	上海呗美	2021-05-30
明 璧形玉饰	长3.5cm	40,250	辽宁省拍	2021-07-04
明 玉珏	长4.2cm	34,500	华艺国际	2021-06-04
明白玉受沁龟背形饰(一组两件)	尺寸不一	31,050	西泠印社	2021-01-16
明 行气文铭八棱玉柱形饰	高3.8cm；直径2.5cm	28,750	西泠印社	2021-07-24
明 青白玉镂空双螭龙穿花纹瓦饰	长9.5cm；宽7cm	26,450	浙江佳宝	2021-01-10
明白玉镂雕羽人佩饰(一组两件)	长4cm；宽3.9cm	23,000	西泠印社	2021-07-24
明 青花白玉春水图饰	长7.5cm；宽7.2cm	23,000	浙江佳宝	2021-01-10
明 玉合符	长13cm	20,700	北京翰海	2021-10-16
明 白玉莲苞瓶形饰	带盖高4cm；腹径2.2cm	20,700	西泠印社	2021-10-23
明 白玉将军扣	直径5.7cm；高0.65cm	20,430	浙江佳宝	2021-01-10
明 玉沁色摩羯鱼饰件	长8.6cm	17,250	中国嘉德	2021-05-19
清乾隆 天然石巧雕“江山在握”御题诗姜形暖手	长5cm	690,000	北京保利	2021-12-06
17世纪/18世纪 灰白玉褐斑龙首饰	高9.2cm	326,250	纽约佳士得	2021-03-18
清乾隆 白玉双鱼挂饰	高26cm；鱼高12cm	241,500	永乐拍卖	2021-12-01
清乾隆 白玉夏竹秋菊御题诗画轴(一对)	外径3cm；内径2cm	89,700	永乐拍卖	2021-12-01
清乾隆 白玉刻“乾隆御笔”“五福堂对玉兰花叠去岁诗韵”别子	长7.2cm	51,750	中国嘉德	2021-11-28
18世纪 白褐玉雕龙纹饰	宽5.5cm	40,781	纽约佳士得	2021-03-18
清中期 白玉和合二仙饰件	长6.5cm	20,700	北京翰海	2021-12-18
清中期 白玉海东青饰件	长6.2cm	17,250	北京翰海	2021-12-18
清 白玉海东青击鹄绦环	长7.7cm	609,500	永乐拍卖	2021-12-01
清 白玉龙形觿	长4.8cm	517,500	永乐拍卖	2021-12-01
清 白玉云谷纹腕饰	长9.3cm	184,000	永乐拍卖	2021-12-01
清 黄玉谷纹龙形珩	长9.3cm	170,200	永乐拍卖	2021-12-01
清 玉小件(十二件)	尺寸不一	92,000	中国嘉德	2021-11-29
清 兽面纹玉辅首	高4cm	69,000	古天一	2021-06-07
清 碧玉吉庆有余磬	高84cm	57,500	中鸿信	2021-07-14

2021玉器拍卖成交汇总(续表)

(成交价RMB：1万元以上)

拍品名称	物品尺寸	成交价RMB	拍卖公司	拍卖日期
清 白玉甲虫佛手挂饰	长7.8cm	40,250	中国嘉德	2021-05-19
清 白玉夔凤纹合符	直径5.5cm	34,500	北京荣宝	2021-06-19
清 云雷纹玉饰	长7.8cm	34,500	古天一	2021-06-07
清 青白玉镂空松鼠葡萄纹镶件	长5.6cm；宽4.3cm	32,200	浙江佳宝	2021-01-10
清 白玉耳饰(一对)	直径1.9cm	25,300	上海呗美	2021-05-30
清 白玉仕女佩饰	长11.7cm	23,000	北京保利	2021-10-30
清 玉锥形器(两件)	长4.8cm；长7.5cm	20,700	古天一	2021-06-07
清 玉饰件	高11.5cm	18,400	北京翰海	2021-10-16
乾隆年制款白玉心中有佛挂饰	高3.5cm	37,950	西泠印社	2021-07-24
玉饰(三件)	尺寸不一	28,750	北京保利	2021-10-31
明 白玉浮雕蟠虺螭龙纹杖首	长4.55cm	287,500	永乐拍卖	2021-05-22
清 青黄玉卷云龙纹杖首	长3cm	218,500	古天一	2021-06-07
清 穿花螭龙瓦子(两件)	尺寸不一	66,700	永乐拍卖	2021-12-01
清 白玉太平有象瓦子	9.1cm×8cm	34,500	中贸圣佳	2021-09-26
清 嵌旧玉和合二仙瓦子红木盖盒	24.3cm×17cm×7cm	23,000	北京保利	2021-06-08
玉如意瓦子	长11.5cm；宽8.5cm	94,300	辽宁省拍	2021-07-04
明 玉雕龙纹瓦子	长6cm；宽5cm	28,750	十竹斋	2021-06-27
元 白玉镂雕鸳鸯纹帽顶	长4.3cm；宽2.4cm	70,150	浙江佳宝	2021-01-10
元 青玉荷塘鹭鸶纹帽顶	高4.2cm	19,295	北京保利	2021-08-15
明 白玉如意形花片(两件)	长7.1cm；长6cm	20,700	中国嘉德	2021-05-19
明 白玉龙凤纹帽顶	直径4.8cm	20,700	中鸿信	2021-07-14
明 玉镂空花片	直径4cm	17,250	古天一	2021-06-07
清 白玉花片	尺寸不一	29,510	北京保利	2021-08-09
明 龙头柄	长8.6cm	36,800	辽宁省拍	2021-07-04
清乾隆 白玉觿	43mm×11mm×10mm	57,500	西泠印社	2021-07-25
清乾隆 玉别子	长10cm	40,250	北京保利	2021-01-09
清 白玉龙纹画卷别子	长5.2cm	32,200	广东崇正	2021-07-19
清中期 白玉雕莲池清趣摆件	宽8cm	49,260	保利香港	2021-12-02
王朝杰 苹果绿碧玉双喜临门摆件	10.3cm×4.7cm×2.4cm	50,400	上海联合	2021-11-21
陈设和生活用品				
玉屏				
明 白玉透雕双面工龙纹小插屏	7.2cm×2.5cm×10cm	19,550	北京保利	2021-06-08
清乾隆 御制青白玉填金王献之《中秋帖》暨《洛神赋十三行》插屏	30.7cm×29.6cm	28,175,000	北京保利	2021-06-07
清乾隆 御制白玉双面巧雕山水人物插屏(一对)	高24.5cm	8,625,000	永乐拍卖	2021-05-22
清乾隆 御制白玉御题诗春江花月夜插屏	13.3cm×15cm	2,185,000	保利厦门	2021-11-05
清乾隆 白玉双面九老图插屏	21cm×16cm	1,380,000	北京保利	2021-10-30
清乾隆 白玉御题诗万年青纹小挂屏	长15cm；宽9.6cm	1,150,000	华艺国际	2021-03-31
清乾隆 碧玉山水人物御制诗文插屏	高29.6cm	862,500	永乐拍卖	2021-05-22
清乾隆 御制碧玉祝寿图插屏	通高28cm	563,500	中鸿信	2021-07-14
清乾隆 御制诗十六罗汉插屏	高29.7cm	497,370	中国嘉德	2021-04-21
清乾隆 白玉雕人物故事图插屏(成对)	直径12cm×2	287,500	中鸿信	2021-07-14
清乾隆 白玉太平有象插屏带紫檀座	高19cm	138,000	广东崇正	2021-07-19
清乾隆 白玉浮雕达摩渡江插屏	屏心长14.2cm；宽9.7cm	57,500	西泠印社	2021-07-24
清中期 白玉诗文双骏图插屏	高17.5cm	230,000	北京翰海	2021-06-05

拍品名称	物品尺寸	成交价RMB	拍卖公司	拍卖日期
清中期 白玉雕山水人物插屏(成对)	高27.6cm	126,500	中鸿信	2021-07-14
清中期 黑白玉浮雕渔樵高隐图紫檀插屏	30.5cm×28cm	103,500	广东崇正	2021-07-19
清中期 双面工白玉插屏	15.5cm×12cm×26.5cm	46,535	北京保利	2021-08-09
清 青金石刻释迦牟尼与三十五尊者像般若波罗蜜多心经座屏	长23.8cm	322,000	北京保利	2021-12-06
清 碧玉雕梅花山水纹插屏	22.8cm×22.6cm	287,500	西泠印社	2021-07-25
清 白玉浮雕太平有象御题诗插屏(一对)	尺寸不一	218,500	西泠印社	2021-07-24
清白玉雕山水福禄寿插屏(一对)	尺寸不一	184,000	西泠印社	2021-07-24
清 青白玉方屏	长13.2cm；宽12cm	119,369	中国嘉德	2021-04-21
清 白玉雕御题诗梅妻鹤子图小座屏	高9cm；宽8.4cm	86,250	西泠印社	2021-07-24
清 碧玉嵌白玉大吉葫芦形插屏	高57cm	82,800	中鸿信	2021-07-14
清 白玉山水人物大插屏	高44cm	74,750	中鸿信	2021-07-14
清 白玉浮雕山中采药图插屏	屏心长19.6cm；宽11.8cm	63,250	西泠印社	2021-04-10
清 白玉浮雕螭龙纹插屏	高24cm；宽18.6cm	46,000	西泠印社	2021-04-10
清 碧玉刻诗文屏心	长14cm；宽8.8cm	40,250	西泠印社	2021-10-23
清 青白玉仙女乘槎插屏	14.5cm×19cm	37,290	江苏汇中	2021-12-01
清 碧玉描金山水楼阁插屏	高12.8cm	25,056	罗芙奥	2021-07-17
清 红木嵌白玉浮雕羲之爱鹅插屏	玉屏心长10.6cm；宽7cm	20,700	西泠印社	2021-10-23
民国 张苍山、王之山造玉屏策(一组两件)	尺寸不一	20,700	西泠印社	2021-07-24
清 王杰款云石插屏	长42.5cm；宽35.2cm	89,700	十竹斋	2021-06-27
清 云石插屏	长33.5cm；宽23.5cm	51,750	十竹斋	2021-06-27
清 端石刻青铜器纹插屏	长36cm；宽32cm	17,250	十竹斋	2021-06-27
清 玉雕芦雁插屏	长10.5cm；宽7.8cm	17,250	十竹斋	2021-06-27
玉如意				
明 白玉双螭如意云纹勒子	高5cm	97,750	中鸿信	2021-07-14
明 灵芝如意黟县青凿山	高60cm	34,500	中鸿信	2021-07-14
清乾隆 御制黄玉雕螭龙捧寿如意	长31.5cm	20,470,000	华艺国际	2021-12-11
清乾隆 白玉太平有象如意(一对)	长42cm	4,255,000	北京保利	2021-09-26
清乾隆/嘉庆 白玉雕福庆万寿纹如意	长42cm	3,622,500	佳士得	2021-05-28
18世纪 黄玉灵芝如意	长31.6cm	2,549,232	香港苏富比	2021-04-22
18世纪 和田玉雕福寿纹如意	长40cm	1,782,500	博美拍卖	2021-12-03
清乾隆 白玉福寿八宝纹如意	长44.7cm	1,610,000	北京保利	2021-12-06
清乾隆 白玉烤色吉庆有余福寿如意	长38cm	1,552,500	中贸圣佳	2021-07-07
清乾隆 白玉太平有象如意	长34cm	828,000	北京保利	2021-09-26
清乾隆 白玉云龙赶珠如意	长44cm	690,000	北京保利	2021-09-26
清乾隆 紫檀嵌玉如意	长40.5cm	414,000	华艺国际	2021-12-11
清乾隆 白玉雕吉庆有余吉祥如意	长54cm	299,000	中鸿信	2021-07-14
清乾隆 碧玉万字如意	长24cm	161,000	北京保利	2021-01-09
18世纪 白玉八仙风纹如意	长34cm	105,792	罗芙奥	2021-07-17
清乾隆 紫檀嵌白玉五福捧寿如意	长55cm	78,200	中鸿信	2021-07-14
清乾隆 白玉雕福寿双全如意头	126mm×106mm×24mm	63,250	西泠印社	2021-07-25

(成交价RMB：1万元以上)

拍品名称	物品尺寸	成交价RMB	拍卖公司	拍卖日期
清嘉庆 御制青白玉诗文福寿双全如意	长41.3cm	1,193,688	中国嘉德	2021-04-23
清中期 白玉正面龙活环如意	长48.5cm	1,150,000	北京保利	2021-12-06
清中期 白玉福寿如意	长43cm	690,000	北京保利	2021-06-08
清中期 白玉雕如意寿喜活环盖奁	直径12.5cm；高10cm	195,500	北京荣宝	2021-06-19
清中期 白玉雕祝寿图如意	长41.3cm	157,632	保利香港	2021-12-02
清中期 玉浮雕云龙纹寿字如意摆件	带座高9.3cm；长37.5cm	138,000	西泠印社	2021-07-24
清中期 青白玉浮雕八宝团寿御题诗文如意	长46cm	126,500	中鸿信	2021-07-14
清中期 白玉事事如意	长8.5cm	32,200	北京翰海	2021-12-18
19世纪 白玉八宝纹如意	长30cm	690,000	广东崇正	2021-07-19
18世纪/19世纪 玉海屋添筹龙凤呈祥纹如意	长33.8cm	410,500	佳士得	2021-12-03
清晚期 青白玉灵芝如意	长37.3cm	25,300	中国嘉德	2021-09-26
清 白玉昙花锦簇大如意 白玉仙翁仙境福寿双全大如意	长47cm；长51cm	989,000	永乐拍卖	2021-05-22
清 青白玉雕福寿花卉大如意	长52cm	575,000	北京荣宝	2021-12-02
清 白玉三镶龙纹如意	总长49.5cm	437,000	上海呗美	2021-05-30
清 黄玉雕灵芝如意	长31.8cm	391,711	纽约苏富比	2021-09-22
清 紫檀错银丝三镶白玉如意	长48.2cm	379,500	中贸圣佳	2021-05-21
清19世纪 青白玉雕福寿双全如意	长47cm	326,426	纽约苏富比	2021-09-22
清 白玉吉庆大如意	长33cm；宽8.5cm	322,000	永乐拍卖	2021-12-01
清 太平有象如意	总长54cm	161,000	上海呗美	2021-03-28
清 碧玉龙纹如意	长46.3cm	132,250	中贸圣佳	2021-03-26
清 南红玛瑙巧雕灵芝如意	30cm	115,000	北京荣宝	2021-06-19
清 白玉如意	长26cm	115,000	北京银座	2021-09-24
清 青玉松竹梅如意	长40cm	104,880	台北艺珍	2021-11-07
清 青玉福寿纹如意	长45.5cm	92,000	北京保利	2021-06-08
清 白玉雕八宝寿字纹三镶如意	总长48cm	92,000	西泠印社	2021-01-15
清 白玉雕如意摆件	长31.5cm	74,750	西泠印社	2021-04-10
清 随形如意摆件	高19.5cm	69,000	上海匡时	2021-07-08
清 南红寿桃灵芝如意摆件	长9.7cm	55,200	中贸圣佳	2021-03-26
清 青白玉雕寿桃纹如意摆件	长31cm	51,750	西泠印社	2021-01-16
清 碧玉盘螭灵芝形如意	长35.7cm	48,300	北京中汉	2021-03-26
清 白玉福寿纹三镶如意	长44cm	40,250	广东崇正	2021-07-19
清 灰白玉凤纹如意	长36.1cm	34,500	中贸圣佳	2021-05-21
清 螭龙玉如意	长32cm	23,000	北京禾谷	2021-01-24
清 玛瑙巧雕如意纹笔筒	高11cm；口径10cm	20,700	西泠印社	2021-01-16
八宝吉祥 碧玉如意	456mm×121mm×70mm	172,500	西泠印社	2021-07-25
白玉万福吉庆纹如意	长30.3cm	172,500	北京华夏天天	2021-09-25
许永刚 灵芝如意	90.5mm×34.5mm×23.1mm	69,000	南京经典	2021-07-18
张克山 新疆和田玉籽料如意	6.1cm×1.9cm×1.0cm	23,000	尚品润博	2021-09-12
青白玉嵌百宝福寿纹如意	长39.5cm	20,700	中国嘉德	2021-03-29
曹伟 新疆和田玉籽料如意	5.9cm×1.4cm×0.8cm	17,250	尚品润博	2021-09-12
玉佛手				
明 白玉佛手	高10cm	34,500	北京禾谷	2021-01-24
18世纪 白玉雕佛手摆件	高15.8cm	434,700	佳士得	2021-05-28
清乾隆 黄玉佛手	长77mm	287,500	西泠印社	2021-01-15
18世纪 白玉大佛手	长17.5cm	244,688	纽约佳士得	2021-03-18
清中期 白玉烤色佛手	高8.6cm	25,300	北京保利	2021-05-18

拍品名称	物品尺寸	成交价RMB	拍卖公司	拍卖日期
清 玉雕佛手摆件	高18cm	201,250	十竹斋	2021-06-27
清 青白玉佛手	长10.9cm；宽4.8cm	149,500	上海呗美	2021-03-28
清 白玉佛手	高10cm；宽5.3cm	69,000	上海呗美	2021-05-30
清 玉佛手佩	长6.5cm	57,500	北京翰海	2021-04-17
清 白玉佛手	85mm×47mm×30mm	48,300	西泠印社	2021-07-25
清 白玉佛手	高5.9cm；宽3cm	34,500	上海呗美	2021-05-30
玉山子				
元至明代 玉雕仙人山子	8cm×9cm	143,520	台北艺珍	2021-11-07
元至明 蜜蜡雕秋山图山子摆件	高10.5cm	126,500	西泠印社	2021-01-16
元 白玉镂雕秋山山子摆件	高11.5cm；长11cm	80,500	西泠印社	2021-01-15
元 人物老虎小山子	高4.3cm	43,700	中贸圣佳	2021-09-26
元 玉雕树石龙纹山子	4cm×3cm×9cm	28,750	北京诚轩	2021-05-18
明 白玉米颠拜石山子及泰祥洲水墨山子图	高15cm；画心71cm×60cm	1,058,000	北京保利	2021-06-08
明 刘伯温款青玉留皮诗文山子	21cm×14.5cm	92,000	中贸圣佳	2021-07-07
明 玉雕芭蕉池塘诗文山子	长21.5cm	92,000	北京保利	2021-01-09
明 青玉米芾拜石山子	高19.5cm	85,125	浙江佳宝	2021-01-10
明 南红玛瑙灵芝山子摆件	高8.5cm	57,500	北京华夏天天	2021-09-25
明 旧玉秋山山子	长10.5cm	17,250	北京翰海	2021-06-05
清早期 青金孔雀共生石山子	高16.5cm	483,000	中贸圣佳	2021-05-21
清早期 孔雀石小山子	高9.2cm	207,000	中贸圣佳	2021-05-21
清早期 青白玉梅鹤山子	高13.6cm	138,000	北京保利	2021-12-06
清早期 青玉罗汉戏狮山子	16.5cm×22.5cm	69,000	广东崇正	2021-07-19
清康熙 紫水晶山子摆件	长18cm；高13cm	172,500	十竹斋拍卖(北京)	2021-05-29
清乾隆 御制“题和阗玉山水图”山子	长21.3cm	8,159,940	香港苏富比	2021-10-13
清乾隆 白玉御题“第五拔杂哩逋答喇尊者”山子	高22.6cm	7,358,436	香港苏富比	2021-10-13
清乾隆 白玉“御题灵岩山”山子	高23.5cm	3,129,840	香港苏富比	2021-10-13
清乾隆 白玉雕仙山访友山子	高17.5cm	2,990,000	中贸圣佳	2021-05-20
18世纪 青白玉“携琴访友”山水图山子	高24.5cm	2,300,000	永乐拍卖	2021-05-22
清乾隆 青白玉海屋添筹纹山子	21cm×12cm；高30cm	1,495,000	浙江佳宝	2021-01-10
清乾隆 青白玉御题诗山子	长26cm；宽15.3cm	1,392,636	中国嘉德	2021-04-21
清乾隆青白玉层峦绝壁山子(配座)	高49cm	1,380,000	华艺国际	2021-12-11
清乾隆 白玉山水泛舟山子	长9.5cm	402,500	北京保利	2021-01-09
18世纪 青白玉山溪洗砚图山子	高16.8cm	312,984	香港苏富比	2021-10-13
清乾隆 白玉达摩渡江山子	高15.5cm	287,500	中贸圣佳	2021-05-21
清乾隆 白玉香山九老山子	高15cm	287,500	十竹斋拍卖(北京)	2021-05-29
清乾隆 青金石雕高士图山子	高23.4cm(含座)	97,750	中国嘉德	2021-05-19
清乾隆 青白玉雕云岭五骏山子	8cm×4.5cm×13.8cm	74,750	北京诚轩	2021-05-18
清乾隆 火烧玉十六罗汉山子	长27cm	51,750	中鸿信	2021-07-14
清乾隆 和田籽料御题诗文山子附大漆座	通高45cm	32,200	中鸿信	2021-07-14
清中期青白玉留皮松下高士山子	高26cm	2,185,000	北京保利	2021-09-26
清嘉庆 白玉御题“味余书室诗”山子	长15cm	730,296	香港苏富比	2021-10-13
清中期 白玉罗汉诗文山子	13.5cm×11cm	195,500	十竹斋拍卖(北京)	2021-05-29

2021玉器拍卖成交汇总(续表)

(成交价RMB：1万元以上)

拍品名称	物品尺寸	成交价RMB	拍卖公司	拍卖日期
清中期 白玉雕访友图山子	长18cm	103,500	中鸿信	2021-07-14
清中期 白玉留皮年年有余荷叶摆件	长7.5cm	97,750	北京保利	2021-10-30
清中期 青白玉十二生肖山子(带座)	高25cm	92,000	广东崇正	2021-07-19
清中期 白玉山水人物山子(带座)	高12cm	86,250	广东崇正	2021-01-07
清中期 白玉达摩山子	宽12cm	34,500	北京保利	2021-09-26
清晚期 白玉雕松下高士山子摆件	24cm×24cm×7cm	253,000	北京荣宝	2021-06-19
清 白玉罗汉山子	高18.9cm	552,000	永乐拍卖	2021-12-01
清 青白玉雕文殊菩萨山子	高11.4cm	497,370	中国嘉德	2021-04-21
清 青玉浮雕山子摆件	29.5cm×19.5cm	460,000	中贸圣佳	2021-07-07
清 青白玉赤壁夜游山子摆件	高18cm；长22cm	345,000	西泠印社	2021-01-16
清 白玉御题诗阿必达尊者山子摆件	高26.5cm	322,000	西泠印社	2021-01-15
清 青玉佛山子	宽25cm；连座高38.5cm	276,000	上海呗美	2021-05-30
清 "碧云"孔雀石山子	高26cm(连座)	230,000	中贸圣佳	2021-07-07
清 黄玉红沁松鹤延年山子摆件	带座高27.8cm；高19.7cm	230,000	西泠印社	2021-01-16
清 白玉文石小山子	高11cm	153,225	北京保利	2021-08-15
清 白玉山子	长11cm；宽9cm	99,474	中国嘉德	2021-04-21
清 白玉罗汉山子	高13.5cm	97,750	十竹斋拍卖(北京)	2021-05-29
清 白玉雕人物故事山子	高17cm	92,000	北京荣宝	2021-12-02
清 毛纪、张士保款赏石山子	总高32cm	89,700	博美拍卖	2021-12-03
清 白玉红沁诗文高士山子摆件	高10.5cm；长12.5cm	80,500	西泠印社	2021-10-23
清 白玉雕降龙罗汉山子摆件	高20.5cm	74,750	西泠印社	2021-01-16
清 白玉福寿童子山子	长9.5cm	69,000	北京华夏天天	2021-09-25
清 沉香山子清供摆件	沉香山子重510g	69,000	西泠印社	2021-01-16
清 白玉松山高士山子摆件	高8cm；长12.5cm	63,250	西泠印社	2021-04-10
清 青白玉雕山水人物故事山子	高13.5cm	59,800	中贸圣佳	2021-03-26
清 玉雕人物山子	高14cm(不含座)	55,200	台北艺珍	2021-11-07
清 白玉松鹤纹山子	高9cm；宽7cm	46,000	北京华夏天天	2021-09-25
清 青白玉留皮雕玉山子	13.5cm×10.6cm	46,000	江苏汇中	2021-05-14
清 白玉达摩山子摆件	带座高17.3cm；高14cm	46,000	西泠印社	2021-07-24
清 白玉留皮携琴访友山子	高12cm	43,700	北京保利	2021-10-31
清 琥珀随形山子摆件	高11.5cm；琥珀重177.9g	43,700	西泠印社	2021-01-16
清 碧玉雕松石亭台纹山子	长10.5cm	40,250	北京华辰	2021-06-19
清 青金石仿太湖石山子附铜鎏金西番莲花盆	高39cm	40,250	中鸿信	2021-07-14
清 青白玉山子	长9.5cm；宽6.3cm	34,816	中国嘉德	2021-04-21
清 白玉人物山子	高9.8cm	29,808	中国嘉德	2021-10-12
清 白玉山子	高4.1cm；宽6.1cm	27,853	中国嘉德	2021-04-21
清 崂山绿山子	高8.5cm；长13.5cm	23,000	十竹斋拍卖(北京)	2021-05-29
清 碧玉雕山水人物故事图大山子	高50.5cm	23,000	中鸿信	2021-07-14
清 墨玉巧雕达摩山子摆件	高15.5cm	20,700	朵云轩	2021-07-07
清 白玉仙山亭阁山子	长14cm	20,700	中贸圣佳	2021-03-26
民国 黑白玉俏色巧雕张骞乘槎山子	高25.3cm	80,500	北京保利	2021-06-08

拍品名称	物品尺寸	成交价RMB	拍卖公司	拍卖日期
清乾隆宫廷造办处 和田玉带皮籽料连铜鎏金器座"金风玉露"山子摆件	玉重5792g；18.5cm×18.5cm×40cm	6,095,000	博美拍卖	2021-12-03
崔磊 白玉三苏摆件	13cm×9cm×5.8cm	985,600	上海联合	2021-11-21
白玉三星对弈摆件	16.4cm×11.7cm×6.5cm	537,600	上海联合	2021-06-27
顾铭 放鹤图 青花山子	170mm×109mm×50mm	460,000	西泠印社	2021-01-16
白玉御制诗文《赤壁赋》山子	长17.4cm	460,000	北京华夏天天	2021-09-25
高毅进 如意弥勒 白玉山子	146mm×155mm×68mm	460,000	西泠印社	2021-01-16
青花瑶池仙境摆件		425,600	上海联合	2021-11-21
张庆强 明月松间照 白玉山子	203mm×99mm×72mm	368,000	西泠印社	2021-07-25
侍茶图 白玉摆件	146mm×92mm×54mm	92,000	西泠印社	2021-07-25
蜜蜡山子(带座)	高13.5cm	41,400	北京华辰	2021-12-08
碧玉山水人物大山子	高55cm(含座)	34,500	中国嘉德	2021-03-29
山子(十三件)	尺寸不一	20,700	中国嘉德	2021-09-26
琥珀山子摆件	高6.3cm(含座)；宽4.3cm	17,250	中国嘉德	2021-05-18
人物摆件				
新石器时代 石家河文化玉面人头像	高8.7cm	1,221,507	香港苏富比	2021-04-22
文化期 玉人	高5.8cm	49,737	中国嘉德	2021-04-21
西周 黄玉人	高5.5cm	378,001	中国嘉德	2021-04-21
商至西周早期 玉人	高4.2cm	276,167	香港苏富比	2021-04-22
唐或更早 玉人	长4.9cm	552,334	香港苏富比	2021-04-22
宋 双联童子	高3.2cm；宽3.3cm	547,107	中国嘉德	2021-04-21
宋 玉雕菩萨	高9cm	169,106	中国嘉德	2021-04-21
宋 玉雕嬉戏童子	高6cm	129,316	中国嘉德	2021-04-21
宋 青玉人物	高6cm；宽2.6cm	81,569	中国嘉德	2021-04-21
宋/元 白玉童子	高6cm	69,552	中国嘉德	2021-10-12
宋 白玉凤阳婆	高2.9cm	59,616	中国嘉德	2021-10-12
宋/元 玉礼佛童子	高3.6cm	17,885	中国嘉德	2021-10-12
10至11世纪 和田玉菩萨	高16cm	598,000	朵云轩	2021-07-07
元至明 白玉随身佛坐像	高4.3cm；宽3.3cm	143,750	西泠印社	2021-01-15
元 白玉飞天	51mm×30mm×6mm	126,500	西泠印社	2021-07-25
元 白玉胡人	高4cm	61,603	中国嘉德	2021-10-12
元 白玉依鼓童子摆件	长6.5cm	57,500	古天一	2021-06-07
元 白玉神农像	长6cm	32,200	古天一	2021-06-07
元 白玉莲托坐佛	高3.8cm	17,250	中国嘉德	2021-05-19
13世纪 黑财神	高7cm	80,500	北京中汉	2021-03-26
13世纪 黄财神	高10.7cm	43,700	北京中汉	2021-05-18
明早期 玉雕上元一品赐福天官紫微大帝立像	高9.5cm	862,500	华艺国际	2021-06-05
15世纪 大威德金刚	高5.3cm	92,000	北京中汉	2021-03-26
14至15世纪 宝帐怙主	高10.3cm	20,700	北京中汉	2021-03-26
明 旧玉人头	高3cm；宽2cm	1,403,000	上海呗美	2021-05-30
明 白玉仙童(一对)	高8.9cm	805,000	北京保利	2021-12-06
明 白玉祝融像	高2.85cm	747,500	永乐拍卖	2021-05-22
明 白玉迦罗逻	长3.7cm	575,000	中国嘉德	2021-09-26
明 白玉官帽俑	高4.8cm	552,000	永乐拍卖	2021-05-22
明 旧玉人物	高3.8cm	517,500	上海呗美	2021-05-30
明 玉雕释迦牟尼佛坐像	高15.3cm	460,000	博美拍卖	2021-12-03
明 青白玉无量寿佛	高12cm	276,000	中贸圣佳	2021-07-07
明 南红玛瑙弥勒佛	高8.6cm	230,000	华艺国际	2021-12-11
明 黄玉随身佛	高4.4cm	207,000	北京华夏天天	2021-09-25

拍品名称	物品尺寸	成交价RMB	拍卖公司	拍卖日期
明 白玉带沁跪人像	高6.9cm	172,500	北京保利	2021-12-06
明 青白玉山石仕女摆件	高13.9cm	169,106	中国嘉德	2021-04-21
明 白玉雕罗汉摆件	107mm×43mm×34mm	126,500	西泠印社	2021-01-15
明 白玉骑吼送子观音	高10.2cm	126,500	浙江佳宝	2021-01-10
明 白玉释迦牟尼	高9.5cm	126,500	中贸圣佳	2021-05-21
明 白玉童子	长6cm	126,500	中贸圣佳	2021-03-26
明 白玉胡人戏狮	高6.2cm	109,250	上海呗美	2021-05-30
明 白玉雕送子观音	112mm×39mm×27mm	97,750	西泠印社	2021-07-25
明 白玉飞天	长7.3cm	92,000	西泠印社	2021-07-24
明 白玉雕道教人物摆件	92mm×71mm×32mm	92,000	西泠印社	2021-01-15
明 白玉贵人坐像	高6.8cm	80,500	西泠印社	2021-07-24
明 玉送子观音摆件	高11.3cm；高14cm	80,500	中国嘉德	2021-05-19
明 青白玉击鼓小童	高6cm	79,579	中国嘉德	2021-04-21
明 金錾刻佛像片饰(一组三件)	尺寸不一	78,200	西泠印社	2021-01-15
明 火烧玉真武大帝摆件	高10.5cm	71,300	中贸圣佳	2021-03-26
明 白玉胡人童子戏狮	长8.2cm；高5.5cm	69,000	永乐拍卖	2021-05-22
明 白玉红沁神农像	宽5cm；高7.1cm	69,000	浙江佳宝	2021-01-10
明 玉童子戏鹅	长4cm	69,000	中贸圣佳	2021-05-21
明 白玉持莲童子	高5.6cm；宽2.5cm	66,700	永乐拍卖	2021-05-22
明 白玉雕胡人打虎	高6cm	63,250	中鸿信	2021-07-14
明 白玉自在观音像	高12.5cm	57,500	中鸿信	2021-07-14
明 白玉普贤	高3.3cm	55,200	中国嘉德	2021-05-19
明 玉龙王持莲捻珠坐像	高9.2cm	51,750	华艺国际	2021-12-11
明 白玉鱼篮观音玉件	高6cm	40,250	中贸圣佳	2021-05-21
明 青白玉木马童子	高8.2cm；宽4.7cm	37,950	上海呗美	2021-03-28
明 白玉雕伏虎罗汉	42mm×39mm×11mm	36,800	西泠印社	2021-07-25
明 白玉小童子	长3.3cm	36,800	古天一	2021-06-07
明 玉高士人物	高4.8cm	34,500	北京翰海	2021-10-16
明 黄玉童子瑞兽	高7cm	34,500	北京禾谷	2021-01-24
明 白玉包金观音	玉高2.8cm	34,500	上海呗美	2021-05-30
明 白玉伏虎罗汉	高6cm；宽4.5cm	31,832	中国嘉德	2021-04-21
明 白玉佛	高5.5cm	25,300	北京保利	2021-01-09
明 白玉雕持莲童子	高6.8cm	25,300	北京保利	2021-06-08
明 白玉坐佛	宽3.5cm；高4.5cm	23,000	浙江佳宝	2021-01-10
明 白玉童子戏象摆件	长8cm；宽4.7cm	23,000	浙江佳宝	2021-01-10
明 玉善财童子	高3.5cm	23,000	中国嘉德	2021-11-29
明 白玉卧童	长3.5cm	20,700	中国嘉德	2021-11-29
明 旧玉人物	高6cm	17,250	北京翰海	2021-06-05
明 奉花童子	高5.6cm	17,250	辽宁省拍	2021-07-04
明 水晶高士坐像	15cm×10cm	17,250	上海嘉禾	2021-07-22
明 青玉雕人物摆件	高12.2cm	17,250	西泠印社	2021-10-23
明晚期 黄玉平安得子	高6.2cm	184,000	古天一	2021-06-07
清早期 白玉阿弥陀佛	高9.5cm	460,000	华艺国际	2021-12-11
清初 白玉佛弟子像	高15cm	80,500	中贸圣佳	2021-07-07
清早期 玉雕四喜童子	长3.7cm；厚1.2cm	59,684	中国嘉德	2021-04-21
清康熙 白玉仕女抚琴摆件	高9.2cm	230,000	中贸圣佳	2021-07-07
清乾隆 青白玉雕佛坐像连碧玉莲座	佛像高18.5cm	4,439,778	纽约苏富比	2021-09-22
清乾隆 白玉雕童子牧牛	长18.6cm	3,751,668	香港苏富比	2021-10-13
清乾隆 青白玉阿弥陀佛	高21cm	1,380,000	华艺国际	2021-12-11
清乾隆 白玉雕卧象童子	长12.5cm	1,356,264	香港苏富比	2021-10-13
18世纪 玉雕佛陀坐像	高12.7cm	1,305,000	纽约佳士得	2021-03-18
17世纪/18世纪 黄玉留皮鹿乳奉亲	高8.5cm	1,150,000	北京保利	2021-09-26
18世纪 青白玉佛坐像	高17.2cm	1,138,500	佳士得	2021-05-28
18世纪 白玉童子牧牛	长15cm	805,000	北京保利	2021-12-06
清乾隆 黄玉童子骑虎	高6cm	805,000	北京保利	2021-09-26
18世纪 墨玉巧雕童子牧牛	长19.5cm	460,000	北京保利	2021-12-06
清乾隆 白玉阿弥陀佛	高14cm	437,000	华艺国际	2021-12-11
清乾隆 白玉吉庆童子	长7cm	322,000	北京华夏天天	2021-09-25
清乾隆 白玉雕自在观音坐像	70mm×54mm×41mm	287,500	西泠印社	2021-01-15
清乾隆 白玉陶渊明爱菊摆件	高10.8cm	207,000	中贸圣佳	2021-05-21
清乾隆 白玉带皮胖娃	长4cm；宽2.9cm	198,948	中国嘉德	2021-04-21
清乾隆 白玉载来花甲	长10.5cm	161,000	永乐拍卖	2021-12-01
清乾隆 白玉胡人献宝摆件	高9cm	138,000	北京保利	2021-01-09
清乾隆 白玉金皮童子戏驼	长8.3cm	138,000	永乐拍卖	2021-12-01
清乾隆 白玉带皮雕胡人立像	高10.3cm	115,000	西泠印社	2021-07-24
清乾隆 白玉套佛	高7cm	115,000	中贸圣佳	2021-07-07
清乾隆 青金石仿古雕如来法像	高10.5cm	92,000	中国嘉德	2021-11-29
清乾隆 火烧玉雕无量寿佛	高20.7cm	80,500	中国嘉德	2021-11-29
18世纪 青玉带皮雕佛狮	长9.5cm	55,200	中贸圣佳	2021-09-25
18世纪 和田玉菩萨	高8cm；宽3.7cm	34,500	朵云轩	2021-07-07
清乾隆 白玉铁拐李	高4.7cm	31,795	中国嘉德	2021-10-12
清乾隆 玉罗汉	高10cm	23,000	中贸圣佳	2021-09-26
清中期 白玉阿弥陀佛(带背光)	高18cm	3,450,000	华艺国际	2021-12-11
清中期 白玉达摩渡海	高15cm	276,000	华艺国际	2021-09-17
清中期 白玉留皮巧雕"童子戏牛"摆件	长6.2cm	253,000	北京华夏天天	2021-09-25
清中期 黑白玉巧雕童子戏獾	高4.2cm	159,158	中国嘉德	2021-04-21
清中期 白玉持宝瓶童子	高3.2cm	57,500	浙江佳宝	2021-01-10
清中期 白玉无量寿佛(带座)	高10.5cm	34,500	广东崇正	2021-01-07
清中期 蜜蜡雕松下高士摆件	高7.2cm	34,500	广东崇正	2021-07-19
清中期 糖玉巧雕童子击鼓	高5.9cm	34,500	中国嘉德	2021-05-19
清中期 白玉佛造像	高5cm	34,500	中鸿信	2021-07-14
清中期 白玉雕麻姑献寿摆件	高6.8cm	29,900	北京华辰	2021-06-19
清中期 白玉童子献寿	高4.5cm	28,750	北京翰海	2021-12-18
清中期 白玉持荷童子	长4.5cm	28,750	北京翰海	2021-12-18
清中期 白玉童子献寿	高7cm	23,000	北京翰海	2021-12-18
18世纪/19世纪 白玉观音	高13.8cm	448,594	纽约佳士得	2021-03-18
清 黄玉侧面神人	长8.4cm；宽2.6cm	2,196,500	永乐拍卖	2021-12-01
清 白玉雕释迦牟尼坐像	高15.8cm	1,092,500	西泠印社	2021-01-15
清 白玉雕麻姑献寿摆件	340mm×172mm×70mm	862,500	西泠印社	2021-01-15
清 黄玉雕东方朔摆件	高19cm	793,500	古天一	2021-06-07
清 白玉雕八仙人物摆件一组	尺寸不一	690,000	西泠印社	2021-01-15
清 白玉罗汉	高13.3cm	552,000	永乐拍卖	2021-12-01
清 白玉持莲观音立像	通高25.8cm	552,000	上海呗美	2021-05-30
清 玉雕山石自在观音	高8.2cm	402,500	古天一	2021-06-07
清 释迦牟尼拈花微笑坐像(连座雕)	12cm×7cm×17cm	368,000	广东精诚所至	2021-01-22
清 玉雕无量寿佛带铜鎏金宝座	高16.6cm	310,500	十竹斋拍卖(北京)	2021-04-25
清 白玉雕持花书生摆件	137mm×87mm×59mm	287,500	西泠印社	2021-01-15
清 白玉雕麻姑献寿摆件	140mm×51mm×36mm	253,000	西泠印社	2021-07-25
清 白玉雕真武大帝坐像	带座高13cm；高11cm	178,250	西泠印社	2021-01-15
清 白玉童子乘槎	高6cm；宽10.4cm	149,500	上海呗美	2021-03-28

2021玉器拍卖成交汇总(续表)

(成交价RMB：1万元以上)

拍品名称	物品尺寸	成交价RMB	拍卖公司	拍卖日期
清 白玉抱狮童子	高7.2cm；宽4.2cm	149,500	永乐拍卖	2021-05-22
清 玉舞人、玉翁仲、玉蚕(一组六件)	尺寸不一	149,500	古天一	2021-06-07
清 白玉雕仙人乘槎摆件	104mm×61mm×19mm	149,500	西泠印社	2021-07-25
清 青白玉观音	高13.1cm	149,040	中国嘉德	2021-10-14
清 白玉四臂观音像	高9.5cm；通高20.5cm	138,000	中鸿信	2021-07-14
清 黄玉释迦牟尼	高22.5cm(连座)	138,000	中贸圣佳	2021-05-21
清 白玉飞天	长5.8cm	132,250	永乐拍卖	2021-12-01
清 白玉击鼓童子	长6cm	126,500	永乐拍卖	2021-12-01
清 黄玉持如意罗汉	长6cm	112,700	永乐拍卖	2021-12-01
清 白玉雕释迦牟尼坐像	高15.5cm	97,750	西泠印社	2021-07-24
清 翡翠童子拜观音摆件	高19cm(带座)	94,300	中贸圣佳	2021-03-26
清 白玉翁仲	高3.4cm	89,700	古天一	2021-06-07
清 灰白玉渔翁得利摆件	高13cm	89,700	永乐拍卖	2021-12-01
清 白玉圆雕舞人	宽3.4cm；高4.1cm	89,700	浙江佳宝	2021-01-10
清 白玉求子得子童子	高5.3cm	80,500	古天一	2021-06-07
清 玉雕罗汉半身像	高24.8cm	78,400	十竹斋拍卖(北京)	2021-04-25
清 白玉仙人	高3.6cm	78,200	古天一	2021-06-07
清 白玉带盒观音	高6.8cm	77,501	中国嘉德	2021-10-14
清 青白玉雕释迦牟尼坐像	带座高20cm；高16.5cm	74,750	西泠印社	2021-07-24
清 白玉雕童子牧牛摆件	高5cm；长10cm	74,750	西泠印社	2021-07-24
清 白玉雕持荷童子	57mm×30mm×21mm	74,750	西泠印社	2021-07-25
清 白玉雕奉宝童子	高7.5cm	72,450	北京保利	2021-06-08
清 白玉戏鹅童子	长6.7cm	71,300	永乐拍卖	2021-12-01
清 白玉飞天童子	长5.1cm；宽3cm	70,150	永乐拍卖	2021-12-01
清 玉童子	高4.5cm	69,000	北京翰海	2021-10-16
清 白玉持净瓶观音立像	高18cm	69,000	西泠印社	2021-04-10
清 白玉观音	高5.8cm	66,700	古天一	2021-06-07
清 东方朔偷桃	高4.6cm	66,700	中贸圣佳	2021-09-26
清 白玉道教人物	高5cm	59,800	永乐拍卖	2021-12-01
清 白玉童子戏犬摆件	高5cm	57,500	古天一	2021-06-07
清 和田玉人物摆件	高10cm	57,500	辽宁省拍	2021-07-04
清 白玉戏球童子	高6.2cm；宽3.1cm	51,750	永乐拍卖	2021-12-01
清 白玉羲之爱鹅摆件	高15.7cm(带座)	51,750	中贸圣佳	2021-03-26
清 玉童子(三件)	尺寸不一	51,750	北京翰海	2021-10-16
清 南红玛瑙渔家乐摆件	长8cm	48,300	北京保利	2021-05-18
清 白玉持经文官	宽2.8cm；高6.2cm	48,300	永乐拍卖	2021-12-01
清 青金石如来佛	高10.5cm	48,300	中贸圣佳	2021-05-21
清 白玉仕女像	高25.7cm	46,000	中贸圣佳	2021-09-26
清 白玉童子(三件)	尺寸不一	43,700	中国嘉德	2021-05-19
清 白玉雕持穗童子	63mm×25mm×24mm	43,700	西泠印社	2021-07-25
清 南红玛瑙巧雕“吉祥如意”摆件	长10cm	40,250	北京荣宝	2021-12-02
清 白玉雕麻姑献寿	高26cm	40,250	北京保利	2021-05-18
清 白玉如意童子	高6cm	40,250	北京翰海	2021-12-18
清 玉和合童子	高3.7cm	40,250	上海嘉禾	2021-07-22
清 玉雕持珠观音像	高7.2cm	36,800	北京保利	2021-12-06
清 白玉读书罗汉摆件	高10cm	36,800	中贸圣佳	2021-03-26
清 玉刘海戏金蟾	高4.5cm	34,500	北京翰海	2021-10-16
清 琥珀八仙人物纹摆件	高9.6cm	34,500	广东崇正	2021-01-07
清 白玉童子摆件	高6.8cm	34,500	广东崇正	2021-07-19
清 玉人(一组两件)	高5cm；高5cm	34,500	西泠印社	2021-01-15
清 青玉伏虎罗汉	宽7.8cm	34,500	永乐拍卖	2021-09-26
清 黄玉雕刘海戏金蟾摆件	高16.5cm	34,500	中鸿信	2021-07-14
清 玉件(白玉童子、白玉兽、白玉兽)(一组三件)	尺寸不一	34,500	中鸿信	2021-07-14
清 白玉卧牛童子	长5cm	32,200	北京保利	2021-10-30
清 白玉执荷童子	高6cm	32,200	中贸圣佳	2021-03-26
清 南红玛瑙巧雕“渔翁得利”摆件	高5.4cm	28,750	北京荣宝	2021-12-02
清 白玉寿星	通高8.5cm	28,750	上海呗美	2021-05-30
清 白玉随身佛	长4.5cm	28,750	西泠印社	2021-04-10
清 白玉留皮双童子	宽3.6cm；高5.6cm	28,750	浙江佳宝	2021-01-10
清 白玉济公	高5.8cm	28,750	中贸圣佳	2021-03-26
清 玉童子嬉戏	4cm	26,450	十竹斋	2021-06-27
清 玉童子	长5.8cm	25,300	北京翰海	2021-10-16
清 白玉四喜娃子	长4.5cm	25,300	北京翰海	2021-10-16
清 白玉葫芦童子	长3.5cm；高3.2cm	25,300	上海呗美	2021-05-30
清 玉童子持荷(含座)	高5cm	25,300	十竹斋	2021-06-27
清 白玉鼠神坐像	高6.3cm	25,300	西泠印社	2021-07-24
清 白玉雕守业童子	53mm×30mm×10mm	25,300	西泠印社	2021-07-25
清 白玉雕地藏王菩萨坐像	高6.4cm	23,000	北京保利	2021-12-06
清 白玉留皮观音送子摆件	长9.5cm	23,000	江苏汇中	2021-12-01
清 白玉击鼓童子摆件	2.5cm×4.5cm×5.5cm	23,000	十竹斋	2021-06-27
清 捧经罗汉	高15.2cm	23,000	中贸圣佳	2021-09-26
清 玉人物(四件)	尺寸不一	23,000	北京翰海	2021-10-16
清 白玉老人	高15.7cm	21,884	中国嘉德	2021-04-21
清 旧玉舞人	长4.35cm；宽1.7cm	21,850	浙江佳宝	2021-01-10
清或以前 袖珍观音像两尊	高3.1cm	21,206	纽约佳士得	2021-03-18
清 和田玉童子放牛摆件	长12cm	20,700	北京九歌	2021-06-13
清 玉佛	高4.5cm	20,700	西泠印社	2021-07-24
清 白玉胡人戏象	宽3.8cm；高3cm	20,700	浙江佳宝	2021-01-10
清 玉童子	高4.5cm	18,400	北京翰海	2021-10-16
清 白玉雕地藏菩萨	高3.3cm	18,400	永乐拍卖	2021-09-26
清 南红东方朔摆件	高10.8cm(带座)	18,400	中贸圣佳	2021-03-26
清 白玉戏猫童子	长4.6cm；高3.2cm	18,160	浙江佳宝	2021-01-10
清 笑狮罗汉摆件	高6.5cm	17,250	北京禾谷	2021-01-24
清 白玉雕童子拜寿摆件	高4cm	17,250	北京华辰	2021-06-19
清 南红玛瑙人物童子	高6cm	17,250	广东崇正	2021-01-07
清 玉雕松下高士童子摆件	高11.8cm	17,250	华艺国际	2021-06-04
清 白玉童子戏双牛摆件	长5cm	17,250	江苏汇中	2021-05-14
清 白玉雕童子戏獾摆件	长7.3cm	17,250	江苏汇中	2021-05-14
清 童子观音	高5.7cm(不含底座)	17,250	辽宁省拍	2021-07-04
清 白玉蕉叶高士摆件	宽2.5cm；高3.5cm	17,250	浙江佳宝	2021-01-10
清 白玉留皮刘海	高5.3cm	17,250	中国嘉德	2021-05-19
晚清/20世纪初 白玉水月观音像	高15.8cm	448,594	纽约佳士得	2021-03-18
当代 宋建国 青白玉童子牧牛	长76cm	402,500	北京翰海	2021-06-05
当代 白玉送子观音	高25cm	230,000	北京翰海	2021-04-17

(成交价RMB：1万元以上)

拍品名称	物品尺寸	成交价RMB	拍卖公司	拍卖日期
袁广如 当代 和田玉原籽长眉罗汉摆件	11cm×8cm×4cm	17,250	北京羿趣国际	2021-07-16
十八罗汉拜观音	22cm×11.3cm×2.7cm	7,130,000	北京荣宝	2021-06-19
顾铭 莲香梵影 白玉摆件	205mm×88mm×62mm	2,300,000	西泠印社	2021-01-16
白玉观音摆件	9.5cm×7.5cm×3.2cm	1,209,600	上海联合	2021-06-27
刘忠荣 白玉麒麟观音菩萨	32cm×20cm×12cm	805,000	上海嘉禾	2021-07-22
拙道 白玉莲花观音立像	12cm×6.8cm×4.4cm	784,000	上海联合	2021-06-27
拙道 白玉观音摆件	8.5cm×7.9cm×4.8cm	761,600	上海联合	2021-11-21
徐志浩 妙法圆融 白玉摆件	104mm×43mm×22mm	483,000	西泠印社	2021-01-16
张合冰 童子献寿	1.5cm×4.9cm×3.1cm	402,500	上海嘉禾	2021-07-22
樊军民 道法自然 白玉摆件	140mm×80mm×70mm	356,500	西泠印社	2021-07-25
玉雕"加官进爵""福寿双至"观音立像	净高14.3cm	345,000	博美拍卖	2021-12-03
俞巍巍 白玉持莲观音摆件	19cm×12.4cm×6.3cm	280,000	上海联合	2021-11-21
黄褐玉佛	高15.5cm	179,438	纽约佳士得	2021-03-18
曹春华 钛发晶太白醉酒摆件	17cm×10.8cm×7.9cm	179,200	上海联合	2021-11-21
唐典强 观音像	55mm×20mm×17mm	149,500	南京经典	2021-07-18
白玉如意有财摆件	10.3cm×4.6cm×2.8cm	123,200	上海联合	2021-06-27
白玉有财气摆件	6.7cm×2.4cm×1.9cm	112,000	上海联合	2021-11-21
曹春华 金兔毛晶无尘摆件	13cm×9.6cm×7.2cm	109,760	上海联合	2021-11-21
刘月川 碧玉松下问童子摆件	18.2cm×17.2cm×6.7cm	98,560	上海联合	2021-11-21
何秋豪作品 南红玛瑙大威德金刚	50mm×40mm×20mm	90,800	北京保利	2021-01-19
白玉佛像	高28cm(不含底座)	86,250	辽宁省拍	2021-07-04
清 翡翠雕送子观音	高19cm	74,750	辽宁省拍	2021-07-04
鳌鱼观音 白玉摆件	238mm×180mm×30mm	74,750	西泠印社	2021-01-16
福寿双全 白玉摆件	130mm×59mm×35mm	69,000	西泠印社	2021-07-25
不言兮作品 玛瑙巧雕降龙罗汉	52mm×28mm×13mm	63,560	北京保利	2021-01-19
明 玉雕持莲童子	高4.4cm	63,250	十竹斋	2021-06-27
御龙观音	78mm×34mm×15mm	63,250	南京经典	2021-07-18
南红玛瑙雕达摩罗汉摆件	带座高23cm；高19.5cm	57,500	西泠印社	2021-07-24
白玉罗汉持经摆件	高5.5cm	48,300	泰和嘉成	2021-06-06
清 玉雕佛像佛塔	高10.7cm	46,000	十竹斋	2021-06-27
白玉嵌宝银鎏金座观音坐像	高34.8cm	43,700	江苏汇中	2021-05-14
碧玉关公像	高49.5cm	40,250	中国嘉德	2021-03-29
胡兆来 南红黄财神	4.0cm×3.3cm×1.6cm	32,200	尚品润博	2021-09-12
葛洪 新疆和田玉籽料佛	3.0cm×2.3cm×1.9cm	28,750	尚品润博	2021-09-12
白玉雕麻姑献寿摆件	高6.5cm；长6cm	28,750	西泠印社	2021-10-23
张少康 新疆和田玉籽料自在佛	2.4cm×1.8cm×1.1cm	25,300	尚品润博	2021-09-12
清 玉雕秋叶美人图	长7.4cm	25,300	十竹斋	2021-06-27
清 玉雕寿星	高14.6cm	23,000	十竹斋	2021-06-27
南红玛瑙雕人物摆件	7cm×4.7cm×3cm	22,400	上海联合	2021-06-27
晏凯 和田玉苹果绿童子击鼓	3.4cm×1.9cm×2.0cm	20,700	尚品润博	2021-09-12
新疆和田玉黑青籽料牧牛童子摆件	14.7cm×5.4cm×7.5cm	20,700	尚品润博	2021-09-12
动物摆件				
商 玉牛	宽4.6cm	119,232	中国嘉德	2021-10-14
西周 玉牛	宽5.4cm	794,880	中国嘉德	2021-10-14
西周 青玉鸟(一对)	长3.4cm	64,658	中国嘉德	2021-04-21
西汉 玉熊	长6.5cm；高4.5cm	2,188,428	中国嘉德	2021-04-21
东汉 玉辟邪	宽7.3cm	497,370	中国嘉德	2021-04-21
汉 玉辟邪	宽6.5cm	8,843,040	中国嘉德	2021-10-14
汉或以后 玉骆驼	宽15.3cm	815,308	纽约苏富比	2021-09-27
汉至六朝 玉辟邪	长7cm	693,655	纽约苏富比	2021-09-22

拍品名称	物品尺寸	成交价RMB	拍卖公司	拍卖日期
唐/元 玉骆驼	高6.7cm	2,838,375	纽约佳士得	2021-03-18
唐 白玉红沁骆驼	宽3.1cm	158,976	中国嘉德	2021-10-12
唐 玉兔	宽5.2cm	79,488	中国嘉德	2021-10-14
唐 白玉行龙	宽6.3cm	57,629	中国嘉德	2021-10-12
唐/宋 玉卧鹤	长6.1cm	52,995	纽约苏富比	9/27/2021
宋 白玉双狮	长4.2cm；宽4.2cm	716,213	中国嘉德	2021-04-21
宋 白玉红沁卧犬	长7.2cm	207,000	浙江佳宝	2021-01-10
宋 黄玉牛	宽6.7cm	158,976	中国嘉德	2021-10-14
宋 黄玉卧犬	宽8cm	129,168	中国嘉德	2021-10-12
宋 青白玉卧狗	长6cm	99,474	中国嘉德	2021-04-21
宋 黄玉羊和白玉骆驼(各一件)	最大的宽3.2cm	89,424	中国嘉德	2021-10-12
宋 白玉沁色双鹅	宽3.8cm；深2.9cm	49,737	中国嘉德	2021-04-21
宋 黄玉骆驼	宽5cm	49,680	中国嘉德	2021-10-12
宋至金 白玉衔莲天鹅	长6cm；宽2cm	25,300	浙江佳宝	2021-01-10
宋 玉卧犬	宽9.2cm	19,872	中国嘉德	2021-10-12
辽金 白玉马	长5.4cm；高3cm	64,658	中国嘉德	2021-04-21
辽 玉卧马	长4cm	21,850	北京翰海	2021-10-16
金元 青白玉卧狗	宽7.2cm；深3cm	49,737	中国嘉德	2021-04-21
元/明 玉雕玄武摆件	宽12.8cm	496,800	中国嘉德	2021-10-14
元 白玉瑞兽摆件	长7cm；高6cm	264,500	广东崇正	2021-07-19
元 白玉兔	长5cm	253,000	古天一	2021-06-07
元 白玉镂空莲池交颈鸿雁	宽6.8cm；高5cm	253,000	上海呗美	2021-03-28
元 白玉海东青大雁摆件	长5cm	172,500	十竹斋拍卖(北京)	2021-05-29
元 白玉红沁虎	长6cm	115,000	上海呗美	2021-05-30
元 旧玉府上有龙	长13.5cm；宽7.5cm	97,750	上海呗美	2021-05-30
元 玉沁色翼龙	长7.2cm	92,000	中国嘉德	2021-11-29
元 白玉秋山卧虎图摆件	长7.6cm	86,250	浙江佳宝	2021-01-10
元 玉雕沁色虎	宽3.3cm；厚1.7cm	71,621	中国嘉德	2021-04-21
元 黄玉坐龙	高6.1cm	59,800	中贸圣佳	2021-05-21
元/明 沁色白玉虎	宽6.1cm	59,684	中国嘉德	2021-04-21
元/明 玉鸡(两件)	最大的宽5.4cm	59,616	中国嘉德	2021-10-12
元至明 黑沁玉瑞兽	长6.8cm；宽5.5cm	57,500	浙江佳宝	2021-01-10
元 白玉羊	43mm×34mm×19mm	57,500	西泠印社	2021-07-25
元 青玉兽	长6.3cm；高2.8cm	55,200	上海呗美	2021-05-30
元 白玉坐龙	高5.5cm	51,726	中国嘉德	2021-04-21
元 白玉红沁卧犬	宽6.8cm	49,737	中国嘉德	2021-04-21
元 黑漆古玉瑞兽	宽4cm	49,680	中国嘉德	2021-10-14
元 白玉鸭	长5.9cm	48,300	中贸圣佳	2021-09-26
元 黄玉兽	长6.8cm	43,700	古天一	2021-06-07
元 白玉红沁兽	长6.9cm；高2.4cm	36,800	上海呗美	2021-05-30
元 青玉象	长11.2cm；高7cm	36,800	中贸圣佳	2021-03-26
元 黄玉瑞兽	宽7.6cm	34,816	中国嘉德	2021-04-21
元 青白玉雕獬豸	4.5cm×2.5cm×8.4cm	32,200	北京诚轩	2021-05-18
元 青玉饮水马	长5.4cm；高3cm	32,200	中贸圣佳	2021-05-21
元至明 青玉犬	高2.7cm；宽3.6cm	29,842	中国嘉德	2021-04-21
元 灰玉独角兽	长6cm	25,300	古天一	2021-06-07
元 青白玉瑞兽	长8cm；宽3.5cm	23,000	浙江佳宝	2021-01-10

2021玉器拍卖成交汇总(续表)

(成交价RMB：1万元以上)

拍品名称	物品尺寸	成交价RMB	拍卖公司	拍卖日期
元 白玉雕骆驼	4cm×2cm×2.9cm	20,700	北京诚轩	2021-05-18
明以前 玉白虎圆雕摆件	长4cm	86,250	广东崇正	2021-07-19
明以前 白玉猪	高2.5cm；长5.8cm	34,500	广东崇正	2021-01-07
明以前 白玉熊	高3.6cm；长4.5cm	34,500	广东崇正	2021-01-07
明以前 黄玉朱雀摆件	高4.5cm；直径5.5cm	32,200	广东崇正	2021-07-19
明以前 黄玉兔 瑞兽(两件)	长4.2cm；长3cm	17,250	广东崇正	2021-01-07
16至17世纪 褐玉雕瑞兽	长8cm	212,063	纽约佳士得	2021-03-18
16至17世纪 青褐玉雕太师少师摆件	长9.5cm	163,125	纽约佳士得	2021-03-18
明或以后 玉辟邪	长12cm	4,827,142	纽约苏富比	2021-09-27
明 黄玉骆驼	长9.6cm	2,242,500	华艺国际	2021-12-11
明 白玉红沁辟邪兽	长4.5cm；宽2.1cm	1,782,500	永乐拍卖	2021-05-22
明 白玉骆驼摆件	长10cm	1,288,000	北京保利	2021-12-06
明 白玉红沁龙	高2.5cm	690,000	上海呗美	2021-05-30
明 白玉提油瑞兽	长16.8cm	690,000	北京华夏天天	2021-09-25
明 青玉骆驼	长20cm	632,500	十竹斋拍卖(北京)	2021-05-29
明 黄褐玉雕瑞兽	长9cm	611,719	纽约佳士得	2021-03-18
明/清 青白玉熊	4.5cm×2.5cm×2cm	598,000	北京诚轩	2021-05-18
明 玉沁色卧马	长10.4cm	552000	上海明轩	2021-12-30
明 灰褐玉雕麒麟	长10.2cm	530,156	纽约佳士得	2021-03-18
明或更早 玉辟邪	高6cm；长8cm	529,000	广东崇正	2021-07-19
明 玉卧虎	宽4.2cm	489,639	纽约苏富比	2021-09-22
明 白玉水银沁虎摆件	长7.45cm	379,500	永乐拍卖	2021-05-22
明 旧玉卧兽	长5.4cm	379,500	北京保利	2021-12-06
明 白玉白马驮经	长14.3cm	368,000	永乐拍卖	2021-05-22
明 青白玉带皮卧马	长10.5cm	345,000	北京华夏天天	2021-09-25
明 旧玉马上封侯	高7.8cm；长10.6cm	333,500	上海呗美	2021-05-30
明 白玉受沁卧兽摆件	高6cm；长13cm	322,000	西泠印社	2021-07-24
明 黄玉卧牛	长14.1cm	322,000	永乐拍卖	2021-05-22
明 玉兽首圆雕件	长7.9cm	322,000	永乐拍卖	2021-05-22
明 旧玉龙	长7.4cm	299,000	上海呗美	2021-05-30
明 白玉圆雕排骨狗	长6.2cm	293,250	永乐拍卖	2021-05-22
明 黄玉咬尾龙	直径5.5cm	276,000	古天一	2021-06-07
明 白玉鱼	长8.3cm	241,500	上海呗美	2021-05-30
明 白玉啃蹄滚马	长4.9cm	230,000	永乐拍卖	2021-05-22
明 板栗黄玉瑞兽摆件带座	11cm×6cm×1.8cm	218,500	广东崇正	2021-01-07
明 黄玉鸟	长3.4cm；宽1.5cm	218,500	上海呗美	2021-05-30
明 白玉鹿	43mm×31mm×17mm	161,000	西泠印社	2021-01-15
明 白玉熊	42mm×23mm×7mm	161,000	西泠印社	2021-01-15
明 黄玉瑞兽	宽5.3cm	146,892	纽约苏富比	2021-09-22
明 白玉双鱼摆件	长11cm	138,000	北京华夏天天	2021-09-25
明 黄玉狗	48mm×29mm×15mm	138,000	西泠印社	2021-01-15
明 白玉雕顽马	长5.5cm；高3.2cm	132,250	浙江佳宝	2021-01-10
明 白玉龙	42mm×26mm×20mm	126,500	西泠印社	2021-01-15

拍品名称	物品尺寸	成交价RMB	拍卖公司	拍卖日期
明 白玉圆雕踏云瑞兽	长4.4cm；高4.3cm	120,750	永乐拍卖	2021-05-22
明 黄玉卧马	宽4.7cm	119,369	中国嘉德	2021-04-21
明 白玉红沁马	长3.5cm	115,000	永乐拍卖	2021-05-22
明 黄玉龟	长7cm	115,000	广东崇正	2021-01-07
明 白玉留皮瑞兽	长7.1cm；高2.9cm	115,000	上海呗美	2021-05-30
明 白玉辟邪	宽6.5cm	112,888	佳士得	2021-12-03
明 白玉瑞兽摆件	高6.8cm	103,500	西泠印社	2021-01-15
明 玉沁色卧羊	宽5.5cm	99,360	中国嘉德	2021-10-14
明 白玉雕八方来财摆件	长9.8cm	97,750	西泠印社	2021-01-15
明 火烧玉雕佛龛式无量寿佛坐像	高18.9cm	97,750	西泠印社	2021-01-15
明 白玉瑞兽摆件	长4.5cm	92,000	北京荣宝	2021-12-02
明 白玉雕“喜气洋洋”摆件	长6cm	92,000	北京荣宝	2021-06-19
明 南红玛瑙瑞兽	长8.5cm	86,250	华艺国际	2021-06-05
明 玉雕龙凤纹兽面	长19.5cm；宽14.2cm	86,250	西泠印社	2021-07-24
明 青玉龙首摆件	高7.5cm；长20.3cm	86,250	西泠印社	2021-07-24
明 白玉红沁滚马	宽6.1cm	84,456	中国嘉德	2021-10-12
明末 玉瑞鹅	长19cm	81,531	纽约苏富比	2021-09-27
明 白玉角端	高7.9cm；宽6.4cm	80,500	上海呗美	2021-05-30
明 提油瑞兽	高5.5cm	80,500	中贸圣佳	2021-09-26
明 灰青玉雕瑞兽	高6.4cm	77,484	纽约佳士得	2021-03-18
明 白玉雕瑞兽摆件	带座高6cm；长6.3cm	74,750	西泠印社	2021-07-24
明 蜜蜡雕荷雁摆件	高5.5cm	69,000	西泠印社	2021-01-16
明 白玉卧兽	长5.5cm	69,000	北京保利	2021-10-30
明 白玉鱼	长6.3cm	69,000	古天一	2021-06-07
明 玉沁色兽钮押	4.1cm×4.1cm×3.2cm	69,000	中国嘉德	2021-05-19
明 带皮玉卧犬	长7cm	69,000	中贸圣佳	2021-09-26
明 青玉雕太狮少狮	长8.6cm	65,225	纽约苏富比	2021-09-27
明 黄玉带沁马	宽6.8cm	64,584	中国嘉德	2021-10-14
明 白玉立狮	54mm×39mm×13mm	63,250	西泠印社	2021-01-15
明 提油玉雕虎啸山林摆件	70mm×61mm×30mm	63,250	西泠印社	2021-01-15
明 黄玉滚马	宽4.3cm	59,616	中国嘉德	2021-10-12
明 旧玉卧牛	长16.5cm	57,500	北京翰海	2021-06-05
明 白玉红沁瑞兽	长5.8cm；高4.1cm	57,500	上海呗美	2021-03-28
明 白玉雕满黄沁瑞兽	68mm×43mm×28mm	55,200	西泠印社	2021-01-15
明 青花玉雕英明神武摆件	116mm×72mm×39mm	55,200	西泠印社	2021-01-15
明 白玉卧牛	长10.5cm	48,805	北京保利	2021-08-09
明 玉沁色卧马	长4.3cm	48,300	中国嘉德	2021-11-29
明 白玉通天孔狮子戏绣球	高4.2cm；宽3.5cm	48,300	上海呗美	2021-05-30
明 白玉雕衔芝瑞兽	53mm×35mm×30mm	48,300	西泠印社	2021-07-25
明 白玉红沁蛇	长4.8cm；宽4.7cm	47,670	浙江佳宝	2021-01-10
明 白玉鸳鸯	长3.8cm	46,000	中国嘉德	2021-11-29
明 玉羊摆件	长9cm	46,000	西泠印社	2021-10-23
明 白玉玉马摆件	长13cm	46,000	北京禾谷	2021-01-24
明 玉瑞兽辟邪动物(一组两件)	尺寸不一	46,000	西泠印社	2021-01-16
明 白玉獬豸	长5.7cm；宽3.6cm	45,400	浙江佳宝	2021-01-10
明 玉鸡	宽7.2cm	44,763	中国嘉德	2021-04-21

拍品名称	物品尺寸	成交价RMB	拍卖公司	拍卖日期
明 白玉带沁狗	宽7.1cm	44,712	中国嘉德	2021-10-14
明 玉鹿摆件	长9.5cm	43,700	西泠印社	2021-10-23
明 白玉鱼	长5.1cm；宽1.8cm	43,700	浙江佳宝	2021-01-10
明 黄玉狮子摆件	长4.8cm；高4cm	43,700	中贸圣佳	2021-09-26
明 白玉鹅	宽4.8cm；厚1.5cm	37,800	中国嘉德	2021-04-21
明 玉雕虎	高5.5cm；宽5.2cm	37,800	中国嘉德	2021-04-21
明 火烧玉鹰	长4.5cm	36,800	广东崇正	2021-01-07
明 玉沁色蝉、羊(两件)	长3.4cm；长6.1cm	36,800	中国嘉德	2021-05-19
明 白玉母子熊摆件	长12cm	34,500	北京禾谷	2021-01-24
明 白玉卧马	高3cm；长5.5cm	34,500	广东崇正	2021-07-19
明 玉龟	长5.2cm；宽4cm	34,500	西泠印社	2021-07-24
明 白玉带皮瑞兽摆件	长7.3cm	33,350	广东崇正	2021-07-19
明 白玉羊摆件	长4cm；高3.2cm	32,200	广东崇正	2021-07-19
明 黄玉骆驼摆件	高4.4cm；长6.3cm	32,200	西泠印社	2021-07-24
明 玉提油瑞兽	长6cm	32,200	中鸿信	2021-07-14
明 白玉籽料瑞兽	高3cm	28,750	古天一	2021-06-07
明 春水玉鹅	宽5.5cm；高5.4cm	28,750	辽宁省拍	2021-07-04
明 白玉红沁卧牛摆件	高6cm；长12cm	28,750	西泠印社	2021-07-24
明 白玉虎	长4.5cm；高3.8cm	25,300	广东崇正	2021-07-19
明 玉龟背	宽3cm；高3.3cm	25,300	辽宁省拍	2021-07-04
明 白玉红沁携莲鹅	宽4.2cm；高3.9cm	25,300	上海呗美	2021-03-28
明 玉辟邪	高2cm；长3.6cm	25,300	西泠印社	2021-10-23
明 白玉提黑油卧犬	长7cm；宽2.8cm	25,300	浙江佳宝	2021-01-10
明 水晶凤纹摆件	长4.5cm	25,300	中鸿信	2021-07-14
明 玉雕动物(五件)	最大的宽5.8cm	24,840	中国嘉德	2021-10-14
明 淡黄玉猪	4.5cm×2.5cm×2cm	23,000	北京诚轩	2021-05-18
明 白玉鹿衔灵芝	高3.6cm；长6.5cm	23,000	广东崇正	2021-07-19
明 玉牛	长5.5cm；高2.8cm	23,000	辽宁省拍	2021-07-04
明 玉瑞兽	长5.2cm	23,000	中国嘉德	2021-05-19
明 玉鸟	长7.6cm	20,700	北京禾谷	2021-01-24
明 玉带红沁兔子	长9cm	20,700	广东崇正	2021-01-07
明 白玉太狮少狮摆件	长10cm	20,700	广东崇正	2021-07-19
明 白玉虎	长4.5cm；高2.6cm	20,700	广东崇正	2021-07-19
明 太狮少狮	宽4cm；高3.5cm	20,700	辽宁省拍	2021-07-04
明 白玉黄沁翼兽	高2.5cm；宽3.9cm	20,700	永乐拍卖	2021-05-22
明 青白玉圆雕坐狮	高5cm；长5.5cm	18,400	中贸圣佳	2021-03-26
明 旧玉卧牛	长8cm	17,250	北京翰海	2021-12-18
明 墨玉巧雕衔灵芝狮子摆件	长9.6cm	17,250	中国嘉德	2021-05-19
明 白玉独角兽	长4.5cm	17,250	中鸿信	2021-07-14
清早期 鸡骨白玉卧羊(配座)	长19cm	690,000	华艺国际	2021-12-11
清早期 黄玉卧牛摆件	长9cm	322,000	华艺国际	2021-03-31
清早期 白玉马上封侯	长5.1cm	158,900	浙江佳宝	2021-01-10
清早期 白玉福寿摆件	长7.5cm	57,500	十竹斋拍卖(北京)	2021-05-29
清早期 白玉包福(袱)鹅	宽5.5cm；厚1.4cm	39,790	中国嘉德	2021-04-21
清早期 黑白玉巧雕子母熊	长4.6m；宽2cm	29,842	中国嘉德	2021-04-21
17世纪/18世纪 白玉雕瑞兽	长9cm	3,386,475	纽约佳士得	2021-03-18
17世纪/18世纪 白玉雕卧鹿	长19cm	2,283,750	纽约佳士得	2021-03-18
18世纪 白玉雕双鸳衔莲花摆件	长19.1cm	1,725,000	永乐拍卖	2021-05-22
清乾隆 碧玉麒麟负书摆件	长18.5cm	1,437,500	北京保利	2021-09-26
清乾隆 白玉太平有象摆件	高17.8cm	625,968	香港苏富比	2021-10-13
清乾隆 白玉双鹿	120mm×65mm×33mm	517,500	西泠印社	2021-01-15
清乾隆 白玉卧犬	长5.8cm	471500	上海明轩	2021-12-30
清乾隆 白玉福寿摆件	高10cm	460,000	北京保利	2021-01-09
清乾隆 黄玉兔	长7cm	414,000	华艺国际	2021-12-11
清乾隆 白玉雕瑞兽	长10.2cm	407,813	纽约佳士得	2021-03-18
清乾隆 白玉雕“连年有余”摆件	长20cm	402,500	十竹斋拍卖(北京)	2021-05-29
18世纪 白水晶狮	高5.5cm	379,500	朵云轩	2021-07-07
清乾隆 白玉雕福禄寿摆件	154mm×83mm×48mm	368,000	西泠印社	2021-07-25
清乾隆 白玉双鹅	92mm×47mm×26mm	368,000	西泠印社	2021-01-15
18世纪 青玉雕蛙	长5.2cm	367,031	纽约佳士得	2021-03-18
清乾隆 白玉三羊开泰	6cm×3.8cm	322,000	十竹斋拍卖(北京)	2021-05-29
清乾隆 白玉青鸾献寿摆件	长6.5cm	310,500	永乐拍卖	2021-12-01
18世纪 白玉麒麟负书	宽9.5cm	298,422	中国嘉德	2021-04-21
清乾隆 白玉雕太师少师摆件	114mm×59mm×40mm	287,500	西泠印社	2021-01-15
18世纪 白玉卧犬	长9cm	230,000	北京华夏天天	2021-09-25
清乾隆 白玉白马驮经	长5.2cm	207,000	永乐拍卖	2021-12-01
清乾隆 白玉洗象图摆件	长10.5cm	172,500	华艺国际	2021-12-11
清乾隆 青玉马	长33.5cm	172,500	华艺国际	2021-12-11
清乾隆 白玉凤含桃摆件	长20.5cm	161,000	华艺国际	2021-06-05
清乾隆 玉雕瑞兽	长7.7cm	153,225	十竹斋拍卖(北京)	2021-04-25
清乾隆 白玉三阳开泰	长8cm	138,000	永乐拍卖	2021-12-01
清乾隆 白玉雕猴神	高5cm	115,000	十竹斋拍卖(北京)	2021-05-29
18世纪 青白玉沁色麒麟负书	长6.4cm	99,474	中国嘉德	2021-04-21
清乾隆 孔雀石荷叶螃蟹摆件	长30cm	92,000	上海匡时	2021-07-08
清乾隆 白玉“连年有余”摆件	宽16cm	86,250	永乐拍卖	2021-05-22
清乾隆 白玉螳螂	长4.5cm	86,250	中贸圣佳	2021-07-07
清乾隆 青白玉宝鸭摆件	长13cm	69,000	北京保利	2021-10-30
清乾隆 白玉籽带皮衔莲鹅	长5cm	48300	上海明轩	2021-12-30
清乾隆 白玉象	高3cm	48,300	华艺国际	2021-06-05
18世纪 白玉洋洋得意摆件	9cm×4cm×5.5cm	40,250	十竹斋拍卖(北京)	2021-05-29
清乾隆 白玉兔	长4.4cm	39,100	中贸圣佳	2021-03-26
清乾隆 青白玉象	长7cm	28,750	华艺国际	2021-06-05
清中期 青白玉童子洗象摆件	高13.5cm	207,000	北京荣宝	2021-06-19
清中期 白玉三羊开泰	长6.4cm	195,500	中国嘉德	2021-05-19
清中期 白玉雕牛生麒麟摆件	长7cm	124,850	北京保利	2021-08-09
清中期 白玉荷塘双鸭摆件	长12cm	115,000	北京保利	2021-10-30
清中期 白玉卧马	长7.1cm	115,000	北京保利	2021-12-06
清中期 白玉卧犬	宽7.4cm	79,579	中国嘉德	2021-04-21
清中期 白玉童子洗象摆件	高10cm	57,500	北京翰海	2021-12-18
清中期 白玉留皮鳜鱼	长8.6cm；宽2.1cm	57,500	浙江佳宝	2021-01-10
清中期 白玉麒麟负书	长8.5cm	51,750	北京保利	2021-12-06
清中期 白玉骆驼	长5.3cm	48,300	北京翰海	2021-12-18

2021玉器拍卖成交汇总(续表)

(成交价RMB：1万元以上)

拍品名称	物品尺寸	成交价RMB	拍卖公司	拍卖日期
清中期 白玉马上封侯	长8.5cm	46,000	北京保利	2021-12-06
清中期 黑白玉巧雕海马驮书	长4.8cm	46,000	北京翰海	2021-12-18
清中期 白玉洒金卧羊	长3.7cm	43,700	北京翰海	2021-12-18
清中期 白玉兽(一组六件)	高2.3cm~4.5cm	34,500	北京翰海	2021-12-18
清中期 白玉瑞兽	长7cm	34,500	北京翰海	2021-06-05
清中期 玛瑙俏色马上翻身摆件	长4.5cm	34,500	中鸿信	2021-07-14
清中期 白玉卧马	长5cm	23,000	北京翰海	2021-06-05
清中期 白玉瑞兽	长6.8cm	23,000	北京翰海	2021-06-05
清中期 鹿衔灵芝摆件	长9cm	23,000	江苏汇中	2021-12-01
清中期 紫檀雕宝相莲花佛龛奉碧玉释迦牟尼	高16.5cm	20,700	北京保利	2021-06-08
清中期 白玉卧马	长4.5cm	20,700	北京翰海	2021-06-05
清中期 白玉雕瑞兽	3.8cm×3.4cm×2.2cm	17,250	北京诚轩	2021-05-18
清中期 青玉卧羊	长12.5cm	17,250	北京翰海	2021-06-05
18世纪/19世纪 白玉雕卧犬	长8.7cm	815,625	纽约佳士得	2021-03-18
18世纪/19世纪 袖珍白玉雕(四件)	长6.3cm	65,250	纽约佳士得	2021-03-18
19世纪 白玉雕卧马	长17.3cm	60,696	保利香港	2021-04-21
清 青白玉凤戏牡丹摆件	高22.5cm	977,500	上海明美	2021-03-28
清 玉雕瑞兽摆件	宽6.7cm	570,716	纽约苏富比	2021-09-27
清 白玉辟邪	长26.6cm	563,500	中贸圣佳	2021-05-21
清 白玉莲年有鱼	长14.9cm	402,500	上海明美	2021-05-30
清 白玉龙马负图	长11cm	402,500	上海明美	2021-05-30
清 黄玉卧狗	长8.8cm	402,500	古天一	2021-06-07
清 黄玉龟	长3.6cm	379,500	永乐拍卖	2021-12-01
清 白玉雕麒麟吐书	97mm×54mm×38mm	368,000	西泠印社	2021-07-25
清 白玉年年有鱼	长9.2cm；连座高4.5cm	322,000	上海明美	2021-05-30
清 白玉虎	长7.3cm	270,250	永乐拍卖	2021-12-01
清 白玉兽面	长3.9cm	230,000	永乐拍卖	2021-12-01
清 白玉瑞兽	长10cm	224,250	华艺国际	2021-04-01
清 白玉雕三足金蟾	76mm×48mm×31mm	218,500	西泠印社	2021-07-25
清 黄玉骆驼	高5cm；宽8.3cm	218,500	永乐拍卖	2021-05-22
清 白玉带皮双鸳鸯摆件	长6.2cm；宽6cm	207,000	中贸圣佳	2021-07-07
清 白玉饮马图摆件	长11.2cm；宽7.6cm	207,000	上海明美	2021-05-30
清 白玉骆驼	长8cm	195,500	北京保利	2021-10-30
清 鸡骨白玉卧狮	高11.5cm	194,988	佳士得	2021-12-03
清 白玉雕鸳鸯衔莲摆件	82mm×46mm×39mm	184,000	西泠印社	2021-07-25
清 白玉福禄万代摆件	长11cm	184,000	永乐拍卖	2021-12-01
清 白玉雕合家欢	69mm×47mm×30mm	172,500	西泠印社	2021-07-25
清 蟠螭龙纹玉琥	长10.7cm	172,500	永乐拍卖	2021-12-01
清 玉雕吉羊摆件	长8.5cm；高6.5cm	172,500	朵云轩	2021-07-07
清 白玉喜报三元	长9.5cm	161,000	上海明美	2021-03-28
清 玉枭	高1.8cm	161,000	永乐拍卖	2021-12-01
清 白玉双鸭	长8cm	153,225	北京保利	2021-08-15
清 白玉象耳鼓钉荷叶纹洗	长18.3cm	149,500	中贸圣佳	2021-09-26
清 白玉龙马负图摆件	长9.3cm	143,750	中贸圣佳	2021-03-26
清 白玉瑞兽	长7cm	138,000	北京保利	2021-10-30
清 瑞兽摆件	长8cm	138,000	中贸圣佳	2021-05-21
清 白玉生肖蛇	长5cm	138,000	北京华夏天天	2021-09-25
清 白玉雕凤凰摆件	146mm×100mm×42mm	126,500	西泠印社	2021-07-25
清 黄玉骆驼	高2cm；长3cm	126,500	古天一	2021-06-07
清 白玉骆驼	长4cm	115,000	永乐拍卖	2021-12-01
清 碧玉莲花青蛙摆件	长15cm	115,000	北京保利	2021-01-09
清 白玉凤	2.4cm×1.8cm	112,700	上海明美	2021-05-30
清 白玉雕母子瑞兽	39mm×33mm×29mm	109,250	西泠印社	2021-01-15
清 青白玉卧牛	长19cm；高8cm	109,250	中贸圣佳	2021-09-26
清 白玉马上封侯	高3cm；长4cm	105,800	古天一	2021-06-07
清 白玉马	58mm×46mm×30mm	103,500	西泠印社	2021-01-15
清 旧玉龙(一对)	长12.2cm；宽3.6cm	101,200	上海明美	2021-05-30
清 黄玉踏云坐龙	长6cm	97,750	永乐拍卖	2021-12-01
清 黄玉羊	长10.5cm；连座高10.2cm	97,750	上海明美	2021-05-30
清 白玉雕童子洗象摆件	88mm×65mm×32mm	97,750	西泠印社	2021-01-15
清 青玉双鹿摆件	长17cm	92,000	江苏汇中	2021-05-14
清 白玉雕童子洗象摆件	116mm×79mm×744mm	92,000	西泠印社	2021-01-15
清 白玉行龙	长6.6cm	89,700	永乐拍卖	2021-12-01
清 白玉英雄摆件	高8.5cm	86,250	永乐拍卖	2021-12-01
清 白玉金玉满堂	长8.6cm；宽4.8cm	86,250	上海明美	2021-05-30
清 白玉受沁吉象摆件	带座高14cm；长15cm	86,250	西泠印社	2021-07-24
清 青白玉蘑菇角咬尾龙	外径2.7cm	82,800	永乐拍卖	2021-12-01
清 青黄玉双兽	长7.2cm；连座高5.6cm	82,800	上海明美	2021-05-30
清 玉英雄	高5cm	80,500	北京翰海	2021-10-16
清 白玉双鸡	高5.2cm；宽5.1cm	80,500	上海明美	2021-05-30
清 白玉留皮三羊开泰摆件	长11.5cm	80,500	中鸿信	2021-07-14
清 白玉瑞兽灵芝摆件	长6.2cm	80,500	中贸圣佳	2021-03-26
清 白玉卧羊	长4.5cm	79,450	北京保利	2021-08-15
清 玉瑞兽	高4cm	78,200	北京翰海	2021-10-16
清 青白玉雕蟾蜍摆件	宽5.2cm	69,301	纽约苏富比	9/27/2021
清 白玉衔枝卧犬	高2.6cm；长3.8cm	69,000	古天一	2021-06-07
清 玉留皮马摆件	长7.1cm	69,000	中国嘉德	2021-05-19
清 白玉雕太师少师	40mm×29mm×26mm	69,000	西泠印社	2021-07-25
清 白玉卧兔	40mm×24mm×10mm	69,000	西泠印社	2021-07-25
清 白玉双獾	高4.6cm；宽3.0cm	66,700	永乐拍卖	2021-05-22
清 白玉卧犬	长7.3cm	63,250	永乐拍卖	2021-12-01
清 黑白玉雕合家欢	宽5cm	63250	上海明轩	2021-12-30
清 和田玉三羊开泰摆件	长9.5cm	63,250	北京九歌	2021-06-13
清 白玉瑞兽	长5.8cm；宽3.9cm	63,250	永乐拍卖	2021-12-01
清 白玉双欢	长6cm	59,800	广东崇正	2021-01-07
清 白玉松鼠葡萄摆件	长6.8cm	59,800	中贸圣佳	2021-03-26
清 双鹿摆件	长9.2cm；高7.4cm	59,800	中贸圣佳	2021-09-26
清 玉鹌鹑(两件)	长10cm	57,500	北京翰海	2021-04-17
清 黄玉卧马摆件	长8cm	57,500	江苏汇中	2021-05-14
清 青玉雕受沁卧羊摆件	高7.3cm；长11.5cm	57,500	西泠印社	2021-01-15
清 白玉猴	高6.2cm；宽2.4cm	57,500	永乐拍卖	2021-12-01
清 白玉耄耋	43mm×29mm×22mm	57,500	西泠印社	2021-07-25
清 白玉巧雕瑞鹿秋山	高4.5cm；宽3.2cm	55,200	永乐拍卖	2021-12-01
清 玉双欢	4cm×3cm×3cm	51,750	十竹斋	2021-06-27
清 青白玉雕鱼化龙摆件	150mm×95mm×25mm	51,750	西泠印社	2021-07-25

拍品名称	物品尺寸	成交价RMB	拍卖公司	拍卖日期
清 白玉兽	宽6.7cm	51,667	中国嘉德	2021-10-14
清 玉雕瑞兽摆件	高5cm；长12.5cm	50,600	西泠印社	2021-04-10
清 白玉母子獾	高3.7cm；宽6cm	49,737	中国嘉德	2021-04-21
清 白玉雕子母瑞兽摆件	长6.2cm	48,300	北京中汉	2021-11-28
清 白玉熊	高4.5cm；宽3.3cm	48,300	永乐拍卖	2021-12-01
清 玉兽(三件)		48,300	北京翰海	2021-04-17
清 和田白玉蟾摆件	长7.5cm	44,850	中贸圣佳	2021-03-26
清 黑白玉巧雕子母兽	长4.1cm	43,700	中国嘉德	2021-11-29
清 白玉洒金卧牛	长5.5cm	43,700	北京翰海	2021-06-05
清 南红玛瑙童子洗象摆件	高7.3cm	43,700	北京中汉	2021-03-26
清 白玉马上封侯	长5cm；高3.2cm	43,700	中贸圣佳	2021-09-26
清 玉瑞兽	长5cm	40,250	北京翰海	2021-10-16
清 黄玉雕瑞兽	长6cm	40,250	朵云轩	2021-07-07
清 白玉松鼠葡萄	长6.5cm；宽3.4cm	40,250	上海呗美	2021-05-30
清 白玉鹅	47mm×21mm×30mm	40,250	西泠印社	2021-01-15
清 白玉瑞兽	63mm×53mm×8mm	40,250	西泠印社	2021-07-25
清 白玉雕羊距骨(一对)	尺寸不一	40,250	西泠印社	2021-07-25
清 玉雕天禄辟邪摆件	长6.4cm	39,100	西泠印社	2021-04-10
清 白玉金蟾摆件	长11cm	36,800	江苏汇中	2021-05-14
清 青黄玉虎	长3.1cm；高1.1cm	36,800	上海呗美	2021-05-30
清 玉带沁瑞兽	5cm×3.5cm	36,800	十竹斋	2021-06-27
清 白玉宝鸭穿莲摆件	长6.1cm	36,800	中贸圣佳	2021-05-21
清 玉熊 杂件(两件)		36,800	北京翰海	2021-04-17
清 白玉小羊	宽3.4cm；高1.9cm	34,816	中国嘉德	2021-04-21
清 白玉马	宽5.8cm	34,776	中国嘉德	2021-10-12
清 白玉瑞兽	长7.1cm	34,500	北京翰海	2021-06-05
清 白玉牛	长6cm；宽3cm	34,500	北京华夏天天	2021-09-25
清 玉雕摩羯鱼	长11cm	34,500	古天一	2021-06-07
清 衔枝瑞兽	宽5.3cm	34,500	永乐拍卖	2021-09-26
清 玉卧犬	长6cm	34,500	中贸圣佳	2021-09-26
清 白玉三阳开泰摆件	长5cm；高4cm	34,500	中贸圣佳	2021-09-26
清 南红螃蟹	长4.8cm	34,500	中贸圣佳	2021-09-26
清 和田玉马上封侯摆件	长6.7cm	32,200	北京九歌	2021-06-13
清 白玉双欢	长5.5cm；高2.6cm	32,200	上海呗美	2021-05-30
清 玉代代封侯	5cm×2.8cm×4.5cm	32,200	十竹斋	2021-06-27
清 白玉提油子母牛摆件	带座高9.5cm；长11.5cm	32,200	西泠印社	2021-01-15
清 黄玉坐龙	长4.2cm；高3.5cm	32,200	永乐拍卖	2021-12-01
清 青玉瑞兽	长6cm	32,200	中贸圣佳	2021-09-26
清 白玉鸡	长3.8cm	32,200	中贸圣佳	2021-09-26
清 玉兽(四件)	尺寸不一	32,200	北京翰海	2021-10-16
清 旧玉瑞兽	长5.5cm	31,050	北京翰海	2021-10-16
清 白玉红皮瑞兽	宽5.6cm	29,808	中国嘉德	2021-10-14
清 青白玉三羊	长7.6cm	28,750	北京保利	2021-06-08
清 玉瑞兽	长5.6cm	28,750	北京翰海	2021-10-16
清 白玉瑞兽	长5cm	28,750	广东崇正	2021-07-19
清 白玉鱼化龙	长3.4cm；高5.3cm	28,750	上海呗美	2021-05-30
清 白玉兽	长5.1cm；宽2.9cm	28,750	浙江佳宝	2021-01-10
清 白玉双羊摆件	长7.7cm	28,750	中国嘉德	2021-05-19
清 白玉卧犬	长4.6cm	28,750	中贸圣佳	2021-05-21
清 白玉双欢摆件	高4.4cm	28,750	中贸圣佳	2021-09-26
清 玛瑙猴	高5cm	26,450	北京翰海	2021-10-16
清 玉雕双马	长4.5cm	25,300	北京翰海	2021-10-16
清 白玉蹲兽	高2.5cm	25,300	古天一	2021-06-07
清 白玉留皮瑞兽	长4cm	25,300	中国嘉德	2021-11-29
清 玉兽(两件)		25,300	北京翰海	2021-04-17
清 镶宝玉兔	3cm×3.2cm	24,150	十竹斋	2021-06-27
清 白玉卧羊	长4cm	23,000	北京保利	2021-01-09
清 白玉鼠	长5.6cm	23,000	北京保利	2021-10-30
清 青玉凤鸟摆件	高16cm	23,000	广东崇正	2021-01-07
清 玉兔	5cm×2cm×3cm	23,000	十竹斋	2021-06-27
清 白玉鹰	长4.2cm；宽3.8cm	23,000	西泠印社	2021-10-23
清 白玉鱼	宽7.4cm	23,000	永乐拍卖	2021-09-26
清 灰白玉卧犬	长10.03cm；宽2.3cm	23,000	永乐拍卖	2021-12-01
清 玉双牛摆件	长11cm；宽6cm	23,000	中贸圣佳	2021-03-26
清 玉卧兽	长7cm	23,000	中贸圣佳	2021-09-26
清 白玉骆驼	135mm×82mm×54mm	23,000	西泠印社	2021-07-25
清 白玉雕辟邪、瑞犬摆件	尺寸不一	23,000	中鸿信	2021-07-14
清 琥珀雕苏武牧羊摆件	高15.5cm	20,700	北京翰海	2021-04-17
清 玉瑞兽	长4.5cm	20,700	北京翰海	2021-10-16
清 玉马上封侯	长5cm	20,700	北京翰海	2021-10-16
清 白玉瑞兽	长6cm	20,700	北京翰海	2021-06-05
清 白玉雕獾形摆件	高6.5cm	20,700	北京华辰	2021-06-19
清 白玉一甲一名摆件	长8.5cm	20,700	江苏汇中	2021-05-14
清 青玉封侯拜相摆件	长10.5cm	20,700	江苏汇中	2021-05-14
清 南红玛瑙四犬摆件	长6.1cm；宽3.5cm	20,700	浙江佳宝	2021-01-10
清 黄玉马上封侯	长5.3cm	20,700	中贸圣佳	2021-03-26
清 玉兽(三件)		20,700	北京翰海	2021-04-17
清 白玉卧牛	长4.4cm；宽2.5cm	20,430	浙江佳宝	2021-01-10
清 白玉马上翻身	宽4.6cm；高2.1cm	19,895	中国嘉德	2021-04-21
清 白玉犬、白玉带皮虎和猪(各一件)	最大的宽3.5cm	19,872	中国嘉德	2021-10-12
清 玉兽马(四件)	尺寸不一	19,550	北京翰海	2021-10-16
清 旧玉麒麟上书	长5cm	18,400	北京翰海	2021-04-17
清 玉兽(三件)		18,400	北京翰海	2021-04-17
清 白玉留皮卧犬	长5.5cm	17,250	北京保利	2021-10-31
清 白玉卧牛	长10cm	17,250	北京翰海	2021-06-05
清 白玉猴	高4.8cm	17,250	北京翰海	2021-06-05
清 白玉瑞兽	长7.5cm	17,250	北京翰海	2021-06-05
清 白玉留皮蘑菇	长7cm	17,250	中国嘉德	2021-05-19
清 玛瑙俏色喜上眉梢摆件	高18cm	17,250	中鸿信	2021-07-14
晚清/民国 褐玉卧虎	长25.4cm	391,500	纽约佳士得	2021-03-18
史永山 当代 和田玉猪摆件青玉托	9cm×5cm×5cm	25,300	北京羿趣国际	2021-07-16
马首是瞻		6,800,000	北京传世	2021-06-24
崔磊 乘我大宛马 白玉摆件	112mm×127mm×53mm	3,450,000	西泠印社	2021-07-25

2021玉器拍卖成交汇总(续表)

(成交价RMB：1万元以上)

拍品名称	物品尺寸	成交价RMB	拍卖公司	拍卖日期
张焕庆 杨勇 白玉鹤鹿同春摆件	15.5cm×13.5cm×8cm	1,433,600	上海联合	2021-11-21
吴顺 貔貅摆件	重量840g	1,380,000	上海嘉禾	2021-07-22
张焕庆 白玉十二生肖摆件	尺寸不一	672,000	上海联合	2021-06-27
张焕庆 青花天伦之乐摆件	23.5cm×12cm×10cm	593,600	上海联合	2021-11-21
王清 新疆和田玉黄玉籽料诸神守护	9.8cm×6.8cm×5.6cm	552,000	尚品润博	2021-09-12
王永芳 白玉貔貅摆件	12.8cm×6.2cm×5.3cm	470,400	上海联合	2021-11-21
青白玉雕马首	高9cm	407,813	纽约佳士得	2021-03-18
张焕庆 杨勇 白玉撬运亨通摆件	6.4cm×4.3cm×4cm	392,000	上海联合	2021-06-27
清 白玉双鹤摆件	长11.5cm	345,000	十竹斋	2021-06-27
灰褐玉雕马首	高11.8cm	326,250	纽约佳士得	2021-03-18
玉雕“马上封侯”松桥形摆件	12.5cm×5.5cm×4.5cm	287,500	博美拍卖	2021-12-03
俞巍巍 白玉如意瑞兽摆件	6.5cm×4.7cm×4cm	280,000	上海联合	2021-11-21
高毅进 安居乐业 青玉摆件	145mm×80mm×100mm	218,500	西泠印社	2021-07-25
豆中强 仿古兽面	28mm×35mm×18mm	184,000	南京经典	2021-07-18
赵琦 报喜 玉摆件(一组)	长14.5cm；长9.8cm	161,000	西泠印社	2021-07-25
俞巍巍 封侯拜相摆件	7.3cm×6.5cm×4.1cm	156,800	上海联合	2021-06-27
王朝杰 青花松鹤延年摆件	17.56cm×6.5cm×5.7cm	109,760	上海联合	2021-06-27
邢春 龙龟	62mm×39mm×22mm	97,750	南京经典	2021-07-18
沈德盛 金兔毛晶雄霸一方摆件	16.5cm×7.3cm×5.9cm	95,200	上海联合	2021-11-21
青花河马摆件	10.3cm×6.9cm×4.8cm	64,960	上海联合	2021-11-21
王朝杰 碧玉马放南山摆件	15.6cm×2.6cm×2.6cm	61,600	上海联合	2021-11-21
于士荣 龙龟	50mm×31.8mm×20mm	51,750	南京经典	2021-07-18
孟浩 唐狮(一对)	31mm×30mm×17mm	48,300	南京经典	2021-07-18
老挝北部黄五龙腾游摆件	18cm×12cm×8.2cm	47,040	上海联合	2021-06-27
王朝杰 碧玉安居乐业摆件	6.78cm×4.6cm×2.9cm	33,600	上海联合	2021-11-21
清 玉雕鸟仗摆件	长8.7cm	32,200	十竹斋	2021-06-27
清 玉雕洋洋得意摆件	长7.8cm；宽5.7cm	29,900	十竹斋	2021-06-27
王永芳 新疆和田玉籽料灵猴	3.5cm×2.2cm×1.3cm	25,300	尚品润博	2021-09-12
吴金星 新疆和田玉籽料马到成功	4.1cm×2.2cm×1.7cm	24,150	尚品润博	2021-09-12
独山玉俏雕三阳开泰摆件(带底座)	高39cm	21,850	北京钜鑫缘	2021-01-13
独山玉三阳开泰摆件(带底座)	高39cm	21,850	北京钜鑫缘	2021-05-16
和田白玉封侯拜相	长5.1cm；重92.9g	20,700	北京钜鑫缘	2021-01-13
万伟 新疆和田玉籽料马到成功	4.8cm×4.1cm×2.7cm	20,700	尚品润博	2021-09-12
清 玛瑙巧雕花鸟摆件	长11cm；宽9.2cm	20,700	十竹斋	2021-06-27
青金石骏马	宽20cm	17,250	北京保利	2021-01-09
白玉双鹅衔宝莲摆件	长5cm；宽3.5cm	17,250	十竹斋	2021-06-27
清 玉雕洋洋得意	长5.7cm；宽3.5cm	17,250	十竹斋	2021-06-27
其他摆件				
文化期 黄玉马蹄形器	高8.2cm	993,600	中国嘉德	2021-10-14
文化期 黄玉神面	宽6.5cm	596,160	中国嘉德	2021-10-14
宋 白玉花(五件)	尺寸不一	17,905	中国嘉德	2021-04-21
金元 白玉荷花	长5cm	81,569	中国嘉德	2021-04-21
明 白玉鹤鹿仙人带皮秋山	高9.1cm	1,955,000	永乐拍卖	2021-05-22
明 白玉蛟龙钮钟	高10.5cm	253,000	广东崇正	2021-07-19
明-清 玉器(一组十件)	尺寸不一	115,000	西泠印社	2021-01-15
明 白玉荔枝摆件	高9.1cm	86,250	永乐拍卖	2021-05-22
明 白玉凌霄花	宽4.4cm；高5.2cm	74,750	上海呗美	2021-03-28
明 白玉莲花生	高7.5cm	59,800	华艺国际	2021-04-01
明 白玉谷纹珩	长10cm；厚0.4cm	36,800	上海呗美	2021-05-30

拍品名称	物品尺寸	成交价RMB	拍卖公司	拍卖日期
明 白玉山形摆件	长10.5cm	23,000	广东崇正	2021-07-19
明 白玉秋山摆件	长10cm	17,250	北京翰海	2021-06-05
明末清初 玉雕红沁仿古牛首饕餮纹钟形摆件	带座高20cm；高16.8cm	161,000	西泠印社	2021-07-24
清早期 青玉雕带沁河图洛书摆件	带座高14cm；高10cm	48,300	西泠印社	2021-07-24
18世纪 青白玉八吉祥供件	高25.1cm	2,070,000	佳士得	2021-05-28
清乾隆 青白玉夔龙纹帽架(一对)	高25.4cm	1,449,000	佳士得	2021-05-28
18世纪 白玉莲形座	直径10.2cm	362,250	佳士得	2021-05-28
清乾隆 白玉瓜瓞绵绵摆件	长7cm	115,000	北京华夏天天	2021-09-25
18世纪 白玉寿桃摆件	长5cm	69,000	北京华夏天天	2021-09-25
清乾隆 白玉雕桥形摆件	长24.2cm	63,250	中鸿信	2021-07-14
清乾隆 白玉镂雕豆角摆件	长9.6cm	34,500	西泠印社	2021-10-23
清中期 白玉渔家乐摆件	长18cm	138,000	十竹斋拍卖(北京)	2021-05-29
清中期 白玉洒金福禄寿摆件	长11.5cm	46,000	北京翰海	2021-06-05
清中期 青金石松下对弈摆件	高18cm	40,250	上海嘉禾	2021-07-22
清中期 南红玛瑙雕芝仙祝寿摆件	长9.8cm	32,200	中国嘉德	2021-11-29
清中期 白玉夔龙纹兽钮钟	高7cm	23,000	北京翰海	2021-06-05
清中期 玛瑙巧雕梅花纹摆件	高6.8cm；高(含座)8.8cm	20,700	中国嘉德	2021-11-29
清 白玉雕“一路联科”摆件	长24cm	460,000	华艺国际	2021-03-31
清乾隆年制款白玉金刚铃	高18cm	287,500	西泠印社	2021-07-24
清 白玉金灵子	长9.8cm；宽6.1cm	264,500	上海呗美	2021-05-30
清 白玉龙舟摆件	长17cm	253,000	永乐拍卖	2021-05-22
清 白玉豪门摆件	长19.5cm	230,000	北京禾谷	2021-01-24
清 青白玉福寿双全	宽10.4cm	198,720	中国嘉德	2021-10-14
清 白玉喜得莲子	宽11cm	149,040	中国嘉德	2021-10-14
清 白玉金铃子	高6.7cm	128,800	上海呗美	2021-03-28
清 青玉佛塔	高14cm	109,250	西泠印社	2021-07-24
清 旧玉(一组六件)	尺寸不一	97,750	中鸿信	2021-07-14
清 白玉榴开百子	长5.6cm；高2.5cm	86,250	上海呗美	2021-05-30
清 水晶白菜摆件	高13cm	74,750	西泠印社	2021-04-10
清 白玉藕形摆件	长16cm；宽4.8cm	74,750	浙江佳宝	2021-01-10
清 白玉镂雕官上加官摆件	带座高10cm；高8cm	51,750	西泠印社	2021-01-15
清 白玉洒金皮如意书卷	宽4.2cm	49,680	中国嘉德	2021-10-12
清 白玉弦纹锥形器	长7.6cm	48,300	永乐拍卖	2021-12-01
清 白玉船	长12cm；宽4.2cm	48,300	浙江佳宝	2021-01-10
清 白玉锦荔枝	长6.7cm；宽4.4cm	46,000	浙江佳宝	2021-01-10
清 玉双桃摆件	长5.5cm	43,700	中贸圣佳	2021-09-26
清 旧玉(一组十一件)	尺寸不一	43,700	中鸿信	2021-07-14
清 青玉雕巧雕白菜摆件	带座高12.7cm	40,250	西泠印社	2021-07-24
清 白玉留皮福禄摆件	长8.1cm	34,500	江苏汇中	2021-12-01
清 玉雕大寿桃	高15cm	34,500	江苏汇中	2021-12-01
清 青花料玉雕山中访友摆件	高12.5cm；长16cm	34,500	西泠印社	2021-07-24
清 蜜蜡八仙福禄寿摆件	高7.1cm；宽4.6cm	34,500	永乐拍卖	2021-12-01
清 苏作玛瑙菱角	长4.7cm	32,200	中贸圣佳	2021-05-21
清 玉寿桃摆件	长8.3cm	32,200	中贸圣佳	2021-05-21

拍品名称	物品尺寸	成交价RMB	拍卖公司	拍卖日期
清 白玉带皮雕荔枝形摆件	高3.9cm；长6.2cm	28,750	西泠印社	2021-07-24
清 玉杂件(45件)		28,750	北京翰海	2021-04-17
清 白玉石榴	长6cm	25,300	中国嘉德	2021-05-19
清 沉香莲蓬摆件	长7cm；宽4cm	23,000	中国嘉德	2021-11-30
清 白玉俏色瓜瓞绵绵	高6cm	23,000	中鸿信	2021-07-14
清 白玉灵芝荷叶	长5.6cm；宽4.2cm	23,000	中贸圣佳	2021-09-26
清 白玉灵芝	长4.5cm	23,000	中贸圣佳	2021-09-26
清 玉葫芦(4件)	尺寸不一	23,000	北京翰海	2021-10-16
清 白玉笋	61mm×28mm×16mm	20,700	西泠印社	2021-07-25
清 白玉葫芦	88mm×57mm×22mm	20,700	西泠印社	2021-07-25
清 玉福禄	长4cm	17,250	北京翰海	2021-10-16
清 玉瓜果	长5.5cm	17,250	北京翰海	2021-10-16
清 南红荔枝摆件	高5.4cm	17,250	广东崇正	2021-07-19
清 青白玉佛塔	高12cm	17,250	西泠印社	2021-10-23
清 南红雕荔枝摆件	带座高5.5cm；高4.5cm	17,250	西泠印社	2021-10-23
民国 和田玉莲花	长18cm	32,200	北京荣宝	2021-06-19
当代 青花籽料巧雕逍遥游摆件	长88.8cm；宽19cm；高28cm	15,870,000	北京华夏天天	2021-09-25
当代 四色法器(一组四件)	铃高19.5cm；钺高19cm；杵高18.6cm；十字杵高21.7cm	1,610,000	中鸿信	2021-07-14
万方皈依图	长15.6cm；宽8.5cm	14,950,000	北京荣宝	2021-06-19
上山虎	8cm×0.7cm	7,820,000	北京传世	2021-03-28
忠义千秋	长11.6cm；宽10.6cm	6,785,000	北京荣宝	2021-06-19
瞿利军 湖山春泛 白玉摆件	208mm×118mm×64mm	4,542,500	西泠印社	2021-01-16
易少勇、邹作志 荷塘月色	16cm×10.5cm×4cm	1,725,000	上海嘉禾	2021-07-22
张焕庆 杨勇 白玉梅兰竹菊摆件	24cm×13.4cm×12cm	1,683,000	上海联合	2021-06-27
陈良 新疆和田玉籽料六骏摆件	13.1cm×4.4cm×3.9cm	1,472,000	尚品润博	2021-09-12
杨光 新疆和田玉籽料报喜摆件	10.0cm×11.7cm×3.5cm	1,472,000	尚品润博	2021-09-12
关守龙 开太平	45cm×8cm×1cm	1,280,000	北京传世	2021-09-22
涅槃1	约28.5cm×15cm×3cm	851,250	十竹斋拍卖(北京)	2021-04-25
于洪飞 盘龙玉白山黑水绕忠魂	整体90cm×30cm	728,000	上海联合	2021-06-27
颂经台	9.9cm×4.7cm×2cm	678,500	北京荣宝	2021-06-19
于洪飞 盘龙玉长征	尺寸不一	632,800	上海联合	2021-06-27
涅槃2	约260mm×130mm×25mm	632,500	十竹斋拍卖(北京)	2021-04-25
白玉一叶观音摆件	7cm×3.5cm×2.3cm	593,600	上海联合	2021-11-21
顾铭 吹箫引凤 白玉摆件	148mm×74mm×26mm	575,000	西泠印社	2021-01-16
白玉如意观音摆件	14.3cm×9.4cm×4.6cm	470,400	上海联合	2021-06-27
吴金星 新疆和田玉籽料云龙	4.5cm×4.1cm×2.0cm	437,000	尚品润博	2021-09-12
李俊杰 新疆和田玉籽料六字真言	3.7cm×4.9cm×1.4cm	322,000	尚品润博	2021-09-12
时晓印 青花悟道摆件	23.5cm×10.2cm×5.8cm	313,600	上海联合	2021-11-21
王一卜 鹏程万里 白玉摆件	88mm×41mm×18mm	287,500	西泠印社	2021-07-25
王朝杰 碧玉蝴蝶兰摆件	14.5cm×5cm×18.5cm	280,000	上海联合	2021-06-27
拙道 白玉腾蹿摆件	8.6cm×4.4cm×1.8cm	257,600	上海联合	2021-06-27
于洪飞 盘龙玉血染旗帜	整体66cm×35cm	252,000	上海联合	2021-06-27
碧玉和和美美摆件	26cm×11cm×11cm	201,600	上海联合	2021-06-27
于洪飞 盘龙玉战地记者	30cm×11cm×15.5cm	201,600	上海联合	2021-06-27
于洪飞 盘龙玉东北抗联	整体48cm×30cm	134,400	上海联合	2021-06-27
于洪飞 盘龙玉大炮	26cm×14cm×16cm	100,800	上海联合	2021-06-27
姚超 新疆和田玉三色籽料金榜题名	7.5cm×5.8cm×2.8cm	92,000	尚品润博	2021-09-12
胡玮 和田玉粉绿潜龙过江	6.8cm×2.6cm×0.8cm	92,000	尚品润博	2021-09-12
张焕庆 碧玉传承摆件	8.4cm×5.1cm×4cm	80,640	上海联合	2021-06-27
张建时 和田玉粉绿踏歌行图	5.2cm×4.0cm×1.0cm	69,000	尚品润博	2021-09-12
张建时 和田玉粉绿寒汀落雁图	4.0cm×4.0cm×1.0cm	69,000	尚品润博	2021-09-12
张小柏 青花枯木逢春摆件	17.8cm×7cm×5.8cm	67,200	上海联合	2021-11-21
王朝杰 碧玉双喜临门摆件	19.8cm×9.05cm×7.36cm	61,600	上海联合	2021-06-27
张建时 和田玉粉绿青山白云图	4.3cm×4.3cm×1.0cm	57,500	尚品润博	2021-09-12
张建时 和田玉粉绿春江帆饱图	4.3cm×4.3cm×1.0cm	57,500	尚品润博	2021-09-12
张建时 和田玉粉绿水村楼阁图	4.1cm×4.0cm×1.0cm	57,500	尚品润博	2021-09-12
万德旭 新疆和田玉三色籽料多子多福	4.3cm×2.5cm×1.4cm	57,500	尚品润博	2021-09-12
韩基钢 兔毛晶芳华摆件	15.5cm×8.6cm×6.1cm	53,760	上海联合	2021-11-21
王朝杰 苹果绿碧玉喜相逢摆件	13.3cm×4.4cm×1.6cm	50,400	上海联合	2021-06-27
清 玉雕扁豆	长7cm；宽4.3cm	47,150	十竹斋	2021-06-27
张建时 和田玉粉绿山店风帘图	5.0cm×4.0cm×1.0cm	46,000	尚品润博	2021-09-12
张建时 和田玉粉绿秋山行旅图	5.3cm×4.1cm×1.0cm	46,000	尚品润博	2021-09-12
张建时 和田玉粉绿烟江远眺图	5.0cm×4.0cm×1.0cm	46,000	尚品润博	2021-09-12
碧玉佛塔	高27.3cm	43,700	中国嘉德	2021-03-29
青花松下论道摆件	5cm×6.2cm×1.6cm	35,840	上海联合	2021-06-27
豆中强 新疆和田玉顶级羊脂籽料轮回	3.1cm×1.6cm×1.0cm	32,200	尚品润博	2021-09-12
许林 和田玉苹果绿和和美美摆件	7.6cm×4.9cm×2.9cm	32,200	尚品润博	2021-09-12
王玉祥(太一) 和田玉苹果绿龙凤呈祥	4.1cm×2.5cm×0.9cm	28,750	尚品润博	2021-09-12
张焕庆 新疆和田玉籽料喜上眉梢	4.0cm×1.8cm×1.0cm	28,750	尚品润博	2021-09-12
万伟 新疆和田玉黄玉籽料辈辈封侯	2.7cm×1.8cm×1.0cm	28,750	尚品润博	2021-09-12
王自浩 和田玉苹果绿太湖石摆件	12.8cm×3.7cm×3.6cm	20,700	尚品润博	2021-09-12
姚圣国 新疆和田玉籽料云散九峰雨	5.4cm×2.4cm×1.1cm	20,700	尚品润博	2021-09-12
玉杂件	长14.5cm；宽7.5cm	17,250	辽宁省拍	2021-07-04
杨曦 新疆和田玉籽料竹子	4.8cm×1.0cm×0.7cm	17,250	尚品润博	2021-09-12
碧玉百财摆件(一对)	长25cm；长24cm	17,250	中国嘉德	2021-03-29
明万历 青白玉透雕龙凤呈祥座及水晶球	高13.3cm；球直径8.9cm	143,750	北京保利	2021-12-06
明 白玉人物小舟	长5cm	23,000	中国嘉德	2021-11-29
清乾隆 碧玉描金山水人物花鸟图玉板	13cm×12.5cm×2	287,500	保利厦门	2021-11-05
清乾隆 碧玉乾隆御题诗板	长10.2cm；宽3.8cm	78,200	永乐拍卖	2021-12-01
清中期 白玉金刚铃	高12.4cm	138,000	北京保利	2021-12-06
18世纪/19世纪 白玉雕双舟渔乐图船形摆件	长18.5cm	4,370,000	北京保利	2021-12-06
清19世纪 青白玉锦荔枝	长11cm	143,675	佳士得	2021-12-03
玉 瓶				
明 青玉螭龙兽面纹龙耳小方瓶	高14cm	48,300	中国嘉德	2021-05-19
明 鸡骨白玉福禄万代药瓶	高10cm	20,700	北京翰海	2021-06-05
明 白玉小花觚赏瓶	高7.8cm	20,700	中贸圣佳	2021-05-21
明晚期 黄玉籽料双耳瓶	8.1cm×3.3cm×9.3cm	92,000	中国嘉德	2021-11-30

2021玉器拍卖成交汇总(续表)

(成交价RMB：1万元以上)

拍品名称	物品尺寸	成交价RMB	拍卖公司	拍卖日期
清早期 白玉雕福寿象耳瓶	高15cm	92,000	十竹斋拍卖(北京)	2021-05-29
清早期 寿星钮双龙耳蕉叶夔凤纹大玉瓶	宽17.7cm；高35cm	86,250	浙江佳宝	2021-01-10
清早期 水晶铺首耳浅雕山水图赏瓶	宽6.8cm；高20.5cm	27,240	浙江佳宝	2021-01-10
清雍正 水晶铺首盖瓶	高22cm	172,500	中国嘉德	2021-11-29
清乾隆 白玉卧兽钮双象耳盖瓶	高22.1cm	3,338,496	香港苏富比	2021-10-13
清乾隆 白玉雕饕餮纹象耳盖瓶	275mm×126mm×72mm	2,990,000	西泠印社	2021-07-25
18世纪 青白玉嵌碧玉碧玺梅花万年青纹盖瓶	高26.5cm	2,484,000	佳士得	2021-05-28
清乾隆 白玉雕龙纹寿字双凤耳盖瓶	高27.7cm	2,415,000	北京保利	2021-09-26
清乾隆 白玉云蝠纹大吉葫芦盖瓶	高21cm	2,086,560	香港苏富比	2021-10-13
清乾隆 青白玉雕瑞兽托宝瓶摆件	高18.4cm	2,070,000	永乐拍卖	2021-05-22
18世纪 白玉兽面方瓶	高16.8cm	1,840,000	北京保利	2021-06-08
清乾隆 白玉福寿葫芦盖瓶	高25cm	1,725,000	北京保利	2021-06-07
清乾隆 黄玉仿古祥凤螭龙双联瓶	高16.4cm	1,699,488	香港苏富比	2021-04-22
清乾隆 南红玛瑙螭龙戏珠双联瓶(配双座)	长14.5cm	1,610,000	华艺国际	2021-12-11
清乾隆 白玉大吉葫芦活环盖瓶	高32.7cm	1,380,000	北京保利	2021-06-08
清乾隆 白玉兽面仿古蕉叶纹盖瓶	高24.5cm	1,380,000	北京保利	2021-09-26
清乾隆 白玉花鸟纹活环耳瓶	高12cm	1,012,000	北京华夏天天	2021-09-25
清乾隆 碧玉缠枝莲盖瓶	高31.6cm	920,000	北京保利	2021-09-26
清乾隆 白玉西番莲纹双龙耳瓶	高31cm	828,000	十竹斋拍卖(北京)	2021-05-29
清乾隆 白玉雕螭龙纹双耳盖瓶	高27cm	667,000	北京荣宝	2021-06-19
清乾隆 白玉雕饕餮纹象耳活环瓶	高19cm	437,000	保利厦门	2021-11-05
清乾隆 白玉雕仿古六方双活环耳盖瓶	高16.5cm	407,813	纽约佳士得	2021-03-18
清乾隆 白玉浮雕飞鸣宿食双耳瓶	高21.5cm	345,000	中鸿信	2021-07-14
清乾隆 白玉雕饕餮纹贯耳瓶	高19.8cm	322,000	华艺国际	2021-03-31
清乾隆 白玉雕如意云纹香瓶	高9cm	299,000	十竹斋拍卖(北京)	2021-05-29
清乾隆 白玉夔龙纹双耳香瓶	高16.5cm	276,000	古天一	2021-06-07
清乾隆 白玉夔龙纹抱月瓶	高14cm	241,500	浙江佳宝	2021-01-10
清乾隆 白玉雕饕餮纹绳纹四方盖瓶	290mm×88mm×55mm	230,000	西泠印社	2021-07-25
清乾隆 白玉双龙耳活环带盖赏瓶	高13.4cm；长14.8cm	212,750	西泠印社	2021-04-10
清乾隆 白玉饕餮纹炉瓶三式	尺寸不一	207,000	中鸿信	2021-07-14
清乾隆 白玉云龙纹象耳海棠形瓶	高23.3cm	198,948	中国嘉德	2021-04-21
清乾隆 白玉夔凤纹竹节耳瓶	高10.8cm	184,000	中国嘉德	2021-11-28
17世纪/18世纪 青玉福禄双全盖瓶	高17.3cm	155,250	佳士得	2021-05-28
清乾隆 白玉夔凤纹竹节耳瓶	长5.2cm；宽3cm	149,500	浙江佳宝	2021-01-10
清乾隆 白玉雕饕餮纹双龙耳瓶	高21cm	149,500	中鸿信	2021-07-14
清乾隆 碧玉天鸡凤凰双联瓶	高17cm	138,000	北京保利	2021-01-09
清乾隆 绿松石螭耳活环瓶	长13cm	115,000	中贸圣佳	2021-07-07
清乾隆 玉提色双龙耳瓶	高12.4cm	109,250	中国嘉德	2021-05-19
清乾隆 白玉梅花纹双耳瓶	高11.7cm	92,000	广东崇正	2021-07-19
清乾隆 水晶兽钮环耳盖瓶	高24.7cm	89,700	中贸圣佳	2021-03-26
清乾隆 黄玉浮雕云蝠纹双活环耳葫芦形赏瓶	高23.2cm	86,250	西泠印社	2021-01-16
清乾隆 白玉如意耳瓶	高14.3cm	80,500	中国嘉德	2021-11-29
清乾隆 白玉梅花诗文盖瓶	高8cm	69,000	北京翰海	2021-06-05
清乾隆 碧玉赏瓶		69,000	中贸圣佳	2021-07-07
清乾隆 鸡骨白玉龙纹瓶	高19.3cm	59,684	中国嘉德	2021-04-21
清乾隆 黄玉方瓶(带座)	高11.5cm	46,000	广东崇正	2021-01-07
18世纪 袖珍白玉壶及青金石盖瓶(各一件)	高4.4cm	40,781	纽约佳士得	2021-03-18
清乾隆 碧玉雕兽面纹香瓶	高11.2cm	40,250	西泠印社	2021-10-23
清乾隆 碧玉雕兽面纹香瓶	高11.2cm	36,800	西泠印社	2021-07-24
清乾隆 白玉大吉葫芦瓶	高18cm	34,500	广东崇正	2021-01-07
清乾隆 白玉雕饕餮纹双龙耳衔环瓶	高27.5cm	32,200	中鸿信	2021-07-14
清乾隆 白玉雕饕餮纹双龙耳瓶	高24cm	32,200	中鸿信	2021-07-14
清乾隆 碧玉浮雕缠枝西番莲纹小瓶	高14cm	29,900	北京羿趣国际	2021-08-24
清中期 白玉正面龙双耳扁瓶	高27.3cm	2,300,000	北京保利	2021-06-08
清中期 白玉籽料留皮御题诗“古松谣”瓶	高20cm	1,840,000	北京保利	2021-06-08
清中期 黄玉兽面纹环耳瓶(一对)	高25.5cm	690,000	北京禾谷	2021-01-23
清中期 青白玉雕双联瓶	高18cm	207,000	中国嘉德	2021-11-29
清中期 碧玉灵芝龙纹瓶	高20.3cm	109,250	中贸圣佳	2021-09-26
清中期 白玉兽面纹龙耳盖瓶	高19cm	80,500	北京翰海	2021-12-18
清中期 青白玉雕如意活环耳双龙纹赏瓶	高25cm	74,750	西泠印社	2021-07-24
清中期 白玉洪福齐天纹葫芦瓶	口径4cm；高6.7cm	66,700	浙江佳宝	2021-01-10
清中期 白玉盘螭小扁瓶	高11.2cm	45,400	北京保利	2021-08-09
清中期 白玉兽面纹兽耳衔环盖瓶	高26.5cm	34,500	北京翰海	2021-12-18
清中期 白玉鱼化龙盖瓶	高11.5cm	34,500	北京翰海	2021-06-05
19世纪 白玉仿古觚式瓶	高19cm	102,625	佳士得	2021-12-03
19世纪 青金石凤纹盖瓶	高14.2cm	77,625	佳士得	2021-05-28
清 白玉和合二仙双联瓶	通高19.6cm	920,000	上海呗美	2021-05-30
清 白玉龙凤纹瓶	158mm×88mm×50mm	575,000	西泠印社	2021-07-25
清 白玉香瓶连座	高10.7cm	552,000	中贸圣佳	2021-05-21
清 白玉仿古方罍瓶	高29.5cm	517,500	上海呗美	2021-05-30
清 火烧玉螭龙瓶	高20cm	483,000	永乐拍卖	2021-05-22
清 白玉琮瓶	高21.2cm	460,000	永乐拍卖	2021-12-01
清 白玉雕狮纹盖瓶	172mm×78mm×67mm	345,000	西泠印社	2021-01-15
清 碧玉菊花双耳活环瓶	高29cm	345,000	中贸圣佳	2021-07-07
清 白玉描金抱月瓶	高22.5cm	322,000	永乐拍卖	2021-12-01
清 白玉饕餮纹出戟方瓶	高24.4cm	310,500	中贸圣佳	2021-03-26
清 水晶高浮雕人物灵芝瓶	高36cm(含座)	230,000	十竹斋拍卖(北京)	2021-05-29
清 白玉童子拜观音赏瓶	高26cm	207,000	中贸圣佳	2021-05-21
清 白玉雕凤纹如意活环耳赏瓶	198mm×77mm×36mm	184,000	西泠印社	2021-01-15
清 白玉雕兽面纹象耳瓶	高27cm	172,500	十竹斋拍卖(北京)	2021-05-29
清 青玉盖瓶	高28cm	172,500	中贸圣佳	2021-05-21
清 火烧玉夔龙纹四方贯耳瓶	高15.2cm	161,000	永乐拍卖	2021-05-22
清 白玉镂雕送子观音瓶	高25.8cm	161,000	中贸圣佳	2021-09-26
清 白玉雕龙纹瓶	146mm×67mm×67mm	149,500	西泠印社	2021-01-15
清 白玉雕凤鸟驮瓶摆件	高11.5cm	138,000	北京华辰	2021-06-19
清 白玉龙纹兽衔环耳四方瓶	高23cm	138,000	西泠印社	2021-01-16
清 碧玉雕云蝠纹双联瓶	高19.5cm；宽14.4cm	138,000	北京华夏天天	2021-09-25

(成交价RMB：1万元以上)

拍品名称	物品尺寸	成交价RMB	拍卖公司	拍卖日期
清 白玉龙纹扁瓶	通高16.8cm；宽6.7cm	126,500	上海呗美	2021-05-30
清 青白玉海水龙纹瓶	高17cm	126,500	中贸圣佳	2021-05-21
清 白玉带皮镂雕福禄万代盖瓶	带座高16.7cm；高15cm	109,250	西泠印社	2021-07-24
清 青白玉欢天喜地瓶	高9.1cm	103,500	中贸圣佳	2021-09-26
清 白玉雕龙纹赏瓶	133mm×62mm×40mm	97,750	西泠印社	2021-01-15
清 水晶浮雕瑞兽纹瓶	高17cm	92,000	北京华辰	2021-06-19
清 白玉兽钮瓶	通高18.8cm；宽10.8cm	92,000	上海呗美	2021-05-30
清 痕都斯坦风格青白玉缠枝莲纹活环耳盖瓶	高27cm	86,250	西泠印社	2021-07-24
清 龙纹瓶	高9cm	82,800	辽宁省拍	2021-07-04
清 白玉兽面双龙耳盖瓶	高15.3cm	80,500	北京保利	2021-05-18
清 白玉带盖双耳活环菱形瓶	高21cm	80,500	江苏汇中	2021-05-14
清 白玉龙纹瓶	高13.2cm；宽6.2cm	80,500	上海呗美	2021-03-28
清 白玉瓶	高20cm	74,750	北京保利	2021-10-31
清 玉雕凤纹象耳活环带盖瓶	高32cm	69,000	江苏汇中	2021-12-01
清 青白玉螭龙盖瓶	高16cm	69,000	中贸圣佳	2021-09-26
清 青黄玉青鸾献寿瓶	宽10cm；高12.8cm	66,700	永乐拍卖	2021-12-01
清 白玉松竹梅仙鹤衔灵玉瓶	高9.5cm	63,250	北京禾谷	2021-01-24
清 青花玉浮雕螭龙纹净瓶	高14cm	63,250	北京荣宝	2021-12-02
清 黄玉雕梅花灵芝纹瓶	高21.7cm	57,500	西泠印社	2021-01-16
清 黄玉兽面纹瓶	高10cm	55,200	十竹斋拍卖(北京)	2021-04-25
清 白玉盘螭包袱瓶	高11.5cm	55,200	台北艺珍	2021-11-07
清 梅村铭碧玉阴刻诗文花鸟纹如意耳扁瓶	高24.5cm	55,200	西泠印社	2021-07-24
清 白玉象耳兽面瓶带盖	高31cm	51,750	广东崇正	2021-07-19
清 青白玉龙纹兽面纹瓶	高25.4cm	48,300	广东崇正	2021-07-19
清 白玉镂雕花鸟赏瓶	高11.5cm	48,300	西泠印社	2021-01-16
清 黄玉带皮活环耳龙凤纹皮囊形小瓶	高7.5cm	48,300	西泠印社	2021-01-16
清 行有恒堂款黄玉瓜棱形小赏瓶	高7cm	48,300	西泠印社	2021-01-16
清 白玉双耳盖瓶	高11cm	36,800	北京保利	2021-01-09
清 白玉镂雕活环提梁瓶(带木架)	高52cm；瓶高20cm	36,800	广东崇正	2021-01-07
清 翡翠雕大帅诗文小瓶	56mm×51mm×28mm	36,800	西泠印社	2021-01-15
清 白玉痕都斯坦花卉盖瓶	高9.3cm	34,500	北京保利	2021-10-30
清 青白玉高浮雕龙纹扁瓶	带座高25.5cm；高22cm	34,500	西泠印社	2021-04-10
清 行有恒堂款白玉香瓶	高6.7cm	34,500	西泠印社	2021-10-23
清 翡翠花鸟瓶	高14cm	32,200	中贸圣佳	2021-03-26
清 白玉瓶	高7.2cm	28,750	北京保利	2021-01-09
清 白玉持瓶观音	高8.5cm	25,300	广东崇正	2021-07-19
清 白玉兽面纹贯耳瓶	高12.5cm	25,300	广东崇正	2021-07-19
清 白玉带皮高浮雕龙纹香瓶	高7.8cm	23,000	西泠印社	2021-10-23
清 白玉环耳瓶	高11.6cm	23,000	中贸圣佳	2021-03-26
清 水晶雕三多纹赏瓶	230mm×136mm×95mm	20,700	西泠印社	2021-07-25
清 玉方瓶	3.5cm×2.5cm×5cm	18,400	十竹斋	2021-06-27
清 水晶浮雕观音环耳盖瓶	高20.8cm	18,400	中贸圣佳	2021-03-26
当代 张铁成制白玉痕都斯坦风格西番莲盖瓶	高21cm	483,000	中鸿信	2021-07-14

拍品名称	物品尺寸	成交价RMB	拍卖公司	拍卖日期
当代 碧玉错金嵌百宝盖瓶	高35.5cm	345,000	中鸿信	2021-07-14
高毅进 富贵双喜　白玉瓶	210mm×125mm×83mm	6,900,000	西泠印社	2021-01-16
彭志勇 福寿链条瓶	3.1cm×1cm×6.1cm	4,140,000	上海嘉禾	2021-07-22
郭忠广 西番莲香草瓶	21cm×11cm×3.2cm	1,127,000	上海嘉禾	2021-07-22
玉雕兽面纹双耳方瓶	高21cm	828,000	辽宁省拍	2021-07-04
水晶兽钮衔环瓶	高15cm	115,000	泰和嘉成	2021-06-06
青玉薄胎瓶	尺寸不一	61,600	上海联合	2021-11-21
白玉缠枝莲福字象耳衔环链瓶	高62.5cm(含架)	25,300	中国嘉德	2021-03-29
王广安 和田玉素链瓶	17.5cm×5.8cm×2.2cm	17,250	尚品润博	2021-09-12
19世纪制 圣朗博水晶花瓶(一对)	高39cm(带托)	17,250	西泠印社	2021-07-23
白玉缠枝莲纹链瓶	高51.5cm(含架)	17,250	中国嘉德	2021-03-29
青白玉缠枝莲纹链瓶	高55.5cm(含架)	17,250	中国嘉德	2021-03-29
玉尊				
西汉 玉铺首尊	高9.3cm	1,788,480	中国嘉德	2021-10-14
明 玉铺首尊	高7.5cm	138,000	广东崇正	2021-01-07
明 天禄尊款白玉仿古浮雕兽首扳耳把杯	高11cm；口径6.5cm	109,250	西泠印社	2021-07-24
清早期 白玉乳钉纹双牺耳小尊	高6.5cm	46,000	北京保利	2021-06-08
清乾隆 白玉饕餮纹御制诗出戟方尊	高20cm	7,475,000	永乐拍卖	2021-05-22
清乾隆 白玉牺尊	140mm×110mm×50mm	1,265,000	西泠印社	2021-07-25
清乾隆 黄玉提油螭龙方尊	高18cm	943,000	中贸圣佳	2021-05-20
清乾隆 白玉花蝶寿纹双螭凤耳盖尊	高13cm	253,000	广东崇正	2021-01-07
清乾隆 白玉天鸡尊	长10.7cm	57,500	中鸿信	2021-07-14
18世纪/19世纪 白玉嵌碧玉茄子尊	总高16.8cm	879,750	佳士得	2021-05-28
清 白玉天鸡尊	高8.8cm	48,300	北京保利	2021-10-30
清乾隆年制款鸡油黄摇铃尊	带座高21.4cm；高20.3cm	43,700	西泠印社	2021-01-16
白玉瑞兽尊	10.5cm×4.5cm×6.5cm	69,000	泰和嘉成	2021-06-06
玉觥、玉觞、玉罍				
明 沁色玉雕天禄永昌款螭龙纹觥	120mm×72mm×41mm	920,000	西泠印社	2021-07-25
清乾隆 御制白玉龙纹觥	高18.5cm	21,850,000	北京保利	2021-09-26
清乾隆 白玉龙纹觥杯	高19cm	1,725,000	北京保利	2021-01-09
18世纪 青白玉仿古活环四足觥	高19.3cm	795,792	中国嘉德	2021-04-21
18世纪 白玉夔龙纹盖觥	高12cm	276,000	北京保利	2021-09-26
清乾隆 白玉雕龙纹觥	高13.2cm	161,000	十竹斋拍卖(北京)	2021-05-29
清乾隆 玛瑙小觥杯	高7.2cm	51,750	中国嘉德	2021-11-29
清乾隆 白玉雕龙柄凤首衔环御题诗文觥	高16cm	51,750	中鸿信	2021-07-14
清中期 白玉雕仿古兽面纹觥	高12cm；宽15.5cm	172,500	北京荣宝	2021-06-19
清中期 玉雕龙纹觥	高11cm	28,750	北京保利	2021-01-09
18世纪/19世纪 白玉仿古瑞象形觥	高11.5cm	331,200	佳士得	2021-05-28
清 白玉仿古饕餮夔龙纹活环方罍	高26.5cm	109,250	西泠印社	2021-10-23
清 青白玉觥	高15.5cm	99,360	中国嘉德	2021-10-14
清 水晶饕餮纹觥	高10.2cm	92,000	北京保利	2021-12-06
清 白玉浮雕凤鸟纹觥形杯	高13cm	63,250	西泠印社	2021-07-24
清 玉觥杯	高18.5cm	20,700	北京翰海	2021-10-16
明 玉羽觞杯	高7.2cm	69,000	广东崇正	2021-01-07
明 青玉龙纹羽觞杯	高13.7cm；宽9.7cm	23,000	浙江佳宝	2021-01-10

2021玉器拍卖成交汇总(续表)

(成交价RMB：1万元以上)

拍品名称	物品尺寸	成交价RMB	拍卖公司	拍卖日期
玉 觚				
明 乾隆时期刻御题诗 青玉刻岁寒三友图海棠式花觚	高10.8cm	155,052	纽约苏富比	2021-09-22
明 白玉童子托花觚	高7cm	20,700	北京保利	2021-01-09
清乾隆 黄玉兽面纹花觚	高16.2cm	552,000	十竹斋拍卖(北京)	2021-05-29
清乾隆 白玉雕龙凤纹花觚	高17.5cm	218,500	西泠印社	2021-07-24
清乾隆 青白玉蕉叶兽面纹出戟觚	高13.5cm	138,000	浙江佳宝	2021-01-10
清乾隆 碧玉饕餮纹花觚	高23.2cm	66,700	广东崇正	2021-01-07
18世纪 袖珍白玉觚	高6.9cm	44,859	纽约佳士得	2021-03-18
清中期 白玉花口觚	高18cm	161,000	北京保利	2021-12-06
清中期 白玉浮雕仙鹤兽面纹花觚	带座高12.6cm；高10cm	57,500	西泠印社	2021-01-16
清 白玉雕云龙花觚	高18.7cm	264,500	中贸圣佳	2021-05-21
清 灰白玉百福百寿纹花觚	高25.5cm；宽13cm	201,250	永乐拍卖	2021-12-01
清 青玉螭龙祥云纹花觚	高7.4cm；宽5.8cm	132,250	永乐拍卖	2021-12-01
清 白玉兽面纹花觚	高18.4cm	80,500	中鸿信	2021-07-14
清 白玉菱口花觚	带座高17cm；高13.5cm	69,000	西泠印社	2021-07-24
玉 鼎				
清乾隆 白玉雕饕餮纹四方龙钮方鼎	高16cm	207,000	中鸿信	2021-07-14
清中期 白玉兽面纹鼎	高15.4cm	437,000	中国嘉德	2021-05-19
高毅进 问鼎 白玉摆件	91mm×63mm×36mm	184,000	西泠印社	2021-01-16
玉壶(玉钫)				
元/明 袖珍灰白玉仿古双耳壶	高5.7cm	106,031	纽约佳士得	2021-03-18
明 白玉开光人物诗文壶	高18.9cm	299,000	北京保利	2021-10-30
清早期 白玉小僧帽壶	高8.1cm	92,000	中贸圣佳	2021-07-07
清乾隆 白玉雕崔子忠桐荫博古图玉壶	高27cm	10,810,000	北京保利	2021-12-05
清乾隆或以前 袖珍黄玉带盖方壶	高8.6cm	2,446,875	纽约佳士得	2021-03-18
清乾隆 白玉双龙壶配碧玉龙纹盖	高15cm	2,300,000	北京保利	2021-06-07
清乾隆 白玉云龙纹双龙耳扁壶	高18.7cm	2,034,396	香港苏富比	2021-10-13
清乾隆 白玉雕宝珠钮寿字纹如意茗壶	高13.9cm；长19.5cm	920,000	北京中汉	2021-11-28
清乾隆 水晶方壶	宽16cm	345,000	北京保利	2021-06-08
18世纪 青白玉飞凤凤耳盖壶	高20.6cm	180,571	香港苏富比	2021-04-22
18世纪 水晶雕松竹梅纹执壶	高16cm	20,700	北京大羿	2021-06-02
清中期 碧玉痕都斯坦风格提梁壶	直径13.5cm	356,500	十竹斋拍卖(北京)	2021-05-29
清中期 白玉花卉龙柄茶壶	宽18.2cm	345,000	北京保利	2021-12-06
清 白玉梅兰山石诗文壶	宽16cm；高13.5cm	322,000	永乐拍卖	2021-12-01
清 白玉云带盖壶	高27.5cm	298,422	中国嘉德	2021-04-21
清 白玉梅桩壶	长17cm；高10cm	138,000	浙江佳宝	2021-01-10
清 白玉雕活环龙耳穿花龙纹扁壶	高29cm	109,250	西泠印社	2021-07-24
清 玉壶	高115mm	109,250	南京经典	2021-07-18
清 白玉痕都斯坦嵌碧玺花卉壶	高12.8cm	34,500	北京保利	2021-10-30
民国 白玉雕龙柄方流夔龙纹执壶	宽18.3cm	69,000	北京保利	2021-06-08
当代 郭卫军制白玉龙凤壶(成套)	尺寸不一	86,250	中鸿信	2021-07-14
高毅进 福寿双全 白玉壶	190mm×189mm×140mm	2,875,000	西泠印社	2021-07-25
俞巍巍 白玉茶壶(一套)	尺寸不一	156,800	上海联合	2021-06-27
杨光 把把壶 白玉摆件	94mm×58mm×44mm	63,250	西泠印社	2021-01-16
宋鸣放 青花井栏壶	8.3cm×5.3cm×4.7cm	56,000	上海联合	2021-06-27
于洪飞 盘龙玉军壶	7cm×8cm×10cm	44,800	上海联合	2021-06-27
青白玉茶壶	10.8cm×14cm×8cm	43,680	上海联合	2021-11-21
宋鸣放 青花竹编壶	8.7cm×5.9cm×4.9cm	42,560	上海联合	2021-06-27
王清 新疆和田玉顶级羊脂籽料悬壶济世	3.1cm×2.3cm×1.5cm	28,750	尚品润博	2021-09-12
碧玉羊首瓜棱提梁壶	高20.5cm	28,750	中国嘉德	2021-03-29
清 玉雕包袱形壶	长11.5cm	25,300	十竹斋	2021-06-27
青白玉羊首瓜棱提梁壶	高19cm	20,700	中国嘉德	2021-03-29
玉 卣				
17世纪或更早 青玉雕仿古提梁卣	高21.2cm	367,229	纽约苏富比	2021-09-22
清晚期 碧玉兽面纹提梁卣	高22cm	138,000	北京荣宝	2021-06-19
清 青白玉浮雕龙凤纹提梁卣	高28.2cm	172,500	西泠印社	2021-01-16
玉 罐				
元 水晶月牙盖罐	高10cm	57,500	北京中汉	2021-05-18
清乾隆 碧玉御题诗菊瓣纹盖罐	直径14cm；高11cm	805,000	北京保利	2021-12-06
清嘉庆 青玉天鸡罐	高9.7cm	368,000	十竹斋拍卖(北京)	2021-05-29
清中期 南红玛瑙巧雕福寿凤钮盖罐	长15.3cm	32,200	北京保利	2021-06-08
清 白玉菱形编织纹围棋罐(一对)	高5.5cm；高5.6cm	126,500	西泠印社	2021-01-15
碧玉小罐(一对)	尺寸不一	82,880	上海联合	2021-11-21
许林 和田玉四方罐	4.8cm×6.0cm×7.7cm	17,250	尚品润博	2021-09-12
玉 匜				
南宋/元 13至14世纪 白褐玉匜	长10.9cm	815,625	纽约佳士得	2021-03-18
明 沁色玉雕螭龙纹匜杯	144mm×53mm×85mm	805,000	西泠印社	2021-07-25
清乾隆 白玉凤首狮足夔龙纹匜杯	高9cm；长16.5cm	2,070,000	永乐拍卖	2021-05-22
清 白玉龙柄匜	长13.1cm；宽5.4cm	86,250	浙江佳宝	2021-01-10
清 玛瑙兽耳活环匜	长24cm	57,500	十竹斋拍卖(北京)	2021-05-29
玉 炉				
元 白玉云龙纹镂雕香熏	口径5.5cm	298,080	中国嘉德	2021-10-14
明 白玉暗八宝纹炉	高17cm	345,000	十竹斋拍卖(北京)	2021-05-29
明 白玉马槽炉	宽16cm	241,500	北京保利	2021-01-09
明 白玉透雕花鸟熏炉	高10.5cm	57,500	北京翰海	2021-06-05
明 黄玉御龙图鼓钉香炉	高5cm；直径6.6cm	17,250	北京禾谷	2021-01-24
清早期 青白玉八卦纹玉炉	外径6.7cm；高4.6cm	54,711	中国嘉德	2021-04-21
清早期 青白玉弦纹炉	外径5.7cm；高4.5cm	27,853	中国嘉德	2021-04-21
清早期 绿松石兽纽三足炉	长9.7cm；高7.5cm	20,700	中贸圣佳	2021-09-26
清乾隆 白玉龙钮双狮耳球形炉	高22.5cm	3,450,000	北京保利	2021-12-05
清乾隆 青白玉痕都斯坦香炉	长17.7cm	2,760,000	北京华夏天天	2021-09-25
清乾隆 和田白玉雕饕餮纹龙钮簋式盖熏	高10.5cm；口径10.4cm	2,070,000	中贸圣佳	2021-05-20
清乾隆 白玉雕饕餮纹双龙耳炉	长15cm	1,265,000	华艺国际	2021-03-31
清乾隆 碧玉出戟螭龙兽面纹龙钮鼎式炉	高21cm	1,092,500	西泠印社	2021-01-15
清乾隆 白玉兽面纹双螭耳盖炉	宽17cm	690,000	北京保利	2021-06-08

拍品名称	物品尺寸	成交价RMB	拍卖公司	拍卖日期
清乾隆 白玉雕云龙纹三足盖炉	205mm×142mm×122mm	632,500	西泠印社	2021-01-15
清乾隆 青白玉雕缠枝莲八宝炉	高10cm；长15cm	552,000	古天一	2021-06-07
清乾隆 白玉雕兽面纹天鸡耳衔环三足炉	口径23cm	483,000	中鸿信	2021-07-14
清乾隆 白玉兽面纹双龙彝式香炉	长12.5cm	287,500	中鸿信	2021-07-14
清乾隆 碧玉兽面纹花卉耳炉	宽21.5cm	230,000	北京保利	2021-10-30
清乾隆 白玉雕双兽耳龙钮炉	高9.5cm	207,000	十竹斋拍卖（北京）	2021-05-29
清乾隆 白玉镂空雕宝相花熏炉	高15cm	172,500	十竹斋拍卖（北京）	2021-05-29
清乾隆 碧玉仿古双耳炉	宽15.5cm	80,500	北京保利	2021-10-31
清中期 白玉龙钮饕餮纹鼎式炉	高24.5cm	4,048,000	中贸圣佳	2021-05-20
清中期白玉双花卉耳狮衔花卉香炉	宽17cm	1,610,000	北京保利	2021-09-26
清中期 白玉饕餮纹双龙活环耳三足盖炉	宽20.3cm	287,500	北京保利	2021-12-06
清中期 白玉镂空雕香熏	宽16.3cm；高9.8cm	253,000	北京荣宝	2021-06-19
清中期 白玉盘龙钮双龙耳簋式炉	长13.5cm；宽10cm	172,500	浙江佳宝	2021-01-10
清中期 白玉兽面纹盖炉	宽19cm	161,000	北京保利	2021-12-06
清中期 白玉雕花卉炉	高17cm	161,000	十竹斋拍卖（北京）	2021-05-29
清中期 玉鼎（炉）	高12cm宽13cm	138,000	辽宁省拍	2021-07-04
清中期 水晶镂雕兽耳衔环花式熏炉	带座高17.5cm；通径13cm	57,500	西泠印社	2021-01-16
清中期 水晶雕饕餮纹铺首含环盖炉	高7.8cm	28,750	中贸圣佳	2021-09-25
18世纪/19世纪 碧玉饕餮纹双兽耳三足盖炉	宽18.1cm	227,700	佳士得	2021-05-28
清 和田白玉海水龙纹兽衔环香炉	高12.5cm	1,023,500	北京钜鑫缘	2021-09-24
清 黄玉仿古龙纹三足鼎式炉	高19cm	690,000	北京华夏天天	2021-09-25
清 白玉雕凤纹活环耳炉	195mm×146mm×125mm	575,000	西泠印社	2021-07-25
晚清 白玉瑞兽耳三足炉	宽17.1cm	513,125	佳士得	2021-12-03
清 白玉饕餮纹朝冠耳三足炉	高13cm	322,000	古天一	2021-06-07
清 白玉双蝶耳蜻蜓钮活环耳炉	宽16cm	299,000	北京保利	2021-10-30
清 白玉倭角炉	高7.2cm	253,000	中贸圣佳	2021-07-07
清 白玉双龙耳狮钮炉	高6.5cm	230,000	北京保利	2021-01-09
清 白玉葵口香炉	口径9.8cm	207,000	中贸圣佳	2021-09-26
清 碧玉镂雕花卉香炉	通高24.9cm；耳距29cm	207,000	上海呗美	2021-05-30
清 白玉雕狮顶炉	124mm×85mm×115mm	195,500	西泠印社	2021-07-25
清 白玉高浮雕佛像莲瓣纹钵式炉	宽12cm	172,500	北京保利	2021-12-06
清 碧玉镂雕三足香炉	高15.4cm	172,500	中贸圣佳	2021-05-21
清 青白玉兽面纹双耳香炉	耳距16.6cm	143,750	上海呗美	2021-03-28
清 白玉出戟兽面纹活环耳炉	高11.3cm；长18cm	138,000	西泠印社	2021-04-10
清 青白玉受沁仿古兽面纹簋式炉	高7.5cm；通径16cm	138,000	西泠印社	2021-07-24
清 白玉双龙耳活环三足盖炉	长18cm；宽12cm	109,250	浙江佳宝	2021-01-10
清 碧玉兽面纹朝冠耳炉	宽20cm	99,474	中国嘉德	2021-04-21
清 东陵玉狮钮鼎式炉	高19cm；宽14cm	92,000	北京华夏天天	2021-09-25
清 白玉浮雕螭龙纹筒式炉	高8.7cm；直径8.8cm	86,250	西泠印社	2021-01-15
清 水晶兽钮熏炉	高17cm	80,500	十竹斋拍卖（北京）	2021-05-29
清 白玉缠枝莲纹双耳炉	高203mm	71,300	南京经典	2021-07-18
清 碧玉雕铺首阿文香炉	高6cm；通径11.5cm	69,000	西泠印社	2021-01-15
清 白玉龙耳香炉	直径9.9cm；通高8.3cm	66,700	上海呗美	2021-05-30
清 慎德堂款水晶高浮雕螭龙耳炉	高5.5cm；通径10cm	63,250	西泠印社	2021-10-23
清 水晶刻御制文津阁诗香炉	直径6.1cm	57,500	北京保利	2021-12-06
清 水晶螭耳三足炉	高19cm	55,200	中贸圣佳	2021-09-26
清 慎德堂款水晶高浮雕螭龙耳熏炉	高5.5cm；通径10cm	43,700	西泠印社	2021-07-24
清 白玉灵芝活环耳兽面纹炉	高9cm；通径14cm	40,250	西泠印社	2021-01-16
清或更早 白玉龙纹炉鼎	高4.3cm	36,800	广东崇正	2021-01-07
清 白玉兽面双耳炉	高7cm	24,150	北京保利	2021-05-18
清 白玉配座三足双耳琴炉	直径5cm	23,000	江苏汇中	2021-05-14
清 和田白玉香炉	直径6cm；高6cm	23,000	辽宁省拍	2021-07-04
清 白玉三足鬲式琴炉	带座高3.8cm；通径5.3cm	23,000	西泠印社	2021-07-24
当代 柳朝国　碧玉花熏	高35cm	2,300,000	北京翰海	2021-06-05
当代 柳朝国、康维汉制白玉双耳三足翻座炉	高18cm	218,500	中鸿信	2021-07-14
当代 碧玉双龙耳大香熏	高69cm	184,000	中鸿信	2021-07-14
朱玉峰 白玉天官双耳炉	17.6cm×11.2cm×10.5cm	2,072,000	上海联合	2021-06-27
杨光 白玉双兽耳活环三足炉	11.2cm×7.4cm×11.3cm	616,000	上海联合	2021-06-27
双龙首兽面纹玉香炉	高13m；直径9.5cm	193,200	台北艺珍	2021-11-07
朱玉峰 白玉活环小香炉	直径7cm；高7cm	134,400	上海联合	2021-06-27
白玉螭龙耳海棠口香炉	长8.9cm	36,800	北京华夏天天	2021-09-25
青玉香炉	81mm×39mm	34,500	南京经典	2021-07-18
碧玉牡丹纹凤耳炉	长18.5cm	28,750	中国嘉德	2021-03-29
水晶甪端香熏	高12.5cm	17,250	中国嘉德	2021-09-26
玉 盒				
明 白玉浮雕螭龙纹香盒	口径6.7cm	115,000	西泠印社	2021-07-24
明 玉雕仿剔红花鸟纹盖盒	直径7.4cm	92,000	西泠印社	2021-01-15
明 白玉螭龙纹盒	宽6.4cm；连座高4.5cm	66,700	上海呗美	2021-05-30
明 木盒玉印	直径2.9cm；高2.9cm	43,700	辽宁省拍	2021-07-04
明 白玉龙纹胭脂盒	长4.4cm；宽3.4cm	34,500	上海呗美	2021-05-30
清雍正 福寿纹扳指盒	高6.5cm	310,500	中贸圣佳	2021-05-21
清乾隆 白玉喜鹊衔芝盒（一对）	长18cm；高8cm	1,495,000	中贸圣佳	2021-05-20
清乾隆 白玉留皮圆雕喜鹊盖盒	长16cm	1,380,000	华艺国际	2021-12-11
清乾隆 白玉“安居乐业”盖盒	口径17cm	437,000	北京保利	2021-09-26
清乾隆 白玉鹌鹑盒	长12cm	417,312	香港苏富比	2021-10-13
清乾隆 十二章纹碧玉盒	11cm×11cm	368,000	十竹斋拍卖（北京）	2021-05-29
清乾隆 白玉瓜蝶绵绵盖盒	宽7.8cm	299,000	北京保利	2021-09-26
清乾隆 白玉龙凤纹长方小盖盒	长7cm	299,000	北京保利	2021-09-26
18世纪 白玉鹤寿延年盖盒	宽12.1cm	227,700	佳士得	2021-05-28
清乾隆 白玉嵌碧玉三羊开泰盖盒	高8.2cm；直径8.5cm	115,000	中贸圣佳	2021-07-07

2021玉器拍卖成交汇总（续表）

（成交价RMB：1万元以上）

拍品名称	物品尺寸	成交价RMB	拍卖公司	拍卖日期
清乾隆 白玉莲纹香盒	直径8cm；高3cm	48,300	中贸圣佳	2021-03-26
清中期 水晶鹌鹑盒（一对）	高5.3cm；长9cm	207,000	古天一	2021-06-07
清中期 白玉镂雕云龙纹盖盒	宽9.5cm	109,421	中国嘉德	2021-04-21
清中期 白玉平安盖盒	长11cm	92,000	北京荣宝	2021-06-19
清中期 琉璃卧羊香盒	7.3cm×4cm×6.3cm	63,250	中国嘉德	2021-11-30
清中期 白玉福寿纹香盒	宽7cm	49,680	中国嘉德	2021-10-14
清中期 黄玉诗文盖盒	直径5.4cm	43,700	广东崇正	2021-01-07
清中期 白玉镂空香盒	直径5.3cm；高1.65cm	23,000	浙江佳宝	2021-01-10
18世纪/19世纪 白玉带皮鱼形盖盒	宽13.7cm	1,552,500	佳士得	2021-05-28
19世纪 痕都斯坦碧玉花卉纹盖盒	宽14.2cm	165,600	佳士得	2021-05-28
清 杂玉一组连盒	长24cm；宽14cm	391,000	中贸圣佳	2021-09-26
清 白玉“七峰草堂”款坛城纹香盒	长7.8cm	184,000	永乐拍卖	2021-05-22
清 白玉雕葫芦形盖盒	78mm×50mm×34mm	138,000	西泠印社	2021-07-25
清 白玉仿痕都斯坦风格花卉纹棱形盖盒带座	长8.5cm；高4.8cm	97,750	广东崇正	2021-01-07
清 白玉穿云龙纹盖盒	高2.3cm；6.3cm×4.3cm	94,300	古天一	2021-06-07
清 白玉桃形盖盒（配红木座子）	高10.5cm	86,250	上海嘉禾	2021-07-22
清 白玉鹌鹑盖盒（一对）	长8cm×2	74,750	十竹斋拍卖（北京）	2021-05-29
清 白玉雕俏色鸳鸯穿莲纹盖盒	53mm×53mm×21mm	74,750	西泠印社	2021-01-15
清 白玉夔凤纹香盒	直径7.6cm	66,700	永乐拍卖	2021-05-22
清 碧玉雕莲子盖盒	连座高23.5cm	57,500	朵云轩	2021-07-07
清 碧玉花卉纹嵌白玉盖盒	高11.5cm；直径20cm	57,500	上海呗美	2021-05-30
清 白玉素盖盒	59mm×59mm×30mm	57,500	西泠印社	2021-07-25
清 白玉宝相花寿字纹香盒	直径7.6cm；高3.9cm	55,200	永乐拍卖	2021-12-01
清 白玉浮雕花卉纹桃形香盒	长6.4cm；宽6cm	48,300	西泠印社	2021-01-15
清 白玉梅花盖盒	宽13.2cm	47,670	北京保利	2021-08-09
清 黄玉盖盒（恬养智斋）	直径5.1cm	46,000	上海呗美	2021-05-30
清 谦斋珍藏款黄玉刻诗文香盒	高1.4cm；直径5.3cm	44,850	西泠印社	2021-01-15
清 子冈款琴形香盒	长9.7cm	36,800	中贸圣佳	2021-05-21
清 白玉雕菊瓣纹盖盒	直径7.6cm	33,350	北京中汉	2021-11-28
清 白玉香盒（二只）	尺寸不一	29,900	中贸圣佳	2021-03-26
清 黄玉瑞兽方盒	长8.5cm	28,750	北京保利	2021-10-31
清 白玉福寿香盒	直径5.7cm	28,750	北京保利	2021-12-06
清 白玉浮雕诗文琴式香盒	长9.1cm	28,750	北京保利	2021-12-06
清 青白玉描金盖盒	直径6cm	28,750	北京华辰	2021-06-19
清 白端带景泰蓝龙纹盒	长13.6cm；宽8.8cm	28,750	十竹斋	2021-06-27
清 白玉瓜瓞形香盒	长6.5cm	25,300	中贸圣佳	2021-09-26
清 白玉鹅形盖盒	长8cm	23,000	北京保利	2021-05-18
清 白玉寿字纹如意盖盒	直径4.8cm；高3cm	23,000	北京荣宝	2021-12-02
清 青白玉兽面纹海棠形盒	长12.3cm	23,000	中国嘉德	2021-03-29
清 寒香室黄玉阴刻梅花诗文香盒	高2.3cm；通径5.8cm	21,850	西泠印社	2021-07-24

拍品名称	物品尺寸	成交价RMB	拍卖公司	拍卖日期
清 白玉雕鹌鹑盖盒	长10cm	20,700	北京保利	2021-06-08
清 水晶花卉盖盒	直径6.5cm	20,700	十竹斋拍卖（北京）	2021-04-25
清 碧玉十二章方盒	宽10.5cm	17,250	北京保利	2021-01-09
清 白玉螭龙纹长方盖盒	长12cm	17,250	北京翰海	2021-06-05
清 玛瑙雕猫小盖盒	高3cm	17,250	北京华辰	2021-06-19
清 玛瑙盖盒	高3.4cm；长8.7cm	17,250	西泠印社	2021-07-24
清 白玉浮雕寿纹仿古盖盒	高4.7cm；直径12.5cm	17,250	西泠印社	2021-07-24
张焕庆 杨勇 白玉九龙盒	尺寸不一	1,545,600	上海联合	2021-06-27
乾隆年制款碧玉龙纹九拼盒	高4cm；直径23cm	43,700	西泠印社	2021-10-23
玉 盘				
元 青白玉雕鱼纹香盘	口径12.8cm	138,000	华艺国际	2021-12-11
明 白玉芦雁香盘	长15.5cm	230,000	北京保利	2021-01-09
清乾隆 青玉雕双鱼盘	口径19.6cm	2,611,405	纽约苏富比	2021-09-22
清乾隆 痕都斯坦风格白玉御题诗花卉纹赏盘	口径19.5cm	517,500	西泠印社	2021-01-15
清乾隆 碧玉雕莲花式香盘	口径18cm	356,500	博美拍卖	2021-12-03
清乾隆 白玉撇口盘	口径17cm	202,320	保利香港	2021-04-21
清乾隆 青玉双鱼吉盘	长25.5cm	138,000	北京华夏天天	2021-09-25
清乾隆 碧玉盘（一对）	直径17.2cm	23,000	中贸圣佳	2021-09-26
清中期 白玉花口香盘	直径13cm	23,000	北京翰海	2021-12-18
清 痕都斯坦式白玉嵌宝羊首瓜瓣盘	长12cm；宽9.7cm	69,000	浙江佳宝	2021-01-10
清 玛瑙葵口高足供盘	高4.4cm；直径14.2cm	34,500	西泠印社	2021-01-16
清 “大清乾隆年制”款玉盘	直径17.2cm	29,900	中贸圣佳	2021-03-26
18世纪 白玉云蝠盏托、白玉杯（一套）	杯口径6.2cm；托口径13.7cm	402,500	北京保利	2021-12-06
玉 奁				
明 錾耳三足奁	高8.6cm	40,250	中贸圣佳	2021-09-26
清乾隆 碧玉雕痕都斯坦式花草纹薄胎盖奁	50mm×45mm×45mm	149,500	西泠印社	2021-01-15
玉 碗				
宋 玛瑙杯连盏托（一套）	总高11cm	186,300	佳士得	2021-05-28
元 玛瑙包金边高足碗	高5cm；口径9.8cm	17,250	西泠印社	2021-01-16
清雍正/清乾隆 白玉盖碗（一对）	口径12cm	1,437,500	北京保利	2021-06-07
清乾隆 白玉御制“三清诗”盖碗	口径11cm	4,600,000	北京保利	2021-06-07
18世纪 鸡骨白玉十二辰纹碗	直径16.2cm	1,345,500	佳士得	2021-05-28
清乾隆 白玉碗（一对）	直径13.3cm	1,207,500	北京保利	2021-01-09
清乾隆 白玉直口碗	口径14.1cm	1,199,772	香港苏富比	2021-10-13
清乾隆 白玉折沿碗（成对）	口径15cm	1,127,000	北京保利	2021-06-07
18世纪 碧玉嵌白玉花蝶纹高足盖碗	高25.5cm	828,000	佳士得	2021-05-28
清乾隆 青白玉十二辰纹盖碗	口径14.5cm	718,375	佳士得	2021-12-03
清乾隆 白玉碗（一对）	口径10.6cm×2	690,000	北京荣宝	2021-06-19
清乾隆 青白玉御题三清诗碗	口径15.5cm	575,000	北京保利	2021-06-08
清乾隆 青白玉碗（两只）	最大直径15.4cm	278,527	中国嘉德	2021-04-21
18世纪 白玉雕花卉纹碗	直径13.5cm；高5.5cm	63,250	保利厦门	2021-11-05

(成交价RMB：1万元以上)

拍品名称	物品尺寸	成交价RMB	拍卖公司	拍卖日期
清乾隆 西番莲白玉碗(配老红木座)	直径10.5cm；高4.7cm	63,250	上海嘉禾	2021-07-22
清中期 白玉宫碗	口径11.7cm	207,000	华艺国际	2021-06-05
清中期 碧玉痕都斯坦花卉吉祥碗	直径13.5cm	23,000	北京翰海	2021-06-05
清19世纪 碧玉菊花形活环耳高足碗	高20cm	248,400	佳士得	2021-05-28
清 碧玉暗八仙纹盖碗(一对)	高14cm×2	278,527	中国嘉德	2021-04-21
清 青玉痕都斯坦高足碗	口径14.5cm	276,000	北京华辰	2021-06-19
清 碧玉缠枝莲大碗(一对)	口径27cm	92,000	北京保利	2021-10-30
清 碧玉痕都斯坦式花草纹碗(一对)	直径15.3cm	92,000	北京保利	2021-06-08
清 白玉碗	直径11.5cm；高4.7cm	82,800	台北艺珍	2021-11-07
清 青白玉福寿盖碗	口径10.5cm；通高7.5cm	80,500	上海呗美	2021-05-30
清 青白玉雕痕都斯坦式花草纹薄胎碗	190mm×148mm×56mm	51,750	西泠印社	2021-01-15
清 葡萄紫料碗	直径11cm	20,700	中国嘉德	2021-03-29
清痕都斯坦薄胎缠枝番莲纹大碗	直径24.5cm	17,250	江苏汇中	2021-12-01
白玉雕缠枝莲纹薄胎对碗	120mm×120mm 46mm×2	115,000	西泠印社	2021-07-25
玉 杯				
元/明 青褐玉爵	高15.5cm	978,750	纽约佳士得	2021-03-18
元 白玉雕龙纹单饕餮耳杯	106mm×96mm×54mm	109,250	西泠印社	2021-01-15
元 玉鹦鹉把桃形杯	宽11.2cm	43,700	中国嘉德	2021-11-29
元 白玉桃形杯	长7.8cm；高2.4cm	20,700	中贸圣佳	2021-09-26
明以前 玛瑙凤鸟衔莲花纹杯	直径9.2cm	126,500	广东崇正	2021-07-19
明末 青白玉仿古螭龙杯	高11.7cm	227,700	佳士得	2021-05-28
明 白玉沁色龙耳手把杯形器	长9.1cm	345,000	北京华夏天天	2021-09-25
明 玉雕“太乙泛舟”叶形酒杯	长13.8cm；高5cm	230,000	博美拍卖	2021-12-03
明 青白玉菱花式双耳杯	宽11.2cm	163,213	纽约苏富比	2021-09-22
明 褐玉饕餮纹耳杯	长10.5cm	163,125	纽约佳士得	2021-03-18
明 白玉雕双螭龙纹盏托	156mm×110mm×12mm	138,000	西泠印社	2021-07-25
明 青玉双龙耳杯	宽14.2cm	92,000	中国嘉德	2021-05-19
明 白玉勾连云纹耳杯	宽7.8cm	92,000	北京华夏天天	2021-09-25
明 青白玉螭龙杯	宽10.5cm	86,250	中国嘉德	2021-05-19
明 白玉双龙耳杯	宽10cm；高7.7cm	80,500	浙江佳宝	2021-01-10
明 青白玉桃形杯	长12.9cm；高5.3cm	36,800	上海呗美	2021-05-30
明 火烧玉双螭龙耳诗文杯	高5cm；通径12.3cm	34,500	西泠印社	2021-01-16
明 白玉蟠枝耳桃形杯	宽10.4cm	32,200	中国嘉德	2021-11-29
明 青白玉乳钉纹耳杯	高3.6cm；口径7.2cm	28,750	上海呗美	2021-05-30
明 白玉双龙耳杯	长13.5cm；高3.5cm	28,750	中贸圣佳	2021-09-25
明 烧玉龙纹把杯	长8.8cm	26,450	十竹斋拍卖(北京)	2021-05-29
明 玛瑙包银鎏金口高足杯(一对)	尺寸不一	26,450	西泠印社	2021-01-16
明至清 玛瑙雕雀鸟纹杯	高4.5cm；口径8.2cm	23,000	西泠印社	2021-07-24

拍品名称	物品尺寸	成交价RMB	拍卖公司	拍卖日期
清早期 黄玉双螭玉杯	高5cm	207,000	北京保利	2021-06-08
清早期 莲花底和田白玉杯	口径8.6cm；高4.1cm	126,500	中贸圣佳	2021-09-26
清早期 黄玉双螭龙耳杯	长10cm	57,500	十竹斋拍卖(北京)	2021-05-29
清雍正 御制冰糖玛瑙盏	口径10.2cm	4,600,000	北京保利	2021-12-06
清乾隆 黄玉龙首杯	高16.2cm	5,154,300	香港苏富比	2021-10-13
17世纪/18世纪 和田白玉杯	高7.7cm	1,035,000	中贸圣佳	2021-05-20
清乾隆 白玉雕花卉纹吉祥如意六方杯及杯托(一套)	杯高6.2cm；托长13.4cm	1,026,250	佳士得	2021-12-03
清乾隆 痕都斯坦式御题诗玉杯	长12.6cm	747,500	北京保利	2021-12-05
17世纪/18世纪 白玉竹鹤诗文杯	口径5.3cm	391,500	纽约佳士得	2021-03-18
清乾隆 白玉雕卧足杯	口径7.3cm	253,000	北京诚轩	2021-05-18
清乾隆 碧玉双龙耳杯	宽14.5cm	115,000	北京保利	2021-01-09
清中期 白玉杯	高6cm	59,684	中国嘉德	2021-04-21
清中期 青白玉杯(一对)	高6cm	57,500	中贸圣佳	2021-03-26
清中期 素白玉茶杯	直径10.3cm	36,800	北京大羿	2021-06-02
清中期 白玉卧足小杯(两只)	直径5.3cm；直径5cm	23,000	北京保利	2021-06-08
清 白玉英雄合卺杯	高15cm	575,000	永乐拍卖	2021-12-01
清 白玉凤纹柄杯	宽8.4cm	322,000	中国嘉德	2021-05-19
清 白玉杯	48mm×66mm×66mm	230,000	西泠印社	2021-07-25
清 白玉螭龙纹杯	高12cm	172,500	华艺国际	2021-06-04
清 巧色玛瑙杯	直径7.6cm	138,000	北京保利	2021-12-06
清 白玉杯子(一对)	口径5.5cm	109,250	北京保利	2021-12-06
清 白玉杯(一对)	直径5.2cm×2	99,360	中国嘉德	2021-10-14
清 水晶双螭龙耳杯	宽8cm	92,000	北京保利	2021-12-06
清 碧玉乾卦款螭龙纹小杯	高5.6cm；通径8cm	86,250	西泠印社	2021-07-24
清 白玉留皮龙凤爵杯	高20cm	82,800	江苏汇中	2021-05-14
清 白玉雕兔耳杯	90mm×51mm×37mm	74,750	西泠印社	2021-07-25
清 青玉兽耳杯	长12.5cm	63,250	北京华辰	2021-06-19
清 白玉铺兽耳杯	高6cm；口径5.7cm	63,250	西泠印社	2021-01-16
清 龙形玉杯	高14.3cm	59,800	中贸圣佳	2021-09-26
清 白玉螭龙耳杯	直径8.5cm；高4.5cm	57,500	上海呗美	2021-05-30
清 玛瑙巧雕“一品清廉”荷叶杯	带座高15.5cm；高12.5cm	57,500	西泠印社	2021-07-24
清 白玉杯带紫檀托(两件)	高4.6cm×2；直径5.8cm×2	51,750	广东崇正	2021-01-07
“清乾隆年制”款玉杯连座	直径7.5cm	46,000	中贸圣佳	2021-03-26
清 白玉雕螭龙双耳杯	高6cm；长10cm	34,500	北京荣宝	2021-06-19
清 玉雕凤纹爵杯	高16.5cm	34,500	江苏汇中	2021-12-01
清 青白玉雕花口杯(一对)	高3.7cm；直径6.5cm	34,500	西泠印社	2021-07-24
清 黄玉兽面纹耳杯	长10cm；宽8.1cm	25,300	西泠印社	2021-04-10
清 白玉兽面纹四方杯	长7.4cm；宽5.8cm	25,300	西泠印社	2021-07-24
清 汉玉杯(五件)	高4cm	17,734	保利香港	2021-12-01
清 白玉双羊首杯	宽11.2cm	17,250	北京保利	2021-12-06
清 白玉杯	直径5.5cm	17,250	北京翰海	2021-06-05
清 陆子冈款白玉雕螭龙纹把杯	高6.6cm；口径5.9cm	17,250	西泠印社	2021-01-15
张宁 南红玛瑙龙凤角杯(两件)	尺寸不一	632,500	上海嘉禾	2021-07-22
俄罗斯 约1900年 1900年制 法贝热碧玉圣杯	高9.4cm；底部直径4.4cm	172,500	西泠印社	2021-01-17

2021玉器拍卖成交汇总(续表)

(成交价RMB：1万元以上)

拍品名称	物品尺寸	成交价RMB	拍卖公司	拍卖日期
冯钤 自有高见 碧玉杯	78mm×55mm×55mm	115,000	西泠印社	2021-01-16
白玉双耳杯	直径9.8cm；高4.7cm	55,200	辽宁省拍	2021-07-04
白玉素杯(一对)	直径5.45cm；高4.1cm	22,700	浙江佳宝	2021-01-10
玉杯子	直径6.5cm；高3.5cm	20,700	辽宁省拍	2021-07-04
清 玉雕双耳杯	长9cm	18,400	十竹斋	2021-06-27
清 玛瑙包银鎏金葵口杯及盏托(一对)	尺寸不一	32,200	西泠印社	2021-07-24
玉 缸				
清乾隆 白玉浮雕童子龙纹缸	高6.6cm	437,000	中贸圣佳	2021-07-07
玉 盆				
清早期 御制碧玉花盆(一对)	14.4cm×14.4cm×2	184,000	中国嘉德	2021-11-29
17至18世纪 白玉盆	长11cm	693,281	纽约佳士得	2021-03-18
清 白玉雕梅兰竹菊图倭角小花盆	高7.5cm	40,250	北京保利	2021-12-06
和田青玉"物华天宝"聚宝盆	高9.6cm；长20.18cm	172,500	北京钜鑫缘	2021-09-24
玉花插、盆景				
明 白玉灵枝花插带座	高13cm(连座)	23,000	广东崇正	2021-01-07
清早期 白玉松兰万年青花插	高23.5cm	287,500	北京保利	2021-01-09
清早期 南红花插	高10cm	80,500	中贸圣佳	2021-09-26
清乾隆 宫廷孔雀石雕松桩式大花插	净高42cm	2,323,000	博美拍卖	2021-12-03
清乾隆 青白玉玉兰花插	高27cm	287,500	中贸圣佳	2021-07-07
清乾隆 白玉玉兰花插	长16.5cm	184,000	北京荣宝	2021-06-19
清乾隆 白玉兰花花插	高11.5cm；高14.2cm	138,000	中国嘉德	2021-05-18
清乾隆 碧玉花插	高10.3cm	92,000	上海匡时	2021-07-08
清乾隆 碧玉雕鹤鹿同春花插	高12cm	69,000	广东崇正	2021-01-07
清乾隆 青白玉鱼化龙童子花插	高18cm	46,000	北京保利	2021-10-30
清中期 白玉松竹梅花插	高18cm	103,500	北京保利	2021-10-30
清中期 白玉镂雕活环花篮	高9.1cm	55,200	永乐拍卖	2021-05-22
18世纪/19世纪 玛瑙荷叶式花插	高14.3cm	113,850	佳士得	2021-05-28
清 南红龙凤纹花插	高15.6cm	552,000	中贸圣佳	2021-05-21
清 白玉玉兰喜鹊花插	19cm×18cm	264,500	永乐拍卖	2021-12-01
清 白玉雕玉兰花插	185mm×155mm×125mm	230,000	西泠印社	2021-07-25
清 青花玉雕带皮一路连科花插	128mm×103mm×77mm	138,000	西泠印社	2021-01-15
清 白玉凌霄花形花插	宽12.2cm；高8.3cm	86,250	浙江佳宝	2021-01-10
清 白玉竹节灵芝形花插	高10.6cm	57,500	中国嘉德	2021-05-19
清 黄玉留皮童子平安花插	长5.1cm	55,200	广东崇正	2021-07-19
清 白玉浮雕玉兰花形花插	带座高16.8cm；高13.3cm	55,200	西泠印社	2021-07-24
清 碧玉雕福寿延年花插	205mm×75mm×55mm	55,200	西泠印社	2021-01-15
清 玛瑙福寿花插	高15cm；长18cm	43,700	十竹斋拍卖(北京)	2021-05-29
清 南红玛瑙雕石榴花插	高13.5cm	32,200	北京保利	2021-12-06
清 南红玛瑙高浮雕三多纹花插	带座高17cm；长16.5cm	26,450	西泠印社	2021-10-23
清 白玉花篮牌	长3.9cm；高5.4cm	25,300	中贸圣佳	2021-09-26
清 火烧玉雕荷叶形花插	带座高13cm；高10cm	23,000	西泠印社	2021-07-24
清 绿松石桃枝凤鸟花插	高13.5cm	23,000	中贸圣佳	2021-03-26

拍品名称	物品尺寸	成交价RMB	拍卖公司	拍卖日期
清 白玉凤凰竹节花插	高12cm	17,250	北京保利	2021-10-31
17 / 18世纪 玉雕荷叶形花插	高25.2cm	97,928	纽约苏富比	2021-09-22
玛瑙巧雕福禄花插	长13cm	17,250	中国嘉德	2021-03-29
清乾隆 碧玉花盆 仿生水仙盆景	高37.5cm	575,000	中贸圣佳	2021-05-20
清乾隆 黑白玉雕活环兽足盆景(一对)	高33cm×2	207,000	中国嘉德	2021-11-29
清中期 白玉嵌百宝盆景一对	高32cm	51,075	北京保利	2021-08-09
晚清 玉石水仙花盆景(一对)	长17.5cm	307,875	佳士得	2021-12-03
附石提根式雀舌黄杨盆景	高60cm	20,700	上海嘉禾	2021-11-14
玉香筒				
明 青玉莲花形香插	长3.8cm	63,250	中国嘉德	2021-05-19
清早期 白玉雕人物故事香筒	高22.5cm	253,000	华艺国际	2021-06-04
18世纪 白玉碧玉镂雕高士图香筒	高25cm	879,750	佳士得	2021-05-28
清乾隆 白玉镂雕耕读图香筒	高23.5cm	333,500	永乐拍卖	2021-05-22
清乾隆 白玉云蝠纹香筒	直径5cm；高15cm	126,500	北京银座	2021-09-24
清中期 白玉镂空雕山水人物纹香筒	高16.8cm	25,300	广东崇正	2021-01-07
清 青白玉雕松风煮茗图香筒	高22cm	1,610,000	古天一	2021-06-07
清 白玉雕山水人物香筒	277mm×57mm×49mm	1,265,000	西泠印社	2021-07-25
清 青白玉雕 高士楼阁香筒	高18.2cm	253,000	中贸圣佳	2021-05-21
清 白玉镂雕高士游山图香筒(一对)	尺寸不一	166,750	西泠印社	2021-07-24
清 白玉香筒及翡翠莲瓣纹香盒(一组两件)	尺寸不一	109,250	西泠印社	2021-07-24
清 白玉带皮三童子香插	高5cm	40,250	中鸿信	2021-07-14
清 白玉浅浮雕勾云纹香筒	长19cm；直径2cm	34,500	西泠印社	2021-07-24
清 白玉浮雕勾云纹香筒	长20cm；直径2cm	25,300	西泠印社	2021-10-23
清 白玉兰花香筒	高10.5cm	20,700	华艺国际	2021-06-04
清 白玉雕龙纹香筒	高7.5cm	17,250	北京华辰	2021-06-19
瞿利军 傲雪添香 白玉香插	111mm×57mm×24mm	138,000	西泠印社	2021-07-25
玉 镜				
清 白玉花鸟手镜	长21cm	29,900	北京保利	2021-01-09
清 玉雕漆金仿古兽面纹镜形摆件	直径13.9cm	28,750	西泠印社	2021-07-24
其他生活用品				
明/清 灰青玉雕仿古龙耳水器	高9cm	244,688	纽约佳士得	2021-03-18
明或以后 玉仿古卮	高9.2cm	69,301	纽约苏富比	2021-09-27
明 青白玉镂雕牡丹纹器盖	长12.5cm	48,300	西泠印社	2021-07-24
明末/清初 青白玉仿古拐子龙凤纹玉卮	高9.5cm	734,063	纽约佳士得	2021-03-18
明/清初 白褐玉雕螭龙纹水器	长14.6cm	815,625	纽约佳士得	2021-03-18
清乾隆 御制碧玉莲瓣纹器托	高21cm	80,500	中鸿信	2021-07-14
清乾隆 白玉镂雕缠枝西番莲纹座	直径7.3cm；高2.3cm	63,250	中贸圣佳	2021-03-26
清或较晚 白玉刻竹台座	长12.1cm	109,421	中国嘉德	2021-04-21
元/明 白玉金刚杵	宽5.5cm	49,737	中国嘉德	2021-04-21
清 白玉金刚杵	宽5.9cm	28,750	北京保利	2021-12-06
文房用品				
玉 笔				
明 玉毛笔	长19cm	17,250	辽宁省拍	2021-07-04
清乾隆 御制白玉毛笔(一对)	长19cm	575,000	华艺国际	2021-06-05

（成交价RMB：1万元以上）

拍品名称	物品尺寸	成交价RMB	拍卖公司	拍卖日期
清乾隆 白玉螭龙纹毛笔	长29cm	126,500	北京保利	2021-01-09
清乾隆 白玉笔杆	长18.2cm	69,000	华艺国际	2021-03-31
清乾隆 白玉杆碧玉头毛笔	长25.5cm	69,000	中贸圣佳	2021-05-21
玉笔筒				
清乾隆 御制和田碧玉题诗“樊桐仙侣”笔筒	高14.7cm	4,352,796	香港苏富比	2021-10-13
清乾隆 碧玉镂雕竹林七贤图笔筒	直径17.5cm	2,898,000	佳士得	2021-05-28
清乾隆 碧玉雕万国来朝笔筒	高19.5cm	2,242,500	华艺国际	2021-12-11
清乾隆 白玉雕梅兰竹菊四君子倭角小笔筒	高10.8cm	2,167,440	保利香港	2021-12-02
清乾隆 碧玉雕松下高士图笔筒	高18.3cm；直径19.2cm	1,576,320	保利香港	2021-12-02
清乾隆 碧玉雕竹溪六逸图笔筒	直径17.6cm；直径17cm	1,265,000	广东崇正	2021-07-19
清乾隆 碧玉雕“竹溪六逸”图笔筒	高16.3cm	1,150,000	保利厦门	2021-11-05
清乾隆 白玉镂雕高士游山图笔筒	高11.8cm	862,500	西泠印社	2021-07-24
清乾隆 白玉五老观潮图笔筒	高13.4cm	782,460	香港苏富比	2021-10-13
清乾隆 白玉山水人物笔筒	高8.8cm	460,000	北京保利	2021-12-06
清乾隆 白玉龙纹官靴笔筒	高16cm	356,500	中鸿信	2021-07-14
清乾隆 白玉烤色梅桩纹小笔筒	高8.2cm	230,000	中贸圣佳	2021-09-26
清乾隆 白玉浮雕梅花纹笔筒带座	高11.5cm(连座)	207,000	广东崇正	2021-01-07
清乾隆 碧玉雕牧牛图笔筒	高18.5cm	103,500	中鸿信	2021-07-14
18世纪 白玉雕人物故事图笔筒	直径5cm；高9cm	69,000	保利厦门	2021-11-05
清中期 白玉山水人物诗文笔筒	高12.2cm	920,000	北京禾谷	2021-01-23
清道光 白玉小笔筒	直径5cm	437,000	北京华夏天天	2021-09-25
清 白玉描金诗文笔筒	高7.5cm	69,000	北京荣宝	2021-12-02
清 碧玉诗纹笔筒	高18.5cm	48,300	中鸿信	2021-07-14
清 青黄玉浅浮雕“鹤鹿同春”笔筒	高9.5cm	28,750	江苏汇中	2021-05-14
清 碧玉笔筒	高15.5cm	23,000	北京保利	2021-10-31
清 青白玉暗刻石竹纹题诗笔筒	直径5.5cm；高9.3cm	23,000	中贸圣佳	2021-05-21
盛丙云刻吴湖帆李亚农赠徐森玉笔筒	高12.8cm	575,000	华艺国际	2021-06-05
青玉笔筒	直径5.5cm；高9.8cm	115,000	辽宁省拍	2021-07-04
清 玉雕四君子四方笔筒	长5.9cm；宽5cm	40,250	十竹斋	2021-06-27
碧玉云龙纹大笔筒	高32.5cm	25,300	中国嘉德	2021-03-29
玉笔架				
宋 青玉山字笔架	长9.5cm；宽6.5cm	59,684	中国嘉德	2021-04-21
元 玉巧雕洞石笔架山	长7.1cm	25,300	中国嘉德	2021-05-19
明 白玉“多喜多寿”笔架	长8cm	80,500	北京荣宝	2021-06-19
明 玉笔架	直径15cm；高6.5cm	40,250	上海嘉禾	2021-07-22
明 青白玉浮雕瑞兽及龙纹笔架	高8.3cm；长13cm	17,250	西泠印社	2021-07-24
明晚期 青玉雕双龙戏珠笔山	长14.5cm	195,500	北京保利	2021-06-08
18世纪 白玉荷塘清趣笔架	宽8.9cm；厚1.8cm	54,711	中国嘉德	2021-04-21
清 刘海戏金蟾白玉笔架	长5.6cm	575,000	北京华夏天天	2021-09-25

拍品名称	物品尺寸	成交价RMB	拍卖公司	拍卖日期
清 白玉雕荷塘清趣笔架	长16cm	92,000	北京荣宝	2021-06-19
清 黑白玉福山寿海笔架	宽13.8cm	92,000	北京保利	2021-01-09
清 白玉苍龙戏珠笔架	带座高8.8cm；长17.8cm	74,750	西泠印社	2021-01-15
清 白玉福山寿海笔架	宽7.8cm；高4.9cm	69,000	上海呗美	2021-05-30
清 白玉雕浴马图笔架	高4.5cm；长10cm	40,250	西泠印社	2021-07-24
清 玉笔架	长17cm；高7cm	34,500	辽宁省拍	2021-07-04
清 白玉留红皮一品清廉笔架	长16.2cm；宽2.3cm	34,500	浙江佳宝	2021-01-10
清 白玉仿太湖石灵芝螭龙纹笔架	长29cm	34,500	中鸿信	2021-07-14
清 碧玉灵芝仙鹿笔架	长11.5cm	32,200	中贸圣佳	2021-05-21
清 白玉三羊开泰笔架	高3.7cm；长6.9cm	28,750	西泠印社	2021-01-15
清 白玉雕龙纹山石笔架	带座高6cm；长13cm	25,300	西泠印社	2021-01-15
清 白玉太湖石形笔架	长22.2cm；宽2.8cm	23,000	浙江佳宝	2021-01-10
清 白玉山水纹笔架山	长7.4cm	20,430	北京保利	2021-08-15
清 白玉和合二仙笔架(配底座)	直径9cm	17,250	上海嘉禾	2021-07-22
清中期 白玉松竹笔搁	长8.6cm	575,000	北京保利	2021-09-26
清 白玉双童展卷笔搁	长13cm	86,250	北京华夏天天	2021-09-25
明 白玉双鹿笔山	长19cm	172,500	北京保利	2021-01-09
清 青白玉笔山	长15.6cm；宽4.5cm	159,158	中国嘉德	2021-04-21
玉印盒				
清乾隆 白玉夔龙纹印盒	长8.5cm	21,850	华艺国际	2021-03-31
清 青白玉浮雕乾卦十二章纹印盒	7cm×7cm×3.9cm	55,200	西泠印社	2021-07-24
清 敦好堂藏款黄玉刻梅花诗文印盒	高1.5cm；直径5.4cm	46,000	西泠印社	2021-01-15
清 白玉浮雕盘螭纹印盒	直径6.6cm	40,250	中国嘉德	2021-05-19
清 墨玉蟠螭纹印盒	口径7.4cm	32,200	中国嘉德	2021-05-19
玉墨床				
明末清初 白玉携琴访友墨床	高2cm；长7cm	36,800	古天一	2021-06-07
清乾隆 白玉题诗琴式墨床	长9.8cm	172,500	北京保利	2021-09-26
清中期 白玉浮雕梅花墨床	长14cm	57,500	中鸿信	2021-07-14
清 白玉琴式墨床	长10.5cm	92,000	西泠印社	2021-01-15
清 白玉墨床	长8cm	44,265	北京保利	2021-08-15
清 鸡骨白玉三才纹墨床	长13.2cm	43,130	北京保利	2021-08-15
清 白玉巧雕松竹梅岁寒三友图墨床	长9cm；宽4.2cm	41,400	西泠印社	2021-07-24
清 青白玉墨床	长8.1cm；宽3.1cm	34,816	中国嘉德	2021-04-21
清 玉雕诗文墨床	长8.5cm；宽3.5cm	28750	朵云轩	2021-12-31
清 青玉墨床	长10.5cm	26,105	北京保利	2021-08-15
清 水晶透雕如意墨床	长8.5cm	25,300	北京保利	2021-06-08
玉水丞、玉水盂				
元 白玉雕蚣蝮水丞	135mm×82mm×72mm	207,000	西泠印社	2021-07-25
明 灰白玉雕貔貅式水丞	长14.7cm	530,156	纽约佳士得	2021-03-18
明 白玉太白醉酒文房水丞摆件	长8.3cm	37,455	北京保利	2021-08-09
16至18世纪 褐玉童子水丞	宽7cm	391,500	纽约佳士得	2021-03-18

2021玉器拍卖成交汇总(续表)

(成交价RMB：1万元以上)

拍品名称	物品尺寸	成交价RMB	拍卖公司	拍卖日期
18世纪 白玉连年有余水盂	长9.5cm	138000	上海明轩	2021-12-30
清中期 白玉卷口水丞	口径9.7cm	67,565	中国嘉德	2021-10-14
清 白玉童子灵芝水丞	长8.4cm	41,400	中贸圣佳	2021-05-21
清 袖珍白玉水丞及砚	长5.3cm	36,703	纽约佳士得	2021-03-18
清 玛瑙福寿水丞	长10.5cm	28,750	十竹斋拍卖(北京)	2021-05-29
青白玉凤衔桃株水丞	长15.5cm	32,200	中国嘉德	2021-09-26
元 白玉提油龟形砚滴水盂	长8.8cm	34,500	中贸圣佳	2021-09-26
明 白玉喜上眉梢水盂	长14.8cm；宽9cm	149,500	上海呗美	2021-05-30
明 碧玉水盂	高2.6cm；长7.4cm	43,700	古天一	2021-06-07
清乾隆 玛瑙桃形水盂	高4cm	89,700	上海匡时	2021-07-08
清中期 白玉童子水盂	长9.5cm	23,000	北京翰海	2021-12-18
清中期 甜白薄胎印玉兰小水盂	高8cm	21,565	北京保利	2021-08-14
清 碧玉雕瓜瓞绵绵水盂	108mm × 73mm × 38mm	69,000	西泠印社	2021-07-25
清 玛瑙雕荷叶形水盂	长11.4cm；宽10.8cm	63,250	西泠印社	2021-07-24
清 白玉浮雕梅桩形水盂	带座高7.7cm；高4.7cm	57,500	西泠印社	2021-01-15
清 白玉天鸡三耳水盂	高4cm；腹径4.9cm	40,250	西泠印社	2021-07-24
清 黄玉浮雕铺首纹倭角水盂	长8.6cm；宽12.1cm	34,500	西泠印社	2021-01-15
清 白玉受沁凤纹水盂	高4.1cm；长10.2cm	34,500	西泠印社	2021-01-15
清 松声池馆款白玉浮雕龙纹四方折沿倭角水盂	高4cm；长9.3cm	34,500	西泠印社	2021-07-24
清 复初斋款白玉水仙盆形水盂	高2.5cm；长7.6cm	32,200	西泠印社	2021-01-15
清 白玉瑞兽形水盂	带座高10.4cm；长12cm	32,200	西泠印社	2021-07-24
清 白玉墨沁荷塘清趣水盂	长11.5cm；宽8cm	25,300	西泠印社	2021-01-16
清 白玉水盂	长5cm；宽3.1cm	24,869	中国嘉德	2021-04-21
清 白玉绳纹双系绳纹水盂	宽5.5cm	22,700	北京保利	2021-08-09
清乾隆 玉河塘水丞	高7.5cm；长11cm	287,500	十竹斋拍卖(北京)	2021-05-29
清乾隆 白玉鼓钉纹海棠形水丞	长8.5cm	115,000	十竹斋拍卖(北京)	2021-05-29
清乾隆 黄玛瑙雕云蝠纹水丞	高4cm；长5.2cm	55,200	广东崇正	2021-07-19
清中期 白玉雕凤凰水丞	高6.3cm；长12.5cm	51,750	十竹斋拍卖(北京)	2021-05-29
清中期 白玉鸡形水丞	长9cm	28,750	北京翰海	2021-06-05
玉砚滴				
清乾隆 “一路连科”玉砚滴	高12.5cm	172,500	上海嘉禾	2021-07-22
清 白玉蛙形砚滴	长10.5cm	109,250	西泠印社	2021-01-15
清 白玉荷叶纹壶形砚滴	高5cm；通径8.5cm	46,000	西泠印社	2021-01-15
清 白玉红沁鸟形砚滴	高2cm；长6.7cm	34,500	西泠印社	2021-01-15
明 白玉辟邪水注	高9cm	368,000	中贸圣佳	2021-05-20
玉笔洗				
明 白玉黑沁牛毛纹海八怪椭圆洗	13.9cm × 8.5cm	1,150,000	永乐拍卖	2021-05-22
明 青玉仿古双耳长方洗	长16.2cm	122,344	纽约佳士得	2021-03-18
明 黄玉镂雕螭龙纹水洗	高4.5cm；通径10.5cm	115,000	西泠印社	2021-01-15

拍品名称	物品尺寸	成交价RMB	拍卖公司	拍卖日期
明 白玉雕荷叶洗	13.5cm × 11cm	103,500	西泠印社	2021-07-24
明 白玉螭龙笔洗	长11cm	25,300	古天一	2021-06-07
清早期 玛瑙河塘清趣水洗	长24.5cm	46,000	十竹斋拍卖(北京)	2021-05-29
清早期 玛瑙雕灵芝纹水洗	长10cm	40,250	十竹斋拍卖(北京)	2021-05-29
清乾隆 白玉福寿双龙耳洗	宽26.2cm	7,590,000	北京保利	2021-09-26
清乾隆 白玉飞龙耳洗	长24cm	4,025,000	北京保利	2021-09-26
清乾隆 白玉雕瑞鹿衔芝活环耳三足洗	长21cm	3,450,000	永乐拍卖	2021-05-22
清乾隆 白玉御题诗贝壳洗	长10.2cm	2,530,000	北京保利	2021-09-26
清乾隆 白玉羊头洗	宽14cm	2,070,000	北京保利	2021-01-09
清乾隆 碧玉年年有余环耳洗	宽30cm	2,070,000	北京保利	2021-09-26
清乾隆 白玉雕如意双福洗	108mm × 108mm × 53mm	1,265,000	西泠印社	2021-07-25
清乾隆 碧玉雕西番莲纹双鱼水洗	长19.5cm	977,500	十竹斋拍卖(北京)	2021-05-29
清乾隆 黄玉灵芝洗	长18.3cm	625,968	香港苏富比	2021-10-13
清乾隆 白玉福寿桃形洗	11cm × 10cm × 3.5cm	552,000	十竹斋拍卖(北京)	2021-05-29
清乾隆 白玉双鱼洗	口径12cm	489,375	纽约佳士得	2021-03-18
清乾隆 白玉仿古双凤耳洗	宽22.3cm	465,750	佳士得	2021-05-28
清乾隆 白玉螳螂瓜棱式洗	长23.5cm	438,178	香港苏富比	2021-10-13
清乾隆 白玉荷塘清趣笔洗	长10.0cm；高2.8cm	425,500	北京鸿盛祥	2021-06-05
18世纪 碧玉菊花形洗	宽22cm	393,300	佳士得	2021-05-28
清乾隆 白玉雕鱼化龙吉庆有余纹洗	长14.8cm	379,500	华艺国际	2021-03-31
18世纪 白玉双蝠活环耳双联洗	宽15cm	227,700	佳士得	2021-05-28
清乾隆 白玉荷花洗	长17.5cm	172,500	北京保利	2021-01-09
清乾隆 黑白玉仿痕都斯坦莲花洗	宽28cm	92,000	北京保利	2021-06-08
清乾隆 白玉童子水洗	带座高5.8cm；长8cm	92,000	西泠印社	2021-07-24
清乾隆 青白玉叶形洗	长15cm	80,500	中贸圣佳	2021-09-26
清乾隆 青白玉荷叶蜻蜓洗	长9cm	69,000	北京保利	2021-01-09
清乾隆 白玉留皮三羊开泰海棠洗	长9.5cm	57,500	中鸿信	2021-07-14
清乾隆 御制白玉瑞兽洗	长12.5cm	36,800	中鸿信	2021-07-14
清乾隆 白玉十二章纹四方洗	6.8cm × 6.8cm	34,500	中鸿信	2021-07-14
清中期 青白玉童子洗	宽19.5cm	596,844	中国嘉德	2021-04-21
清嘉庆 青白玉佛像法螺洗	长10.5cm	287,500	北京保利	2021-09-26
清嘉庆 白玉四足活环双鱼洗	高5cm；长20.5cm	253,000	古天一	2021-06-07
清中期 白玉大吉笔洗	口径13.5cm	230,000	北京翰海	2021-12-18
清中期 南红玛瑙灵芝洗	长8.6cm	92,000	北京保利	2021-06-08
清中期 白玉云蝠花口洗	长11.5cm	78,200	北京保利	2021-09-26
清中期 碧玉仿痕都斯坦双虎耳洗	宽17.5cm	59,684	中国嘉德	2021-04-21
清中期 玉雕荷塘清趣水洗	长14cm	57,500	北京翰海	2021-06-05
清中期 白玉双喜童子叶式水洗带座	长5cm	57,500	广东崇正	2021-01-07
清中期 白玉荷花洗	9.8cm × 6cm	34,500	古天一	2021-06-07
清 白玉和谐莲叶纹水洗	9.25cm × 6.7cm	575,000	永乐拍卖	2021-05-22
清 白玉松树纹洗	宽20.6cm	278,527	中国嘉德	2021-04-21
清 白玉连生贵子荷塘清趣洗	16cm × 13cm	201,250	永乐拍卖	2021-05-22
清 碧玉双连活环洗	宽28cm	198,948	中国嘉德	2021-04-21
清 白玉雕缠枝莲纹葵口洗	128mm × 127mm × 57mm	172,500	西泠印社	2021-07-25

2021玉器拍卖成交汇总(续表)

(成交价RMB：1万元以上)

拍品名称	物品尺寸	成交价RMB	拍卖公司	拍卖日期
清痕都斯坦火烧玉雕莨苕纹花形洗	长18.6cm	138,000	永乐拍卖	2021-05-22
清 白玉雕桃形洗	120mm×118mm×43mm	92,000	西泠印社	2021-07-25
清 碧玉双鱼洗	直径18cm	86,250	中贸圣佳	2021-05-21
清 高浮雕龙纹海棠形玉洗	长19cm；宽11.2cm	80,500	中贸圣佳	2021-07-07
清 白玉雕荷叶洗	146mm×115mm×31mm	80,500	西泠印社	2021-07-25
清碧玉雕痕都斯坦式菊瓣纹双耳洗	165mm×90mm×35mm	74,750	西泠印社	2021-07-25
清 白玉雕灵芝仙草纹水洗	带座高6cm；口径10.2cm	69,000	西泠印社	2021-07-24
清 白玉松下人物双凤耳四方洗	长18cm	69,000	中鸿信	2021-07-14
清 碧桐书院款白玉福寿纹海棠形洗	长9.2cm；宽4.9cm	63,250	西泠印社	2021-01-15
清 白玉螭龙笔洗	长16cm	57,500	北京禾谷	2021-01-24
清 白玉雕荷叶洗	113mm×81mm×42mm	55,200	西泠印社	2021-07-25
清 白玉锦地开光梅兰诗文四足洗	长7.1cm；宽5.2cm	51,750	浙江佳宝	2021-01-10
清 白玉巧雕梅桩形水洗	带座高5.8cm；长12.5cm	43,700	西泠印社	2021-07-24
清 白玉浮雕五福捧寿洗	长14cm；宽9.5cm	40,250	西泠印社	2021-01-15
清 白玉葫芦洗(带座)	7.5cm×4.5cm×2cm	34,500	十竹斋	2021-06-27
清 玛瑙菊瓣纹洗	长18.6cm；高7.2cm	34,500	中贸圣佳	2021-03-26
清 青白玉莲叶水洗	长9.5cm	29,900	北京禾谷	2021-01-24
清 青白玉雕荷叶形洗	带座高11cm；长10.4cm	28,750	西泠印社	2021-07-24
清 黄玉笔洗	长16.5cm	20,700	中鸿信	2021-07-14
清 白玉兽面纹小方洗	长6.5cm；宽6.5cm	20,700	中贸圣佳	2021-03-26
高毅进 荷塘悦色　白玉洗	126mm×79mm×42mm	230,000	西泠印社	2021-01-16
玉笔舔				
清早期 黄玉簸箕纹笔舔	口径5.5cm	92,000	北京保利	2021-01-09
清乾隆 白玉年年有余如意有福笔舔	长20cm	1,221,507	香港苏富比	2021-04-22
清乾隆 白玉雕竹形笔舔	10cm×7cm	552,000	十竹斋拍卖(北京)	2021-05-29
18世纪 黑白玉巧雕螭龙纹笔舔	直径7.5cm	126,500	北京华夏天天	2021-09-25
清乾隆 白玉荷叶蜻蜓笔舔	长16cm	51,750	北京荣宝	2021-06-19
清中期 白玉鹅衔枝笔舔	长7.7cm	55,200	北京翰海	2021-12-18
清中期 白玉六方笔舔	长7.5cm	36,800	北京翰海	2021-06-05
清中期 白玉如意纹笔舔	长5.2cm	25,300	北京翰海	2021-12-18
清 陈玉阶旧藏子印款白玉浮雕松鼠葡萄纹笔舔	长9.3cm	138,000	西泠印社	2021-01-15
清 青白玉雕双灵芝式笔舔	宽11.6cm	77,454	纽约苏富比	2021-09-27
清 白玉留皮祥云笔舔	长7.8cm；宽6.4cm	69,000	北京鸿盛祥	2021-06-05
清 青白玉花卉螳螂笔舔	长14.5cm	48,300	北京保利	2021-01-09
清 白玉雕痕都斯坦风格羊首瓜棱笔舔	带座高3.4cm；长11.6cm	34,500	西泠印社	2021-07-24
清 白玉雕福禄万代笔舔	长17cm；宽10.2cm	17,250	西泠印社	2021-07-24
玉纸镇				
元 玉雕胡人驯马镇	长6.3cm	46,000	北京保利	2021-06-08
明以前 青玉鹿形镇	高4.2cm；长10cm	184,000	广东崇正	2021-07-19
明 青白玉童子戏猫纹方镇	长6.8cm；宽6.7cm	80,500	浙江佳宝	2021-01-10

拍品名称	物品尺寸	成交价RMB	拍卖公司	拍卖日期
明 青玉马镇	长9cm	43,700	华艺国际	2021-04-01
明末清初 玉雕子母瑞兽镇	7.5cm×6cm×4.7cm	23,000	北京诚轩	2021-05-18
清乾隆 白玉雕母子瑞兽纸镇	124mm×93mm×55mm	1,495,000	西泠印社	2021-07-25
清乾隆 白玉带沁福寿纹镇纸	长5.4cm	609,500	北京华夏天天	2021-09-25
清乾隆 玛瑙牛镇纸	长6.2cm	143,750	华艺国际	2021-03-31
清乾隆 玉雕瑞兽镇纸	长8cm；高6cm	34,500	朵云轩	2021-07-07
清中期 白玉童子击鼓纸镇	6.5cm×6.3cm×3.7cm	280,000	上海联合	2021-06-27
清中期 白玉双欢文镇	长5cm	34,500	北京荣宝	2021-06-19
清中期 白玉太狮少狮纸镇	直径10.3cm	28,750	中鸿信	2021-07-14
19世纪 白玉雕双龙戏珠纸镇	长14cm	63,250	北京华辰	2021-06-19
清 青花玉俏色双龙镇纸	长8.2cm	632,500	西泠印社	2021-01-15
清 九思主人款刻兰石诗文随形籽玉镇纸	长10cm；宽7.5cm	195,500	西泠印社	2021-07-24
清 青白玉荔枝形纸镇	高5.2cm；长9.6cm	63,250	西泠印社	2021-01-15
清 青白玉浮雕诗文山水人物书卷式镇纸	长17cm；宽5.3cm	55,200	西泠印社	2021-07-24
清 玛瑙富甲天下纸镇	长11cm	42,560	十竹斋拍卖(北京)	2021-04-25
清 白玉浮雕山水人物镇纸	长18.5cm；宽4cm	40,250	西泠印社	2021-01-15
清 紫檀嵌香妃竹 古玉剑璏书镇	长21.4cm	32,200	广东崇正	2021-07-19
清 白玉高浮雕螭龙纹镇尺	长18.8cm；宽2.6cm	28,750	浙江佳宝	2021-01-10
清 白玉雕瑞兽纸镇	高3.5cm；长9.5cm	25,300	西泠印社	2021-07-24
清 南红玛瑙瑞兽纸镇	长10cm	23,000	中鸿信	2021-07-14
清 白玉瑞兽纸镇	长9.5cm	23,000	中鸿信	2021-07-14
清 碧玉螭纹镇尺	长15.8cm	36,800	十竹斋	2021-06-27
玉砚台				
宋或较晚 白玉小砚	长7.3cm；宽5.4cm	41,779	中国嘉德	2021-04-21
明 宋仁宗纪年款白玉砚	13cm×7.5cm	241,500	西泠印社	2021-07-24
明 草龙纹玉砚	9.2cm×6.7cm×1.1cm	57,500	上海嘉禾	2021-07-22
明 玉小砚台(两件)	尺寸不一	32,200	中国嘉德	2021-05-19
清乾隆 福从天降水晶砚	14.3cm×10.3cm	241,500	西泠印社	2021-07-24
清 螭龙纹古琴形白玉砚	15.3cm×8.4cm	345,000	西泠印社	2021-07-24
清 天籁阁款云龙纹玉砚	长22.7cm；宽12.8cm	138,000	中贸圣佳	2021-05-21
清 墨玉螭龙纹砚	17.2cm×9.5cm	126,500	西泠印社	2021-01-15
清 白玉博古砚	9.5cm×5.6cm	55,200	古天一	2021-06-07
民国 玉铨斋制赤壁怀古端砚	长14.8cm	29,900	朵云轩	2021-07-07
玉玺				
元、明 旧藏玉玺(六方)	尺寸不一	2,070,000	上海呗美	2021-05-30
明洪熙 永乐仁孝文皇后青玉龙钮谥宝	10cm×7.2cm	36,611,490	香港苏富比	2021-04-22
明 白玉蹲龙“隆福徽音”方玺	5.6cm×5.6cm	6,785,000	永乐拍卖	2021-05-22
明 青白玉雕盘龙钮宝玺	长14.2cm；宽13.3cm；高14.5cm	1,552,500	西泠印社	2021-01-15
清康熙 碧玉雕龙钮几暇摹古宝玺	长7cm；宽7cm；高6.5cm	782,000	西泠印社	2021-01-15
清乾隆 乾隆帝御宝交龙钮白玉玺	10.4cm×10.4cm；高7.8cm	122,817,513	香港苏富比	2021-04-22

2021玉器拍卖成交汇总(续表)

(成交价RMB：1万元以上)

拍品名称	物品尺寸	成交价RMB	拍卖公司	拍卖日期
清乾隆五十四年(1789年)御制白玉蹲龙钮“八征耄念之宝”“向用五福”宝玺(一组)	2.6cm×2.6cm×5.2cm；2.6cm×1.65cm	39,100,000	华艺国际	2021-06-05
清乾隆 白玉交龙钮方玺“乾隆御笔之宝”	13cm×13cm×9.5cm	9,200,000	北京保利	2021-09-26
18世纪 御制白玉椭圆兽钮宝玺	长3.3cm	1,593,270	香港苏富比	2021-04-22
清乾隆 水晶雕“笔花春雨”双狮钮印玺	3.3cm×3.3cm×5.5cm	28,750	中鸿信	2021-07-14
清 白玉螭龙钮印玺	7.5cm×7.5cm×5.5cm	94,300	中鸿信	2021-07-14
清 黄碧玺双欢	高4.6cm	82,800	古天一	2021-06-07
清 白玉提油辟邪钮“自强不息”玺	2.8cm×3.9cm×3.4cm	23,000	中鸿信	2021-07-14
乾隆交龙钮碧玉玺10枚	5.5cm×5.5cm	8,325,000	北京乔禧	2021-05-16
玉印章				
战国 玉蟠龙钮“鲁簪”方印	2.4cm×2.4cm	1,334,125	佳士得	2021-12-03
战国 玉“文信君”覆斗钮方印	2.4cm×2.4cm	718,375	佳士得	2021-12-03
战国 玉鹿钮“玉”方印	1.3cm×1.3cm	667,063	佳士得	2021-12-03
战国 白玉红沁覆斗钮印	宽2.4cm	179,053	中国嘉德	2021-04-21
战国 白玉红沁覆斗钮印	宽1.5cm	119,369	中国嘉德	2021-04-21
战国 勾连纹玉印	宽2.3cm	49,737	中国嘉德	2021-04-21
西汉 白玉受沁螭龙印	宽2.6cm	218,843	中国嘉德	2021-04-21
汉 玉覆斗钮印	宽1.9cm	24,840	中国嘉德	2021-10-14
宋 白玉红沁猪钮印	长1.9cm；宽1.8cm	51,750	浙江佳宝	2021-01-10
11世纪 水晶赑屃钮印	高3.4cm	92,000	浙江佳宝	2021-01-10
元 白玉龟纽印花押圆印	高2cm；直径2.5cm	172,500	古天一	2021-06-07
元 黑白玉虎纽方印	高1.8cm；2cm×2cm	115,000	古天一	2021-06-07
元 白玉提油龟纽印	高4.5cm	86,250	古天一	2021-06-07
元 白玉鸟形纽方印	高2.5cm；2.2cm×2.2cm	63,250	古天一	2021-06-07
元 青玉虎钮双连印	长5.3cm	57,500	上海呗美	2021-05-30
元 白玉龟纽印	高2.5cm；3cm×3.2cm	36,800	古天一	2021-06-07
元 旧玉龟钮印	高1.9cm；1.5cm见方	17,250	上海呗美	2021-05-30
明 灰白玉螭钮印(一对)	6.8cm×6.8cm；高7.7cm	690,000	中贸圣佳	2021-07-07
明 青玉桥钮道教法印	8cm×7.8cm×8cm	517,500	北京保利	2021-06-08
明 青白玉兽钮印章	11cm×10.8cm；高11.1cm	247,250	中贸圣佳	2021-05-21
明 白玉“杨易”覆斗形印	长2.0cm；高1.4cm	97,750	永乐拍卖	2021-05-22
明 白玉“吴处”覆斗形印	长2cm	97,750	永乐拍卖	2021-05-22
明 白玉“康成”覆斗形印	长1.8cm；高1.6cm	97,750	永乐拍卖	2021-05-22
明 白玉红沁兽钮押印	长2.4cm；宽2.3cm	78,200	浙江佳宝	2021-01-10
明 黄玉兽钮“无极为乐”章	高2.5cm	74,750	中鸿信	2021-07-14
明 玉龟纽印	高2.7cm	66,700	古天一	2021-06-07
明至清 碧玉浮雕双螭龙钮印	长7.2cm；宽7.2cm	59,800	西泠印社	2021-07-24
明 玉雕覆斗钮冯喜印	长1.8cm；宽1.7cm	46,000	西泠印社	2021-01-15
明 白玉螭龙钮印(名利)	高2.6cm；3.6cm见方	43,700	上海呗美	2021-05-30
明 白玉兽钮长方印	高4cm	36,800	北京翰海	2021-06-05
明 白玉龟纽方印	高1.8cm；2cm×2cm	34,500	古天一	2021-06-07
明 白玉覆斗钮吴宝印	长1.4cm；宽1.4cm	34,500	西泠印社	2021-01-15
明 “刘登”玉印	长2cm；宽2cm	34,500	中贸圣佳	2021-05-21
明 白玉巧雕螭钮圆印	直径1.75cm；高2.9cm	28,375	浙江佳宝	2021-01-10
明 白玉受沁羊钮印	宽1.9cm；高2.1cm	28,375	浙江佳宝	2021-01-10
明 白玉兽钮玉印	高4.2cm	25,300	中贸圣佳	2021-03-26
明 白玉印章	长2.8cm；高9cm	24,150	广东崇正	2021-01-07
明 白玉“博士祭酒”覆斗印	长2.4cm；宽2.4cm	23,000	西泠印社	2021-07-24
明 白玉兽钮“上善若水”方章	长2.7cm；宽2.5cm	20,700	浙江佳宝	2021-01-10
明至清 各式玉印章一组五件	尺寸不一	18,160	北京保利	2021-01-18
清乾隆 白玉仿古螭龙钮印	长6.1cm	690,000	北京华夏天天	2021-09-25
清乾隆 白玉洒金皮“读书乐”雕螭龙钮印	高4.8cm	575,000	华艺国际	2021-03-31
清乾隆 白玉螭龙纹方印	3.6cm×3.6cm	575,000	北京华夏天天	2021-09-25
清乾隆 白玉瑞兽钮印章	高3.8cm	184,000	广东崇正	2021-01-07
清中期 白玉兽钮方章(三件)	尺寸不一	57,500	北京翰海	2021-06-05
清中期 白玉洒金随形印章	高4.5cm	25,300	北京翰海	2021-12-18
清中期 白玉蝠纹方章	高4.2cm	17,250	北京翰海	2021-12-18
18世纪/19世纪 碧玉龙钮印章	高6.6cm	746,055	中国嘉德	2021-04-23
18世纪/19世纪 黄玉印(三方一组)	最大的宽2.7cm	447,633	中国嘉德	2021-04-21
18世纪/19世纪 白玉小印两件及海蓝宝印一件	高2.8cm	65,250	纽约佳士得	2021-03-18
清 白玉红沁龟钮印章	长2.7cm；高2.6cm	1,265,000	北京鸿盛祥	2021-06-05
清 周尚均制 黄高年刻高山玛瑙冻胡人驭狮钮唐绍元用印	2.8cm×2.8cm×7.4cm	483,000	北京保利	2021-06-08
清 南红玛瑙显亲王双联印“显亲王宝”“墨池清兴”	3.5cm×1.6cm×2.4cm	322,000	华艺国际	2021-06-04
清 白玉螭龙纽方印	高2.4cm	253,000	古天一	2021-06-07
清 白玉瓦纽鸟纹方印	高1.6cm；1.8cm×1.8cm	207,000	古天一	2021-06-07
清 杨玉璇制杜陵石鱼钮印(邹一桂自用印)	高3.7cm	184,000	华艺国际	2021-03-31
清 青黄玉覆斗纽方印	高2cm；1.8cm×1.8cm	172,500	古天一	2021-06-07
清 水晶瑞兽钮印四方	尺寸不一	172,500	北京保利	2021-01-09
清 白玉龙钮印章	直径2.7cm；高3.7cm	126,500	北京鸿盛祥	2021-06-05
清 白玉松鼠纽圆印	高2.5cm	126,500	古天一	2021-06-07
清 周亮工水晶自用印	5.4cm×5.4cm×9cm	115,000	朵云轩	2021-07-07
清 云龙纹钮玉印	长2.8cm；宽2.8cm	105,800	中贸圣佳	2021-03-26
清 紫水晶印章	2.5cm×3cm×4cm	103,500	十竹斋	2021-06-27
清 白玉赑屃钮印章	长1.7cm；高2.3cm	101,200	北京鸿盛祥	2021-06-05
清 白玉覆斗纽方印	高1.2cm；1.5cm×1.5cm	97,750	古天一	2021-06-07

(成交价RMB：1万元以上)

拍品名称	物品尺寸	成交价RMB	拍卖公司	拍卖日期
清 白玉螭龙钮印章	6.5cm×6.7cm	97,750	广东崇正	2021-01-07
清 白玉瓦纽卷云纹方印	高1.5cm；2cm×2cm	92,000	古天一	2021-06-07
清 碧玉雕螭龙钮琳瑛印	长2.8cm；宽2.8cm	92,000	西泠印社	2021-01-15
清 玛瑙翘色“浮云”狮钮章	高3.5cm	92,000	中鸿信	2021-07-14
清 水晶雕“执中含和”狮钮章	直径3.5cm	80,500	中鸿信	2021-07-14
清 白玉鸡钮圆印	高6.1cm	74,750	永乐拍卖	2021-05-22
清 白玉羊首椭圆印章	高5.2cm	69,000	广东崇正	2021-07-19
清 水晶狮钮印章(一对)	长14.5cm×2	63,250	北京华夏天天	2021-09-25
清 白玉圆印(一组)	高2.6cm；高2.7cm	63,250	永乐拍卖	2021-05-22
清 白玉兽钮“慎思明辨”印	长2.2cm；宽1.1cm	60,950	浙江佳宝	2021-01-10
清 水晶狮钮大印	高8.5cm	57,500	中鸿信	2021-07-14
清 白玉雕“太平人瑞”狮钮章	高2.5cm	57,500	中鸿信	2021-07-14
清 白玉龙钮多面印	高3.7cm	55,200	上海呗美	2021-03-28
清 旧玉留皮狮钮印	高8.6cm	46,000	中鸿信	2021-07-14
清 白玉“得思”龙钮印章	高4.7cm	46,000	中贸圣佳	2021-09-26
清 水晶桥钮印(一对)	45mm×45mm×2	43,700	西泠印社	2021-01-15
清 黄玉羊钮印	高3.5cm	41,400	北京保利	2021-01-09
清 青白玉雕各式印章(四方)	尺寸不一	35,650	北京保利	2021-06-08
清 玉雕瑞兽钮印章・翡翠雕瑞兽钮印章(一组四件)	高6cm	34,500	华艺国际	2021-04-01
清 水晶两面印	6cm×6cm×2.5cm	34,500	西泠印社	2021-01-15
清 玉凤纽印、玉鹅纽印、玉兽纽印(三件一组)	尺寸不一	32,200	古天一	2021-06-07
清 白玉兽钮章料	长2.9cm；宽2.9cm	28,750	永乐拍卖	2021-09-26
清 “观书为乐”白玉随形闲章	长5.9cm；宽3.6cm	25,300	西泠印社	2021-04-10
清 水晶两面印	4.7cm×4.7cm×3.1cm	23,000	西泠印社	2021-01-15
清 玉双联衔环印章	长5.8cm	23,000	中国嘉德	2021-05-19
清 丁丙自用水晶印(二方)	50mm×21mm×2	23,000	西泠印社	2021-07-25
清 玉方印章 玉雕兔印章	尺寸不一	20,700	十竹斋	2021-06-27
清 白玉雕螭葫芦形印章	3cm×5cm	18,400	十竹斋	2021-06-27
清 白玉雕狮无字印章 白玉雕螭印章	尺寸不一	18,400	十竹斋	2021-06-27
民国 水晶“溥儒”印章(一对)	2cm×2cm×1.8cm	46,000	北京保利	2021-06-08
黄杨洪 白玉如日中天印章	7cm×5cm×4.2cm	940,800	上海联合	2021-06-27
李剑 鸿运当头 瑞兽钮白玉印	72mm×43mm×36mm	368,000	西泠印社	2021-01-16
吴金星 新疆和田玉籽料瑞兽印组	4.4cm×2.2cm×1.9cm	230,000	尚品润博	2021-09-12
邓散木刻螭钮玉印	4.2cm×4.3cm×3.5cm	230,000	西泠印社	2021-07-25
顾铭 喜事连连 白玉印	57mm×37mm×24mm	138,000	西泠印社	2021-07-25
万德旭 新疆和田玉青花籽料问鼎天下印章	7.7cm×4.1cm×3.4cm	57,500	尚品润博	2021-09-12
万德旭 新疆和田玉青花籽料祥云炉印章	7.7cm×3.5cm×3.3cm	57,500	尚品润博	2021-09-12
顾铭 金蟾拱财　白玉印	38mm×39mm×28mm	28,750	西泠印社	2021-01-16
水晶龙钮印	长6cm	25,300	中国嘉德	2021-03-29

拍品名称	物品尺寸	成交价RMB	拍卖公司	拍卖日期
玉臂搁				
明 子冈款水晶雕龙凤诗文臂搁	12.5cm×5cm	112,700	古天一	2021-06-07
清乾隆 玛瑙刻竹纹臂搁	长14cm	126,500	中国嘉德	2021-05-19
清中期 白玉松竹梅臂搁	长29cm	80,500	北京翰海	2021-06-05
清中期 白玉梅花诗文臂搁	长11.8cm	17,250	北京翰海	2021-06-05
清 白玉雕兰草臂搁	长17.8cm	69,000	北京荣宝	2021-06-19
清 碧玉竹节臂搁	长20.3cm	17,250	古天一	2021-06-07
砚屏				
清康熙 玉浅刻山水砚屏	长17.8cm	57,500	北京保利	2021-01-09
清乾隆 白玉御制诗文小砚屏	高17cm	632,500	北京华夏天天	2021-09-25
清乾隆 白玉刻“西清砚谱序”砚屏	高24cm	322,000	华艺国际	2021-03-31
清乾隆 白玉刻描金梅花砚屏	长7.7cm	299,000	北京保利	2021-01-09
清乾隆 白玉梅花御题诗砚屏	高18cm	43,700	北京保利	2021-01-09
清中期 紫檀嵌白玉访友图小砚屏	高27cm	126,500	中鸿信	2021-07-14
清中期 白玉凤纹砚屏	直径8cm	28,750	北京翰海	2021-06-05
清 白玉嵌宝石四季平安砚屏	213mm×197mm×91mm	115,000	西泠印社	2021-01-15
清 红木嵌明白玉雕龙纹带板砚屏	222mm×185mm×85mm	69,000	西泠印社	2021-01-15
清 碧玉刻“高致自闲”兰花诗文砚屏	长22.2cm	34,500	北京保利	2021-05-18
清 白玉松下人物砚屏	高10.5cm	28,750	北京翰海	2021-06-05
其他玉文房用品				
明至清 玉雕文玩(六件)	尺寸不一	138,000	永乐拍卖	2021-05-22
清 白玉双螭龙文房洗	长6.9cm；高3.1cm	112,700	北京鸿盛祥	2021-06-05
清 白玉溪山访友文房件	长9.1cm；宽3.9cm	78,200	永乐拍卖	2021-12-01
葬玉				
西汉 白玉猪	长4.7cm	81,569	中国嘉德	2021-04-21
汉 青白玉蝉	高6.5cm	57,629	中国嘉德	2021-10-14
清 白玉受沁猪握(一对)	长11.4cm×2	138,000	浙江佳宝	2021-01-10
清 玉手握	长8.5cm	126,500	古天一	2021-06-07
原石				
当代 和田青花籽料原石摆件	长14.6cm	4,140,000	北京华夏天天	2021-09-25
当代 和田玉料	长17cm	1,449,000	中贸圣佳	2021-07-07
当代 和田玉料	长12cm	908,500	中贸圣佳	2021-07-07
当代 和田玉料	长5.6cm	713,000	中贸圣佳	2021-07-07
当代 和田玉料	长10.5cm	494,500	中贸圣佳	2021-07-07
当代 和田玉料	长12.8cm	437,000	中贸圣佳	2021-07-07
当代 和田玉料	长7.3cm	414,000	中贸圣佳	2021-07-07
当代 和田玉料	长12.5cm	391,000	中贸圣佳	2021-07-07
当代 和田玉料	长17.2cm	368,000	中贸圣佳	2021-07-07
当代 和田玉料	长12cm	322,000	中贸圣佳	2021-07-07
当代 和田玉料	长10.8cm	287,500	中贸圣佳	2021-07-07
当代 和田玉料	长23cm	230,000	中贸圣佳	2021-07-07
当代 和田玉料	长11.8cm	149,500	中贸圣佳	2021-07-07
当代 和田玉料	长10cm	115,000	中贸圣佳	2021-07-07
当代 和田玉料	长8.8cm	103,500	中贸圣佳	2021-07-07
当代 和田玉料	长10.3cm	92,000	中贸圣佳	2021-07-07
当代 和田玉料	长13.5cm	80,500	中贸圣佳	2021-07-07
当代 和田玉料	长15.5cm	74,750	中贸圣佳	2021-07-07
当代 和田玉料	长5cm	71,300	中贸圣佳	2021-07-07
当代 和田玉料	长14cm	57,500	中贸圣佳	2021-07-07

2021玉器拍卖成交汇总(续表)

(成交价RMB：1万元以上)

拍品名称	物品尺寸	成交价RMB	拍卖公司	拍卖日期
当代 和田玉料	长14cm	46,000	中贸圣佳	2021-07-07
当代 和田玉料	长10.8cm	23,000	中贸圣佳	2021-07-07
白玉红皮原石	重量253.7g	1,680,000	上海联合	2021-11-21
新疆和田玉顶级羊脂籽料原石	3.7cm×2.9cm×2.6cm	1,012,000	尚品润博	2021-09-12
白玉红皮原石(自行车凳)	重量44g	985,600	上海联合	2021-11-21
顶上聚红皮独籽	4.1cm×3.3cm×2.2cm	713,000	上海嘉禾	2021-07-22
白玉原石	重量119.1g	672,000	上海联合	2021-11-21
白玉天地红皮原石	重量64.8g	649,600	上海联合	2021-11-21
玛丽艳红皮白肉独籽	4.6cm×2.8cm×1.9cm	598,000	上海嘉禾	2021-07-22
白玉红皮原石	重量80.8g	448,000	上海联合	2021-11-21
白玉红皮原石	重量104.9g	403,200	上海联合	2021-11-21
白玉红皮原石	重量223.8g	392,000	上海联合	2021-11-21
白玉原石	5.3cm×3cm×1.7cm	358,400	上海联合	2021-06-27
新疆和田玉黑皮籽料原石	4.0cm×2.7cm×2.0cm	345,000	尚品润博	2021-09-12
新疆和田玉红皮籽料原石	2.7cm×1.6cm×1.5cm	322,000	尚品润博	2021-09-12
新疆和田玉籽料原石	4.5cm×3.5cm×1.7cm	322,000	尚品润博	2021-09-12
白玉原石(达摩)	重量1108.3g	291,200	上海联合	2021-11-21
白玉原石	重量53.3g	291,200	上海联合	2021-11-21
白玉红皮原石	重量72.3g	280,000	上海联合	2021-11-21
白玉洒金皮原石	重量57g	268,800	上海联合	2021-11-21
新疆和田玉顶级羊脂籽料原石	2.7cm×1.7cm×1.7cm	253,000	尚品润博	2021-09-12
白玉红皮原石	重量49.4g	246,400	上海联合	2021-11-21
白玉洒金皮原石	重量173.6g	224,000	上海联合	2021-11-21
新疆和田玉籽料奇石飞天(一对)	尺寸不一	218,500	尚品润博	2021-09-12
白玉原石	12.5cm×8cm×2.5cm	212,800	上海联合	2021-06-27
新疆和田玉籽料原石	4.0cm×1.7cm×1.5cm	207,000	尚品润博	2021-09-12
青花原石	重量152.5g	201,600	上海联合	2021-11-21
白玉黑皮原石	重量46.8g	201,600	上海联合	2021-11-21
白玉原石	重量253.4g	201,600	上海联合	2021-11-21
白玉籽料	9.4cm×5.6cm×2.7cm	190,400	上海联合	2021-06-27
白玉原石	3.7cm×3cm×1.5cm	190,400	上海联合	2021-06-27
新疆和田玉天地皮籽料原石	4.5cm×3.2cm×1.3cm	184,000	尚品润博	2021-09-12
白玉红皮原石(望子成龙)	重量27.8g	179,200	上海联合	2021-11-21
新疆和田玉籽料原石	3.5cm×3.0cm×1.9cm	172,500	尚品润博	2021-09-12
白玉洒金皮原石	重量58.3g	168,000	上海联合	2021-11-21
白玉红皮原石	重量38.7g	168,000	上海联合	2021-11-21
丹麦海漂琥珀原石	15.5cm×10.1cm×9.5cm	147,550	北京保利	2021-01-19
白玉洒金皮原石	重量137.5g	145,600	上海联合	2021-11-21
新疆和田玉籽料原石	4.6cm×2.4cm×1.7cm	138,000	尚品润博	2021-09-12
白玉原石	4.9cm×4.3cm×2.2cm	134,400	上海联合	2021-06-27
白玉红皮原石	重量25.4g	123,200	上海联合	2021-11-21
丹麦海漂琥珀原石	14.5cm×10.5cm×8.8cm	119,175	北京保利	2021-01-19
白玉原石	6.2cm×5cm×3cm	84,000	上海联合	2021-06-27
白玉红皮原石	重量44.5g	78,400	上海联合	2021-11-21
白玉原石	5.7cm×2.1cm×1.7cm	61,600	上海联合	2021-06-27
青花原石	22cm×21cm×12cm	61,600	上海联合	2021-06-27
新疆和田玉籽料奇石(一对)	尺寸不一	59,800	尚品润博	2021-09-12
新疆和田玉红皮籽料原石	3.1cm×1.6cm×0.8cm	57,500	尚品润博	2021-09-12
白玉原石	4cm×3cm×2.4cm	56,000	上海联合	2021-06-27
白玉籽料(两件)	最大的宽4.2cm	49,680	中国嘉德	2021-10-12
玉籽料(三件)	最大的高13.4cm	47,693	中国嘉德	2021-10-12
白玉原石	6cm×4.6cm×3.7cm	44,800	上海联合	2021-06-27

拍品名称	物品尺寸	成交价RMB	拍卖公司	拍卖日期
白玉红皮籽料	宽8.4cm	41,731	中国嘉德	2021-10-12
新疆和田玉顶级羊脂籽料原石(一对)	尺寸不一	34,500	尚品润博	2021-09-12
丹麦海漂琥珀原石	8.6cm×6.2cm×3.9cm	34,050	北京保利	2021-01-19
玉籽料三件和玉残料一件	最大的宽14.1cm	31,795	中国嘉德	2021-10-12
白玉原石	7.3cm×5.7cm×2cm	31,360	上海联合	2021-06-27
白玉原石	3.5cm×1.9cm×1.5cm	28,000	上海联合	2021-06-27
白玉红皮原石	重量22.9g	25,760	上海联合	2021-11-21
新疆和田玉红皮籽料原石	1.5cm×0.9cm×0.7cm	25,300	尚品润博	2021-09-12
新疆和田玉黑黄皮籽料奇石胡杨林	2.7cm×1.0cm×0.6cm	17,250	尚品润博	2021-09-12
新疆和田玉天地皮籽料奇石	1.8cm×1.6cm×1.2cm	17,250	尚品润博	2021-09-12